国际金融学
(第二版)

徐　峥　盛宝莲　主编

U0952001

華東理工大學出版社
EAST CHINA UNIVERSITY OF SCIENCE AND TECHNOLOGY PRESS
·上海·

图书在版编目(CIP)数据

国际金融学/徐琤,盛宝莲主编. —2版. —上海:华东理工大学出版社,2017.8

ISBN 978-7-5628-5138-7

Ⅰ.①国… Ⅱ.①徐… ②盛… Ⅲ.①国际金融学 Ⅳ.①F831

中国版本图书馆CIP数据核字(2017)第187242号

项目统筹 / 周 颖
责任编辑 / 陈新征
装帧设计 / 方 雷 徐 蓉
出版发行 / 华东理工大学出版社有限公司
地址:上海市梅陇路130号,200237
电话:021-64250306
网址:www.ecustpress.cn
邮箱:zongbianban@ecustpress.cn
印　　刷 / 常熟华顺印刷有限公司
开　　本 / 787mm×1092mm 1/16
印　　张 / 21.25
字　　数 / 539千字
版　　次 / 2010年9月第1版
2017年8月第2版
印　　次 / 2017年8月第1次
定　　价 / 49.00元

再版前言

国际金融学是在国际贸易学的基础上发展起来的，反映了国际货币金融关系，包括国际货币流通与国际资金融通两个方面，其研究目的是阐述国际金融关系发展的历史与现状，揭示国际货币流通与国际资金融通的基本规律。国际金融学是从货币金融角度研究开放经济下内外均衡同时实现的一门独立学科，实际是在研究开放经济的货币宏观经济学，关注在国际资本流动的背景下和灵活多变的汇率制度环境下，一国如何同时实现内部均衡和外部均衡。从全球视角来看，国际金融学研究国际货币金融的运行；从一国视角来看，国际金融学研究开放经济中对外货币金融运行。作为一门学科，国际金融学具有很强的专业性和综合性：既有自身的专业特色，又有与其他经济学科相关的交叉领域；既有深厚的理论研究，又有实务操作；既涉及宏观经济格局，又涉及微观经济运行。国际金融学以开放经济为基础，研究了五部分内容，包括外汇及汇率制度、国际金融市场、国际资本流动、国际金融机构和国际收支；揭示了三大规律，一是汇率变动规律，二是国际资本流动规律，三是国际收支不平衡规律，在经济、金融理论研究领域中具有举足轻重的地位。国际金融学是金融学研究领域的一个重要的分支，现如今它已经成为各高校的基础专业课程或素质教育课程，国际金融学教科书也越来越受到重视。

《国际金融学》自2010年第一版出版以来，在国内被很多学校采用，并获得好评。《国际金融学(第二版)》是在第一版的基础上修订而成的，力图较为全面地反映出国际金融领域这些年的新情况、新变化和新进展。本教材涵盖的内容包括四部分：第一部分国际金融市场；第二部分国际金融运行体系；第三部分国际资本流动与金融危机；第四部分国际收支与内外均衡。本教材的特点依然是以国际现行惯例为依据，深入研究国际金融活动的客观规律和国际金融市场的运行概况，既介绍了有关国际金融的理论，又探讨国际货币体系和汇率制度的深层次问题；本书力争在理论和实践两个方面突出其特点，一方面阐述了国际金融学科的最一般规律、国际金融学的基本理论和国际金融的基本业务和基础知识；另一方面也尽力反映当代国际金融理论与业务的新发展，吸收其研究上的新成果，拓展学生在国际金融领域的知识面和视野。本书既可以作为金融学专业本科学生的教材，也可以作为金融专业研究生及金融从业人员的参考书。

本书在修订过程中听取了专家、同行等提出的宝贵建议，在此表示感谢。

书中难免仍存在不足之处有待进一步完善，还请提出宝贵意见。

徐琤

2017年7月

前　言

在全球经济一体化高速发展时期，金融全球化已经成为世纪之交经济发展的明显趋势之一，并发展成为联结世界各国经济的纽带。国际金融活动具有其特殊之处，最初它是伴随着国际贸易的发展而发展的，现在又逐步游离于国际贸易。国际资本快速流动，国际金融市场的理念创新、制度创新、工具创新增加了全球性的金融风险。把握当代国际金融发展的脉搏、回避金融市场的风险日趋重要，因此，学习国际金融学既是学业的需要，更是把握宏观经济发展、融入经济全球化的必修课程。

国际金融学是一门理论性和实践性很强的学科。本书力争在理论和实践两个方面突出其特点，一方面阐述了国际金融学科的最一般规律、国际金融学的基本理论和国际金融的基本业务和基础知识；另一方面也尽量反映当代国际金融理论与业务的新发展，吸收其研究上的新成果，拓展学生在国际金融领域的知识面和视野。本教材涵盖的内容包括四部分：

第一篇：国际金融市场。国际金融市场是国际资本流动和债权债务结算的场所，是国际金融产品交易关系和运行机制的总和。在国际领域中，国际金融市场十分重要，商品与劳务的国际性转移、资本的国际性转移、黄金输出入、外汇的买卖以及国际货币体系运转等各方面的国际经济交往都离不开国际金融市场，国际金融市场上新的融资手段、投资机会和投资方式层出不穷，金融活动也凌驾于传统的实质经济之上，成为推动世界经济发展的主导因素。本篇包括五章内容：第 1 章外汇与汇率，第 2 章外汇市场与外汇业务，第 3 章外汇风险管理，第 4 章汇率制度与外汇管理，第 5 章国际金融市场。

第二篇：国际金融运行体系。从货币产生到在一国范围内普遍流通，各个国家在货币问题方面都制定了各种法规、政策和制度，目的是从不同角度对货币进行控制，建立一个能够符合其政策目标，并可以有效控制货币的制度。国际金融机构是从事国际金融业务，协调国际金融关系，维持国际货币及信用体系正常运作的超国家的金融机构。国际金融机构的产生与发展同国际经济政治状况及变化密切相关，这两者构成了国际金融运行体系。本篇包括两章内容：第 6 章国际货币制度，第 7 章国际金融机构。

第三篇：国际资本流动与金融危机。国际资本频繁流动已成为 20 世纪 80 年代以来世界经济的一个显著特征，特别是从 20 世纪 90 年代以来，发达国家在全球范围内积极倡导金融自由化，促使发展中国家加大了金融市场开放的力度。资本的跨国流动对国际经济产生了重要影响，通过提高生产要素的配置效率提高了各国福利，同时也带来了相应的负面影响，甚至引起金融危机。该篇包括四章内容：第 8 章国际资本流动，第 9 章国际直接投融资，第 10 章国际间接投融资，第 11 章金融危机与金融危机的防范。

第四篇：国际收支与内外均衡。国与国之间从事各种交易活动，不管是商品的输出输入、资金的借贷、跨国性的投资，还是非商业性交易，最终都是以国际收支体现出来的。国际收支已成为决定或影响一国国际储备、货币汇率、对内对外经济协调发展的一个重要因素。在开放经济中，要素、商品与服务可以较自由地跨国界流动，从而实现最优资源配置和最高经济效率。在经济全球化的背景下，开放经济已成为各国的主流选择，开放经济下如何实现一国的宏观经济均衡是必须面对的现实问题。本篇包括三章内容：第 12 章国际收支，第 13 章开放经济条件下的宏观经济政策，第 14 章金融全球化下的国际协调与合作。

本书的特点是以国际现行惯例为依据，深入研究国际金融活动的客观规律和国际金融市场的运行概况，既介绍了有关国际金融的理论，又探讨了国际货币体系和汇率制度的深层次问题；既研究国际金融各衍生市场及其交易，又研究国际金融发展的最新动态和相关政策。本书阐述的是国际金融学科的最一般规律、基本理论和最前沿的政策，在侧重研究国际金融理论与政策的同时，也展现了世界金融发展新趋势、中国金融改革的历程和发展。通过对本书的学习，可以使学生明确把握国际金融发展动向和相关应对政策。本书坚持理论联系实际，注重基本理论分析，强调运用历史和逻辑的分析方法和现代经济学分析手段，内容丰富，资料翔实，深入浅出，既可作为金融学专业本科学生的教材，又可作为金融专业研究生及金融从业人员的参考书。

本教材是华东理工大学校级精品课程《国际金融学》的建设成果之一，各篇章的编写人员如下：盛宝莲（第 1 章、第 2 章、第 3 章、第 4 章），郑庆寰（第 5 章、第 9 章、第 10 章），钱丽霞（第 6 章、第 7 章），徐琤（第 8 章、第 11 章、第 12 章、第 13 章、第 14 章）。全书由徐琤负责修改定稿。

本书在编写过程中参考了大量的文献资料，在此向这些作者表示感谢！本书还存在很多的不足之处，有待于进一步完善，笔者期待专家、同行等提出宝贵的批评意见和建议。

目　　录

第一篇　国际金融市场

第二篇 国际金融运行体系

第三篇　国际资本流动与金融危机

11
$
1
10
2
第一篇
€
£
国际金融
市场
8
4
7
¥
5

第1章 外汇与汇率

世界经济一体化，跨国交流已成为人们生活中的重要组成部分。由于各国或各地区所流通的货币是不同的，所以，人们要实现正常的国际交流活动和国际经营活动，首先需要实现货币的兑换，即用一种货币兑换另一种货币。外汇是以外国货币表示的可用于国际结算的支付工具。不同货币之间的兑换比率即汇率。在不同的货币制度下，汇率的决定基础不同。国际收支、经济增长、利率和通货膨胀率等都影响着汇率的变化，汇率变化对国际经济发展和一国的国内经济发展都会产生重要影响。

1.1 外汇

1.1.1 外汇的概念

外汇(Foreign Exchange)有动态和静态之分。动态外汇是指用一个国家的货币兑换成另外一个国家的货币，以清偿国际债权、债务关系的资金经营活动。静态外汇是指以外国货币表示的可用于国际结算的支付手段。国际货币基金组织对外汇的解释是：外汇是货币当局以银行存款、财政部国库券、长短期政府债券等形式持有的、在国际收支逆差时可以使用的债权。我国《外汇管理条例》规定，外汇是指下列以外币表示的可以用作国际清偿的支付手段和资产：① 外国货币，包括纸币、铸币；② 外币支付凭证，包括票据、银行存款凭证、银行卡等；③ 外币有价证券，包括政府债券、公司债券、股票等；④ 特别提款权(SDRS)、欧洲货币单位(ECU)；⑤ 其他外汇资产。人们通常所说的外汇，一般是指静态外汇。

1.1.2 外汇的特征

以外币表示的资产或支付工具不一定都是外汇，只有能自由兑换、能自由转入一般商业银行账户、在其需要时可以任意转账的，才能称之为外汇。外汇具有以下三种基本特征，其中可兑换性是它的最基本特征。

(1) 可兑换性。货币可兑换有几层含义：第一层次，达到国际货币基金组织(IMF)规定的实现经常项目自由兑换的要求。在国际货币基金协定第八条款中表述如下："各会员国未经基金同意，不得对国际经常往来的付款和资金转移加以限制"。具体地说，会员国承担以下义务：① 应允许其居民获取为进行经常性国际交易所需的外汇；② 须允许非居民自由兑换因经常性国际交易获取的该国货币；③ 不得使用复汇率制度。第二层次的货币可兑换，是指在经常项目可兑换的基础上，对资本项目的兑换加以一定限制。第三层次是全面的可兑换。

(2) 国际性。外汇必须是以非本国货币计值、在国际市场上被普遍接受的外汇资产。

(3) 可偿性。外汇债权或资产可以保证得以偿付，否则国际汇兑的过程也就无从进行。在国际多边结算的制度下，得不到偿付的债权不能用作本国对第三国债务的清偿。

总之，外汇就是一国拥有的可兑换外币或以可兑换外币计价的，并被各国普遍接受的，可用于国际债权债务清算的一切资产。

1.2 汇率

1.2.1 汇率的概念及其标价方法

汇率是一国货币同另一国货币兑换的比率，是以一种货币表示另一种货币的价格，因此也称为汇价。表 1-1 为中国银行外汇宝即时汇价。确定两种不同货币之间的比价，先要确定用哪个国家的货币作为标准。由于确定的标准不同，于是便产生了几种不同的外汇汇率标价方法。

1. 直接标价法

直接标价法又称应付标价法，是以一定单位的外国货币作为标准，折算为一定数量的本国货币来表示其汇率。一定单位外币折算的本国货币减少，说明外汇汇率下跌，即外币贬值或本币升值。我国和国际上大多数国家都采用直接标价法。

2. 间接标价法

间接标价法又称应收标价法，是以一定单位的本国货币为标准，折算为一定数额的外国货币来表示其汇率。一定单位的本国货币折算的外币数量增多，说明本国货币汇率上涨，即本币升值或外币贬值。

直接标价法和间接标价法所表示的汇率涨跌的含义正好相反，所以在引用某种货币的汇率和说明其汇率高低涨跌时，必须明确采用哪种标价方法，以免混淆。在国际外汇市场上，用来描述货币价值变化的专业词汇是升值和贬值。本币升值是指相对于对应的外国货币而言，本国货币变得更值钱了。在直接标价法下，每单位外币所能兑换的本币的数量就会减少，汇率表现为下降，又称本币坚挺或走强，或者外汇疲软或走弱。本币贬值是指本国货币相对于对应的外国货币而言，变得更不值钱了。在直接标价法下，每单位外币就可以换到更多的本币，汇率就表现为上升，又称外汇坚挺或走强，或者本币疲软或走弱。

3. 美元标价法

美元标价法由美国在 1978 年 9 月 1 日开始使用，目前是国际金融市场上通行的标价法。随着国际金融市场的发展和外汇交易规模的不断上升，为便于在国际上进行外汇交易的业务，在国际外汇市场上，银行间的报价都以美元为标准来表示各国货币的价格。

表 1-1　中国银行外汇宝即时汇价　2017-06-22　15:05:00

币种	汇买价	汇卖价	钞买价	钞卖价	开盘价	最高价	最低价	昨收	涨跌幅
美元/日元	110.68	111.24	110.68	111.24	111.33	111.44	110.96	111.34	0.044 4%
欧元/美元	1.114 0	1.119 2	1.114 0	1.119 2	1.116 6	1.117 6	1.116 1	1.115 4	0.107 5%
英镑/美元	1.264 9	1.271 0	1.264 9	1.271 0	1.266 8	1.268 4	1.265 8	1.266 1	0.142 1%
澳大利亚元/美元	0.752 9	0.757 2	0.752 9	0.757 2	0.755 7	0.756 5	0.754 2	0.754 9	0.013 2%
美元/港币	7.797 6	7.801 6	7.797 6	7.801 6	7.801 1	7.801 5	7.799 1	7.800 5	−0.011 5%
美元/瑞士法郎	0.969 6	0.974 6	0.969 6	0.974 6	0.972 6	0.972 9	0.971 2	0.973 6	−0.154 0%
美元/新加坡元	1.387 4	1.391 5	1.387 4	1.391 5	1.389 2	1.389 9	1.387 9	1.389 5	−0.007 1%
美元/挪威克朗	5.710 5	5.730 5	5.710 5	5.730 5	5.720 5	5.720 5	5.720 5	5.720 5	0.000 0%
美元/加拿大元	1.330 3	1.337 0	1.330 3	1.337 0	1.331 8	1.333 6	1.331 7	1.332 8	0.060 0%
英镑/港币	9.871 2	9.909 3	9.871 2	9.909 3	9.882 5	9.893 2	9.873 6	9.876 6	0.137 6%
英镑/瑞士法郎	1.226 6	1.238 7	1.226 6	1.238 7	1.232 1	1.233 3	1.231 0	1.232 8	−0.016 2%
英镑/日元	140.14	141.27	140.14	141.27	141.03	141.23	140.52	140.97	0.113 1%
英镑/加拿大元	1.684 7	1.697 6	1.684 7	1.697 6	1.687 1	1.691 2	1.686 7	1.687 5	0.213 3%
英镑/澳大利亚元	1.668 1	1.690 7	1.668 1	1.690 7	1.676 2	1.679 9	1.674 9	1.676 9	0.149 0%
港币/日元	14.20	14.25	14.20	14.25	14.27	14.28	14.23	14.27	−0.328 5%
瑞士法郎/港币	8.015 0	8.031 9	8.015 0	8.031 9	8.020 5	8.030 4	8.017 4	8.011 2	0.152 2%
瑞士法郎/日元	113.90	114.39	113.90	114.39	114.46	114.60	114.13	114.34	−0.174 8%
瑞士法郎/加拿大元	1.369 0	1.374 9	1.369 0	1.374 9	1.369 2	1.372 0	1.369 2	1.368 8	0.226 4%
加拿大元/港币	5.841 0	5.855 6	5.841 0	5.855 6	5.857 6	5.857 6	5.848 3	5.852 5	−0.071 7%
加拿大元/日元	82.98	83.42	82.98	83.42	83.59	83.64	83.20	83.54	0.1131%

续 表

币种	汇买价	汇卖价	钞买价	钞卖价	开盘价	最高价	最低价	昨收	涨跌幅
澳大利亚元/港币	5.875 9	5.902 2	5.875 9	5.902 2	5.895 7	5.902 0	5.882 9	5.889 4	−0.006 7%
澳大利亚元/瑞士法郎	0.730 7	0.737 3	0.730 7	0.737 3	0.735 0	0.735 7	0.733 6	0.735 1	−0.149 6%
澳大利亚元/日元	83.49	84.07	83.49	84.07	84.14	84.27	83.75	84.06	0.177 8%
澳大利亚元/加拿大元	1.003 4	1.010 6	1.003 4	1.010 6	1.006 4	1.008 8	1.005 2	1.006 2	0.079 5%
欧元/英镑	0.878 6	0.882 5	0.878 6	0.882 5	0.881 4	0.882 2	0.880 5	0.880 9	−0.045 4%
欧元/港币	8.694 6	8.723 4	8.694 6	8.723 4	8.711 1	8.717 3	8.706 2	8.700 7	0.095 3%
欧元/瑞士法郎	1.081 1	1.089 8	1.081 1	1.089 8	1.086 1	1.086 3	1.085 4	1.086 0	−0.055 2%
欧元/日元	123.50	124.29	123.50	124.29	124.32	124.44	123.90	124.19	0.112 3%
欧元/加拿大元	1.484 6	1.493 7	1.484 6	1.493 7	1.487 1	1.489 3	1.486 7	1.486 6	0.168 1%
欧元/澳大利亚元	1.471 0	1.486 7	1.471 0	1.486 7	1.477 5	1.480 3	1.476 2	1.477 3	0.101 5%

资料来源：中国银行上海分行网站，http://www.sh.bank-of-china.com

1.2.2 汇率的种类

1. 从银行经营外汇的角度来分，可分为买入汇率和卖出汇率

（1）买入汇率又叫作买入价(Bid Price)，是外汇银行向客户买进外汇时使用的价格。

（2）卖出汇率又叫作卖出价(Ask/Offer Price)，是外汇银行向客户卖出外汇时使用的价格。

买入卖出价是根据外汇交易中所处的买方或卖方的地位而定的。买卖价之间的差额一般为1‰～5‰左右，这是外汇银行的手续费收益。

（3）中间汇率。它是买入价与卖出价的平均数。报刊报道汇率消息时常用中间汇率。

（4）现钞买入汇率。它是外汇银行向客户买进外汇现钞时使用的价格。通常现钞买入价低于外汇买入价。由于银行买入现钞后，需将现钞清点、打包后运送到现钞发行和流通的国家或地区的银行，因此买入现钞的银行不仅要承担一定的利息损失，还要支付运费和保险费。现钞卖出汇率与现汇卖出汇率相同。

表1-2 中国银行外汇牌价

货币名称	现汇买入价	现钞买入价	现汇卖出价	现钞卖出价	中行折算价	发布日期	发布时间
澳大利亚元	514.91	498.88	518.53	518.53	515.09	2017-06-22	14:50:12
加拿大元	511.28	495.11	514.87	515.13	511.62	2017-06-22	14:50:12
瑞士法郎	700.82	679.19	705.74	707.5	701.27	2017-06-22	14:50:12
欧元	761.14	737.44	766.48	766.48	761.48	2017-06-22	14:50:12
英镑	863.78	836.88	869.85	871.15	864.53	2017-06-22	14:50:12
港币	87.41	86.71	87.75	87.75	87.43	2017-06-22	14:50:12
印度卢比		9.956		11.227	10.579 4	2017-06-22	14:50:12
日元	6.129	5.9381	6.172	6.172	6.128 7	2017-06-22	14:50:12
韩国元	0.596 4	0.575 4	0.601 2	0.623 1	0.597 7	2017-06-22	14:50:12
澳门元	85.12	82.26	85.44	88.18	85.2	2017-06-22	14:50:12
林吉特	159.79		160.91		159.13	2017-06-22	14:50:12
挪威克朗	79.93	77.46	80.57	80.73	79.99	2017-06-22	14:50:12
新西兰元	494.12	478.88	497.59	503.69	494.06	2017-06-22	14:50:12
菲律宾比索	13.53	13.11	13.63	14.27	13.57	2017-06-22	14:50:12
卢布	11.3	10.61	11.4	11.83	11.34	2017-06-22	14:50:12
新加坡元	490.06	474.94	493.5	493.5	491.05	2017-06-22	14:50:12
泰国铢	20.03	19.41	20.19	20.81	20.11	2017-06-22	14:50:12
土耳其里拉	192.56	183.12	194.1	203.54	193.15	2017-06-22	14:50:12
新台币		21.67		23.37	22.44	2017-06-22	14:50:12
美元	681.96	676.36	684.7	684.7	681.97	2017-06-22	14:50:12

资料来源：中国银行上海分行网站，http://www.sh.bank-of-china.com

2. 从制定汇率的角度来分，可分为基础汇率和套算汇率

(1) 基础汇率。本国货币和某一关键货币之间的兑换比率为基本汇率。关键货币通常选择一种国际经济交易中最常使用、在外汇储备中所占的比重最大的可自由兑换的外国货币。

(2) 套算汇率。本国货币根据关键货币的比价，套算出对其他外国货币的汇率，这样得出的汇率就是套算汇率(Cross-Rate)，又称为交叉汇率。

计算交叉汇率的方法：① 买卖价交叉相除；② 买卖价同边相乘。

例：如外汇市场汇率为 EUR 1＝USD 1.229 1/1.230 8　USD 1＝CAD 1.013 0/1.020 2，USD 1＝CHF 1.085 3/1.088 5，求货币对 EUR/CAD、CAD/CHF 的汇率。

EUR/CAD：EUR 1 ＝CAD(1.229 1×1.013 0)/(1.230 8×1.020 2)

＝CAD 1.245 0/1.255 6

CAD/CHF：CAD 1 ＝CHF(1.085 3÷1.020 2)/(1.088 5÷1.013 0)

＝CHF 1.063 8/1.074 5

3. 从汇率制度角度来分，可分为固定汇率和浮动汇率

(1) 固定汇率。即外汇汇率基本固定，汇率的波动幅度被限制在一个较小的范围之内。

(2) 浮动汇率。它是指汇率随着外汇市场的供求变化而自由波动。汇率水平主要由外汇市场的供求状况决定，政府原则上没有义务进行干预。当前，由于政府对经济生活的干预日益加深，也在不同程度上对汇率水平进行管理和指导，我们将这种浮动汇率称为有管理的浮动汇率。

4. 从外汇交易支付通知方式角度来分，可分为电汇汇率、信汇汇率和票汇汇率

(1) 电汇汇率。电汇汇率是以电汇方式买卖外汇时使用的汇率。在电汇业务中，汇款人向汇出行交付本国货币，汇出行向汇款人卖出外汇后，汇出行通知其国外汇入行向收款人解付外汇。电汇以电报为传递工具，是国际资金转移中最为迅速的一种国际汇兑方式，由于银行不能利用客户资金，因而电汇汇率最高。电汇汇率是外汇市场上基本汇率。

(2) 信汇汇率。信汇汇率是在汇出行接受委托，向汇款人卖出外汇后，用信函方式通知付款地银行转汇给收款人的一种汇款方式。由于邮程需要时间较长，银行可在邮程期内利用客户的资金，因此信汇汇率较电汇汇率低。

(3) 票汇汇率。票汇汇率是指银行在卖出外汇时，开立一张由其国外分支机构或代理行付款的汇票交给汇款人，由其自带或寄往国外取款。由于票汇汇率从银行卖出外汇到支付外汇有一段间隔时间，银行可以在这段时间内占用客户的资金，所以票汇汇率一般比电汇汇率低。

5. 从外汇交易交割期限长短来分，可分为即期汇率和远期汇率

(1) 即期汇率，又称现汇汇率。它是指买卖外汇双方成交当天或两个营业日内进行交割时使用的汇率。

(2) 远期汇率。它是在未来一定时期进行交割，而事先由买卖双方签订合同，达成协议的汇率。到了交割日期，由协议双方按预订的汇率、金额进行交割。远期汇率与即期汇率相比是有差额的，这种差额叫远期差价。差额用升水、贴水和平价来表示。升水是表示远期汇率高于即期汇率，贴水则表示远期汇率低于即期汇率，平价表示两者相等。

6. 从汇率是否考虑物价变动来分，可分为名义汇率和实际汇率

(1) 名义汇率

名义汇率是用一种货币所能兑换的其他货币的数量来表示的该种货币的汇率。名义有效汇率(Nominal Effective Exchange Rate)是用若干其他国家货币数量的加权平均值来表示的某种货币的汇率。各种货币所占的权数取决于该国与各国经济往来的密切程度，以贸易权数为比重的经常被称为贸易加权汇率。在外汇市场上，一国货币对某种外币升值的同时也可能对另一种外币贬值，因此要准确地把握一国货币汇率在国际贸易中的总体竞争力和总体变动趋势，就必须使用有效汇率。

名义有效汇率的计算：首先，选定货币篮构成；其次，确定货币篮中每种货币的权重(如以贸易份额计)；最后，选定基期，确定基期有效汇率(通常为 100)。名义有效汇率的计算公式为：

$$e_t = e_0 \cdot \sum_{i=1}^{m} w_i \left[\frac{e(x_i / y)_t}{e(x_i / y)_0} \right] \tag{1-1}$$

式中，e_0 为基期有效汇率；w_i 为第 i 种货币的权重 $(i = 1, 2, 3, \cdots, m)$；$e(x_i/y)$ 为双边汇率。汇率用间接标价法，即用外币表示每单位测量货币的价值(目前国际清算银行、国际货币基金组织、国际经合组织的计算都采用间接标价法)。有效汇率上升，则反映该测量货币升值，则该国或该地区综合对外的竞争力将会下降。

假定，中国主要贸易对象为美国和日本，贸易额权重为 0.6 和 0.4，2005 年为基期，基期有效汇率为 100，2005 年底中间汇率为 USD 1＝CNY 8.070 2　JPY 100＝CNY 6.953 5，2009 年底中间汇率为 USD1＝CNY 6.826 8　JPY 100＝CNY 7.378 2，则 2009 年 12 月人民币名义有效汇率为：

$$e_t = 100 \times \left[0.6 \times \left(\frac{1/6.826\,8}{1/8.070\,2} \right) + 0.4 \times \left(\frac{1/7.378\,2}{1/6.953\,5} \right) \right] = 108.62$$

(2) 实际汇率

实际汇率是指以不变价格计算出来的某国货币的汇率。实际汇率比名义汇率更能真实地反映出一国货币在其他国家的购买力。实际有效汇率(Real Effective Exchange Rate)是用不变价格计算出来的有效汇率。对名义双边汇率根据两国的通货膨胀率进行调整可以得到实际双边汇率，从而计算出实际有效汇率。

1.3　汇率的决定基础

1.3.1　金本位制下汇率的决定基础

金本位制的发展经历了金币本位、金块本位和金汇兑本位三个阶段。金币本位制盛行于 19 世纪中期和 20 世纪初，以黄金的自由铸造、自由兑换和自由输出入为特点。在金币本位制度下，各国都规定金币的法定含金量。两种不同货币之间的比价，由它们各自的含金量对比来决定。以两种金属铸币含金量之比得到的汇价被称为铸币平价(Mint Parity)。

例如，1925—1931 年间，英国规定 1 英镑所含纯金数量为 7.322 38 克，美国立法规定 1 美元所含纯金数量是 1.504 63 克，1 英镑等于 4.866 5 美元，或者说 1 英镑所含的黄金量同 4.866 5 美元所含的黄金量相等。

市场汇率以铸币平价为中心上下波动，但波动幅度局限于黄金输送点所规定的范围内。

在金块本位和金汇兑本位制度下，由于黄金已经不再充当流通手段和支付手段，黄金的自由输出入已受到一定的限制，此时的汇率由法定的金平价——纸币的含金量来决定。汇率围绕着法定平价上下波动，其波动幅度由政府来决定和调控，政府通常会设立外汇平准基金来维持汇率的稳定。

1.3.2　纸币本位制度下汇率的决定基础

纸币本位制度下，纸币的价值基础就是纸币能够实现的购买力，即能够买到的商品和劳务的价值。购买力平价决定理论包括两部分，即绝对购买力平价理论和相对购买力平价理论。绝对购买力平价理论说明某一时点上汇率的决定因素，相对购买力平价理论则说明某一时期影响汇率的主要因素。

在纸币流通制度下，长期汇率是以两国货币代表的价值量为基础，但决定短期汇率的则是外汇市场的供求关系。外汇市场对短期汇率的决定过程如下：当外汇供不应求时，外汇汇率上升；当外汇供过于求时，则外汇汇率下跌；当外汇供求平衡时，外汇汇率达到均衡。

1.3.3　汇率决定理论介绍

1.3.3.1　购买力平价论

购买力平价论（Theory of Purchasing Power Parity，PPP）是一种历史非常悠久的汇率决定理论，它的理论渊源可以追溯到 16 世纪，对之进行系统阐述则是瑞典学者卡塞尔（G. Cassel）于 1922 年在其《1914 年以后的货币与外汇》（Money and Foreign Exchange after 1914）一书中完成的。购买力平价论的基本思想是：货币的价值在于其具有的购买力，因此不同货币之间的兑换比率取决于它们各自具有的购买力的对比，也就是汇率与各国的价格水平之间具有直接的联系。

1. 购买力平价论的主要内容

（1）绝对购买力平价

绝对购买力平价（Absolute Purchasing Power Parity）是指在某一时点上，两国的一般物价水平之比决定两国货币间的比率。绝对购买力平价的前提包括：第一，对于任何一种可贸易商品，一价定律都成立；第二，在两国物价指数的编制中，各种可贸易商品所占的权重相等。由于货币的购买力可表示为一般物价水平（通常以物价指数表示）的倒数，绝对购买力平价的公式可表示为：

$$e = \frac{\sum P_{\mathrm{a}}}{\sum P_{\mathrm{b}}} \tag{1-2}$$

式中，e 为绝对购买力平价形式下两国间的汇率，$\sum P_{\mathrm{a}}$ 与 $\sum P_{\mathrm{b}}$ 分别表示 A 国和 B 国的一般物价水平。

（2）相对购买力平价

相对购买力平价（Relative Purchasing Power Parity）说指出，在一定时期内，在其他条件不变的情况下，若本国通货膨胀率高于外国通货膨胀率，外币价格上升，本币价格下跌；反之，若本国通货膨胀率低于外国通货膨胀率，则本币价格上升，外币价格下跌。

相对购买力平价从动态的角度考察汇率的变动。相对购买力平价是指在一定时期内，汇率的变化与该时期两国物价水平的相对变化成比例。若用 e_0 代表过去或基期的汇率，e_1

代表物价水平变动后的两国新汇率，P_a^1/P_a^0 和 P_b^1/P_b^0 分别表示 A、B 两国的物价水平变动率或通货膨胀率，则由相对购买力平价决定汇率的公式可以表示为：

$$e_1 = e_0 \times \frac{P_a^1/P_a^0}{P_b^1/P_b^0} \tag{1-3}$$

2. 购买力平价论的评价

购买力平价论的合理性主要表现为：该理论通过物价与货币购买力的关系去论证汇率的决定及其基础，这在研究方向上是正确的。该理论直接把通货膨胀因素引入汇率决定的基础之中，这在物价剧烈波动、通货膨胀日趋严重的情况下，有助于合理地反映两国货币的对外价值。把物价水平与汇率相联系，这对讨论一国汇率政策与发展出口贸易具有参考意义。

购买力平价理论的缺陷主要表现在：该理论把货币所代表的价值看成是由纸币的购买力决定的，这种本末倒置的认识使得该理论无法揭示汇率的本质。该理论强调货币数量或货币购买力对汇率变动的影响，而忽视了生产成本、投资储蓄、国民收入、资本流动、贸易条件以及政治形势等对汇率变动的影响。显然，货币的购买力只是影响汇率变动的重要因素之一，而不是全部。

专栏 1-1　一价定律(The Law of One Price)

一价定律认为在开放的经济条件下，相同的商品在所有市场上价格是相同的，即：$P_i = eP_i^*$。其中，P_i 表示国内物价水平，P_i^* 表示国外物价水平，e 表示直接标价的汇率。

该理论的前提条件是：位于不同地区的该商品是同质的，该商品的价格能灵活地进行调整，不存在交易成本。

当某一商品在不同地区的价格存在差异时，就有可能引起套利活动的发生，不同地区间的价格差异可以通过套利活动消除。

但值得注意的是：商品可以分成可贸易商品(tradable goods)和不可贸易商品(nontradable goods)，如果是前者，不同地区间的价格差异可通过套利活动消除；如果是后者，不同地区间的价格差异无法通过套利活动消除。

资料来源：保罗·R.克鲁格曼，茅瑞斯·奥伯斯法尔德.国际经济学理论与政策(下).北京：中国人民大学出版社，2006.

1.3.3.2　利率平价论

在开放经济条件下，一国与他国的金融市场之间的联系更为紧密，国际资本流动的发展使汇率与金融市场上的利率之间也存在着密切的关系。从金融市场角度分析汇率与利率所存在的关系，就是汇率的利率平价论(Theory of Interest-Rate Parity)。利率平价论的基本思想可追溯到 19 世纪下半叶，对该理论的完整阐述由凯恩斯(J. M. Keynes)于 1923 年在其《货币改革论》一书中完成，并由其他经济学家进一步发展。

1. 利率平价论的主要内容

利率平价论可分为抵补性利率平价与非抵补性利率平价两种，下面分别进行介绍。

(1) 抵补利率平价(Covered Interest Rate Parity,CIP)

抵补利率平价反映的是在均衡状态下,由抵补套利行为所导致的远期汇率与利率差的关系。该理论的基本假设为:① 存在发达的国际金融市场;② 所有国际投资者或借款者都厌恶风险;③ 套利活动的交易成本为零;④ 套利资金的供给弹性无穷大;⑤ 每个国家只有一种金融资产,即不考察多种金融资产之间的差异等。

我们知道,要使两国的投资收益相等,远期汇率必然达到一定水平。设 S_t、F_t、i_t 和 i'_t 为 t 期时的即期汇率、远期汇率、本国利率和外国利率,则:

$$(1+i_t)=\frac{F_t(1+i'_t)}{S_t} \tag{1-4}$$

如果式(1-4)左边大于右边,则套汇资金会不断内流,致使即期汇率(S_t)下降,即本币升值或外币贬值,同时远期汇率(F_t)上升,即外币远期升水;反之,资金外流,致使即期汇率(S_t)上升,同时远期汇率下降,即外币远期贴水。式(1-4)可变换成:

$$\frac{F_t-S_t}{S_t}=\frac{i_t-i'_t}{1+i'_t} \tag{1-5}$$

式(1-5)中等式右边 $\left(\frac{1}{1+i_t}\right)\approx 1$,可以忽略不计。那么式(1-5)可以简化为:

$$\frac{F_t-S_t}{S_t}=i_t-i'_t \tag{1-6}$$

式(1-6)即抵补利率平价关系。它说明在均衡状态下,远期升水率或贴水率应等于两国利率之差。

(2) 非抵补利率平价(Uncovered Interest Rate Parity,UIP)

非抵补套利行为与抵补套利行为的差别在于前者在将资金由低利货币调往高利货币时并不做反方向的操作,即对其未来的投资收益不进行保值。这时,将未来国外的投资收益折算成本币所采用的汇率就不是远期汇率,而是未来的即期汇率(设为 F^e)。这个汇率也就是人们预期的未来汇率水平,于是:

$$(1+i_t)=\frac{F^e(1+i'_t)}{S_t} \tag{1-7}$$

经过变换,可得:

$$\frac{F^e-S_t}{S_t}=i_t-i'_t \tag{1-8}$$

式(1-8)即非抵补利率平价关系,它说明预期的汇率变化等于两国利率之差。

2. 利率平价论的评价

利率平价论描述出了汇率与利率之间存在的关系。汇率与利率之间是相互作用的,不仅利率的差异会影响到汇率的变动,汇率的改变也会通过资金流动而影响不同市场上的资金供求关系进而影响到利率。更为重要的是,利率和汇率可能同时受更为基本的因素(如货币供求等)的作用而发生变化,利率平价只是在这一变化过程中表现出来的利率与汇率两者间的联系。抵补利率平价理论从资产市场的角度研究远期汇率的决定问题,说明远期汇率取决于两国货币的相对收益,具有重要的理论意义和现实意义。从理论上看,非抵补利率平价将研究对象从远期汇率扩展到即期汇率,许多新汇率理论都在一定程度上沿用了它的研究方法或直接以它作为研究的起点。

利率平价论也存在明显的局限性。首先，它的完全充分流动的金融市场的假定，在现实生活中是不具备的；其次，它对金融资产完全替代性的假定在现实生活中也不存在，在现实生活中不同金融资产的流动性、风险程度和收益率等都有明显差异；最后，该理论强调利率差在汇率决定中的作用，相对忽视了其他因素对汇率的影响，具有一定程度的片面性。事实上，交易成本、外汇控制、资本流动限制以及汇率风险都在不同程度上影响着人们的套利动机和行为。

1.3.3.3 货币主义的汇率理论

汇率理论（Monetary Approach）的货币分析法形成于20世纪70年代中期，是由以美国芝加哥大学亨利·约翰逊为首的一批经济学家倡导的，并由弗兰克（Frenkel）等加以系统阐述的。该理论的基本研究方法是把货币数量论与购买力平价理论结合起来分析汇率决定和变动的主要原因。该理论是在绝对购买力平价基础上强调货币市场在汇率决定过程中的作用，把汇率看成是两国货币的相对价格，而不是两国产品的相对价格。汇率是由货币市场上存量均衡条件决定的，即由各国货币供给与需求的存量均衡决定的。

1. 货币主义汇率理论的基本假定

（1）存在自由的资本市场和较强的资本流动性，使国内外资产具有充分的替代性；

（2）存在有效的市场，使人们对未来汇率的预期可以强烈地影响汇率；

（3）存在充分的国际资金和商品套购套买活动，使“一价定律”得以实现，并且各国的名义利率将等于实际利率加预期通货膨胀率，各国的实际利率也将是相同的；

（4）市场参与者能够根据信息和理论模式对汇率作出合理的预测。

2. 基本公式与内容

货币主义汇率理论基本公式的数学推导过程主要是：

$$P = eP^* \tag{1-9}$$

式（1－9）是“一价定律”的数学表达式。式中，P 代表贸易商品的本国价格；P^* 代表同一商品用他国货币表示的价格；e 代表汇率。

本国物价水平必然满足货币市场的均衡条件，即：

$$M_{dr} = \frac{M_s}{P} \tag{1-10}$$

式中，M_{dr} 是对实际货币存量的需求；M_s 是货币供给（名义）存量。根据式（1－10），可得到国内外的物价水平 P 和 P^*：

$$P = \frac{M_s}{M_{dr}} \tag{1-11}$$

$$P^* = \frac{M_s^*}{M_{dr}^*} \tag{1-12}$$

式中，带“＊”号的字母表示他国的变量。将式（1－11）和式（1－12）代入式（1－9）中得到：

$$e = \frac{M_s/M_{dr}}{M_s^*/M_{dr}^*} \tag{1-13}$$

根据货币数量论的国际收支调节分析法，对实际货币存量的需求取决于实际收入（Y）

和名义利率(i)。假设实际货币存量的需求函数为:

$$M_{\mathrm{dr}} = K \times \frac{Y}{i} \tag{1-14}$$

同理:

$$M_{\mathrm{dr}}^{*} = K^{*} \times \frac{Y^{*}}{i^{*}} \tag{1-15}$$

将式(1-14)和式(1-15)代入式(1-13)可得:

$$e = \frac{K^{*}}{K} \times \frac{M_{\mathrm{s}}}{M_{\mathrm{s}}^{*}} \times \frac{Y^{*}}{Y} \times \frac{i}{i^{*}} \tag{1-16}$$

式(1-16)表示,汇率等于本国与外国货币供给存量之比乘以本国与外国实际收入之比、乘以本国与外国名义利率之比,再乘以一个常数因子 K^{*}/K。

根据假定,名义利率等于实际利率(i_{r})加上预期的通货膨胀率 P^{e},亦称通货膨胀贴水,则有:

$$i = i_{\mathrm{r}} + P^{\mathrm{e}} \text{ 和 } i^{*} = i_{\mathrm{r}}^{*} + P^{\mathrm{e}*} \tag{1-17}$$

将式(1-17)代入式(1-16),便可得到反映货币主义汇率理论的数学表达式:

$$e = \frac{K^{*}}{K} \times \frac{M_{\mathrm{s}}}{M_{\mathrm{s}}^{*}} \times \frac{Y^{*}}{Y} \times \frac{i_{\mathrm{r}} + P^{\mathrm{e}}}{i_{\mathrm{r}}^{*} + P^{\mathrm{e}*}} \tag{1-18}$$

式(1-18)表明一国汇率的变动取决于三个方面的因素:一是本国货币供给存量相对于外国货币供给存量的变化;二是外国实际收入相对于本国实际收入的变化;三是本国预期的通货膨胀率相对于外国预期的通货膨胀率的变化。

3. 货币主义汇率理论的评价

货币分析法对汇率的研究突破了传统理论将汇率变动的效应局限于国际收支的范围,提出了汇率决定的货币存量——流量分析框架,并深入到货币政策的制定与协调问题,突出强调了货币因素在汇率决定过程中的作用。该理论指出,一国的货币政策和通货膨胀水平与该国的货币汇率走势直接相关,这正是20世纪70年代实行浮动汇率制后,一些西方国家货币汇率不断下跌的主要原因。

货币主义汇率理论的不足之处主要是:在探讨汇率变动的原因时,只偏重于一国国民总收入,或货币市场总量均衡状态下的汇率行为,而对社会经济内部的结构及其变化对汇率的影响则没有作进一步的研究。

4. 货币主义汇率理论的发展:汇率超调模型

货币主义汇率理论假定所有市场都能够瞬时进行调节,多恩布什(Dornbusch)于1976年对这一假定作了重大修正并提出了价格黏性货币分析模型(Sticky-Price Monetary Model)。该模型强调商品市场和金融市场调整速度的不对称性:金融市场的调整可在瞬间进行,而商品市场的调整由于价格黏性的假定,即价格不能完全、自由、迅速地调整、短期内产出不变,因此是缓慢的。其结论是在发生外生正向冲击(Positive Exogenous Shock)如货币供应量突然增加的情况下,由于金融市场的调整速度快于商品市场,也就是说汇率和利率迅速进行调整,但商品价格的调整较缓慢,短期内汇率会过度调整(Overshooting),超出其长期均衡所要求的幅度。

由于该模型的结论突出了汇率超调现象,故又被称为汇率超调模型(Exchange Rate

Overshooting Model)。弗伦克尔等对该模型进行了拓展，得出结论：在发生外生冲击的情况下，汇率是否超调取决于资本流动度、预期形成的方式、产出的可变性、价格行为、货币政策的性质、货币需求的利率弹性等因素。

该模型从理论上说明了浮动汇率制的缺点即汇率超调——汇率变动率大于货币供给变动率。其政策含义是主张政府加强对经济运行特别是资本流动的干预，或以某种形式的固定汇率制取代纯粹的浮动汇率制。

1.3.3.4 资产组合平衡理论

资产组合平衡理论（The Portfolio Balance Approach）出现于 20 世纪 70 年代中后期。1975 年，伯莱森（W. Branson）提出了一个初步模型，后经霍尔特纳（H. Halttune）和梅森（P. Masson）等人进一步充实和修正。资产组合平衡理论强调财富和资产结构平衡在汇率决定过程中的作用，并认为汇率作为一般均衡体系的一部分由所有市场的相互作用所决定。

1. 资产组合平衡理论的基本假定

一国的资产种类结构归纳后可以分为三类：本国货币、本币资产和外币资产。国际金融市场的一体化和各国资产之间的高度替代性，使一国居民既可持有本国货币和各种证券作为资产，又可持有外国的各种资产。货币可自由兑换，不同资产资金可以自由流动，对利率和汇率非常敏感。

2. 资产组合平衡理论的基本内容

资产组合平衡理论把汇率看成是由货币因素和实际经济因素诱发的资产调节与资产评价过程共同决定的。它认为一旦利率、货币供给量、居民愿意持有的资产种类等发生变化，居民原有的资产组合就会失衡，进而引起各国资产之间的替换，促使资本在国际上流动。国际上的资产替换和资本流动，势必会影响外汇供求，导致汇率的变动。该理论可用下列简化方程式表达：

$$M_0 = h(r, r^*)W_e \tag{1-19}$$

$$B = i(r, r^*)W_e \tag{1-20}$$

$$eB^* = j(r, r^*)W_e \tag{1-21}$$

$$W_e = M_0 + eB^* + B_d \tag{1-22}$$

式(1-19)的含义是：本国财富持有者在其财富总额(W_e)中，愿意以本国货币形式(M_0)持有财富的比率 h，是本国利率(r)和外国利率(r^*)的反比函数，即它会因本国与外国的利率下降而上升，或因本国与外国的利率上升而下降。

式(1-20)的含义是：本国财富持有者以本国债券形式(B_d)持有的财富在其总财富中所占的比率 i，是本国利率的正比函数、外国利率的反比函数，即它随本国利率的提高而上升，随外国利率的提高而下降，不然则相反公式。

式(1-21)的含义是：本国财富持有者以外国债券形式(eB^*，其中 e 为汇率，eB^* 为以本币表示的外国债券的价值)持有的财富在其总财富中所占的比率 j，是外国利率的正比函数、本国利率的反比函数，即它随外国利率的提高而上升，随本国利率的提高而下降，不然则相反公式。

式(1-22)的含义是：本国财富持有者以本币表示的财富总额，由本币数量(M_0)、外国资产(eB^*)和本国债券(B_d)三部分构成。

$h+i+j=1$，即所有财富中三种资产各占比之和为 1。

将式(1-19)、(1-20)代入式(1-22),整理后,得到式(1-23):

$$e=\frac{W_e}{B^*}[1-i(r,r^*)-h(r,r^*)] \tag{1-23}$$

根据式(1-23),汇率变化与W_e、r^*正相关,与B^*、r负相关。

上述分析表明,人们通常都将拥有的金融财富分布于可供选择的本币、本国债券和外国债券等资产之中。人们将这些资产进行组合的方式,主要取决于它们的收益大小。当国内货币供给、利率水平和国内外债券发行量等因素发生变化时,就会提高或降低不同资产的实际收益,打破原有的资产组合平衡,进而促使资产进行新的组合。为达到新的资产组合平衡,汇率也会发生相应的变动。

如中央银行在国内国债市场上买进国债,增加货币供应量时,国内债券价格上升,货币市场利率下跌,投资者会增加国外债券的购买,在外汇市场导致汇率上升(本币贬值),汇率上升有利于贸易收支盈余,国内外汇资产不断增加,又会导致汇率下跌(本币升值)。

3. 资产组合平衡理论的评价

资产组合平衡理论在分析货币市场失衡对汇率的影响的同时,结合经常项目失衡对汇率的影响,对更全面地分析汇率变化具有积极意义。同时,该理论提出的假定,如各国资产间的"高度"替代性,而不是"完全"替代性等,更具有现实性。在资本流动规模巨大且频繁的今天,该理论对预期汇率的短期波动具有很大的作用。

但是,该理论也存在着明显的不足,对金融市场不发达、外汇管制较严的国家及汇率弹性不大的国家而言,应用时很有局限。该理论运用存量分析,忽略了国际经济中流量变动对于汇率变化的影响。另外,模型在实证方面也存在资料收集困难的问题。

1.4 汇率的变动

1.4.1 影响汇率变动的主要因素

一国汇率的变动受到国内外诸多因素的影响,且各种因素又相互联系,相互制约。随着世界经济形势的不断变化,对汇率起决定性影响的因素也会不断发生变化。下面仅就影响汇率变动的长期和短期主要因素进行进一步分析。

1. 国际收支

国际收支反映一国对外经济活动的全部外汇收支状态。当一国的国际收支出现顺差时,短期内,在外汇市场上,对该国货币的需求增加与外国货币的供应增加,使该国货币的汇率上升。反之,当一国国际收支发生逆差,则外汇市场上,本币的需求小于供给,该国货币的汇率就会下降。

长期来看,国际收支变化影响汇率的变动,还应该关注国际收支结构变化,特别是经常项目的动态变化。国际收支中的经常项目不仅影响外汇的供求,更重要的是它在很大程度上反映了一国产品对外竞争能力的强弱,所以它一直是影响汇率的最主要的内容之一,一国长期的不断增大的经常项目逆差,必定会导致本国货币汇率持续下降。

国际收支中资本项目的差额,会在短期内对汇率产生直接的影响。在国际一体化较强的外汇市场上,一般而言,资本流出时,要将本国货币兑换成外国货币,则本国货币汇率下降；相反，当出现资本流入时，本国货币汇率则会上升。

2. 通货膨胀率

在纸币流通制度下，两种货币之间的比率，是由各自所代表的对内价值的多少来决定的。货币的对内价值就是该货币在法定流通区域内的购买力大小。通货膨胀发生后货币所代表的对内价值下降，导致汇价下跌。

通货膨胀率对汇率变动可以通过进出口贸易变化和资本流动的变化产生影响。一国发生通货膨胀，出口商品的成本相对提高，将会引起出口的下降；而进口商品则显得相对较为便宜，这就容易刺激进口商品的增加。这些变化将使一国的贸易收支恶化，并对外汇市场上的供求产生影响，促使货币汇率下降。另外，如果一国的通胀率高于其他国家，名义利率保持不变时，则该国的实际利率下降，导致短期资金流出，在外汇市场上本国货币汇率下降。

因而，持续的通货膨胀率的差异将长期影响两种货币汇率的走势，汇率会向其实际购买力所决定的价值水平回归。

3. 相对利率水平

利率作为货币市场的价格，与各种金融资产的价格、成本和利润紧密相关。相对利率水平的高低会影响一国金融资产的对外吸引力，会直接引起国际上套利资本的流动，使外汇市场出现供求变化，从而导致汇率的波动。

一般来说，一国信贷紧缩，利率上升，吸引资本流入，该国的货币升值；反之，则该国的货币贬值。但特别值得注意的是，短期资金在不同货币间流动时，除了受利率影响，还要考虑汇率的变动。当国际利差导致套利资金流动促使汇率变化后，汇率的变动往往会反过来遏制资金的进一步流动。只有综合分析一国的利率和汇率的预期变动率之后存在有利可图时，才会引起资金的流动。

在短期内，相对利率水平的不同对汇率变动的影响较为明显。

4. 经济增长率

一国持续保持较好的经济增长率，对该国货币汇率的上升，其影响是长期的。但就短期而言，一国实际经济增长率与汇率的变动有着复杂的关系。

首先，经济增长率的差异会对进出口贸易产生影响。如果一国的经济是依靠内需拉动的，则出口基本保持不变，经济的高速增长会刺激总需求并增加该国的进口，导致贸易逆差，则该国货币汇率趋于下跌。如果一国的经济是出口导向型的，经济的高速增长受到出口竞争能力提高和出口规模扩大的推动，出口的增长超过进口，经常项目就可能维持顺差，该国的汇率也将趋于上升。

其次，一国经济增长较快，可能意味着国内存在较多的投资机会和较高的利润回报率，这必然会吸引更多的外国投资资金的进入，资本项目的顺差会使外汇市场本国货币汇率上升。

最后，经济增长过程中实现劳动生产率逐步提高和产业结构的不断完善，一国的综合竞争力不断增强，从而为本国货币价值的上升提供有力的支持。

5. 财政政策

政府的财政赤字状况经常被用作进行汇率预测的指标。一国庞大的财政赤字意味着政府开支过度，会导致通货膨胀的加剧和经常项目的逆差，国内经济增长的持续性会受到很大挑战，最后出现债务偿付无法按期实现，汇率必然有下调的压力。

相反，财政紧缩能降低债务水平，对本国货币汇率会起到支持作用。债务水平的降低减少了该国经济面临外部冲击的风险，从而降低本币的汇率风险。政府债务存量的下降也降低了人们对最终债务货币化的预期,减少未来的通货膨胀压力。财政收紧政策在短期内会引起本国货币汇率上升。

但是,一国在一定时期内,财政政策经常与货币政策、投资政策、贸易政策等交织在一起,共同对汇率产生作用。譬如宽松财政政策配合紧缩货币政策,往往会导致一定时期内汇率升值,因为财政扩张会提高国内需求,总需求水平的上升就会产生更大的货币需求,而紧缩的货币政策限制货币供给,因此货币利率提高,高利率又会吸引资本流入,弥补经常账户,维持该国货币汇率的稳定。如果政府在紧缩财政的同时,采取相对宽松的货币政策,则紧缩性的财政政策会抑制总需求,引起货币利率水平的下降。出现资金外流时,往往造成短期汇率贬值,这样经常项目将逐步得到改善。

6. 中央银行干预

无论在固定汇率制度下还是在浮动汇率制度下,中央银行都会对外汇市场进行主动或被动、程度或大或小的干预。出于宏观经济调控和稳定经济发展的需要,各国政府往往会发表导向性的言论或与其他国家一起采取联合行动,对外汇市场进行干预。中央银行作为外汇市场的参与者,可以利用所拥有的外汇储备在外汇市场上买卖货币,因此对汇率变化的影响最为直接,效果也较为明显。中央银行持有的外汇储备和借款能力可以表明一国干预外汇市场和维持汇价的能力,而且对稳定汇率具有心理上的作用。当然,中央银行干预只在短期内对汇率产生影响,无法从根本上改变汇率趋势性走势。

7. 市场心理预期

外汇市场上,心理预期能对汇率变化产生重大影响。目前,国际金融市场上存在数额巨大的短期游资,这些资金根据各种信息和投机者对汇率变化的预期,在短期内快速从一种货币向另一种货币流动,以获取投机利润,引发汇率波动。外汇市场上由于心理预期的变化,如果出现集中性抛售某一货币,该货币会出现大幅贬值。

如果外汇市场是一个有效市场,即汇率水平充分反映了所有可获取的信息,市场就能根据这些信息形成对汇率的合理预期,这样市场汇价就会围绕长期均衡汇率波动。一旦市场汇价偏离长期均衡汇率,投机者就会迅速作出反应,推动汇价回复到均衡水平。但是合理预期的形成要有两个前提条件:第一,要求市场能够得到充分的信息;第二,要求投资者能够综合理解这些信息的含义,并作出正确的判断。事实上,这两点很难做到。外汇市场上经常发生的是价格偏离均衡并不断强化的变动,扩大了外汇市场汇率的波动幅度。

1.4.2 汇率变动的经济影响

汇率变动受到上述多种因素的影响,但同时,汇率的变动反过来又对国际经济正常发展、一国的国际收支和经济运行等都产生直接的影响。以下就汇率变动所产生的主要影响进行具体分析。

1. 汇率变动对进出口贸易的影响

一般来说,一国货币汇率的高低,与一国贸易商品的竞争力有密切的联系,本币汇率的贬值有利于增加出口限制进口,改善贸易收支。在其他条件不变的情况下,汇率下调后,该国出口商品的外币价格随之下降,则对其出口商品的需求就会增加,有利于扩大出口规模;本币汇率下调,在短期内原定出口商品的外币价格没有立即下浮,那么出口商在国际市场上销售同样商品所获得的外汇,可以换取更多的本币,出口商的利润就会增加,也能起到刺激出口的作用。相反,本币贬值后,外国进口商品的本币价格会上升,该国对进口商品的需求会受到抑制，商品进口的规模趋于减少。汇率贬值对改善一国贸易状况具有直接效应。

但是，本币汇率贬值对贸易收支的实际影响，还需要考虑进出口商品在国际市场上的弹性。也就是说，货币汇率的贬值最终能否改善一国的贸易收支，取决于进出口商品的供给弹性和需求弹性。

需求弹性，就是商品单位价格的变动所引起的单位进出口商品需求数量的变动，用公式表示即为：

$$\varepsilon = \frac{\Delta Q_d / Q_d}{\Delta P / P}$$

供给弹性，就是商品单位价格变动所引起的单位进出口商品供给数量的变动，供给弹性 η 可用公式表示为：

$$\eta = \frac{\Delta Q_s / Q_s}{\Delta P / P}$$

上述公式中，Q_s、Q_d 和 P 分别代表商品的供给数量、需求数量和价格。

从出口商品的角度看，一国汇率下跌会导致出口产品的外币价格下降，如果出口商品的需求弹性 ε_x 足够大，就意味着贬值会引起对该国出口商品更多的需求，在这种情况下，如果出口商品的供给弹性也足够大，则意味着该国能够组织闲置的生产资源，顺应需求以扩大生产，那么汇率的贬值就会起到推动出口的作用。

从进口商品的角度看，汇率贬值引起进口商品的本币价格上升，如果进口商品的需求弹性 ε_m 足够大，该国对进口商品的需求就会大幅减少，外国供应商或者减少生产或者降低价格，有助于抑制进口。

由此可见，贬值的效果要看进出口商品的供给和需求弹性的大小。假定商品的供给具有完全的弹性，那么贬值的效果就取决于进出口商品的需求弹性。只有进口商品的需求弹性同出口商品的需求弹性之和大于1，即 $\varepsilon_x + \varepsilon_m > 1$，贬值才能改善贸易收支，这就是著名的“马歇尔-勒纳条件”。

另外，即使进出口商品的需求弹性满足“马歇尔-勒纳条件”，从一国汇率贬值到贸易收支的改善往往有一个“时滞”。

汇率下跌后，该国出口商品的外币价格下降，但外国对其出口商品的需求并不会立即增加，而本国企业调整生产、组织供给也要有一个过程，所以出口的增长会有一个时滞。同时，该国进口商品的数量不会因贬值而马上减少，原先已签署的进口合同仍须履行。这样，在汇率下调的初期，出口商品的外币价格下跌而出口数量增加缓慢，进口商品未见减少，因此，在汇率贬值的初期贸易收支反而进一步恶化。只有经过一段时间的调整之后，出口不断扩大，进口减少，贸易收支才能得以改善。汇率贬值对贸易收支改善的滞后影响，其过程像英文字母J，因而被称为“J曲线效应”。

在图1-1中，t 代表时间，B 代表贸易差额。在 t_1 处是贸易逆差，采取汇率贬值。从 t_1 到 t_2 阶段，贸易逆差进一步加大，从 t_2 到 t_3 阶段，贸易逆差开始改善。

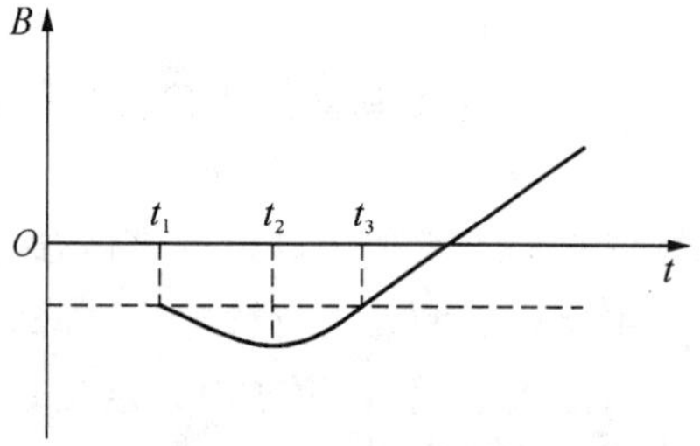

图1-1　J曲线效应

2. 汇率变动对资本流动的影响

国际资本流动遵循的是风险和收益的原则，即在保证安全的前提下，在外汇市场上，国际资本在各种国际货币之间流动，追求资本的增值。尤其是国际短期资本的流动更是如此。在金融市场较为发达、货币兑换限制较少的国家或地区，由于汇率贬值后，以本币表示的各种金融资产的相对价格下降，投资者为避免损失会将资金调往国外，在外汇市场上把该国货币换成其他外币，这会加大该国货币进一步贬值的预期；另外，货币贬值会加大通货膨胀的压力，从而影响该国金融资产的实际收益率。因此，在贬值后的一段时期内，往往容易造成短期资本净流出的局面。

外国直接投资的变动主要取决于一些长期因素，但汇率波动对这些投资决策也会产生一定影响。当汇率贬值时可以鼓励外国直接投资资金的进入，由于投资成本降低，外国投资者会较多地收购土地和其他已经存在的资产，以获取资本利得。如果实际汇率能够持续地被低估，外国资本就会提高绿地投资的比重，寻求与更为廉价的生产要素相结合。汇率贬值对直接投资也有不利的影响，投资本金和收益返回或会计报表合并时，就会出现损失。另外，外国直接投资中有部分是为了规避关税，而如果汇率贬值改善一国的贸易平衡，有可能使贸易保护主义措施放松，并由此减弱关税规避的动机，减少外资流入。

3. 汇率变动对国内物价水平的影响

一国货币汇率变动对国内经济最为直接的就是影响物价。汇率变动，通过影响进出口商品的价格，会对一国物价总水平产生影响。一般而言，汇价坚挺，进口商品显得较为便宜，有助于抑制国内的通胀水平；而汇率贬值则有推动国内物价总水平上涨的倾向。

一国货币贬值，有利于扩大出口，减少进口，在国内生产能力已经较为充分利用或者国内资源较为有限的情况下，就会加剧国内市场的供需矛盾。若此时出口的产品也是国内短缺的物资，就会进一步引起国内相关产品的价格上涨。

汇率下跌后，进口商品的本币价格立刻提高，由于示范效应，会引起国内同类商品的价格上涨。另外，如果设备或原料是该国必须从国外进口的，国内市场缺乏替代品，那么投入品价格的上升，也会导致相关制成品的价格上涨。

最后，如果一国发生严重的通胀，汇率的贬值往往会迅速传导到国内要素和产出价格中，那么从实际汇率的角度看，贬值是无效的。在这种情况下，贬值只能加剧国内的通货膨胀水平，反过来又会使本币汇率遭受新一轮贬值的压力。

4. 汇率变动对经济增长的影响

汇率贬值如果有效地增加了一国的出口规模，就会带动经济增长和国民收入的增加。贸易乘数理论告诉我们，因为出口收入增加后，会带来国内消费和储蓄的增加，只有边际储蓄倾向 MPS 和边际进口倾向 MPM 之和小于 1，即只要增加的出口收入中有一部分用于本国产品的消费，那么出口收入的增加就会引起国民收入成倍的增长，其倍数为 $1/(MPS+MPM)$。但是，值得注意的是，贸易乘数引起国民收入倍增的条件是，国内必须有大量闲置资源以供扩大生产。如果一国的闲置资源有限，或者该国本身资源短缺，则其生产能力对外依赖严重，那么汇率贬值，提高了进口原材料价格，使企业生产成本上升，反而会阻碍该国的经济增长。

另外，如果汇率贬值导致本国出口增加，进口减少，而贸易伙伴国的出口收入减少，会抑制进口的继续增加，那么汇率贬值引起的出口增加就无法持续。

最后，汇率贬值一方面使本国货币购买外币金融资产和商品的能力萎缩；另一方面使偿债负担加重，如果一国的对外负债较为沉重，货币贬值后，偿还相同数额的外债会需要更多的本国货币。两者都会引起国内总需求的下降。

5. 汇率变动对产业结构的影响

一国货币贬值后，有助于提高本国产品的国际竞争力。对于出口产品而言，有利于企业扩大出口规模，增加利润，抢占国际市场；而贬值造成进口商品的国内销售价格上升，会使一部分需求由进口商品转向国内商品，提高国内同类产品对进口产品的竞争能力，有助于一国实现进口替代战略。

但是汇率贬值也会带来一些问题，它鼓励高成本低效益的出口产品和进口替代品的生产，在一定程度上保护了落后的产能，扭曲了资源配置的功能。同时，一些国际市场上的先进技术和原材料由于过分昂贵，加重了企业的负担，不利于本国产业升级和劳动生产率的提高。

近年来，在全球经济一体化过程中，由于汇率波动过于频繁或波动幅度过大，特别是世界主要货币的汇率的不稳定，使汇率风险不断加大，已严重影响了世界经济的正常有序发展，因此各国应加强合作，促进汇率稳定。

专栏 1－2　离岸人民币和在岸人民币的区别

随着资本账户开放不断推进，以及人民币国际化逐步发展，离岸人民币市场规模不断扩大。人民币离岸业务是指在中国境外经营人民币的存放款业务，交易双方均为非居民的业务称为离岸金融业务。

在岸人民币(CNY)市场发展时间长、规模大，但所受管制较多，央行是外汇市场的重要参与者，意味着在岸人民币汇率受央行的政策影响较大。

离岸人民币(CNH)市场发展时间短、规模较小，但受限较少，受国际因素，特别是海外经济金融局势的影响较多，更充分地反映了市场对人民币的供给与需求。

两个市场的参与者、价格形成机制，以及交易量方面都有较大差别：

首先，离岸市场人民币汇率对超预期的经济数据反应更强烈。当经济数据超预期时，汇率会第一时间反映市场对经济预期的调整。

其次，离岸和在岸两地流动性差异会影响人民币汇率差价。当离岸人民币市场中人民币的流动性恶化时，离岸人民币升值压力上升，当 CNH 比 CNY 强时，价差上升，反之亦然。另一方面，当离岸人民币市场中美元的流动性恶化时，离岸人民币贬值压力上升，价差或下降。

再次，国际金融市场的冲击，尤其是海外投资者风险偏好的变化，对离岸市场的人民币汇率影响更大，因其与国际金融市场的联系更紧密，而在岸市场因为存在管制，对这些冲击不那么敏感。因此，在国际金融市场较动荡的时候，在岸和离岸汇率通常也会出现较明显的价差。

但是，人民币汇率的定价权还是在国内，所以虽然境内外汇率有可能会有价差，但价差不会太大，太大的价差维持不了太长时间。这是因为在目前人民币跨境结算比较便利的背景下，如果境内外存在价差，境内客户可以采用人民币跨境结算方式，选择更好的境外汇率进行结汇和售汇，这样的套利交易会导致境内外汇差空间被抹平。

资料来源：http://forex.cngold.org/school/c5092285.html

本章概要

外汇有动态和静态之分。动态外汇是指把一国货币兑换成另一国货币以清偿国际债权债务关系的过程，静态外汇是指以外币表示的可用于国际清算的一切支付手段和资产。

汇率是指两种不同货币之间的兑换比率。汇率标价方法有直接标价法、间接标价法和美元标价法。汇率按不同的标准可分成买入汇率与卖出汇率、基础汇率与套算汇率、即期汇率与远期汇率、固定汇率与浮动汇率、实际汇率与名义汇率等。

汇率决定的基础是两国货币价值的对比，但在不同国际货币制度下汇率的决定基础不同。汇率决定理论主要有购买力平价论、利率平价论、货币主义汇率理论、资产组合平衡理论等。

影响汇率变动的主要因素有国际收支、通货膨胀率、相对利率水平、经济增长率、财政政策、中央银行干预以及市场心理预期；反过来，汇率的变动也会对一国的进出口贸易、资本流动、物价水平和经济增长等产生影响。

关键术语

外汇、直接标价法、间接标价法、基础汇率、套算汇率、即期汇率、远期汇率、固定汇率、浮动汇率、名义有效汇率、实际有效汇率、铸币平价、黄金输送点

复习题

1. 试述外汇、汇率的基本含义。
2. 什么是买入汇率和卖出汇率？请举例说明。
3. 金币本位制下，黄金输送点是如何影响汇率波动的？
4. 浮动汇率制下如何比较两国货币的价值？
5. 试述利率平价理论。
6. 分析货币主义汇率理论与购买力平价论的异同。
7. 试分析影响汇率变动的主要因素。
8. 试举例说明汇率变动对经济的影响。

参考文献

[1] 易纲，张磊.国际金融.上海：上海人民出版社，2004.

[2] 杨胜刚,姚小义. 国际金融. 北京：高等教育出版社，2005.
[3] 陈岱孙,厉以宁. 国际金融学说史. 北京：中国金融出版社,1991.
[4] 连平. 国际金融理论、体制与政策. 上海：华东师范大学出版社,1999.
[5] 宋玮. 日元套利交易的影响及未来走势分析. 银行家,2007(7):84－86.
[6] [美]K. C. 巴特勒. 国际金融. 张成思,译. 大连：东北财经大学出版社,2008.
[7] [法]艾弗雷・克拉克. 国际金融. 刘爽,等,译. 北京：北京大学出版社,2005.
[8] Triennial Central Bank Survey. Foreign exchange and derivatives market activity in 2007. Basel：Bank for International Settlement,2007.

第2章 外汇市场与外汇业务

1970年以来，随着布雷顿森林体系解体，国际主要货币之间的汇率进入浮动时代。汇率的波动促进了外汇产品和外汇交易的不断创新，国际外汇市场得以快速发展，根据伦敦国际金融协会的统计，2009年4月，国际外汇市场日交易量达3.1万亿美元，是全球规模最大的金融市场。外汇交易不断创新，在传统的即期外汇交易和远期外汇交易的基础上，外汇掉期、货币期货、货币期权等已成为国际外汇市场越来越活跃的金融产品。

2.1 外汇市场概述

外汇市场是指由银行等金融机构、自营交易商、大型跨国企业参与的，通过 中介机构或电讯系统联结的，以各种货币为买卖对象的交易市场。外汇市场可以使市场参与者实现调剂外汇资金的余缺、规避外汇风险的目的。中央银行可以利用外汇市场进行稳定汇率的相关操作，对于国际短期资金的大量流动而造成的外汇市场货币汇价暴涨或暴跌，中央银行通过在外汇市场上大量抛出或买进相关货币，以稳定汇率。

2.1.1 外汇市场的特点

1. 无形的市场

外汇市场可以是有形的，又称为交易所方式；也可以是无形的，又称为柜台交易方式。柜台交易方式是目前国际外汇市场的主要组织形式。这不仅是因为世界上交易量最大的伦敦外汇市场和纽约外汇市场都是用这种方式组织运行的，还因为外汇交易本身所具有的国际性特征。由于外汇交易的参加者来自各个不同的国家，交易范围极广，交易方式也日渐复杂，参加交易所交易的成本显然高于通过现代化通信设施进行交易的成本。

(1) 交易所方式。这种方式有固定的交易场所，如德国、法国、荷兰、意大利等国的外汇交易所，这些外汇交易所有固定的营业日和开盘收盘时间，外汇交易的参加者于每个营业日规定的营业时间集中在交易所进行交易。

(2) 柜台交易方式。这种组织方式无一定的开盘收盘时间，无具体交易场所，交易双方通过电话、电传、交易终端、电子网络等形式进行交易。英国、美国、加拿大、瑞士等国的外汇市场均采取这种柜台市场的组织方式。

2. 24小时不间断运行的市场

全球各外汇交易中心交易的都是国际主要货币，由于交易对象的一致性，各地市场的价格具有很强的敏感性、相关性和传导性。这些外汇市场以其所在的城市为中心，辐射周边的其他国家和地区。由于所处的时区不同，各外汇市场在营业时间上此开彼关，它们相互之间通过先进的通信设备和计算机网络连成一体，市场的参与者可以在世界各地进行交易，外汇资金流动顺畅，市场间的汇率差异极小，形成了全球一体化运作、从周一至周五每天 24 小时全天候运行的统一的国际外汇市场。全球金融中心都积极参与外汇交易，所以在一天的任何时间，都有不同的交易机会，交易者可以在一天的任何时间随时进入市场，对全球的发展方向作出即时的反应。

3. 交易规模巨大

据国际清算银行(BIS)1998 年统计显示，国际外汇市场每日平均交易额约为 1.5 万亿美元，到 2007 年每日外汇市场平均交易额为 3.2 万亿美元(BIS 每三年一次调查统计并发布外汇市场交易情况)。

4. 公开、透明的市场

外汇市场是信息最为透明、最符合完全竞争市场理性规律的金融市场。在外汇市场上，发布各类经济数据、对货币政策进行宏观调整的主体是各国的政府部门和财经监管部门，这些主体的信用远高于其他金融市场。同时西方国家对每个月所公布的经济数据均有固定的、公开的时间，而且基本上是对全球各大重要信息中介同时公布，不存在信息迟滞和误导等问题。

2.1.2 外汇市场的主要参与者

外汇市场的参与者主要包括各国的中央银行、商业银行、非银行金融机构、经纪人公司、自营商及大型跨国企业等。它们交易频繁，交易金额巨大，每笔交易均在几百万美元，甚至千万美元以上。

1. 中央银行

中央银行是外汇市场重要的参与者，其参与外汇买卖活动的主要目的是稳定外汇市场汇率波动，使汇率的变化朝着有利于本国经济发展的方向变动。一般情况下，中央银行参与外汇市场的交易不是太多，但因为其影响很大，所以市场的参与者都非常关注，有时中央银行官员的一些言论，就会引起外汇市场供求关系的变化，从而使汇率发生变动。当国际外汇市场主要国家货币之间汇率出现连续的单边走势时，一些国家的中央银行会采取联合干预的行为影响外汇市场。

2. 外汇银行

外汇银行是外汇市场上最重要的参与者，其外汇交易构成外汇市场活动的主要部分。外汇银行是指由各国中央银行或货币当局指定或授权经营外汇业务的银行。外汇银行通常是商业银行，可以是专门经营外汇的本国银行，也可以是兼营外汇业务的本国银行或者是在本国的外国银行分行。市场上以它们的报价为货币之间的汇率，外汇市场的其他参与者通常向这些商业银行来询问所能提供的汇率。

3. 外汇交易商

外汇交易商是指买卖外国汇票的交易公司或个人。外汇交易商利用自己的资金买卖外汇票据，从中取得买卖价差。外汇交易商多数是信托公司、银行等兼营机构，也有专门经营这种业务的公司和个人。

4. 外汇经纪人

外汇经纪人是指促成外汇交易的中间人。它介于外汇银行之间、外汇银行和外汇市场其他参与者之间，代洽外汇买卖业务。其本身并不买卖外汇，只是联结外汇买卖双方，促成交易，并从中收取佣金。外汇经纪人必须经过所在国的中央银行批准才能营业。经纪公司不能直接报出自己的汇率，它们将中间商的报价传递给其他的市场参与者，经纪公司只有在确定的商业承诺之后才会公开询价方。经纪公司完成的交易占外汇市场总交易量的40%。

5. 外汇实际供应者和实际需求者

外汇市场上外汇的实际供应者和实际需求者是那些利用外汇市场完成国际贸易或投资交易的个人或公司，它们包括：进口商、出口商、国际投资者、跨国公司和旅游者等。

2.1.3　主要国际外汇市场

目前，世界上大约有30多个主要的外汇市场。伦敦仍然是全球最大的外汇交易中心，排在第二、三位的依然是纽约、东京。其他重要的外汇交易中心还包括法兰克福、苏黎世、澳大利亚、加拿大和中国香港等。下面主要介绍伦敦、纽约和东京三个国际外汇市场。

1. 伦敦外汇市场

作为世界上最悠久的国际金融中心，伦敦外汇市场的形成和发展也是全世界最早的。早在第一次世界大战之前，伦敦外汇市场就已初具规模。1979年10月，英国全面取消了外汇管制，伦敦外汇市场迅速发展起来。在伦敦金融城，几乎所有的国际性大银行都在此设有分支机构，大大活跃了伦敦市场的交易。由于伦敦独特的地理位置，地处两大时区交汇处，连接着亚洲和北美市场，亚洲接近收市时伦敦正好开市，而其收市时，纽约正是一个工作日的开始，所以这段时间交投异常活跃，因此伦敦成为世界上最大的外汇交易中心，对整个外汇市场走势有着重要的影响。

伦敦外汇市场是一个典型的无形市场，没有固定的交易场所，只是通过电话、电传、电报完成外汇交易。在伦敦外汇市场上，参与外汇交易的外汇银行机构约有600家，包括本国的清算银行、商人银行、其他商业银行、贴现公司和外国银行。这些外汇银行组成伦敦外汇银行公会，负责制定参加外汇市场交易的规则和收费标准。

伦敦外汇市场交易货币种类众多，经常有30多种，其中交易规模最大的为英镑兑美元的交易，其次是英镑兑欧元、瑞士法郎和日元等。欧洲央行利率决议、德国IFO景气判断指数、欧元区主要国家GDP变化、欧元区消费者价格指数等因素，会影响欧洲外汇市场的波动程度。

2. 纽约外汇市场

第二次世界大战以后，随着美元成为世界性的储备和清算货币，纽约成为全世界美元的清算中心。目前世界上90%以上的美元收付是通过纽约的"银行间清算系统"进行的，因此纽约外汇市场有着其他外汇市场所无法取代的美元清算和划拨的功能。纽约市场的汇率变化受到全球外汇交易商的格外关注，其主要原因是：美国的经济发展状况、就业形势对全世界有着举足轻重的影响；美国各类金融市场发达，相互作用、相互联系强；以美国投资基金为主的投机力量非常活跃，对汇率波动推波助澜。

美国没有外汇管制，对经营外汇业务没有限制，几乎所有的美国银行和金融机构都可以经营外汇业务。但纽约外汇市场的参加者以商业银行为主，包括50余家美国银行和200多家外国银行在纽约的分支机构、代理行及代表处。由于纽约市场和伦敦市场的交易时间有一段重合，所以在这段时间里，市场的交易最为活跃，交易量最大，行情波动的比例也大。纽约外汇市场活跃的交易，大部分和金融期货市场密切相关。

由于美国股市是全球最大的资本流动中心，因此纽约市场是全球最活跃的外汇交易市场，其高度的活跃性也就意味着投资者盈利机会的增多。除美国股市外，其失业率、公开市场委员会利率会议、美联储公开言论、生产价格指数、消费价格指数、GDP 数据等一系列基本面数据，都是影响汇市的重要因素。

3. 东京外汇市场

东京是亚洲地区最大的外汇交易中心。20 世纪 80 年代以后，随着日本经济的迅猛发展和在国际贸易中地位的逐步上升，东京外汇市场也日渐壮大起来。在东京外汇市场上，银行同业间的外汇交易可以通过外汇经纪人进行，也可以直接进行。日本国内的企业、个人进行外汇交易必须通过外汇指定银行进行。20 世纪 90 年代以来，受日本泡沫经济崩溃的影响，东京外汇市场的交易一直处于低迷状态。东京外汇市场上的交易以美元兑日元为主。

日本是贸易大国，进出口商们的贸易需求对东京外汇市场上汇率的波动影响较大。由于汇率的变化与日本贸易状况密切相关，日本中央银行对美元兑日元汇率的波动极为关注，频繁地干预外汇市场。这是东京外汇市场的一个重要特点。

外汇交易又称外汇买卖，是不同货币的相互买卖，每笔交易的买卖双方各自在买入一种货币的同时卖出另一种货币。根据产品形态，外汇交易可以分为远期、掉期、期货和期权四大类。期货交易和部分标准化期权合同交易都属于场内交易，远期交易、掉期交易和一些非标准化期权合约是柜台交易的衍生产品。

2.2 即期外汇交易

2.2.1 即期外汇交易概述

即期外汇交易(Spot Exchange Transactions)，是指外汇买卖成交后，交易双方于当天或两个交易日内办理交割手续的一种交易行为。交割日又称结算日，也称为有效起息日(Value Date)，是进行资金交割的日期。银行同业间外汇“批发”即期交易的交割日包括标准交割日(Value Spot or VAL SP)、隔日交割(Value Tomorrow or VAL TOM)、当日交割(Value Today or VAL TOD)。

标准交割日，是指采用 T+2 的交割方式，即成交后的第二个营业日交割。目前大部分的即期外汇交易都采用这种形式。无论银行的买卖报价，还是各类金融信息平台上的报价，都是标准交割日报价。

隔日交割，是指采用 T+1 的交割方式，即成交后的第一个营业日交割。

当日交割，即成交后当场交割。银行与当地客户的零星即期外汇交易一般都是当场实现外汇的收付。

需要指出的是，两个营业日是以成交地的时间为准而不是以结算地为准。如伦敦的两家银行进行的美元交易，成交地为伦敦，而结算地为纽约。根据国际惯例，交割日必须是两种货币的发行国家或地区的各自营业日，并且遵循“价值抵偿原则”，即一项外汇交易合同的双方必须在同一时间进行交割，以免任何一方因交割的不同时而蒙受损失。

即期外汇买卖是外汇交易中最基本的交易，即期外汇交易的主要作用是：① 满足国际商品贸易的付款需要，实现货币购买力的转移。例如，某进出口公司持有美元，但要对外支付商务合同的货币是日元，就可以通过即期外汇买卖，卖出美元，买入日元，以满足对外支付日元的需求。② 调整各种货币头寸。例如，某国家外汇储备中美元比重较大，但为了防止美元下跌带来的损失，可以卖出一部分美元，买入日元、德国马克等其他货币，避免外汇风险。此外,即期外汇买卖还被用于外汇投机。

2.2.2 即期外汇交易结算

即期外汇交易的结算方式主要有电汇、信汇和票汇三种。在实际经济交易中,大部分的货币收付是采用电汇方式。电汇之所以得到普遍使用,是因为其效率高、时间短,资金在一两天之内就可以到位。

下面举例说明通过即期外汇交易实现电汇结算的过程。

如果中国A企业从德国某公司进口价值100万欧元的仪器设备,按合同中支付条款的相关规定,A企业需要支付预付款,为合同金额的5%,即需其余款项采取托收方式见票即付。A企业在中国当地银行的账户上只有美元,需要通过外汇交易,购买欧元来支付合同金额。根据合同,中国进口企业需要进行两次汇款。第一次属于顺汇,即支付5万欧元预付款。为此A企业按银行的即期汇率将原有账户中的相应美元兑换成5万欧元,并要求当地银行采用电汇方式,通过出口方所在地银行支付给出口方德国企业。第二次汇款属于逆汇,德国出口企业在仪器设备装运上船后得到相关的单据,连同出口企业开立的汇票,委托德国当地银行寄往中国进口企业所在地的相关银行,要求进口商付款赎单。中国进口企业接到通知后,核对汇票金额,按照银行的即期汇率报价购买95万欧元,采取电汇方式,通过德国出口方所在地银行,支付给出口商,中国企业付清所有款项后,得到相关货物单据,在中国海关提货。

专栏2-1 中国建设银行个人网银结售汇业务

产品概述

个人网银结售汇业务是指通过建设银行网上银行办理的个人结售汇业务,包括个人结汇和个人购汇业务。

服务对象及范围

个人网银结售汇业务适用于以身份证开户,并在建设银行进行了网银签约的境内个人客户。客户可通过网银渠道办理境内个人年度总额以内经常项目项下非经营性结售汇业务;根据外汇管理规定,境内个人结汇及购汇的年度总额分别为每人每年等值5万美元。

服务时间

个人网银结售汇交易时间为8:00至20:00,包括节假日。

币种

个人网银结售汇可办理币种包括美元、港币、日元、欧元、英镑、加拿大元、澳大利亚元、瑞士法郎等,币种丰富,满足您的多样化需求。

办理说明

办理个人网银结售汇交易,只需登录建设银行个人网上银行,点击"投资理财"项下的"结售汇"选项,即可完成个人结汇或购汇交易,安全便捷,省时省力。

资料来源:中国建设银行网站,http://www.ccb.com.

2.2.3 套汇交易

套汇(Arbitrage)是指人们利用不同外汇市场的汇率差异所进行的以牟利为动机的外汇交易。套汇交易就是利用国际上两个或两个以上外汇市场某一货币汇率不一致的机会，获取市场间差价的交易。套汇交易可以分成直接套汇和间接套汇两种。

1. 直接套汇

直接套汇又称两地套汇，是指利用两个外汇市场的汇率差异所进行的以牟利为动机的外汇交易。

例如，某日东京外汇市场即期汇率 USD/HKD 7.767 5/85，中国香港外汇市场的汇率 USD/HKD 7.787 5/90。如不考虑其他费用，就可以进行两地套汇。即在东京市场买入 100 万美元的同时在中国香港市场卖出 100 万美元，收益为 778.75－776.85＝1.90 万港元。

2. 间接套汇

间接套汇又称三地套汇，是指利用三个外汇市场的汇率差异所进行的以牟利为动机的外汇交易。

例如，法兰克福外汇市场即期汇率 USD/CHF 1.150 0/80，纽约外汇市场 GBP/USD 1.585 0/75，伦敦外汇市场 GBP/CHF 1.807 5/90。如不考虑其他费用，是否存在套汇收益呢?

通过纽约/法兰克福外汇市场计算出套汇汇率：

$$GBP/CHF = GBP/USD \times USD/CHF = 1.822\ 7/383$$

在伦敦市场买入 100 万英镑，在纽约、法兰克福市场卖出 100 万英镑，收益为 182.27－180.90＝1.37 万瑞士法郎。

2.3 远期外汇交易

2.3.1 远期外汇交易概述

远期外汇交易(Forward Exchange Transactions)，又称期汇交易，是指市场交易主体在成交后，按照远期合同规定，在未来按规定的日期交易的外汇交易。外汇买卖的将来交割日，汇率和货币金额都是在合同中事先规定的。最常见的远期外汇交易交割期限一般有 1 个月、2 个月、3 个月、6 个月和 12 个月。远期外汇交易是有效的外汇市场中必不可少的组成部分。20 世纪 70 年代初期，国际范围内的汇率体制从以固定汇率为主导转向以浮动汇率为主导，汇率波动加剧，金融市场蓬勃发展，从而推动了远期外汇市场的发展。

远期外汇交易的作用主要是为从事外汇交易的需求者提供避险保值。一般从事国际经济交易的进出口商，从合同签订到货币收付，通常需要一段时间，而这期间的汇率一直在发生变动，汇率风险需要由企业自己承担。远期外汇交易的出现，使企业通过签订远期合约，锁定贸易交往中由于汇率变动而导致的外汇风险。通过远期外汇交易，投机者能实现投机获利。在外汇市场上，如果投机者预期汇率上升，先签订买入远期外汇合约，一旦汇率上升后，再签订卖出外汇。如果预期汇率下跌，则反向操作。投机者可在贱买贵卖中获利。

2.3.2 远期外汇交易的分类

根据交割日的不同，远期外汇交易可分为固定交割日和选择交割日两种。

固定交割日的远期外汇交易，是指交易的交割日期是确定的，交易双方必须在约定的交割日期办理外汇的实际交割，此交割日期既不能提前也不能推后。

选择交割日的远期外汇交易，又称择期交易，是指在成交后客户在将来的某一选择时期（而非日期）内的任何一天均可按预定的汇率和金额交割远期外汇交易，它是一种可选择交割日的远期外汇买卖。

当企业不知道支付的具体日期，希望不要固定交割日期但要固定汇率时，择期远期外汇交易就产生了。择期远期外汇买卖就是企业可以在交易日的第二天起约定期限内的任何一天，按约定的汇率进行外汇交割，也就是说企业对交割日在约定期限内有选择权。例如，客户选择期限为 10 月 1 日至 11 月 1 日的择期，那么客户有权在 10 月 1 日至 11 月 1 日期间的任何一个工作日进行外汇买卖的交割。

2.3.3　远期汇率的确定

远期汇率的确定通常有两种方法：其一，根据外汇市场远期报价来确定；其二，根据两种货币的利率差异来确定。

1. 根据外汇市场远期报价来确定

在外汇市场上，通常以远期差价点数来表示汇率的变化。远期差价有升水、贴水和平价三种情况。升水表示远期汇率高于即期汇率，贴水表示远期汇率低于即期汇率，平价表示两者相等。

即期汇率的买入价和卖出价的排列总是前小后大，远期差价的排列则有前大后小和前小后大两种情况。在直接标价法下，前小后大表示远期外汇升水，前大后小则表示远期外汇贴水；在间接标价法下，则相反。

在不同的汇率标价方式下，远期汇率的计算方法不同，可归纳如下。

直接标价法下：远期汇率＝即期汇率＋升水，远期汇率＝即期汇率－贴水

间接标价法下：远期汇率＝即期汇率－升水，远期汇率＝即期汇率＋贴水

无论使用直接标价法还是间接标价法，我们计算远期汇率时，前小后大都使用加法，前大后小都使用减法。

例如，某日纽约的银行报出的英镑买卖价为：GBP/USD 1.578 3/93

3 个月远期：80/70

美元兑英镑采取的是直接标价法，从点数变化来看，3 个月远期英镑贴水，可以计算出 3 个月的远期汇率为 1.570 3/23。

2. 根据两种货币的利率差异来确定

某种货币远期汇率的变化，经常受相关货币利率高低的影响。根据抵补性利率平价理论的条件，则有：

$$f = s + s(i - i^*)$$

式中，s 为即期汇率；f 为远期汇率；i，i^* 分别为本国货币利率和外汇货币利率。

从上式中可以看出，如果本国利率高于外国利率，即 $i > i^*$ 时，表明远期汇率上升，远期外汇升水；反之，当 $i < i^*$ 时，表明远期汇率下降，远期外汇贴水。

如：港元利率 4%，美元利率 3%，即期汇率为 7.776 0/90，根据两种货币利差，可以计算 6 月期香港银行的远期汇率报价。

6 月期的买入价为：7.776 0＋7.776 0×(4%－3%)×6/12＝7.814 8

6 月期的卖出价为：7.779 0＋7.779 0×(4%－3%)×6/12＝7.817 8

我们把某一时点的远期汇率与即期汇率之间的差额称为远期点数或掉期率，远期点数或掉期率取决于两种货币利率之间的差额。特别在超过一年期的远期汇率的报价中，更需要用利率变化差异来计算。

2.3.4 套利业务

套利业务(Interest Arbitrage)又称利息套汇，是指套利者利用金融市场两种货币短期利率的差异与这两种货币远期升(贴)水之间不一致进行有利的资金转移，从中套取利差或汇率差利润的一种外汇买卖。

以抵补性套利为例：

假设即期汇率为 GBP/USD＝1.580 0，一年期的英镑存款利率为 5.5%，同期的美元存款利率为 4.5%，它们之间的利差为 1.0%。

如果不考虑汇率波动因素的话，一笔 10 000 美元一年期存款的本息之和为 10 450 美元[10 000×(1＋4.5%)]，折成英镑为 6 613 英镑(10 450÷1.580 0)。但如把这 10 000 美元先兑换成英镑，存一年英镑的本息之和则为 6 677 英镑[10 000/1.580 0×(1＋5.5%)]。

但是，汇率会发生变化，通常利率高的货币未来汇率会走低，如果通过远期外汇合约，锁定汇率在 GBP/USD＝1.568 0，则用英镑存款后一年期本息之和为 10 470 美元[10 000/1.580 0×(1＋5.5%)×1.568 0]，比直接存美元存款多了 20 美元(10 470－10 450)。这是因为一年间英镑与美元之间的汇差只有0.76%[(1.580 0－1.568 0)/1.580 0]。如果汇差大于利差 1%，即英镑对美元远期汇率低于 1.564 2，套利交易就得不偿失了。

在外汇市场上，利率高的货币其远期汇率会下降，汇差大于利差的情况也会发生，所以在套利交易中，必须把汇差和利差的因素加以综合考虑才行。利用远期外汇交易市场，在买入即期高利率货币的同时卖出一年期远期该货币，即用掉期交易的方法既避免上述汇率波动的风险，又可赚取利差，这种做法叫作抵补套利。

2.4 掉期外汇交易

2.4.1 掉期外汇交易概述

掉期外汇交易(Swap Transactions)是指将货币相同、金额相同而方向相反、交割期限不同的两笔或两笔以上的外汇交易结合起来进行，也就是在买进某种外汇时，同时卖出金额相同的这种货币，但买进和卖出的交割日期不同。

1. 掉期外汇交易的类型

根据交割日的不同，掉期外汇交易可分成以下三种类型：

(1) 即期对远期的掉期交易。它是指买进或卖出一笔现汇的同时，卖出或买进一笔期汇的掉期交易。

(2) 即期对即期的掉期交易。它由当天交割或明天交割和标准即期外汇买卖组成，用于银行调整短期头寸和资金缺口。

(3) 远期对远期的掉期交易。它是对不同交割期限的远期外汇双方做货币、金额相同而方向相反的两个交易。

最常见的掉期交易是把一笔即期交易与一笔远期交易合在一起，等同于在即期卖出甲货币买进乙货币的同时，反方向地买进远期甲货币、卖出远期乙货币的外汇买卖交易。

2. 掉期外汇交易的特点

一笔掉期外汇买卖可以看成是由两笔交易金额相同、起息日不同、交易方向相反的外汇买卖组成的，因此一笔掉期外汇买卖具有一前一后两个起息日和两项约定的汇率水平。在掉期外汇买卖中，客户和银行按约定的汇率水平将一种货币转换为另一种货币，在第一个起息日进行资金的交割，并按另一项约定的汇率将上述两种货币进行方向相反的转换，在第二个起息日进行资金的交割。掉期交易只做一笔交易，不必做两笔，交易成本较低。

2.4.2　掉期外汇交易的作用

1. 调整起息日

进出口企业在与银行签订远期外汇买卖合约后，由于各种原因需要提前交割，或者由于资金不到位或其他原因，不能按期交割，需要展期时，都可以通过叙做外汇掉期买卖对原交易的交割时间进行调整。

例如，一家美国贸易公司在1月份预计4月1日将收到一笔欧元货款，为防范汇率风险，公司按远期汇率水平同银行叙做了一笔3个月远期外汇买卖，买入美元卖出欧元，起息日为4月1日。但到了3月底，公司得知对方将推迟付款，在5月1日才能收到这笔货款。于是公司可以通过一笔1个月的掉期外汇买卖，将4月1日的头寸转换至5月1日。

2. 防范风险

若企业目前持有甲货币而需使用乙货币，但在经过一段时间后又收回乙货币并将其换回甲货币，也可通过掉期外汇买卖来固定换汇成本，防范风险。

例如，一家日本贸易公司向美国出口产品，收到货款500万美元。该公司需将货款兑换为日元用于国内支出，同时公司需从美国进口原材料，并将于3个月后支付500万美元的货款。此时，公司可以采取即期与远期的掉期交易：即期卖出500万美元，买入相应的日元；3个月远期买入500万美元，卖出相应的日元。通过上述交易，公司可以轧平其中的资金缺口，达到规避风险的目的。

2.5　外汇期货交易

2.5.1　外汇期货交易概述

外汇期货(Foreign Exchange Futures)，又称货币期货，是一种交易双方在固定交易所内通过公开叫价的拍卖方式买卖在未来某一日期以既定汇率交割标准数量外汇的期货合同的外汇交易。外汇期货交易最早出现在1972年5月的芝加哥商品交易所(Chicago Mercantile Exchange，CME)的国际货币市场(International Monetary Market，IMM)。开始，主要交易英镑、加拿大元、德国马克、日元、瑞士法郎等货币期货，后又增加了国际主要货币的期权交易。伦敦国际金融期货期权交易所是另一家重要的货币期货交易所，它成立于1982年，主要交易品种有英镑、瑞士法郎、德国马克、日元、美元的期货合约及期权。随着芝加哥商品交易所不断增加其他发达国家货币和一些新兴发展中国家货币的期货交易，目前外汇期货交易量最大的仍然是芝加哥商品交易所。

外汇期货合约是一种交易所制定的标准化的法律契约，此契约是买卖双方通过公开叫价达成的具有法律约束力的文件，买卖双方以此文件可以获得清算所的保证。外汇期货合约的内容包括交易币种、交易数量、交易时间、交割月份与地点，以及价格变动的最小单位等。

外汇期货交易的组织机构由期货交易所、经纪商、外汇期货交易者、清算机构等组成。

2.5.2 外汇期货交易的基本规则

1. 公开叫价制度

外汇期货交易是一种标准化的场内交易，必须在集中性的交易场所通过公开叫价的方式成交，对任何一种外汇期货合约公开叫价所形成的价格对所有投资者有效。期货市场的公开叫价方式有两种：一种是电脑自动撮合成交方式，另一种是会员在交易所大厅公开喊价方式。电脑自动撮合成交方式又可以分为集合竞价和连续竞价两种。公开叫价由期货交易所的会员进行。

2. 保证金制度

参加货币期货交易的各方必须缴纳保证金，期货交易的保证金除了能防止交易各方违约外，还是结算制度的基础。保证金分为初始保证金和维持保证金。初始保证金，又称为原始保证金，是指当交易者新开仓时必须按有关规定向清算所缴纳的资金。不同交易所规定的初始保证金缴纳金额有所不同。同一交易所不同的货币合约保证金也不同。在向交易所缴纳初始保证金后，交易所的清算机构根据外汇期货价格变化逐日清算未交割期货合约的盈亏，浮动盈利将增加保证金账户的余额，浮动亏损将减少保证金账户的余额。保证金账户在经过逐日清算后必须维持一个最低余额，即维持保证金。

3. 逐日盯市制度

逐日盯市制度，又称逐日清算制度，是指结算部门在每日闭市后对所有账户的交易及头寸按不同币种、不同月份的合约分别结算，适时发出保证金追加单，使保证金余额维持在保证金之上，防止负债发生，控制期货市场风险。

期货清算机构的组织形式有两类：第一类是独立于期货交易所的结算公司，如伦敦结算所同时为伦敦的三家期货交易所进行期货结算；第二类是在期货交易所内部设置结算部门，如芝加哥商品交易所就有自己的结算部门。

2.5.3 外汇期货的套期保值交易

进行外汇期货交易的主要有两类参与者：一类是套期保值者，他们利用外汇期货交易规避外汇风险；另一类是投机者，他们利用外汇期货交易谋取差价利润。在这里主要介绍利用外汇期货进行套期保值，规避外汇汇率变动风险。

期货市场的套期保值有两种常见的形式：买入保值和卖出保值。

1. 买入保值

买入保值是指在期货市场上先买后卖的套期交易，即交易者先在期货市场买入期货，以便将来在现货市场买进所需货币时不致因价格上涨而给自己造成经济损失的一种套期保值方式。这种用期货市场的盈利对冲现货市场亏损的做法，可以将远期价格固定在预计的水平上。

例如，某年 5 月 15 日，某美国进口商与英国出口商签订合约，进口价值为 125 万英镑的货物，并约定 6 个月后以英镑付款提货。签订合约时即期外汇汇率为 GBP/USD＝1.550 0，按此汇率，该美国进口商到时只需花费 193.75 万美元（1.550 0×125）就可购买到 125 万英镑对外支付，但市场汇率经常波动，该美国进口商为了防止英镑汇率上涨带来损失，就可以于 5 月 15 日在芝加哥商品交易所买进 20 份的 6 月期英镑期货合约，总值为 125 万英镑（6.25 万×20），价格为 1 英镑＝1.556 0 美元。则按此汇率，买进 20 份英镑期货合约需要 194.5 万美元（1.556 0×125）。到了 11 月 15 日，如果在现汇市场和期货市场英镑都上升，现汇市场出现亏损，而外汇期货市场实现一定的盈利，利用外汇期货市场的盈利对冲现汇市场的亏损，达到规避汇率风险的目的。举例分析见表 2－1。

表 2－1　多头套期保值交易表

日期	现 汇 市 场	外汇期货市场
5.15	根据贸易合同，美国进口商将于 11 月 15 日支付 125 万英镑的货款，如果汇率为 GBP/USD＝1.550 0，预计将花费 1.550 0×125＝193.75 万美元	美国进口商在外汇期货市场上买进 20 份 6 月期英镑期货合约，汇率为 GBP/USD＝1.556 0，则花费了 1.556 0×125＝194.5 万美元
11.15	美国进口商在现汇市场上买入 125 万英镑对外支付，按照此时的实际汇率 GBP/USD＝1.562 0，则花费了 1.562 0×125＝195.25 万美元	美国进口商卖出 20 份英镑期货合约，汇率为 GBP/USD＝1.565 0，则会收进 1.565 0×125＝195.625 万美元
	亏损 195.25－193.75＝1.5 万美元	盈利 195.625－194.5＝1.125 万美元
	最终结果：亏损和盈利相抵，亏损只有 0.375 万美元	

如果英镑汇率下跌，则该进口商在现汇市场上出现盈利，而在期货市场上是亏损的，一亏一盈，损失也将大大减少。通过套期保值，企业能规避风险，将损失控制在较小的范围内。

2. 卖出保值

卖出保值是指在期货市场上先卖后买的套期交易，即交易者先在期货市场上卖出期货，当现货价格下跌时，在期货市场买入，期货市场出现盈利，以期货市场的盈利来弥补现货市场的损失，从而达到保值目的的一种套期保值方式。

例如，某年 3 月 20 日，某中国贸易公司出口丝绸服装给德国企业，3 个月后收款，合同金额为 625 万欧元。中国贸易公司准备收取这笔货款后兑换成美元，用以支付购买纺织设备的美元资金。3 月 10 日现汇市场上的汇率为 EUR/USD＝1.238 0，期货市场上的 3 个月汇率为 EUR/USD＝1.236 0。欧元在贬值，中国贸易公司存在汇率风险，于是决定利用外汇期货市场来进行保值。举例分析见表 2－2。

表 2－2　空头套期保值交易表

日期	现 汇 市 场	外汇期货市场
3.20	根据出口合同，中国贸易公司将在 6 月 20 日收到 625 万欧元，按 3 月 10 日时汇率 EUR/USD＝1.238 0，可换成 625×1.238 0＝773.75 万美元	中国贸易公司卖出 50 份 3 月期欧元期货合约，汇率为 EUR/USD＝1.236 0，则可收进 625×1.236 0＝772.5 万美元

续 表

日期	现 汇 市 场	外汇期货市场
6.20	中国贸易公司收进625万欧元货款，按实际汇率 EUR/USD＝1.234 0，得到 625×1.234 0＝771.25 万美元	中国贸易公司买进50份欧元期货合约，汇率为EUR/USD＝1.233 0，则需支付 625×1.233 0＝770.625 万美元
	亏损 773.75－771.25＝2.5 万美元	盈利 772.5－770.625＝1.875 万美元
	最终结果亏损了 2.5－1.875＝0.625 万美元	

如果现汇市场和期货市场的汇率都上升，则很明显，该出口商在现汇市场上是盈利的，而在期货市场上出现亏损。盈亏相抵后，最后的损失较小，该出口商有效地防止了汇率波动的风险。

2.5.4 外汇期货交易和外汇远期交易的区别

外汇期货交易和外汇远期交易都是外汇买卖双方通过签订合同的方式，约定在未来某一时间按既定汇率交割合同所规定的货币；两者都是可以进行规避汇率风险的套期保值或外汇投机。但这两种外汇交易形式存在明显的区别，具体如表 2－3 所示。

表 2－3 外汇期货交易与外汇远期交易的比较

比 较 指 标	外汇远期交易	外汇期货交易
标准化程度	较低	较高
交易场所	场外交易市场	固定场内交易所
违约风险	较高	较低
价格确定方式	交易双方谈判确定	场内公开竞价
履约方式	到期实物交割	主要是对冲，少量是实物交割
结算方式	到期结算	每天结算
保证金	无	初始保证金、维持保证金
交易价格来源	银行报价，价格成本较高	公开竞价，价格成本较低

2.6 外汇期权交易

2.6.1 外汇期权交易概述

国际金融市场日益剧烈的汇率波动和国际贸易的发展、国际上商品和劳务贸易的迅速增长，使越来越多的交易商面对汇率变动剧烈的市场而不得不寻求更为有效的避免外汇风险的途径。1982 年 12 月，美国费城股票交易所首先公开在有组织的市场上进行外汇期权交易，1984 年美国芝加哥商品交易所沿用费城股票交易所的形式进行外汇期权合约的交易。此后加拿大、瑞典、法国和中国香港等国家和地区先后推出了外汇期权交易。

外汇期权(Foreign Exchange Option),又称货币期权,是指交易的一方(期权的持有者)拥有合约的权利,并可以决定是否执行(交割)合约。期权持有人,即期权的买方享有在合同期满或之前以规定的价格购买或销售一定数额的某种外汇资产的权利,而期权卖方收取权利费,有义务在买方要求执行时卖出或买进合约规定的特定数量的外汇资产。

外汇期权合约是标准化合约,在期权交易中,期权费是唯一的变量,其他要素都是标准化的。期权费是期权买方为了获取期权合约所赋予的权利而必须支付给卖方的费用,其多少取决于执行价格、期权期限的长短以及汇率预期波动的程度等。为取得买或卖的权利,期权的买方必须向期权的卖方支付一定的费用,称作保险费。因为期权的买方获得了今后是否执行买卖的决定权,期权的卖方则承担了今后汇率波动可能带来的风险,而保险费就是为了补偿汇率风险可能造成的损失。这笔保险费就是期权的价格。

即期或远期合约上的价格,都是反映当时的市场价格。外汇期权中,未来结算所履行的价格称为履约价格或执行价格。履约价格决定于合约签订之时的市场判断,可能完全与即期和远期汇率不同。到期日,就是外汇期权合约一个最后的有效日。期权的持有者决定是否履行合约,必须在合约到期前通知另一方。

2.6.2 外汇期权交易的类型

1. 按交易场地的不同,可以分为交易所期权交易和场外期权交易

交易所期权交易是指在被认可的交易所买入或卖出事先约定的合约。交易所期权是标准化的,到期日、名义本金、交割地点等都是交易所事先确定的,外汇期权交易者只需要确定合约的价格和数量。

场外期权交易,又称柜台交易,是由银行出售给客户,可以满足客户在日期、数量和币种等方面特定需要的外汇期权交易。柜台交易的期权可以适合各种客户的需要,不像交易所期权那样标准化,可以根据客户的需要设计特定期权。

2. 根据赋予的权利不同,可以分为看涨期权和看跌期权

看涨期权(Call Options)是指期权的买方享有在规定的有效期内按某一具体的执行价格买进某一特定数量的某种外汇资产的权利,但不同时负有必须买进的义务。

看跌期权(Put Options)是指期权的买方在到期日或到期日之前的期间内,按照事先约定的执行价格,拥有卖出某一特定数量的某种外汇资产的权利,但不同时负有必须卖出的义务。

3. 根据行使权利的时限,可分为欧式期权和美式期权

欧式期权是指期权的买方只能在期权到期日前的第二个工作日,方能行使是否按约定的汇率买卖某种货币的权利。

美式期权的灵活性较大,可在期权到期日前任意一天行使买卖的权利,因而费用也高一些。

2.6.3 外汇期权的套期保值交易

外汇期权买卖实际上是一种权利的买卖。权利的买方有权在未来的一定时间内按约定的汇率向权利的卖方(如银行)买进或卖出约定数额的外币。同时权利的买方也有权不执行上述买卖合约。外汇期权的优点是可锁定未来汇率,提供外汇保值。由于具有较大的灵活性,在汇率变动向有利方向发展时,也可从中获得有利的机会。然而,购买期权需要支付手续费,若到期不执行期权,则会增加企业成本。

例如，某公司手中持有美元，并需要在1个月后用日元支付进口货款，为防止汇率风险，该公司向银行购买一个“卖美元买日元，期限为1个月，约定的汇率为102.12”的欧式期权。那么该公司则有权在将来期权到期时，以1美元=102.12日元向银行购买约定数量的日元。如果在期权到期时，市场即期汇率为1美元=102.52日元，那么该公司可以不执行期权，因为此时按市场上即期汇率购买日元更为有利。相反，如果在期权到期时，1美元=98.56日元，则该公司可决定行使期权，要求银行以1美元=102.12的汇率将日元卖给公司。由此可见，外汇期权业务的优点在于客户的灵活选择性，对于那些合同尚未最后确定的进出口业务具有很好的保值作用。

专栏2-2　中国银行的个人外汇期权业务

1. 期权宝(买入期权)

期权宝是中国银行个人外汇期权产品之一，是指客户根据自己对外汇汇率未来变动方向的判断，向银行支付一定金额的期权费后买入相应面值、期限和执行价格的期权(看涨期权或看跌期权)，期权到期时如果汇率变动对客户有利，则客户通过执行期权可获得较高收益；如果汇率变动对客户不利，则客户可选择不执行期权。

交易币种：美元、欧元、日元、英镑、澳大利亚元、瑞士法郎和加拿大元的直盘及主要交叉盘，现钞或现汇均可。

交易期限：最长期限为6个月，最短为1天，具体期限由中国银行当日公布的期权报价中的到期日决定。

银行会与客户预定协定汇率，同时客户向银行支付一定金额的期权费。

期权到期时如果汇率变动对客户有利，银行将代客户执行期权；如果汇率变动对客户不利，则客户可选择不执行期权，损失仅限为期权费。

2. 两得宝(卖出期权)

两得宝是指客户在存入一笔定期存款的同时，根据自己的判断向银行卖出一个外汇期权，客户除收入定期存款利息(扣除利息税)外，还可得到一笔期权费。期权到期时，如果汇率变动对银行不利，则银行不行使期权，客户可获得高于定期存款利息的收益；如果汇率变动对银行有利，则银行行使期权，将客户的定期存款本金按协定汇率折成相对应的挂钩货币。

交易币种：目前可选的货币为美元、欧元、日元、英镑、澳大利亚元、瑞士法郎和加拿大元，现钞与现汇均可交易。

期限：最长期限为6个月，最短为1天，具体期限由中国银行当日公布的期权报价中的到期日决定。

银行会与客户预定协定汇率，同时银行向客户支付一定金额的期权费。

期权到期时，银行将根据外汇市场走势选择到期时以存款货币，或者客户预先选择的挂钩货币以协定汇率兑换后支付。

资料来源：中国银行网站，http://www.boc.cn.

2.7　中国外汇市场和外汇业务的发展

2.7.1　中国外汇市场的发展

外汇市场存在的前提是外汇资源的市场化配置，我国外汇市场的逐步完善，大致经历了以下四个阶段：

第一阶段(1980—1985年)：外汇调剂市场的萌芽与起步

1978年12月18日，作为中国经济发展重大转折点的中国共产党十一届三中全会召开。从此，推进对外开放、实行以市场为取向的改革进入探索实施阶段，这在客观上为外汇市场的萌芽创造了条件。历史地看，外汇调剂市场的发展满足了当时改革开放起步阶段的需要，对于整个外汇市场的进一步发展具有奠基性的意义。严格来说，外汇调剂市场并不是真正意义上的外汇市场，只是不同市场主体之间的外汇使用权的有偿转让，只能说是一种外汇市场的萌芽。

1985年底我国在深圳设立了外汇调剂中心，其后在其他经济特区也相继设立了一些。尽管我国的外汇调剂市场并不属于严格意义上的外汇市场，但是，作为对计划经济体制下统收统支外汇体制的突破并在一定程度上引入了市场机制，其开创性的意义是深远的。

后来经过改革开放的初步探索，我国经济的对外开放程度迅速扩大，但外汇供求矛盾仍很突出。同时，由于社会总需求膨胀，国内物价上涨较快，出口换汇成本增加。此时，外汇调剂市场产生阶段确立的限定价格已经不能反映实际供求。这就造成了1985年调剂市场有行无市、非法高价买卖外汇的场外交易增加。

第二阶段(1986—1993年)：外汇调剂市场框架的形成阶段

1986年，我国外汇调剂市场的发展进入了一个新的阶段。这一时期我国外汇调剂市场的主要改革为：

(1) 外汇调剂业务由中国银行移交给外汇管理局办理。在国家外汇管理局的统一领导和管理下，各省、自治区、直辖市设立了外汇调剂中心，办理本地外汇额度和现汇的调剂业务，在北京设立了全国外汇调剂中心，办理中央部门之间和各省市之间的外汇额度和现汇调剂业务，形成了一个初步的伞形结构外汇市场。

(2) 1986年10月，国务院颁布了《关于鼓励外商投资的规定》，允许外商投资企业在经济特区和沿海开放城市调剂外汇，扩大了调剂范围，允许地方政府留成外汇，允许国营、集体企事业单位同外资企业之间进行外汇调剂，沟通了两个市场。华侨、港澳台地区同胞的捐赠外汇也进入外汇调剂市场，并从1991年12月1日起允许我国境内的中国公民以及定居在我国境内的外国人参加外汇调剂。

(3) 提高了外汇调剂价格，由买卖双方自由议定，放开了外汇调剂价格，调剂价格根据外汇供求自由浮动。

(4) 1992年开通了由26家地方调剂中心组成的联合报价网络，建立了调剂价格及成交情况的信息网络。这是我国外汇调剂市场向规范化目标迈进的重要一步。同以前的内部调剂相比，它运用了更多的市场机制，如公开报价、竞价成交，不仅体现了公开化、市场化的原则，大大提高了外汇调剂交易的透明度，同时也充分发挥了经济商的作用，完善了信息的传导机制，创造了公平、平等的竞争环境。与我国外汇调剂市场相对应的是我国外汇调剂成交额的逐年增加，1987 年全国外汇调剂成交额累计为 42 亿美元，1988 年增加到 62.6 亿美元，1992 年达到 251.05 亿美元。

第三阶段(1994—2005 年)：市场化、规范化发展阶段

1994 年开始实行结售汇制度、1996 年底经常项目可兑换市场、远期结售汇试点中资企业保留现汇，交易规模空前发展。

1994 年 4 月 4 日，中国外汇交易中心正式成立运行，它通过计算机网络与全国各地的分中心和调剂中心实行联网交易，基本上统一了以前分割的外汇市场，使全国的外汇交易通过银行结售汇体系和代理交易全部纳入全国银行间外汇市场，保证了外汇资源在全国范围内根据市场信号合理流动。第一次确立了银行在外汇市场上的主体地位，形成了两个层次的市场：一是客户与外汇指定银行之间的市场，二是银行间外汇市场包括外汇指定银行之间以及外汇指定银行与中央银行之间的外汇交易。这种市场结构已基本上与国际规范的外汇市场相一致。它也统一了人民币市场汇价，改变了以前各地调剂市场分割带来的人民币市场汇价不统一的局面，同时，为中央银行的宏观调控提供了可能，也有效保障了银行和企业结售汇业务的正常开展和新汇制的运行。1994 年的外汇体制改革是我国外汇市场发展过程中的里程碑。

第四阶段(2005 年至今)：市场化、自由化方向发展的新阶段

我国外汇市场进入了向市场化、自由化方向发展的新阶段，交易工具日益丰富，功能不断完善，多种交易方式并存、分层有序的外汇市场体系正逐渐确立。中国外汇交易中心负责管理的全国联网的外汇交易系统为载体，是汇率形成机制的核心。中央银行参与其间的交易，对汇率进行调控。

2.7.2 中国外汇市场的特点

我国外汇交易市场有以下几个特点：

(1) 运用现代化的通信网络和电子计算机联网为各金融机构提供外汇交易与清算服务。在交易方式和内容上，实行联网交易。外汇市场进行人民币与美元、人民币与日元、人民币与港元、人民币与欧元之间的现汇交易。在交易方式上，中国外汇交易系统实行分别报价、撮合成交的交易方式，交易员报价后，由计算机系统按照价格优先、时间优先的原则对外汇买入和卖出报价的顺序进行组合，然后按照最低卖出价和最高买入价的顺序撮合成交。

(2) 在市场结构上，可分为两个层次：一是客户与外汇指定银行之间的交易；二是银行间的外汇交易，包括外汇指定银行之间的交易和外汇指定银行与中央银行之间的交易。在市场组织形式上，实行统一的外汇市场会员制，凡经中国人民银行批准设立，国家外汇管理局准许经营外汇业务的金融机构及其分支机构，经外汇交易中心审核批准后，均可成为外汇交易中心的会员。会员分为自营会员和代理会员，自营会员可兼营代理业务，而代理会员只能从事代理业务。

(3) 决定市场汇率的基础是外汇市场的供求情况。央行每日公布基础汇率，各外汇指定银行在规定的浮动范围内自行决定挂牌汇率。

(4) 在清算方式上，中国外汇交易系统实行本外币集中清算。本币实行二级清算，即各分中心负责当地会员之间的清算，总中心负责各分中心的差额清算，人民币资金通过在中国人民银行开立的人民币账户办理;外汇资金实行一级清算,即总中心负责各会员之间的清算,外汇资金通过中国外汇交易中心在境外开立的外汇账户办理。

(5) 中国人民银行对外汇市场进行宏观调控和管理。

与国际外汇市场相比,中国外汇市场是在近30年内才逐步发展起来的,可以说是经历了从无到有、从小到大、从有形到无形、从简单到复杂的过程。目前已经初步发展成为人民币相关产品的定价中心,包括人民币拆借和债券市场。

2.7.3 中国外汇业务的发展

从1994年至今,随着电子通信手段的快速发展,外汇交易中心对外汇市场进行了一系列的完善措施:引入做市商制度,做市商报价形成中间价,波动幅度进一步放宽,快速推出多种交易方式和交易产品,委托路透进行系统开发等。

1. 建立了竞价交易、询价交易的多元交易方式

竞价交易,又称匿名交易,是指做市商将各种货币对的买卖价格报入交易系统,交易系统自动选择最优的买卖报价并匿名发布,会员通过一次点击(one click)、匿名询价(RFQ)或限价订单(limit order)方式与做市商匿名交易。

询价交易是指会员选择有授信关系的做市商,双边协商交易的币种、金额、价格和期限等要素进行的交易。会员也可以和有授信关系的非做市商会员进行询价交易。

2. 外汇交易产品不断推出,报价的市场化程度逐步提高

我国外汇市场除了传统的人民币外汇即期外汇业务和人民币外汇远期外汇业务外,还不断推出了人民币外汇掉期业务、人民币外汇互换业务、人民币外汇期权业务等。

人民币外汇即期交易,是指会员以约定的外汇币种、金额、汇率,在成交日后的第二个工作日或第二个工作日以内交割的外汇对人民币的交易,包括TOM和TODAY的交易。交易采用竞价和询价方式。

人民币外汇远期交易,是指交易双方以约定的外汇币种、金额、汇率,在约定的未来某一日期交割的外汇对人民币的交易。交易采取询价方式。

银行间人民币外汇掉期交易,是指交易双方约定一前一后两个不同的交割日、方向相反的两次本外币交换,在前一次货币交换中,一方用外汇按照约定汇率从另一方换入人民币;在后一次货币交换中,该方再用人民币按照另一约定汇率从另一方换回币种相同的等额外汇;反之亦可。其中交割日在前的交易称为交易近端,交割日在后的交易称为交易远端。交易采用询价方式。

人民币外汇货币掉期交易,是指在约定期限内交换约定数量人民币与外币本金,同时定期交换两种货币利息的交易。在货币掉期交易中人民币参考利率是中国人民银行授权全国银行间同业拆借中心发布的具有基准性质的货币市场利率,或中国人民银行公布的存贷款基准利率;外币参考利率由交易双方协商约定。中国外汇交易中心发布全国银行间外汇市场人民币外汇货币掉期交易指引,规定具体的交易参数。交易采用询价方式。

本章概要

外汇市场的参与者有中央银行、商业银行、外汇经纪人、外汇最终需求者和供给者。国际外汇市场日均交易规模巨大，各主要外汇市场相互联系，形成全球24小时交易的外汇市场，国际主要外汇市场采取柜台交易方式。

外汇交易是指外汇买卖主体为了满足某种经济活动或其他活动的需要时，按一定的汇率和特定交割日而进行的不同货币之间的兑换行为。国际外汇市场上的主要外汇交易有即期外汇交易、远期外汇交易、掉期外汇交易、外汇期货交易和外汇期权交易等。即期外汇交易是指交易双方成交后在两个营业日内办理交割的外汇买卖；远期外汇交易是指交易双方在交易合约中约定未来交割日期按约定的汇率进行交割的外汇买卖；掉期外汇交易是指同时进行两笔货币相同、金额相同而方向相反、交割期限不同的外汇买卖；外汇期货，又称货币期货，是一种交易双方在固定交易所内通过公开叫价的拍卖方式买卖在未来某一日期以既定汇率交割标准数量外汇的期货合同的外汇交易；货币期权，是指交易的一方（期权的持有者）拥有合约的权利，并可以决定是否执行（交割）合约，期权持有人享有在合同期满或之前以规定的价格购买或销售一定数额的某种外汇资产的权利。

中国外汇交易中心是中国银行间的外汇市场，进行外汇即期、远期、掉期等外汇交易。中国部分商业银行以柜台交易方式对个人和企业客户推出了外汇期权产品。

关键术语

外汇交易、即期外汇交易、远期外汇交易、掉期外汇交易、外汇期货交易、外汇期权交易、套期保值

复习题

1. 外汇市场的主要特点是什么？
2. 即期外汇交易的主要功能是什么？
3. 远期汇率是如何确定的？请举例说明。
4. 试分析外汇期货交易和远期外汇交易的主要区别。
5. 如何利用外汇期货交易进行套期保值？请举例说明。
6. 外汇期权交易与外汇期货交易的区别是什么？
7. 外汇期权交易主要有哪几种类型？
8. 如不考虑其他费用，在外汇市场出现下列情况时，有无套汇可能？套汇收益为多少？

   纽约外汇市场：　　GBP/USD　1.514 7/68

伦敦外汇市场：　　GBP/CHF　1.530 8/35

苏黎世外汇市场：　USD/CHF　1.027 7/92

参考文献

[1] 易纲，张磊．国际金融．上海：上海人民出版社，2004．

[2] 杨胜刚，姚小义．国际金融．北京：高等教育出版社，2005．

[3] 任康珏．国际金融．北京：机械工业出版社，2006．

[4] 连平．国际金融理论、体制与政策．上海：华东师范大学出版社，1999．

[5] [英]查尔斯·A.E.古德哈特，理查德·帕内．外汇市场——高频数据的经验分析．单昕欣，译．中国金融出版社，2008．

[6] [美]K.C.巴特勒．国际金融．张成思，译．大连：东北财经大学出版社，2008．

[7] [法]艾弗雷·克拉克．国际金融．刘爽，等，译．北京：北京大学出版社，2005．

[8] Triennial Central Bank Survey. Foreign exchange and derivatives market activity in 2007. Basel: Bank for International Settlement, 2007.

[9] 中国人民银行上海总部国际金融市场分析小组．2009年国际金融市场报告．上海：中国人民银行上海总部，2010．

第3章 外汇风险管理

随着中国经济融入世界经济的步伐不断加快，中国的企业、金融机构等也必然会越来越多地与国际市场发生直接或间接的业务联系。对因汇率的波动而引发的外汇风险的管理正越来越紧迫地成为各经济体面临的一个重大课题。外汇风险是指一个经济实体或个人，在涉外经济活动中因外汇汇率的变动，使其以外币计价的资产或负债价值涨跌而蒙受损失的可能性。外汇风险主要包括交易风险、折算风险和经济风险三类。承担国际经济交往主体的企业、金融机构等都会有大量的国际收付，或者保有外币债权债务，或者以外币表示的其资产负债价值，为了防范汇率的频繁变动对经济体正常经营的影响，必然会采取一系列措施加强外汇风险的管理。

3.1 外汇风险

3.1.1 外汇风险概述

外汇风险(Foreign Exchange Risk)，又称汇率风险或汇兑风险，是指一个经济实体或个人，在涉外经济活动中(如对外贸易、国际金融、国际交流等)因外汇汇率的变动，使其以外币计价的资产或负债价值涨跌而蒙受损失的可能性。

汇率变动产生的影响，可能产生外汇收益，也可能形成外汇损失。其最终结果如何取决于有关经济体持有的外汇头寸。构成外汇风险的三大因素是本币、外币和时间。三个因素中缺少一个，外汇风险就不存在。如果对外经济交往中不需要货币兑换，包括本币与外币之间的兑换和不同外币之间的兑换，或者货币兑换是即时的，不存在时间因素，那么企业经营的外汇风险就很小。

外汇头寸(Exchange Position)是指经济主体外币资产或负债存量。外汇头寸通常表现为三种状态：第一，头寸轧平，即外汇资产等于外汇负债；第二，多头，又称超买，即外汇资产大于外汇负债；第三，空头，又称超卖，即外汇资产小于外汇负债。敞口头寸(Foreign Exchange Exposure Position)是指外汇资产与负债的差额，即暴露于外汇风险之中的那一部分资产或负债。

3.1.2 外汇风险的种类

1. 交易风险

交易风险，是指一个经济实体在以外币计价的国际贸易、非贸易收支活动中，由于汇率波动而引起应收账款和应付账款的实际价值发生变化的风险。交易风险主要表现为三个方面：

(1) 以信用为基础的即期或延期付款为支付条件的商品或劳务的进出口，在货物装船或劳务提供后，出口商将承受出口收入因外汇汇率下跌而可能减少的风险，同样进口商将承受进口支出因外汇汇率上升而增加的风险。进出口企业从签订合同到债权债务的清偿，通常要经历一段时间，而这段时间的汇率会发生变动，于是，未结算的金额就成为暴露的风险头寸。

(2) 外汇银行在外汇买卖中持有的外汇头寸的多头或空头，也会因汇率变动而可能蒙受损失。已签订待履行的远期外汇合同，因约定汇率和到期时市场汇率之间有偏差而产生风险。

(3) 以外币计价的国际投资和借贷活动，在债权债务未清偿前因汇率变动而产生资产减少或负债增加的风险。国际筹资中的汇率风险通常表现为，当借入一种外币而需要换成另一种外币使用，则筹资人将承受借入货币与使用货币之间汇率变动的风险。

2. 折算风险

折算风险，又称会计风险、转换风险、评价风险，是指经济主体(包括金融机构)在对资产负债进行会计处理中，在将功能货币转换成其他记账货币时，因汇率变动而呈现出账面损失的可能性。功能货币就是经济主体在经营活动中流转使用的各种货币；记账货币则是指经济主体在编制综合财务报表时使用的报告货币，通常也就是母国货币。一旦功能货币与记账货币不一致，在会计上就要作相应的折算，也就不可避免地出现折算风险。

一般来说，折算风险主要取决于三个因素：一是跨国公司海外子公司所从事的对外经营活动的程度；二是子公司的地理位置；三是所采用的会计方法。通常跨国公司的海外子公司的经营占整个公司的比例越大，则公司价值遭受折算风险的比例就越大。但是对跨国公司折算风险影响最大的常常是所采用的会计制度与方法。

3. 经济风险

经济风险，又称经营风险(Operating Risk)、竞争性风险(Competitive Risk)或策略性风险(Strategic Risk)，是指由于意料之外的外汇汇率变化而导致企业产品成本、价格等发生变化，从而导致企业未来经营收益增减的不确定性。对金融机构而言，经济风险比交易风险和折算风险对企业影响更大。原因在于，经济风险将会直接影响金融机构在国际业务中的经营成果，并且这种风险的受险部分是未来的长期收益和长期现金流量。由于经济风险所经历的时间过程比较长，因而防范难度和控制难度也比较大。经济风险测量的是由于未预期到的汇率变动引起公司未来运营现金流变化而导致的公司价值的变化。其作用的过程为汇率变动引起公司或其竞争对手的成本、销售价格、销售数量等发生变化，从而使公司预期的未来运营现金流发生变化，并最终导致公司价值的变化。经济风险对经济主体的影响是长期性的。

上述三类风险有一定的联系，从时间上看，折算风险是对过去会计资料计算时因汇率变动而造成的资产或负债的变异程度，是账面价值的变化；交易风险是当前交易或结算中因汇率变化而造成的实实在在的经济损失或经济收益；而经济风险是因汇率变化对未来的经营活动和经营收益所产生的潜在的不确定性。

3.2 外汇风险管理

3.2.1 外汇风险管理的原则和战略

外汇风险管理是指外汇资产持有者通过风险识别、风险衡量、风险控制等方法，预防、规避、转移或消除外汇业务经营中的风险，从而减少或避免可能的经济损失，实现在风险一定条件下的收益最大化或收益一定条件下的风险最小化。在现代市场的竞争环境下，各经济体为了充分利用有效信息，力争减少汇率波动带来的不利影响，在外汇业务风险管理中应该遵循一些原则。

1. 外汇风险管理的原则

(1) 全面重视原则。全面重视原则要求参与涉外经济交易的企业树立风险管理的意识，从管理战略上给予外汇风险管理高度的重视。因为外汇风险有着不同的种类，企业必须对风险进行准确的测量，及时了解风险状况的动态变化，保持清醒的头脑，尽早进行防范和安排，避免顾此失彼，造成重大的损失。

(2) 管理多样化原则。由于外汇风险的形成原因有差异，各经济体的经营特点、经营范围、管理技能各不相同，涉及的外币的波动性、外币净头寸、外币之间的相关性、外汇风险的大小都不一样，因此要根据国家外汇管理政策，了解金融市场各产品的特性，选择更有利的外汇风险管理方法，进行灵活多样的外汇风险管理。

(3) 收益最大化原则。涉外经营企业在进行汇率风险管理时，应确定具体的风险管理战术，选择合适的外汇风险管理方法，考虑成本和收益的平衡，以获取综合收益最大化。外汇业务风险管理的本质是一种风险的转移或分摊，例如采用远期外汇交易、期权、互换、期货等金融工具进行套期保值，都需要支付一定的成本，以此为代价来固定未来的收益或支出。

2. 外汇风险管理的战略

外汇风险管理是一项复杂的系统工程，其成效在很大程度上取决于管理者是否制定了科学的风险管理战略。外汇风险管理战略是经济主体在外汇风险管理中的指导思想和基本态度，包括完全避险的管理战略、消极保值的管理战略和积极的外汇风险管理战略。

完全避险战略，是指企业追求对经营中出现的外汇风险采取全部的套期保值交易，对手中的外汇头寸，不管是哪种货币，不管未来汇率走势如何，全部进行抛补，不留任何来自汇率方面的不稳定因素，消除一切风险因素。但是，这种战略使涉外企业在规避汇率风险时，也放弃了可能获利的机会，机会成本较高。

消极保值战略，是指企业对其业务中的外汇风险听之任之，不采取任何措施进行控制或消除，勇于承担一切外汇风险的风险管理战略。采用这种战略的企业往往是风险爱好者，他们相信市场机制的作用，或者相信自己对汇率变化的把握，或者认为企业对外汇风险管理花费的成本比风险本身的影响要大。选择消极保值战略的企业似乎是在谋求50%概率的汇率变动的有利影响，以便享受免费午餐。实际上，除非特殊情况，企业一般很少采取消极保值的外汇风险管理战略。

积极的外汇风险管理战略，是指企业有选择地对可能带来不利影响的外汇风险进行套期保值，同时保留可能带来有利影响的外汇风险，有目的、有针对性地对外汇风险进行管理，以最大限度地避免损失、谋取风险收益。持这种战略的企业有利用汇率的波动谋取利润的投机者，也有以平衡外汇风险头寸为目标的套期保值者。采取积极的风险管理战略要求企业具有完善的风险管理机制和较高的管理水平，否则，由此带来的损失可能远远超过前两种管理战略。

专栏3-1 套期保值

一、套期保值概念

针对现货头寸，在期货市场相反操作，根据期现同步的原则，最终期现盈亏互补，以规避价格风险为目的的期货交易行为。

1. 买入套期保值

又称多头套期保值，是在期货市场购入期货，用期货市场多头保证现货市场的空头，以规避价格上涨的风险。

例：某锌合金加工厂于2017年5月份计划2个月后购进100吨锌锭，当时的锌锭现货价为16 500元每吨，期货价为17 000元每吨。该厂担心价格上涨，于是买入100吨相应月份锌期货。到了7月份，现货价升至17 000元每吨，而期货价为17 500元每吨。该厂于是买入现货，亏损500元每吨；同时卖出期货，盈利500元每吨。两个市场的盈亏相抵，有效地锁定了成本。

2. 卖出套期保值

又称空头套期保值，是在期货市场中出售期货，用期货市场空头保证现货市场的多头，以规避价格下跌的风险。

例：2017年4月份，某铅锭贸易商与冶炼厂签订9月份销售100吨铅锭的销售合同，价格按市价计算，9月份期货价为18 000元每吨，当时现货价为17 500元每吨。贸易商计价格下跌，于是在期货市场上以18 000元每吨的价格，卖出100吨铅期货。到9月份时，现货价跌至16 000元每吨。该公司卖出现货，亏损1 500元每吨；同时在期货市场上以16 500元每吨的价格买入平仓，实现盈利1 500元每吨。期货和现货市场盈亏相抵，有效地防止了铅锭价格下跌的风险。

二、套期保值作用

(1) 价格和销量保险，安排生产计划：为不利的价格波动提供保护，固定成本、稳定利润收入。

(2) 灵活定价：为企业在销售、购买和定价策略上提供灵活性。

(3) 提高资金使用效率：降低储存费用、降低资金利息、降低库存减值风险。

(4) 增强融资信誉：减低现金流风险、平抑利润波动，在外部融资时获取更好的信用级别，提升债务容量。

(5) 进行投资组合，实现投资收益：期现套利、跨品种套利、跨期套利。

(6) 实现企业价值最大化：树立品牌、提升信誉。

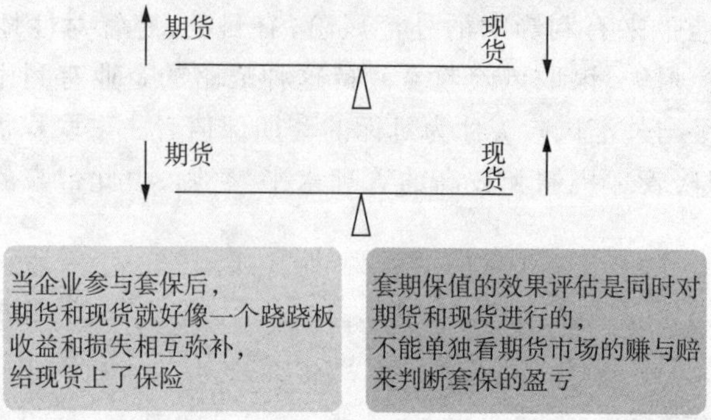

图 3－1　套期保值作用

三、套期保值原理

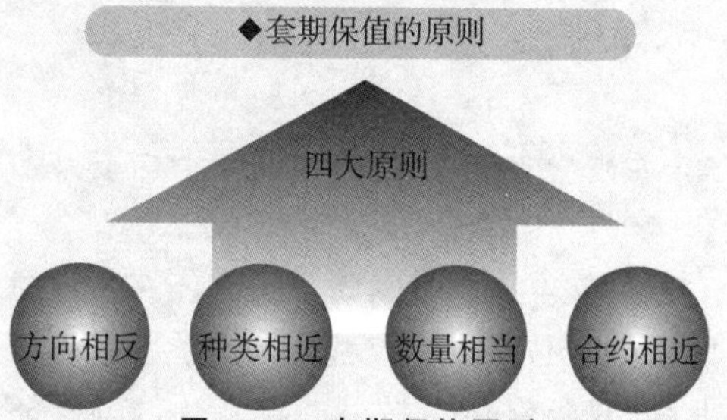

图 3－2　套期保值原则

四、套期保值原理

(1) 市场对期现价格的主要影响因素相同，期现价格变动趋势基本一致而变动幅度不完全相同，于是现货价格涨跌，就会影响期货价格同向涨跌，这就使得企业可通过在期货市场做与现货市场相反的交易来保值，使手中的商品价格稳定在一个目标水平上。

(2) 期现价格不仅变动趋势相同，而且合约到期时两者将大致相等，期现合一，因为期货价格虽通常高于现货价格，其中包含贮藏直至交割日为止的各种费用，当合约接近交割时，这些费用会逐渐减少至完全消失，回归现货价格，这样，期现价格的影响因素实际已几乎相同，这就是现货市场走势趋同性原理，如图 3－1 所示。

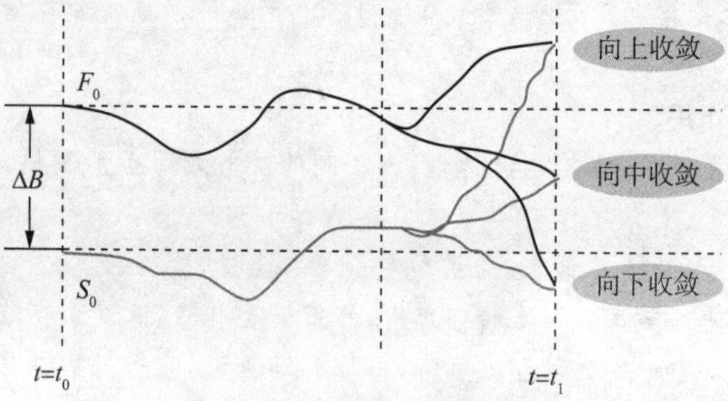

图 3－3　套期保值原理

资料来源：中信期货网站，https://www.citicsf.com.

3.2.2 企业外汇风险管理

3.2.2.1 企业外汇交易风险的管理

对于一般企业而言，交易风险是其涉外经营中面临的最主要的外汇风险。因此，交易风险是一般企业外汇风险管理的主要对象。交易风险主要表现为进出口业务中的交易结算风险、外汇买卖中的交易风险和国际信贷等业务中的交易风险。

1. 贸易合同策略法

(1) 正确选择合同计价货币。一般来说，在出口时选用硬币、在进口时选用软币对出口商、进口商是比较有利的；国际借贷市场上债权选择硬币、债务选择软币，规避汇率风险更有利些。所谓硬币就是指可以自由兑换的、币值稳定或具有上浮趋势的货币；所谓软币就是指币值不稳定或具有下浮趋势的可自由兑换货币。

(2) 在合同中订定保值条款。这是进出口商经常使用的避免或减少汇率风险的方法。其具体做法是：进出口商在交易时首先确定合同计价货币，然后选择另一种货币或一组货币作为保值货币，把签订合同时或双方自由约定的保值货币与合同计价货币的汇价明确规定在合同之内。在进口方支付货款时，如果合同计价货币与保值货币的现行汇率和合同规定的不同，则合同总金额应据此作适当调整。

(3) 价格调整条款。在签订合同时先制定一个基础汇率，并规定一个汇率变动中立区，若交易日的汇率变动处于中立区内，则不对基础价格进行调整；如果汇率变动超过中立区，则在交易日对基本汇率进行相应的调整。

(4) 提前收付或延期收付条款。提前收付或延期收付法，是通过预测收付货币汇率的变动趋势，提前或延迟收付外汇款项防止外汇风险的方法，也就是用更改外汇资金的收付日期来抵补外汇风险造成的损失或得到汇价变动获得的收益。

2. 金融市场交易法

在外汇市场上进行套期保值是涉外企业规避外汇风险最为常用的方法，套期保值的方式有以下几种：

(1) 远期外汇交易、外汇择期交易和外汇掉期交易。远期外汇交易具有许多优点，是国际上最常用的规避外汇风险、固定进出口外汇成本的工具。利用远期外汇交易避险不受任何条件限制，可以广泛应用于所有交易风险的管理。

外汇择期交易是远期交易的变形形式，指的是在成交后客户可在将来的某一选择时期(而非日期)内的任何一天均可按预定的汇率和金额交割远期外汇交易，它是一种可选择交割日的远期外汇买卖。对于那些不知道具体的支付日期，如不知道进口的货物哪一天交货、哪一天需要实际支付的客户，择期合同交易可以大大方便外贸企业，增加企业的灵活性，企业可以根据自己的情况选择办理交割的日期。

外汇掉期交易就是指买进卖出即期外汇的同时，再卖出或买进远期外汇合同的一种交易方法。实质上是利用时间差，做两笔外汇数额相同、方向相反的买卖，实际是即期交易与远期交易或者是远期交易与远期交易的综合。通过外汇掉期交易可以消除外汇的全部风险。

(2) 外汇期权和期货交易。外汇期权，是指按合同规定在一定的日期或期限内以一定的价格买卖一定数额货币的权利。

外汇期货合约，是指具有法律约束力的标准化的外汇远期合约，该合约具有规范的交易单位、指定的交割月份、每日结算及独特的交割方式。外汇期货市场的交易对象是外币期货合约，不同的外汇期货市场对外汇期货标准化合约的规定略有不同。期货交易有固定的交易场所，买卖双方需要各自交付保证金和佣金，通过经纪信用证交易所买卖外汇期货合约。

（3）BSI法和LSI法。BSI（Borrow－Spot－Invest）法，即借款—即期外汇交易—投资法，是指有关的企业通过借款、即期外汇交易和投资的程序，争取消除外汇风险的风险管理办法。企业在有应收外汇账款的情况下，为防止应收外币的汇价波动，首先借入与应收外汇相同数额的外币，将未来的外汇风险的时间结构转变到即期。借款后时间风险消除，但货币风险仍然存在，此风险则可通过即期合同法予以消除。也就是将借入的外币，卖给银行换回本币，外币与本币价值波动风险不复存在。利用这种方法消除风险虽有一定的费用支出，但可将卖得的本币进行投资，获取本币投资收益。

LSI（Lead－Spot－Invest）法，即提前结汇—即期外汇交易—投资法，是指有关的企业通过提前结汇、即期外汇交易、投资或借款消除外汇风险暴露的风险管理办法。LSI法与BSI法的全过程基本相似，只不过将第一步从银行借款对其支付利息，改变为请债务方提前支付，给其一定折扣而已。

无论外币债权人还是债务人使用LSI法还是BSI法，作为外汇风险管理工具，都没有改变经济主体的资金流动计划。LSI法因为提前收到的账款转化为投资，提前付出的账款通过借款解决。这种外汇风险管理的代价取决于折扣率与借款利率或投资收益率之间是否存在差异。而BSI法不要求公司提前付出资金或收到货款，从而也不会给公司带来相应的利息收入或支出。只是如果两国存在利率差异，企业就可能承担一定的外汇风险管理代价。

3.2.2.2 企业外汇折算风险的管理

1. 会计折算的四种基本方法

汇率变化会引起公司合并资产负债表发生变化，影响最为明显的是跨国经营企业。会计风险大小涉及折算方式，下面介绍四种基本方法。

（1）流动—非流动法。流动资产包括现金、应收账款和存货，流动负债指应付账款；非流动资产指固定资产，非流动负债指长期负债。该方法对流动性资产和负债使用现行汇率折算，对非流动性资产和负债使用历史汇率（即交易发生时的汇率）折算。

（2）货币—非货币法。货币资产包括现金和应收账款，货币负债包括应付账款和长期负债；非货币资产包括存货和固定资产。该方法对货币性资产和负债使用现行汇率折算，对非货币性资产使用历史汇率折算。

（3）时态法。它按照外币计量所属日期的汇率折算相应金额，现金、应收账款、存货、应付账款和长期负债都使用现行汇率折算，只有固定资产使用历史汇率折算。

（4）现行汇率法。该方法对所有资产和负债项目都按现行汇率折算。

在对会计风险进行管理时，企业本身除了要调整外币资产与外币负债的结构外，还要按照国际会计准则的要求进一步完善有关外币折算的会计准则。

美国会计准则委员会（FASB）曾在其《第52号财务会计准则公告》中提出“功能货币”（Functional Currency）和“报告货币”（Reporting Currency）的概念。功能货币是指企业的海外机构或子公司在所处的经营环境中，用来营运和收支实际记载的货币；报告货币是指企业在会计上使用的本币或呈报资产负债表时使用的总公司或母公司所在国的货币。美国会计准则规定：① 对于自主经营的国外子公司，应以当地货币为功能货币，外币财务报表折算时采用现行汇率法，折算差额列入资产负债表股东权益内，作递延项目处理；② 对于作为母公司经营组成部分的国外分支机构，应以母公司货币为功能货币，外币财务报表折算时采用时态法，折算差额作为汇兑损益，计入当期损益表内。

我国涉外经营的企业在境外的财务报表应区别情况，分别以当地货币或某一基础外币作为记账本位币。国内在合并报表时，在按原折算方法将外币表述的境外单位财务报表折算成以人民币表述的财务报表时，相应的外币折算差额按原来的处理方法分别作递延项目处理或计入当期损益。这样，在对我国跨国经营的企业进行外币会计风险的战略分析时，可以避免由于会计准则的不当所产生的系统性误差。

2. 管理折算风险的基本原则和方法

涉外经济主体对折算风险的管理，通常是实行资产负债表保值。管理折算风险的基本原则是：增加强势货币资产，减少弱势货币资产，增加弱势货币负债。

折算风险的管理采用三种方法：

(1) 资产负债表管理法。这种方法是指通过交易活动，调节企业各资产、负债账户，理清资产负债表上各账户、各科目上各种币种的规模，明确综合折算风险头寸的大小，根据风险头寸的性质确定受险资产和受险负债的调整方向，以规避外汇风险。

(2) 金融工具法。在金融市场上利用远期、互换、期货、期权等金融工具来避险。

(3) 非金融工具法。利用提前和递延支付、转移价格调整、选择结算货币等非金融方法来避险。

3.2.2.3　企业外汇经济风险的管理

经济风险管理的关键是在做出长期性国际经济业务的决定之前就能预测和防止非预期汇率变动对海外企业未来净现金流的影响。对于经济风险的管理，主要通过多元化经营、多元化融资来分散或降低经营风险，运用市场营销、生产经营等策略的组合来制定管理经济风险的策略。

1. 市场营销策略

在本币汇率波动的条件下，企业营销策略的设计为其提高竞争能力提供了机会。因此，跨国营销者的任务之一就是在确定汇率变动可能产生的后果之后，通过调整价格和产品策略对其做出反应。

(1) 市场选择

对企业而言，在其销售产品时首先要考虑的因素就是产品销售市场的选择及如何针对每个市场的不同情况进行区别对待。

进行市场选择的第一步就是要对目标市场的汇率水平进行评估，一般来讲，把国家货币高估的市场作为开拓的目标市场比较有利，因为在同等条件下，与别的市场相比，产品在价格方面将更加有竞争力。对一国市场的汇率水平进行估计时，要特别注意汇率变动的长期性和时滞性，高估的货币可以正在贬值过程中，而被低估的货币也许在升值。

在不同的国家实行市场分隔也是一个必须考虑的问题，实行多样化产品销售以适应不同顾客的需求，损失会小一些。另外，随着本币的贬值，那些拥有高收入顾客群的企业会发现其进入国外市场的能力得到增强。

市场选择及市场分割为企业在不同时刻调整其营销策略提供了基本方法。然而对于预期或已经发生的汇率变动，这两种基本策略都不可能在短期内做出反应。相反，企业在短期内必须采取一定的巧妙的方法，如调整价格、促销等。

(2) 价格策略

价格策略主要涉及两个重要问题：一是市场份额与边际利润的均衡选择；二是调整价

格的频率大小如何确定。考虑人民币升值的情况，在海外出售产品的企业应考虑如何提高其产品的外币价值。问题的关键是，这样做就削弱了我国企业的低价格优势，因而也就限制了出口商通过提高外币销售价格来获取收益的可能性。因此，出口商的最佳选择是进行市场调查，以确定企业产品的价格需求弹性，再确定是否提高企业产品价格，以及提高的幅度如何，以达到利润最大化。

（3）促销策略

在任何一个促销策略中，用于广告、推销等促销手段的预算都是一个关键问题。促销应考虑汇率因素，特别是在多国间分配预算时更应如此。

（4）产品策略

企业经常通过改变它们的产品策略来管理其经济风险。产品战略涉及引入新产品、生产线的决定和产品创新等方面。

对于工业企业，人民币升值后的策略应该是通过增加研究和开发预算支出而争取实现产品创新，开发新产品，以技术优势弥补价格优势的削弱。

2. 生产管理策略

以上讨论的调整涉及试图改变本币衡量的收入的价值。但有时汇率波动大到价格或其他营销战略都不能保证其产品不受冲击的程度，此时，企业必须甩掉其不具有竞争力的产品或削减成本。

转换产品资源和产地位置是企业在通过营销策略管理竞争性风险不能奏效时通常采用的策略。假设一国货币坚挺，则该国企业的基本战略可能是将其生产地转移到国外，可以通过以下方法达到这一目的。

第一，改变投入组合。一个更灵活的办法就是通过在海外实现更多的原料和零部件购买而改变其投入组合。考虑未来可预期的人民币升值，我国企业应当积极扩大自身原料的采购范围，以利用人民币升值的优势，降低企业成本。

第二，分散生产策略。拥有跨国生产体系的跨国企业能够通过在不同国家的工厂分配产量，以适应汇率变动。即在货币贬值的国家提高产量，而在货币升值的国家减少产量。因此，跨国公司通过在全球范围内调整产量和营销运作，使其在汇率变动时与一般企业相比，抵御风险冲击的能力更强。

第三，选择生产地址。外币发生贬值后，那些没有在该国设厂的企业在向该国出口时会发现：仅仅在海外购进原部件不足以保证单位产品的利润，企业可能被迫在该国设厂。考虑未来可预期的人民币升值，我国企业在国外设厂，不但可以在资本投入中利用人民币升值的优势，还可以降低产品成本。

第四，提高劳动生产率，降低生产成本。企业可以通过关闭效率低的工厂、实现自动化、削减工资和福利待遇等来提高劳动生产率，许多企业还通过对职员的激励机制来提高劳动生产率及产品的质量。另外一个提高生产率和降低成本结构的办法是改变其产品供应方式。

除了以上介绍的经营多元化外，在管理经济风险时，企业还应在融资方式上做到货币多元化，在不同的资本市场上利用多种筹资工具融资，还可以通过多种货币、多种渠道筹资，尤其是可多借“软币”等，有时还可以使得融资的货币组合与生产经营使用的货币组合匹配来降低经济风险。实现或部分实现上述内容的国际多元化的企业，将处于一种“有备无患”的有利地位。一旦出现意外汇率变动，企业就能根据经济条件的变化，做出快速、有效的反应，减少其对企业收益的影响。

3.2.3　商业银行外汇风险及其管理

3.2.3.1　商业银行的外汇风险

商业银行外汇业务包括外汇存贷款、外币兑换、国际结算、结汇售汇、外币有价证券的发行与买卖、外汇资信调查、咨询等多项内容。商业银行的外汇风险又有狭义和广义之分。广义的商业银行外汇风险是指商业银行经营外汇业务时面临的风险，即商业银行在经营外汇业务的过程中可能发生的损失，通常将银行外汇业务的风险分为五类：国家风险、信用风险、利率风险、流动性风险和货币风险。狭义的商业银行外汇风险仅指由于汇率的波动引起的本币价值发生变动，给商业银行带来经营损失的可能性。

商业银行外汇风险主要是由于外汇币种和期限结构不匹配等因素造成的。商业银行和持有外汇的一般企业一样，也面临着汇率波动带来的交易风险、会计风险和经济风险。

商业银行的外汇风险主要是交易风险，银行在对客户进行外汇买卖业务或在以外币进行贷款、投资以及随之进行的外汇兑换活动中，其持有的敞口头寸都会因汇率变动而可能遭受损失。

商业银行的会计风险是指由于汇率变动而引起商业银行资产负债表某些项目全额变动的风险，其产生的原因是进行会计处理时将外币折算为本国货币因不同时期使用的汇率不一致，所以可能出现会计核算上的损益。

商业银行的经济风险是指由于汇率非预期变动引起商业银行未来现金流量变化的可能性，它将直接影响商业银行整体价值的变动。汇率波动可能引起利率、价格、进出口、市场总需求等经济情况的变化，这些因素又将直接或间接地对商业银行的资产负债规模、结构、结售汇、国际结算业务量等产生影响。

巴塞尔银行监管委员会(以下简称“巴塞尔委员会”)先后制定了《银行外汇头寸的监管》《银行表外业务风险管理》《衍生产品风险管理准则》及《利率风险管理和监管原则》等多部市场风险管理文件，将外汇风险放在银行经营的整体框架之内来考察，大体明确了外汇风险和其他业务之间的关系，并呼吁全球的银行及证券监管机构展开国际合作，严格控制外汇风险。外汇风险的上升或外汇交易量的扩大，会导致银行整体风险资产量的上升，最终在银行资本充足度上反映出来。因而要增强抵御外汇风险的能力，应从提高资本充足度和控制整体风险资产的规模入手。1996 年颁布的《资本协议市场风险补充规定》正式将外汇风险等市场风险纳入资本监管框架中。2004 年的新巴塞尔协议在这方面也有更多的论述。巴塞尔委员会在《银行外汇头寸的监管》文件中指出，银行外汇运作的安全主要是由其管理者负责的，管理者应当负责规定银行在外汇业务中所能承担的风险限额，并负责确保在银行的此类业务中设有适当的内部控制程序。

随着经济全球化的深入，商业银行的外汇交易业务日益频繁，成为外汇交易的主要参与者，同时它们也持有大量的外汇资产和负债，这就使得商业银行在每日营业终了时必然会出现外汇买卖以及资产负债的差额，有意或无意地持有外汇敞口头寸。在某一时段内，如果银行买入某种外币与该种外币的资产之和，大于卖出与负债之和，则称为多头；银行卖出某种外币与该种外币的负债之和，大于买入与资产之和，则称为空头。银行持有的多头或空头统称为“敞口头寸”。商业银行面临的外汇风险主要是头寸风险。

3.2.3.2　商业银行外汇头寸风险管理

1. 商业银行外汇头寸风险及其来源

由外汇敞口头寸带来的外汇风险分为两种：由外汇交易而产生的外汇风险和由外汇资

产负债之间的不匹配而产生的外汇风险。相应地，商业银行外汇风险主要有两个来源。

(1) 外汇交易

银行的外汇敞口通常是由以下几种交易业务形成的：

① 中介型外汇交易，银行应客户商品交易活动或投资需要进行的外汇买卖业务；

② 套汇型外汇交易，银行因为规避自身或者客户的外汇风险即进行的与套期保值有关的外汇买卖；

③ 投机型外汇交易，银行通过对汇率的预测，为了获得投机利润而进行的与投资交易有关的外汇买卖。

(2) 外汇资产和外汇负债组合的不匹配

与本币投资一样，对外投资的收益来源于外币资产和负债的差异。不同之处在于，对外投资还需要考虑到外汇汇率的波动情况。所以外汇资产和负债的头寸会在给商业银行带来收益的同时，也带来风险。

2. 商业银行外汇头寸风险的计量

(1) 传统的银行外汇敞口的计算方法

巴塞尔协议为了控制银行业的外汇风险提出了银行外汇风险资本的要求。银行外汇风险资本要求等于外汇总净敞口头寸乘以8%，其中外汇总净敞口头寸等于外币总净敞口头寸加上黄金的净头寸。对于银行外币总净外汇敞口的计量，国际银行界通常采用的计量方法有总汇总敞口(the Gross Aggregate Position，GAP)、净汇总敞口(the Net Aggregate Position，NAP)和汇总短敞口(the Shorthand Aggregate Position，BAP)三种方法。

① 总汇总敞口(GAP)计量法

GAP计量方法是银行各币种多头头寸形成的长敞口和空头头寸形成的短敞口相加。用公式表示即为：

$$\sum_{\text{GAP}} = L + S$$

式中，L为各币种的长头寸；S为各币种的短头寸。

此方法被以德国金融监管当局为代表的一些国家的银行业所采用。当外汇敞口组合中的货币变动完全不相关时，长头寸外币敞口和短头寸外币敞口之间的风险就不能相互抵消。在这种组合下，适合采用GAP方法来衡量外汇风险。

② 净汇总敞口(NAP)计量法

净汇总敞口计量法是银行各币种多头头寸形成的长敞口与空头头寸形成的短敞口相互抵消后的绝对值。用公式表示即为：

$$\sum_{\text{NAP}} = | L - S |$$

式中，L为各币种的长头寸；S为各币种的短头寸。

此方法被以日本金融监管当局为代表的一些国家的银行业所采用。当外汇敞口组合中的货币变动高度相关时，长头寸外币敞口与短头寸外币敞口之间的外汇风险可以相互抵消。在这种组合下，适合采用NAP计量方法衡量外汇风险。

③ 汇总短敞口(BAP)计量法

BAP计量方法最早由英国银行监管当局(Bank of England)提出，后来被巴塞尔委员会采用。该方法计量的外汇敞口为银行各币种多头头寸形成的长敞口与空头头寸形成的短敞口之间取值较大的一方。用公式表示如下：

$$\sum_{BAP} = \max[L,\ S]$$

式中，L 为各币种的长头寸；S 为各币种的短头寸。

(2) 西方商业银行的外汇风险统计方法

西方商业银行所采用的外汇风险统计方法大体相同，通过整理基本可以分为两类：统计法和非统计法。统计法包括风险价值法(VaR)和大额敞口风险确认法，非统计法主要为压力测试和敏感性分析。

VaR 是近年来被广泛运用的风险度量方法，指的是在一定的置信水平或容忍度下，在一定的期限内，某一投资组合在正常市场条件下潜在的最大的损失。其核心就是要尽可能准确地描述金融时间序列的波动性，金融界和统计界的专家对此进行了广泛的研究探讨。VaR 的优点有：① 把各种金融工具、资产组合及金融机构的风险具体化为一个可以比较的数字，简单明了地表示风险的大小，即使没有任何专业背景的投资者和管理者都可以通过 VaR 值对风险进行评判；② 可以事前计算风险。VaR 的缺点是：其结果表明的只是一定置信度内的最大损失，但是仍会有小概率造成极大损失的可能性。

要估算 VaR 值首先要对两个因素进行选取：一个是持有期，另一个是置信水平。巴塞尔委员会对金融机构支持 VaR 损失的计算要求是 10 天持有期和 99%的置信水平。

3. 商业银行外汇头寸风险的管理

由于外汇交易风险主要是由于外汇敞口头寸产生的，因此管理好外汇敞口头寸成为规避、分散和转嫁外汇交易风险的关键。

(1) 对由外汇交易造成的风险敞口的管理

① 抛补头寸管理

尽管银行中介型外汇交易的管理目标是不持有敞口头寸，但是，企业的外汇需求非常复杂，而且与银行进行的交易在时间、金额、币种、期限等方面具有很强的随机性。为了避免交易风险，银行需要采取一定措施对外汇敞口头寸加以管理。商业银行外汇头寸管理的具体措施主要有以下几种：

第一，即期头寸管理。即期头寸管理是指以即期头寸为对象，对外汇多头抛出，空头补进，把敞口头寸变为零，从而使外汇风险得以消除的管理方法。银行需要卖出多头或是买入空头，一种常见的方法是在银行间市场上买卖；另一种方法是向客户提供有利的报价，特别对大额交易推出更优惠的报价，以吸引客户即期外汇交易和远期外汇预购。

第二，远期头寸管理。远期外汇交易即使买卖的金额相等，如果到期日不一致，也需要进行头寸管理或是资金调整。例如，先到期的买入期汇，需要筹措本币资金去交割；后到期的卖出期汇也有外币资金的筹措问题。通常的做法是对先到期的头寸即期抛补，筹措资金去交割，然后对后到期的头寸进行抛补，这些抛补交易需要与远期交易的交割日一致。

第三，综合头寸管理。外汇银行每天既有即期买卖，也有远期买卖，如将这些交易严格区分加以管理则管理成本较高，并且即期头寸的调整有时需要远期交易加以配合，而远期抛补受到金额和到期日的限制，往往需要先通过即期抛补，然后通过掉期交易进行调整。因此，有进行银行头寸管理时，不区分即期头寸和远期头寸，而是制定“综合外汇头寸表”，对综合差额进行抛补。

② 制造“预防性头寸”

银行在对现存的外汇敞口头寸进行抛补管理之前，需要预测未来可能产生的潜在性的敞口头寸，充分考虑到潜在性敞口头寸对风险管理的要求及影响，然后再制定、实施头寸管理方案。银行的外汇头寸管理不是静态的管理，而是一个动态的管理过程。例如，当判断到银行柜台来买欧元的人会出现蜂拥而至的可能性的时候，银行可预先从市场上大量买进欧元，以满足顾客的需求。这样，银行不仅没有消除过去留下的头寸，反而制造出新的头寸，但这种新的头寸对银行是有利的。这种有益的新头寸称为“预防性头寸”。

③ 多层次的限额管理

银行的交易风险产生于外汇买卖之中，因此制定外汇交易敞口头寸的最高限额是银行最重要的控制交易风险的方法。在实际操作中，对外汇交易设立多层次的限额管理机制，是银行监控外汇风险的最重要和最有效的方法。外汇交易限额包括日间头寸限额、隔夜敞口头寸限额以及止损点限额。

所谓日间头寸限额，是指银行在每个营业日的时间内可以持有的外汇头寸的最大额度。具体可分为日间交易敞口总头寸限额和交易员日间头寸限额。日间交易敞口总头寸限额是指日间交易过程中未平盘头寸的最高持有限额，通常采取累计的方式计算额度，而且还对不同的货币设有最大交易额度；交易员日间头寸限额是指交易员被授权在日间持有的外汇头寸的最大额度。

隔夜敞口头寸包括日间交易的遗留未平盘头寸和夜间开盘头寸。隔夜敞口头寸风险要比日间敞口头寸大得多，因为银行经营活动结束后，无法及时把握汇市的波动，敞口头寸随时面临亏损的风险。为了控制金融风险，一些国家的监管部门对银行持有的隔夜敞口头寸的最高金额做出了规定，银行的隔夜头寸不得超过银行资本金的一定比例。

风险管理的一个重要内容是及时止损，为了避免由于判断错误而导致巨大的损失，在银行现有的外汇头寸损失达到某一数额时，需要立即轧平头寸，以避免损失的金额过大而陷入无法收拾的局面。这一规定的最大损失金额就是止损点限额。

(2) 由外汇资产负债错配造成的风险敞口的管理

外汇资产负债的配对管理，是指通过对外汇资产负债的时间、币别、利率、结构的配对，尽量减少由于经营外汇存贷款业务、投资业务等而需要进行的外汇买卖，以减少风险。其主要内容如下：

① 匹配好币种

要在外汇存贷款上做好币种的配对，商业银行应该遵循筹资什么外币，借出什么外币，贷款到期时收回什么外币，筹资合同到期时银行付出什么外币的原则。即尽可能做到借、用、还货币的统一。

② 匹配好外币资产负债的到期日

在未来的任一时点上，银行都应该尽可能地使到期的资产能够并且恰好抵付到期的负债。因此，银行应该做好外汇存贷款的到期日统计，对到期日不搭配的资产和负债进行调整，必要时对负债少于资产的部分进行融资，对负债多于资产的部分进行投资，制造新的期限相同的资产。

③ 匹配好外汇资产与负债的利率

由于银行从国外借入的现汇资金是以伦敦市场同业拆放利率(即 LIBOR)计算利息的，因此，银行在国内发放外汇贷款的利率，一般也应按浮动利率计收利息，不定期地将利率进行调整公布，尽可能减少外币资产与负债之间的利率基础差异，以规避利率风险。

④ 合理调整外汇资产负债期限结构

当出现短期外汇负债长期使用时,应适当增加长期存款,压缩长期外汇贷款,活化沉淀资金,提高资金的流动性。当出现长期外汇负债短期运用时,不能盲目增大长期外汇贷款而机械地追求期限对称,必须调整负债结构,增加低成本负债。外汇负债结构的调整可以通过增量的调节来改变存款结构。

⑤ 银行资产负债配对管理手段

目前商业银行主要是使用金融衍生工具类对外汇风险敞口进行套期保值，如远期外汇交易、外汇期货、外汇期权、货币互换等。

3.3 中国外汇风险管理

自2005年7月21日以来,人民币汇率形成机制发生了重大的变革,我国开始实行以市场供求为基础、参考一篮子货币进行调节、有管理的浮动汇率制度。人民币汇率形成机制改革的内容是,人民币汇率不再盯住单一美元,而是按照我国对外经济发展的实际情况,选择若干种主要货币,赋予相应的权重,组成一个货币篮子。同时,根据国内外经济金融形势,以市场供求为基础,参考一篮子货币计算人民币多边汇率指数的变化。每日银行间外汇市场美元对人民币的交易价仍在中国人民银行(以下简称央行)公布的美元交易中间价上下0.3%的幅度内浮动,非美元货币对人民币的交易价在央行公布的该货币交易中间价上下一定幅度内浮动。这几年来,随着汇率改革的不断深入,央行相继出台了引入询价交易方式、扩大即期外汇市场交易主体范围、允许掉期交易等一系列改革措施。因此,汇率波动的加剧使得我国经济体面临的外汇风险陡增,这对我国企业和金融机构的外汇管理水平提出了更高的要求。

3.3.1 对我国企业进行外汇风险管理的建议

在汇率形成机制改革过程中,人民币逐步升值。人民币升值对国内企业的影响主要有两方面:

一方面是对涉外公司的直接影响。对于进行国际贸易的国内公司,如果是净进口企业,那么在人民币汇率升值后,如果其进口商品的外币价格保持不变,则该企业的购买成本就必然会降低,从而增加了公司利润,提高了公司价值。如果是净出口企业,其总出口额的变化就要取决于该企业产品的价格需求弹性。如果弹性系数大于1,那么保持出口商品的人民币价格不变,就提高了商品的外币价格,并最终会减少总出口额,降低公司价值;反之亦然。如果弹性系数小于1,那么保持出口商品的人民币价格不变,就会减少商品销售量,但总出口额却会得到提高,并最终导致公司价值的增加;反之亦然。对于进行国际融资的公司来说,如果其借还款金额是以非美元的其他国际货币计值,人民币升值将会使其外币债权债务的人民币价值减小,从而引起公司价值的增大。对于进行国际投资的公司来说,人民币汇率的变化除了通过以上两条途径影响公司价值外,还会通过影响投资所在地劳动力的人民币价格来影响公司的生产成本,并最终造成公司价值的变化。

另一方面是对所有公司的间接影响。对于不涉及国际交易的纯国内公司,在人民币汇率升值后,虽然其产品价格、融资成本、生产成本不会受到直接影响,但汇率的变化有可能会对其替代品和互补品的价格造成影响，从而影响公司的竞争力，并最终对公司价值造成影响。其过程为人民币对国外竞争对手的货币升值，替代性产品的相对价格降低，本公司产品的需求降低，公司现金流减少，公司价值下降。

对我国企业外汇风险管理的建议是：

（1）提高风险管理意识

把企业外汇风险管理列为企业日常工作的一项重要日程，同时要建立和健全专职的管理机构，配备相应的管理人员。事实上，我国有相当多的企业已经把外汇风险管理列为企业经营管理的重要一环，并把外汇风险管理作为企业 ERP 系统的一个重要模块，从而把外汇风险管理与企业的产供销以及未来发展战略的制定紧密结合起来。

（2）做好大量专门人才的储备和运用

当前的客观事实是，许多企业的外汇风险管理职能是由财务部门代为履行的，因此，由于知识结构的不同使得财务人员在外汇风险管理中面临专业化的问题时显得力不从心。当前，我国专门的国际金融人才较为紧缺，有丰富实践经验的高级管理人才尤其缺乏。因此，应当利用当前的机遇吸引和储备人才，以应对中国市场开放后不断加剧的国际竞争。

（3）不断完善的外汇市场是企业外汇风险管理取得成效的条件

一个完善发达的外汇交易市场对于企业外汇风险暴露的管理有着重要的作用。我国外汇交易市场一方面由于外汇交易工具的缺乏制约了风险管理技术的实施，另一方面由于市场不完善增加了外汇交易的成本。因此，建立符合国际规范的外汇市场应成为当前中国外汇市场改革的主攻方向。从长期来看，应该努力发展交易品种，尤其是发展人民币兑外币的交易品种，应该在适当的时候逐步放开外汇衍生金融工具的交易。

3.3.2 对我国商业银行进行外汇风险管理的建议

在汇率机制改革、人民币业务对外资银行全面开放的背景下，我国商业银行面临的外汇风险更加日常化和显性化，提高外汇风险的管理能力成为商业银行迫切需要解决的问题。

1. 加强银行高管层的外汇风险管理意识

如果银行的高层管理人员在思想上对新的汇率制度下银行的外汇风险重视程度不够，没有加强外汇风险管理的动力，就不能对外汇风险管理进行有效的实施与监控，以致银行外汇风险管理难以落到实处。因此，应对现有银行高级管理人员进行培训，只有让真正精通风险管理的优秀人才进入高级经理层甚至董事会，制造“鳗鱼效应”，才能通过高管人员的风险意识影响全体职员，树立起整个银行系统的风险意识，为各项风险管理政策和程序的制定与实施提供保证。西方商业银行在观念上对外汇风险管理有较清晰的认识，能认识到风险管理是业务开展的前提和保障，并在业务操作中自觉地遵照执行。我国部分商业银行在经营外汇业务中，受利益驱动，重经营轻管理，没有把发展业务、开拓市场与加强控制、监督约束有效结合起来，风险自我防范意识较差。一些商业银行不顾自身经营能力和资金实力，擅自进行外汇期货等衍生金融工具的操作，而在操作中又没有建立严格的授权制度，导致外汇资金的损失，造成严重的经营风险。

2. 提高计量、监控外汇风险的能力

风险计量是现代商业银行实施全面风险管理的核心内容。提高银行风险计量和监测能力的重要环节是完善风险管理程序、加强信息系统建设。发达国家的商业银行早已能够娴熟地运用包括缺口分析、外汇敞口分析、敏感性分析、情景分析以及 VaR 方法等各种市场风险的计量方式，并在长期实践中对其不断地完善和创新，而国内的商业银行刚刚开始尝试计算风险敞口，有些银行尽管能够计算 VaR 值，但并没有把它运用于银行的日常风险管理程序，如设置交易员限额、产品限额等。

3. 完善外汇交易市场

交易市场不完善，导致交易成本增加。交易工具缺乏，制约了风险管理技术的实施。西方发达国家的商业银行业运作处于一个市场经济比较成熟的环境之中，金融市场上的交易工具丰富，这就为银行在外汇风险管理方面灵活选择避险工具、实施风险套期保值或转移交易创造了极为便利的条件。相对而言，我国的金融市场不够成熟，外汇风险管理工具缺乏。尽管 2004 年 2 月银监会颁布了《金融机构衍生产品生产交易业务管理暂行办法》，但从目前来看，我国在短时期内还不能形成较为高效的金融衍生工具市场，这在一定程度上制约了商业银行外汇风险管理的发展进程。仍以掉期交易为例，掉期交易是一组远期合约的批量组合，其定价需要发达的现货、期货、远期和期权市场所产生的连续的收益曲线。然而，目前我国的金融市场仍以现货市场为主，期货、远期和期权交易市场不发达，这为掉期交易的价格确定带来了一定困难。

专栏 3-2 人民币国际化持续推进

2015 年，围绕金融服务实体经济，促进贸易投资便利化，人民币国际化持续快速推进。

一、人民币加入特别提款权(SDR)

2015 年 11 月 30 日，国际货币基金组织决定将人民币纳入 SDR 货币篮子。SDR 货币篮子相应扩大至美元、欧元、人民币、日元、英镑 5 种货币，人民币在 SDR 货币篮子中的权重为 10.92%，美元、欧元、日元和英镑的权重分别为 41.73%、30.93%、8.33%和 8.09%，新的 SDR 篮子于 2016 年 10 月 1 日生效。人民币加入 SDR，有助于增强 SDR 的代表性和吸引力，完善现行国际货币体系，增强国际货币和金融体系的活力，从而更好地支持中国和全球经济的发展和稳定，对中国和世界是双赢的结果。

二、人民币国际使用稳步增长

根据环球同业银行金融电讯协会(SWIFT)统计，2015 年 12 月，人民币是全球第 3 大贸易融资货币、第 5 大外汇交易货币、第 5 大支付货币。按照国际收支统计，人民币已连续五年成为中国第二大跨境收付货币。2015 年，跨境人民币收付金额合计 12.1 万亿元，同比增长 22%。截至年末(2015 年)，使用人民币进行结算的境内企业已达 17 万家，已有逾 124 个境外国家和地区的银行在中国境内开立人民币同业往来账户。同时，人民币跨境金融交易有序开展。截至年末(2015 年)，共有 292 家境外机构获批银行间债券市场额度 1.98 万亿元，人民币合格境外机构投资者(RQFII)试点境外国家和地区由上年末的 10 个拓展到 16 个，156 家合格境外机构获得投资额度 4 443 亿元，15 家机构开立人民币合格境内机构投资者(RQDII)专户 115 个。境外机构和个人持有境内人民币金融资产合计 3.74 万亿元。持有人民币储备资产的境外央行(或货币当局)数量不断增加，2015 年年末约 50 家境外央行或货币当局在中国境内持有人民币金融资产并纳入其外汇储备。

三、跨境人民币业务政策框架不断优化

进一步便利跨国企业开展人民币双向资金池业务，中国人民银行发布《关于进一步便利跨国企业集团开展跨境双向人民币资金池业务的通知》，为跨国企业集团进行境内外资金余缺调剂提供更多便利和更大空间。积极开展跨境人民币业务创新，全国已在15个地区开展跨境人民币创新试点业务。拓宽人民币跨境金融交易渠道，金融市场双向开放进程明显加快，明确已获准进入银行间债券市场的清算行和参加行可开展债券回购交易；明确境外央行、国际金融组织、主权财富基金运用人民币投资银行间市场实行备案制，并自主决定投资规模；明确境内原油期货以人民币为计价结算货币，引入境外交易者和境外经纪机构参与交易；明确境外央行类机构可进入银行间外汇市场交易。

四、基础设施不断完善，国际合作成效显著

人民币跨境支付系统（CIPS）成功上线运行，人民币跨境清算结算体系在运行时间、清算路径等方面实现了新的突破。人民币跨境收付信息管理系统（RCPMIS）进一步完善，全面监测分析评估资金跨境流动状况，为现场和非现场检查提供支撑，防范相关风险。境外人民币清算安排进一步扩大，截至年末（2015年），中国人民银行已在20个国家和地区建立了人民币清算安排，覆盖东南亚、西欧、中欧、中东、北美、南美、大洋洲和非洲等地。2015年，境外清算行人民币清算量累计312.09万亿元。双边货币合作进一步深化。截至年末（2015年），中国人民银行已与33个国家和地区的央行或货币当局签署了双边本币互换协议，协议总规模超过3.3万亿元人民币，在便利双边贸易和投资、维护区域金融稳定方面发挥了积极作用。

资料来源：中国人民银行《中国金融稳定报告2016》。

本章概要

外汇风险是指经济主体在涉外业务中因汇率波动而蒙受损失的可能性。本币、外币和时间是构成外汇风险的三个因素。外汇风险可以分为交易风险、折算风险和经济风险。

外汇风险管理的原则是全面管理原则、多元化管理原则、利益最大化原则。外汇风险管理中，人们可以采取完全避险、消极避险和积极避险三种不同的战略。企业外汇交易风险的管理工具有贸易合同法、金融市场交易法等，企业外汇折算风险管理应注意资产负债结构的匹配，企业经济风险的管理应采取市场策略、生产管理策略和多元化融资策略。商业银行外汇风险的管理主要是商业银行外汇敞口头寸的管理，主要管理手段是从外汇交易头寸管理和外汇资产负债匹配两个方面进行。

随着汇率形成机制改革的深入，人民币汇率的变化幅度加大，对企业和银行的正常经营带来了汇率风险，中国的企业和金融机构应不断增强外汇风险管理的意识，提高外汇风险计量的水平，促进我国外汇市场的不断完善，使外汇风险管理的市场化水平不断提高。

关键术语

外汇风险、交易风险、折算风险、经济风险、功能货币、报告货币、BSI法、LSI法

复习题

1. 外汇风险的主要种类有哪些?
2. 外汇风险管理的主要原则和战略是什么?
3. 企业外汇交易风险管理的主要方法有哪些?
4. 商业银行外汇头寸风险管理的主要手段是什么?
5. 试分析我国外汇市场的不断完善对我国企业风险管理的意义。

参考文献

[1] 易纲,张磊. 国际金融. 上海:上海人民出版社,2004.
[2] 杨胜刚,姚小义. 国际金融. 北京:高等教育出版社,2005.
[3] 任康珏. 国际金融. 北京:机械工业出版社,2006.
[4] 连平. 国际金融理论、体制与政策. 上海:华东师范大学出版社,1999.
[5] [英]查尔斯·A.E.古德哈特,理查德·帕内. 外汇市场——高频数据的经验分析. 单昕欣,译. 北京:中国金融出版社,2008.
[6] [美]K.C.巴特勒. 国际金融. 张成思,译. 大连:东北财经大学出版社,2008.
[7] [法]艾弗雷·克拉克. 国际金融. 刘爽,等,译. 北京:北京大学出版社,2005.
[8] 王智勇,韦剑. 商业银行外汇风险计量方法应用研究. 经济问题探索,2009(7):98-103.
[9] Triennial Central Bank Survey. Foreign exchange and derivatives market activity in 2007. Basel: Bank for International Settlement,2007.

第4章　汇率制度与外汇管理

外汇管理是一国实行货币政策和实现内外经济均衡的重要手段。汇率制度是外汇管理的重要部分，包括固定汇率制度和浮动汇率制度。一国选择怎样的汇率制度主要取决于该国所处的经济发展阶段和经济发展水平。外汇管理是指一个国家通过法律、法令、条例等形式授权有关管理机构运用各类手段对于境内的外汇收付、交易、借贷、转移及汇价等实施管理。实行外汇管理的国家主要是对外汇资金流入、外汇资金流出、外汇的交易、银行外汇账户、汇率等进行管理。随着我国对外经济发展的加快，我国外汇管理制度不断调整，人民币汇率形成机制不断完善，实行以市场供求为基础、参考一篮子货币进行调节、有管理的浮动汇率制度。

4.1　汇率制度选择

4.1.1　汇率制度的含义

汇率制度(Exchange Rate System)，亦称汇率安排(Exchange Rate Arrangement)，是指一国货币当局对本国货币汇率变动的基本方式所作的基本安排和规定。它包括四个方面的内容：① 规定汇率平价的基础；② 规定汇率波动的幅度；③ 规定维持汇率应采取的措施；④ 规定汇率应怎样调整。

按汇率变动的幅度，汇率制度一般可划分为两大类：固定汇率制度和浮动汇率制度。

4.1.2　固定汇率制度和浮动汇率制度

4.1.2.1　固定汇率制度

固定汇率制度(Fixed Exchange Rate System)是以某些相对稳定的标准或尺度作为依据，以确定汇率水平的一种制度。固定汇率制度是在金本位制度下和布雷顿森林体系固定汇率制度下通行的汇率制度，这种制度规定本国货币与其他国家货币之间维持一个固定比率，汇率波动只能限制在一定范围内，由官方干预来保证汇率的稳定。它有两层含义：其一是货币汇率的平价是相对固定的；其二是汇率变动的幅度也是相对固定的。

自19世纪中末期金本位体系在西方主要国家确立以来，一直到1973年布雷顿森林体系的崩溃，世界各国的汇率制度基本上都属于固定汇率制度。固定汇率制度包括金本位体系下的固定汇率制度和布雷顿森林体系下的固定汇率制度。

1. 国际金本位体系下的固定汇率制

金本位货币体系包括金币本位制、金块本位制和金汇兑本位制。金币本位制是典型的金本位货币体系。

(1) 金币本位制下的固定汇率制

金币本位制下,铸币平价是决定两国货币汇率的基础。各国都规定每一金铸币单位包含的黄金质量和成色。两国货币的含金量之比称为铸币平价。如在1929年大危机之前,世界各国普遍实行金币本位制。英国规定每1英镑含纯金7.322 4克,美国规定每1美元含纯金1.504 656克,英镑与美元的铸币平价为7.322 4/1.504 656=4.866 5,即1英镑=4.866 5美元,这是英镑与美元汇率决定的基础。

铸币平价虽然是汇率决定的基础,但它不是外汇市场上买卖外汇的实际汇率,实际汇率随外汇供求关系而围绕铸币平价上下波动,但其波幅受黄金输送点的限制。所谓黄金输送点,就是指汇率的上涨或下跌超过一定的界限时,将会引起黄金的输出或输入,从而起到自动调节汇率的作用。黄金输送点一般是在铸币平价之上加减运送黄金的各项费用而计算的,它包括黄金输出点和黄金输入点。运送黄金需要种种费用,如包装费、运费、保险费和运送期的利息等。假定在英国和美国之间运送1英镑黄金的各项费用约为0.02美元,那么铸币平价4.866 5美元加上运送费0.02美元就等于4.886 5美元,这就是美国对英国的黄金输出点。如果1英镑的汇价高于4.886 5美元,美国债务人觉得购买外汇不合算,不如直接向英国运送黄金有利,于是美国的黄金就要向英国输出。铸币平价4.866 5美元减去运送费0.02美元等于4.846 5美元,这就是美国对英国的黄金输入点。如果1英镑的汇价低于4.846 5美元,美国的债权人就不要外汇,而宁肯自己从英国输入黄金。

可见,在金币本位制下,汇率以黄金输出点为上限,以黄金输入点为下限,围绕铸币平价上下波动,汇率波动的幅度比较小,汇率基本上是稳定的。

(2) 金块本位制和金汇兑本位制下的固定汇率制度

在第一次世界大战爆发后,黄金的输出入受到了很大的限制,黄金已不再具有流通手段和支付手段的职能,各国相继实行了金块本位制和金汇兑本位制。货币汇率由政府通过法令所规定的纸币所代表的含金量之比决定,称为法定平价,实际汇率随供求关系围绕法定平价上下波动。汇率的波幅由政府规定和维护,政府通过设立外汇平准基金来维持汇率的稳定。金块本位和金汇兑本位制仍然是固定汇率制度,但与金币本位下的汇率相比,稳定程度大大降低了。

2. 布雷顿森林体系下的固定汇率制

第二次世界大战期间,由于国际货币体系的不统一,各国国际收支危机严重,外汇管制普遍加强,严重影响了国际贸易的发展。1944年布雷顿森林会议的召开和《国际货币基金协定》的通过,确定了以美元为中心的固定汇率制度。其具体内容是,美元与黄金直接挂钩,1盎司黄金=35美元的黄金官价(即1美元=0.888 671克黄金),成员国其他货币根据含金量的不同与美元保持固定比价,汇率波动的范围不得超过固定比价的上下1%。各国政府或中央银行可以随时用美元按黄金官价向美国兑换黄金。各国政府有义务维持汇率的稳定,会员国只有在国际收支出现"根本性失衡"时,才可大幅度地调整平价。平价的变动要得到基金组织的批准,但一般只有当平价变动超过10%时,才需要基金组织的批准,而平价变动小于10%时,一般可自行决定。

这种双挂钩的汇率制度表明,各国货币通过美元与黄金挂钩。这是一种钉住美元的可调整的固定汇率制度。布雷顿森林体系下的固定汇率制度促进了战后国际贸易的发展和国际资本的流通,但其自身的一些基本缺陷使其最终难以维持。1971年8月美国宣布停止美元兑换黄金,1973年再度爆发美元危机,西方各主要资本主义国家都相继实行了浮动汇率制度，以美元为中心的固定汇率制度崩溃。

4.1.2.2 浮动汇率制度

浮动汇率制度(Floating Exchange Rate System)是指汇率完全由市场的供求决定，政府不加任何干预的汇率制度。即一国货币当局不再规定本国货币与外国货币比价和汇率波动的幅度，货币当局也不承担维持汇率波动界限的义务，而听任汇率随外汇市场供求变化自由波动。其实，完全凭市场供求自发地形成汇率而不采取任何干预措施的国家很少或几乎没有，各国政府往往都要根据本国的具体情况，或明或暗地对外汇市场进行不同程度的干预。

随着全球国际货币制度的不断改革，国际货币基金组织于 1978 年 4 月 1 日修改了国际货币基金组织条文并正式生效，实行所谓"有管理的浮动汇率制"。由于新的汇率协议使各国在汇率制度的选择上具有很强的自由度，所以现在各国实行的汇率制度多种多样，有单独浮动、钉住浮动、弹性浮动、联合浮动等。

(1) 单独浮动(Single Float)是指一国货币不与其他任何货币固定汇率，其汇率根据市场外汇供求关系来决定，目前，包括美国、英国、德国、法国、日本等在内的 30 多个国家实行单独浮动。

(2) 钉住浮动(Pegged Float)是指一国货币与另一种货币保持固定汇率，随后者的浮动而浮动。一般地，通货不稳定的国家可以通过钉住一种稳定的货币来约束本国的通货膨胀，提高货币信誉。当然，采用钉住浮动方式，也会使本国的经济发展受制于被钉住国的经济状况，从而蒙受损失。目前全世界约有 100 多个国家或地区采用钉住浮动方式。

(3) 弹性浮动(Elastic Float)是指一国根据自身发展需要，对钉住汇率在一定弹性范围内可自由浮动，或按一整套经济指标对汇率进行调整，从而避免钉住浮动汇率的缺陷，获得外汇管理、货币政策方面更多的自主权。目前，巴西、智利、阿根廷、阿富汗、巴林等十几个国家采用弹性浮动方式。

(4) 联合浮动(Joint Float)是指国家集团对成员国内部货币实行固定汇率，对集团外货币则实行联合的浮动汇率。欧盟 11 国 1979 年成立了欧洲货币体系，设立了欧洲货币单位(ECU)，各国货币与之挂钩建立汇兑平价，并构成平价网，各国货币的波动必须保持在规定的幅度之内，一旦超过汇率波动预警线，有关各国要共同干预外汇市场。

专栏 4-1 国际货币基金组织对国际汇率制度的分类

汇率制度分类方法主要有两种：法规性分类和事实性分类。

在 1975—1998 年，国际货币基金组织根据各成员国所提交的报告对各国的汇率制度进行分类，这就是所谓的"法规性分类方法"，也可以视为一种根据名义汇率制度所进行的分类。法规性分类体系将各国的汇率分为三大类：① 钉住汇率制度，包括钉住单一货币和钉住合成货币；② 有限弹性的汇率制，包括对单一货币货币带内浮动和汇率合作安排；③ 弹性较大的汇率制度，包括管理浮动和自由浮动。这三大类又分成 15 个子类。这种分类方法具有覆盖面广、更新及时和历史数据比较完整的优点，但也存在非常明显的不足，主要表现在一些国家实际所执行的汇率制度与报告的汇率制度不同。

自 1999 年 1 月开始，国际货币基金组织采取了事实性分类方法。这种分类方法是以实际的汇率制度为基础，根据汇率安排的弹性、货币政策框架以及维持特定汇率走势的政策意图等信息判断实际汇率制度。该分类法将成员国的汇率制度划分成 8 大类 13 小类，见表 4-1 所示。

表 4-1　事实分类法

强硬的钉住汇率制度	（一）无独立法定货币的汇率制度	1. 美元化
		2. 货币联盟
	（二）货币局	3. 货币局
中间汇率制度	（三）传统的固定钉住	4. 钉住单一货币
		5. 钉住货币篮子
	（四）水平区间钉住	6. 水平区间钉住
	（五）爬行钉住	7. 前瞻预测型
		8. 事后调整型
	（六）爬行区间钉住	9. 前瞻预测型
		10. 事后调整型
		11. 严格管理浮动
浮动汇率制度	（七）其他不事先公布干预方式的管理浮动	12. 其他不事先公布干预方式的管理浮动
	（八）单独浮动	13. 单独浮动

资料来源：国际货币基金组织网站，www.imf.org.

专栏 4-2　BBC 汇率制度的基本原理

BBC(Basket-Band-Crawl)，是由一篮子货币汇率制、区间汇率制和爬行汇率制组合而成的汇率制度。它是由 John Williamson(1998，1999)所创建的，Dorn Busch 和 Park (1999)将其称为 BBC 规则。BBC 汇率制度也被称为爬行区间汇率制度，作为一种弹性的中间汇率制度，兼有钉住汇率制度的稳定性和浮动汇率制度的灵活性、防冲击性。

篮子货币(Basket)：根据篮子货币来确定本国货币中心汇率，适合于那些贸易伙伴多样化的国家，有助于稳定实际汇率避免受主要国家货币之间的汇率波动对本国贸易、产出和通货膨胀的负面影响，其作用是保持有效汇率的稳定。

区间制度(Band)：设定汇率在中心平价上下10%甚至15%的带状范围内，依市场自由浮动。选择较宽的区间有四个主要的优点：第一，政府不必试图维持所谓失衡的汇率，因为没有人相信存在一个精确的均衡汇率水平；第二，允许中心平价汇率调整以使之适应于经济基本面的变化，又不致引起影响市场稳定性的汇率变动预期；第三，为货币政策的独立性提供了空间；第四，帮助应付大规模的短期资本流入，因为只要区间的维持是可信的，套期保值者就会形成一个汇率向平价调整的预期。

爬行制度(Crawl)：中心平价汇率的改变应该是小幅度、经常性的，爬行汇率通常用于调整物价变化对实际汇率的影响。当本国物价上升快于国外物价时，相对物价的变化将引起本币实际汇率高估，为了阻止这一趋势，本币需要贬值。

最典型的成功应用BBC规则进行外汇管理的国家是新加坡。从1981年开始，新加坡的汇率政策成为其货币政策的中心。多年来，新加坡物价稳定，经济长足发展，新元平稳，新加坡发展成为仅次于伦敦、纽约和东京的世界第四大外汇交易中心。除新加坡外，还有其他许多国家，如智利、波兰、以色列等也都曾经成功地利用BBC规则作为走向自由浮动的过渡。

资料来源：郑红. 从固定汇率退出的经验和战略//汇率制度变革——国际经验与中国选择. 北京：中国金融出版社，2005.

4.1.2.3 固定汇率制度和浮动汇率制度的争论

1. 固定汇率制度的优点和缺点

固定汇率制度有很多优点，因为汇率稳定，它便于国际贸易、国际信贷与国际投资的经济主体进行成本和利润的核算，也使这些进行国际经济交易的经济主体面临汇率波动的风险损失较小，有利于国际经济交易的进行与发展，从而促进世界经济的发展。

固定汇率制度自身也存在缺点，主要表现在：一方面，固定的汇率无法发挥调节国际收支的作用，一国的货币政策往往是缺乏效力的。一旦出现国际收支失衡，国际收支的调节经常以牺牲国内经济增长为代价。另一方面，在一体化的国际金融市场上，金融资产的交易量远远超过商品、劳务的交易量。银行财团、投资基金等大型金融集团利用所占有的实际资源，操纵市场价格，垄断市场信息。一些国家的固定汇率制易受投机资本的攻击，导致中央银行稳定汇率的成本加大，且干预基本上是无效的。

2. 浮动汇率制度的优点和缺点

在新的国际经济背景下，国际货币的运动形式发生了新的变化，浮动汇率制度较固定汇率制度更好地发挥了其积极的作用。

(1) 浮动汇率制度的优点

首先，浮动汇率制度能提高外汇资源配置的有效性。在浮动汇率制度下，均衡汇率水平完全由市场供求所决定，外汇资源的配置服从边际成本等于边际收益的原理，从而更有效率。

其次，浮动汇率制度提高了货币政策的独立性。由于汇率决定于市场的供求，资本的流进与流出只会引起汇率水平的升降，而不会改变货币供给量，因此货币政策便有了更大的独立性。同时，浮动汇率使一国中央银行摆脱了稳定汇率的义务，恢复了对货币的控制权，从而可以自主地采用货币政策来熨平经济的波动。

再次，浮动汇率制度下能发挥市场对国际收支的自动调节机制。当一国出现国际收支逆差时，外汇汇率上升，本币贬值，使得本国商品价格相对便宜，外国商品价格相对昂贵，从而改善该国的国际收支状况；反之则相反。

最后，浮动汇率可以使本国经济活动免受国外经济扩张和收缩的影响。当国外经济出现通货膨胀或通货紧缩时，本国的货币亦随之升值或贬值，因此补偿掉由国外经济扩张或通货紧缩对价格变化的影响，恢复贸易项目的平衡。

(2) 浮动汇率制度的缺点

浮动汇率制度实施以来，也暴露了自身的一些缺陷。首先，完全靠汇率自动调节的外汇市场中，外汇资源的配置可能不是处于最优状态；其次，汇率的过度浮动，给国际经济交易带来了更大的外汇风险，加剧了国际金融市场的动荡与混乱，对世界经济产生了不利影响。

对于固定汇率与浮动汇率的制度选择问题已进行了长期的争论，至今尚无定论。两种汇率制度在没有危机发生时，都能够发挥出各自的积极作用。但是面对频繁出现的国际金融危机，促使国际社会必须正视汇率制度的改革，必须建立起能有效防范和抵御国际游资对国际金融秩序产生破坏性冲击的新机制。各国选择什么样的汇率制度，要根据各国自身的实际情况进行具体分析。

4.1.3　汇率目标区方案

牙买加体系的建立，使布雷顿森林体系崩溃后的浮动区汇率制得到法律上的认可，但汇率的过度波动则导致自20世纪80年代重新实施汇率管理。“汇率目标区”就是一种有管理的汇率制度安排，即一国允许其汇率在一个特定的区间内进行波动，一旦汇率的波动超出这个区间，货币当局就要进行干预。

4.1.3.1　克鲁格曼汇率目标区模型

威廉姆森在1985年提出“汇率目标区”方案，讨论了基础均衡汇率的确定、目标区的幅度、维护目标区的政策及汇率目标区的参加国等问题，但此方案没有给出一个明确的理论模型来说明自己的观点。直到1991年才由克鲁格曼创立了第一个汇率目标区规范理论模型——克鲁格曼基本目标区理论及模型。

在汇率目标区中，一国货币对基准货币，比如一篮子货币有一个中心汇率，允许汇率在中心汇率上下一定范围内浮动。克鲁格曼假定汇率依赖于现行基本因素和未来汇率的预期值。记 t 期汇率自然对数为 s_t，是 t 期基本因素 f_t（如国内产出、货币供给、外国利率、价格水平等）和预期汇率瞬时变动率 $E_t[\mathrm{d}s]/\mathrm{d}t$ 的线性函数，汇率方程为：

$$s_t = f_t + \lambda \frac{E_t[\mathrm{d}s_t]}{\mathrm{d}t} \tag{4-1}$$

式中，f_t 是由两个部分构成，即 $f_t = m_t + v_t$。

v_t 是随机的，对中央银行来说是外生的。货币供给的对数 m_t 由中央银行控制，外汇市场干预能改变货币供给。通过控制货币供给，中央银行可控制基本因素 f_t，从而控制汇率。在汇率目标区中，中央银行通过控制货币供给使汇率保持在“中心汇率”的目标区中，如1993年8月后欧洲货币体系的中心汇率上下浮动15%。

记目标区为 $\underline{s} \leqslant s_t \leqslant \bar{s}$，其中$\underline{s}$和$\bar{s}$分别是汇率目标区的下边界和上边界。

克鲁格曼模型有两个关键假设：① 汇率目标区是完全可靠的，投资者相信汇率目标区的上限和下限能保持不变，汇率保持在目标区内；② 目标区仅由“边际”干预防卫。也就是说，只要汇率保持在目标区内，货币供给不变，则没有干预发生。汇率达到目标区的上限，货币供给以无限小的量减少，以防止货币进一步疲软。

模型的解是这样的，假设货币供给不变，v_t 服从布朗运动，漂移率为 μ，方差率为 σ^2，则：

$$\mathrm{d}f_t = \mu \mathrm{d}t + \sigma \mathrm{d}W_t \tag{4-2}$$

式中，$\mathrm{d}W_t$ 是维纳过程的增量。这里假设 v_t 是布朗运动，隐含着自由浮动汇率也是布朗运动，这与经验研究发现的汇率服从随机游动是一致的（Meese and Rogoff，1983）。假设在浮动汇率制下，没有干预，货币供给为常数，浮动汇率为：

$$s_t = \lambda\mu + f_t \tag{4-3}$$

在克鲁格曼的两个假设和 v_t 为布朗运动的假设下，目标区汇率可表示为基本因素的函数，即目标区汇率函数 $s_t = S(f_t)$。为与汇率目标区对应，f_t 被限制在一个区域中，即：

$$\underline{f} \leqslant f_t \leqslant \bar{f} \tag{4-4}$$

其中，$\underline{f}$ 满足 $\underline{s} = S(\underline{f})$，$\bar{f}$ 满足$\bar{s} = S(\bar{f})$。

图 4－1 表示在独立浮动汇率制度下和在汇率目标区中，汇率 s_t 与基本因素 f_t 间的关系。横轴表示基本因素 f_t，纵轴表示汇率 s_t。为简单起见，令 $\mu = 0$。

在独立浮动汇率制下，汇率 $s_t = f_t$，在图中用虚线 *FF* 表示。在汇率目标区中，汇率函数就是 S 形实线（*TT* 曲线），水平虚线表示汇率目标区的上限和下限。

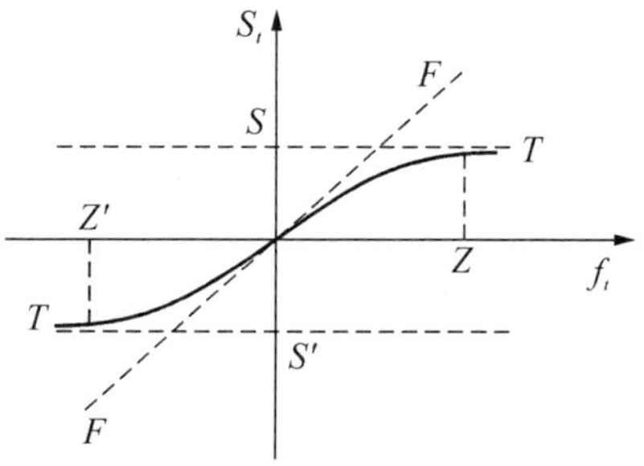

图 4－1　克鲁格曼模型

目标区中的汇率与基本因素的关系是非线性的（S 形曲线），S 形曲线平滑地粘在目标区的上边界和下边界上。S 形曲线代表了克鲁格曼模型的两个主要特征：蜜月效应（Honeymoon Affect）和平滑粘条件（Smooth-pasting Condition）。

克鲁格曼模型的第一个特征可由汇率函数 S 形曲线来说明。S 形曲线的斜率小于 1，这一特征有时称为蜜月效应。蜜月效应相当直观，当汇率接近目标区的上边界时，汇率到达上边界的概率相当大。货币当局的干预就是减少货币供给，使货币变强。这意味着货币未来升值，市场汇率上浮。由于考虑了货币未来升值的预期，汇率低于由基本因素预测的汇率。也就是说，对于给定的基本因素，目标区汇率低于独立浮动汇率。蜜月效应有一个重要的含义：完全可靠的汇率目标具有内在的稳定机制，对稳定汇率的未来干预的预期，使得汇率较基本因素更为稳定。

第二个特征是平滑粘条件。平滑粘条件就是求解汇率目标区模型的边界条件，汇率途径必平滑地粘在目标区的上边界和下边界上。平滑粘条件意味着，在汇率目标区的边界上，汇率对基本因素完全不敏感，汇率是基本因素的非线性函数，该性质有时可以解释为什么线性汇率模型难以用来预测汇率（Meese and Rogoff，1983）。从理论上来说，汇率目标区更大程度上等同于平滑粘条件和边际干预。

4.1.3.2　汇率目标区模型的理论评价

汇率目标区理论的优点体现在：首先，如果汇率目标区体系本身具有较高的可信度，货币当局有能力使市场参加者相信,它将调整货币政策使汇率保持在目标区内,那么目标区理论就能为汇率的中期预测提供一个比较可靠的依据,从而降低汇率风险,有利于国际经贸的发展。其次,由于汇率目标区兼具稳定性和灵活性的优点,对于经济发展水平、国际收支状况各异的国家参与国际货币体系的确能带来一定好处,因而在这一领域的理论研究也就特别重要。

同时,这一理论也存在着严重缺陷。比如,至今无法找到一种科学精确的计算均衡汇率的方法,这从根本上影响了汇率目标区的稳定性和可操作性;该理论在内部逻辑上缺乏一致性,在计算均衡汇率时采用中长期观点,但在政策工具上却采用以短期观点为基础的货币政策和外汇市场干预政策;关于目标区体系应包括哪些货币、目标区的宽度和修订频率应根据什么标准来确定、目标区的公开性、参与国在经济政策上如何协调等一系列问题都未作出理论阐述。

4.1.3.3　汇率目标区理论运用中的关键性问题

从实际操作层面来看,汇率目标区主要涉及两方面的应用性问题:一是目标区应如何确定?这又包括目标区内的货币选择、目标区中心汇率的确定和目标区的宽窄等问题;二是目标区应如何维持和调整?这涉及如何选择政策工具使汇率处于目标区内,以及何时对目标区进行修正等内容。

1. 汇率目标区的确定

(1) 目标区体系内货币的选择问题

汇率目标区应用中首先要考虑的问题,就是目标区体系内的货币选择问题。在判断什么样的货币应包括在汇率目标区内时,可从三个方面考虑:一是应优先考虑包括主要货币国的货币。为实现汇率的稳定性,原则上应使这些主要的贸易国,同时也是主要货币国的货币接受目标区内汇率限制的安排。二是进一步考虑潜在成员国的货币。那些经济开放程度高、经济规模小、高度多样化、要素流动充分、通货膨胀率相近的国家的货币,更应该包括在目标区内。三是从目标区管理效率这个角度来选择,货币种类以少为好。

(2) 汇率目标区中心汇率的估计问题

在汇率目标区应用中一个隐含的假设是,管理当局可以有效地估计均衡(实际)汇率。在实际操作中,主要采用三种汇率估计的方法和技术,它们分别是购买力平价法、估计的结构性方法和潜在平衡法。其中,购买力平价法计算最为方便。

(3) 汇率目标区宽窄的确定问题

在明确了汇率目标区中心汇率之后,一个关键的问题就是确定实际汇率围绕中心汇率波动的控制范围,即确定目标区区域的宽窄。一般来说,汇率目标区的宽度须满足提供一个缓冲区域、均衡汇率的不确定性、投机等影响因素。

2. 汇率目标区的维持和调整

如何应用政策工具使汇率置于目标区内,直接关系着目标区的成功;而对目标区进行调整,则关系着汇率目标区的长期可持续性。

(1) 汇率目标区的政策干预问题

应用货币政策手段来维持汇率,意味着目标区内的各参与国不得不寻求在货币政策方面更多的合作,同时还会降低一国货币政策的独立性。另外使汇率处于目标区内的可能的政策工具是稳定的外汇市场干预。所谓的稳定干预是指,对外汇市场的干预不改变货币供应的基础,即管理当局在保持对本国货币供应的控制的条件下,通过对外汇市场的干预来影响汇率水平。稳定的外汇市场干预对减少汇率的短期波动而言，是一种快速、有效的工具，但它难以在中长期内奏效，且频繁的外汇市场干预会影响汇率变化的市场行为。在实际应用中，通过对资本的控制来影响汇率的波动。但这是一种权宜之计，不应成为基本的控制手段。

(2) 汇率目标区的调整问题

在长期内，汇率目标区不可能是固定不变的，当那些影响目标区中心汇率确定和目标区范围设定的因素发生根本性的变化时，就应对汇率目标区进行及时的调整，但是对汇率目标区频繁的修正会降低目标区本身的可信度，从而减少其影响汇率预期的价值，因此应寻求两者间的平衡。

4.2 外汇管理

4.2.1 外汇管理概述

1. 外汇管理的含义与目的

外汇管理是指一个国家通过法律、法令、条例等形式授权有关管理机构运用各类手段对境内的外汇收付、交易、借贷、转移及汇价等实施管理的过程。管理措施中既有限制性的要求，也有鼓励的方面，但以限制性的要求为主，经常称之为外汇管制。

一国实行外汇管理，主要基于以下各种目的：改善国际收支、稳定汇率、增加储备资金、避免国际市场价格巨大变化的影响等。另外，实行严格的外汇管理有时还可以作为外交谈判的筹码，对本国输出不利时，采用外汇管制或贸易额度等，以获取对方的让步；有时要求对方国家接受某些条件后，才批给外汇，允许对方货物的输入等。

2. 外汇管理的主体与客体

外汇管理的主体是指国家指定和授权进行外汇管理的机构，可以分为决策主体和管理主体。决策主体是专门制定政策法规的，管理主体则是专门执行各项条款的。在不同的国家其操作方式不同，有的是两者分开的，但大多数国家是两者合一的，由中央银行或财政部或专门设立的外汇管理局来行使对外汇的管理。

外汇管理的客体即外汇管理的对象，主要可分成对人、对物、对地区等的管理。

① 对人的管理。根据外汇管理的有关规定，人可以分为居民和非居民。所谓居民是指长期定居(一般指一年以上)在本国境内的自然人(包括本国人和外国人)和依法设立在本国境内的法人(包括本国和外国的)以及派驻外国的本国公民。所谓非居民，是长期居住(一年以上)在本国境外的自然人、依法设立在本国境外的法人以及外国派驻在本国的外交人员及其他工作人员。各国对居民和非居民在外汇管理中予以区别对待，一般对居民管理较严格，而对非居民的管理较为宽松。

② 对物的管理。主要是指包括对外国纸币和铸币的管理；对外币表示的各种有价证券的管理，如公债、债券、股票、银行存折等；对外币表示的各种支付凭证的管理，如汇票、支票、本票、旅行支票、信用卡等；对贵金属的管理，如黄金、白银等；也包括对本国货币出境的管理。

③ 对地区的管理。包括两层含义：一是对国内不同地区采取不同的外汇管理。如对出口加工区、自由贸易区、经济特区等采取较为宽松的外汇管理，而对其他地区则较严格。

二是对不同国家和地区采取不同的外汇管理政策。如美国，根据一些管制条例和裁定条例，对有关国家的贸易、信贷、投资甚至汇款等进行不同的管制，而对其他国家或地方则较为宽松。

4.2.2 外汇管理的内容

实行外汇管理的国家主要是对外汇资金流入、外汇资金流出、外汇的交易、银行外汇账户、汇率等进行管理。

1. 对外汇资金流入的管理

外汇资金流入主要通过贸易外汇取得、非贸易外汇取得和资本输入等渠道实现的。

(1) 贸易外汇收入。贸易外汇收入是一个国家重要的外汇来源。实行外汇管理通常是采取一些鼓励性措施：政府出面对某些出口商品给予现款补贴，对某些出口商给予优惠贷款，对出口收入减免或允许推迟支付部分货款，以优惠利率贴现出口商品的票据，等等。

(2) 非贸易外汇收入。非贸易外汇收入涉及的范围较广，包括运输费、保险费、佣金、利息、专利费、许可证费、版税、稿费、特许权使用费、技术劳务费、对外劳务工程承包费、旅游费等等。外汇管理较宽松的国家往往对携带数量及结汇等不加限制，而外汇管理较严格的国家主要采取直接限制、登记限制等有关措施。

(3) 对资本流入的管理。发展中国家对资本流入的管理较严格。发展中国家常常对长短期资本流入进行管制，主要采取的措施有：① 规定输入资本的额度、期限与投资部门；② 从国外借款的一定比例要在一定期限内存放在管汇银行；③ 银行从国外借款不能超过其资本与准备金的一定比例；④ 规定借款部门的利率和附加的水平；⑤ 规定接受外国投资的最低额度。

2. 对外汇资金流出的管理

外汇资金的流出主要是贸易用汇、非贸易付汇、资本输出等。

(1) 对进口用汇的管制。为了节约外汇、减缓国际收支逆差，一般规定进口商须经过外汇管理机构批准后才可到指定外汇银行买汇。除了加强外汇核批外，还规定了其他一些相应的措施：① 进口存款预交制。进口商在进口某些商品时，应先在指定银行预存一定数额的贷款，银行不计利息。存款数的确定因进口商品的类别、进口商品所属国别而定。② 提高或降低开出信用证的押金额，以控制进口。③ 对进口商品颁发许可证、配额证等。

(2) 对非贸易付汇的管理。发展中国家对非贸易外汇的支付有相当严格的限制。主要措施有设定限额、实行登记和批汇制度。对境外居民的外汇支出有一个最高限额，在这一限额内允许自由携带或汇出，超过此限额就需要审批；另外还规定出国旅游购买限额和购买间隔期，以限制外汇支出。

(3) 对资本输出的管理。资本输出会影响到国际收支的稳定和国内投资状况。各国在经济发展不同时期适时地采取一些对资本输出的限制，如20世纪60年代的美国，为了减缓国际收支逆差，曾规定：征收利息平衡税，对直接投资进行限制，规定银行贷款最高额等。而发展中国家由于外汇资金较为短缺，一般不允许个人和企业自由输出外汇资金。

3. 对货币兑换、外汇交易的管理

外汇资金的流入、流出，都必须经过本、外币的兑换过程。根据国际货币基金组织的有关规定，一国若能实现贸易账户和非贸易账户下的货币自由兑换，即不对经常项目下的国际往来的付款和资金转移施加限制，则该国货币可被列为可兑换货币。会员国政府保证通货的兑换权，是 IMF 规定的会员国政府对基金组织承担的义务。但由于外汇的短缺和金融秩序的混乱等原因，绝大多数国家在不同时期采取了程度不同的货币兑换管理。如第二次世界大战后，直到 1985 年英国政府才取消非居民英镑兑换的限制。

4. 对银行外汇账户的管理

在非现金结算条件下，绝大部分的国际结算最后都是通过银行账户存款的调拨转账进行的。而银行账户的存款在居民和非居民之间，以及在非居民之间的调拨转账，都同外汇收付有直接的关系，从而在一定程度上影响着账户所在国的外汇收支。

对银行外汇账户管理的主要措施有：外汇账户的开立、外汇账户上存款的支付、外汇账户存款的利息支付等方面。

5. 对汇率的管理

汇率管理涉及汇率制度的管理、汇率水平的管理等。一国的外汇管理中应明确指出采取哪种汇率制度。每一种汇率制度都有利和弊，每个国家应根据国内经济金融秩序、国内外物价体系的差异、出口商品的种类结构及贸易地理方向、外汇市场的干预能力、对国际市场的依赖性、国内外经济渗透程序等状况，选择一种更有利于促进本国经济稳定发展的汇率制度。对汇率水平的管理，即对本国货币与外国货币的比价水平的管理，包括合理水平的确定和比价的调整等。

6. 对黄金、现钞输出入的管理

实行外汇管制的国家一般禁止私人输出黄金，有的国家还禁止私人输入黄金。由于国际收支关系需要输出入黄金时，只能由中央银行办理。实施外汇管理的国家，对本国现钞的输出都规定了最高限额，限额内可以自由携带出国，超过限额须经外汇管理机关审批。如美国规定，5 000 美元以上的现钞输出，必须向海关申报登记。2008 年我国政府规定，一次携带出境的最高限额为 20 000 元人民币。

4.2.3 外汇管理的经济效应分析

1. 外汇管理的积极影响

(1) 优化经济结构。外汇作为一种有限的资源，在一国经济结构调整或经济恢复时期，需要相对集中，以促进经济目标的实现。实行外汇管理，由政府及外汇管理机构制定鼓励或限制外汇收入、使用的一些政策措施，甚至采取严格的集中管理，能使外汇资金流入最需要发展的产业、行业，从而更快地实现国家宏观经济结构的调整或经济的尽快复苏。如发展中国家实施各种优惠政策鼓励长期资本流入，较好地解决了国内基础设施建设、产业结构的调整等方面的资金短缺问题。

(2) 增强商品的国际竞争力。商品出口是一国外汇资金的主要源泉，商品出口的稳定增长，反映了一国商品在国际经济中竞争力的增强。为了提高出口创汇能力，保持产品在国际竞争中的优势，需要政府在外汇管理的政策上给予有效的配合支持。在主要出口商品需要升级换代的时候，保证技术、设备等用汇的优先；在进一步开拓国际市场的过程中，需要及时给予外汇资金的融通；在高新技术产品的研究、开发中，更需要相当规模的外汇资金。通过外汇管理的政策导向，发挥资本的规模效益。

(3) 稳定国内金融秩序。目前世界各国经济交往日益密切，资本在国与国之间的流动日益频繁，特别是大量的短期资本的流进流出，会造成国内货币金融秩序的混乱，从而影响国内经济稳定发展。各国政策在逐步放松对外汇的直接管理的同时，加强对外汇的间接管理，增强对资本流动的监控及管理，建立多层次的监控体系，避免大量的资本流动给国内经济带来的冲击，保持国内金融秩序的稳定。

2. 外汇管理的消极影响

一国的外汇管理措施应随着国内外经济状况的变化而作相应的调整改革，简单地进行过严或过松的外汇管理，都会对经济发展造成消极的影响。

(1) 对外汇市场的影响。一国实行严格的外汇管制，往往直接制约外汇供给，限制外汇需求，使外汇供求信息失真，外汇市场的汇价严重扭曲，无法进行国际成本比较，自然就无法在国际上实现对各种资源的最优利用。实行外汇管制，使得外汇银行经营的业务单调，并且由国家承担外汇风险的损失，外汇银行在外汇市场中的参与功能弱化。另外，在外汇管制严格的条件下，外汇汇率通常被高估，会出现逃汇现象。通过限制外汇的持有及交易来控制汇率，其结果会造成黑市的出现和外汇资金的渗漏，使外汇供给短缺。

(2) 对国际贸易的影响。实施外汇管理，限制外汇自由买卖和支付，就自然会引起对不同国家进行多边结算上的限制，影响正常的贸易交往，加深各国之间的贸易摩擦，阻碍国际贸易发展。

(3) 对国内经济的影响。企业用汇审批制、结售汇采取复汇率制度等很容易滋生腐败。另外，购汇、用汇中应办理的手续加大了对外贸易业务中的成本，使进出口商品的价格上升，会引起企业利润的减少。实行固定汇率制，也容易使一些企业缺乏风险意识，从而会削弱其在国际市场上的竞争力。所以一个国家当经济发展到一定程度后，应逐渐放松外汇管制，政府从直接的外汇管理转变为对外汇的间接管理，增加对外汇的监督、调控职能，使外汇管理的措施更具灵活性，更好地促进经济的进一步发展。

4.3　货币可兑换问题

4.3.1　货币可兑换的含义

国际货币基金组织认为："货币可兑换是居民和非居民用本币兑换外币，并在实际经济和金融交易中使用外币的能力。这意味着不对国际交易的支付以及为此目的用本币兑换外币实施限制。货币的完全可兑换是指，既不对支付或收入进行限制，也不对经常项目或资本项目进行限制。"按照这个定义，货币可兑换分为经常项目可兑换和资本项目可兑换两个层次，并且有相应的划分标准。国际货币基金组织在《国际货币基金协定》第八条款中，对经常项目可兑换作了明确的定义，即经常项目可兑换是指一国对经常项目国际支付和转移不予限制，并不得实行歧视性货币安排或者多重货币制度。而对于资本项目可兑换，国际上迄今尚无像经常项目可兑换一样严格、标准的定义。

4.3.2　货币可兑换的利弊分析

货币可兑换是一把"双刃剑"，对货币可兑换的利弊可以从经常项目可兑换和资本项目可兑换两个层次来进行具体的分析。

实行经常项目的可兑换，并且取消贸易限制会为一个国家的供给方面带来巨大好处。当然，经常项目可兑换也会由于更经常和更大幅度的经常项目失衡或汇率压力而在国内就业、实际收入水平和宏观经济的不稳定方面带来一些风险。这种风险在短期内尤其可能出现。不过，在当今经济全球化和金融化的背景下，对于急需参与国际分工和竞争的发展中国家，比较而言，经常项目可兑换所带来的收益可能要远远大于付出的成本。也正是这样的原因，目前，国际货币基金组织的大多数成员国都已实现了本国货币的经常项目可兑换。

资本项目可兑换的有利之处主要体现在以下四个方面：一是从国际分工和比较优势的理论出发，资本项目可兑换所促成的资本自由流动有利于以更高的效率实现在全球范围内的配置，提高全球范围内资源的使用效率；二是从宏观经济层面和总供给出发，资本项目可兑换可以增强外国投资者的信心，鼓励外国私人资本的流入，有利于弥补发展中国家储蓄和外汇不足的“双缺口”，从而促进经济增长；三是从微观经济层面出发，资本项目可兑换特别是允许外国直接投资，将加快本国技术进步和管理水平的提高，缓解技术和管理等生产要素的短缺；四是资本项目可兑换将促使本国居民可以借助于资本的合理流动，在国际范围内追求资产更高的预期收益，并在各种不稳定的情况下使其资产构成多样化。

但是，资本项目可兑换将面临一些风险：一是会影响货币政策独立性效率。根据蒙代尔的开放经济“三角不可能”理论，在资本项目可兑换、国际资本流动的情况下，一国货币政策的独立性与汇率稳定两者之间将发生明显的冲突，若要坚持准固定汇率，则势必影响货币政策独立性。二是影响国际收支平衡。一方面，资本项目开放会引起资本流入的大量增加，造成实际汇率升值，刺激进口，不利出口，增加了经常项目逆差的风险；另一方面，取消资本项目兑换限制可能会引起资本大量外逃，如果在国际收支逆差的情况下，还会加剧资本外流，并可能使正常的经济滑坡恶化为金融危机。三是引起经济和金融的不稳定。如果一国的经济规模不大，金融市场不发达，金融机制不健全，短期资本的急剧流动就会造成经济和金融的不稳定。此外，对发展中国家而言，资本项目可兑换本来应该带来的正面影响可能还会被一些相关的负面因素所抵消。

4.3.3 货币可兑换的前提条件

实现货币可兑换究竟需要什么样的前提条件？国际货币基金组织根据有关国家货币可兑换的历史经验，将一国实现货币可兑换的前提条件归纳为四点：① 合理的汇率机制及汇率水平；② 充足的国际清偿手段，主要包括充足的外汇储备和获得融资的能力；③ 稳定的宏观经济环境及完善的宏观调控体系（包括消除供给过多的货币）；④ 公众的信心。发展中国家货币可兑换还应考虑微观经济的分析，例如健全的市场价格机制和国内微观经济主体对国内外市场价格变化做出灵敏反映的能力等。

这些条件在现实中很难同时具备，或一时同时具备但很难永远同时具备，而且，对于实现货币可兑换而言，这些条件事实上也并不是必不可少的，不少国家就是在不完全具备以上条件的情况下实现了货币的可兑换，有些条件和实现货币可兑换是共同推进的。例如，只有实现了货币可兑换才能进行外汇的自由买卖，才能形成合理的汇率机制及汇率水平，也就是说，如果没有实现货币可兑换，要形成合理的汇率机制及汇率水平是不可思议的。一个国家并不一定要在全部满足以上条件的情况下才能推进货币可兑换，但是在这些条件保证下，货币可兑换的风险会降低。

4.3.4 货币可兑换的路径选择

关于实现货币可兑换的路径选择上一直存在着争论。争论主要集中在速度的选择上，是主张渐进方式还是激进方式。

麦金农主张渐进方式并认为，对于实行经济市场化而言，客观上存在着一个如何确定最优次序的问题。财政政策、货币政策和外汇政策如何排次序的问题是极其重要的。政府不能、也许也不该同时实行所有的市场化措施。经济市场化的次序虽因各种类型经济的初始条件不同而有所区别，但却存在着一些共同特点。如能正确地安排好次序，就能得到丰厚的经济回报；若弄错了次序，就会导致金融和经济灾难。同时，在汇率自由化改革中，同样存在着一个次序正确、步调适当的问题。经常项目的自由兑换应大大地早于资本项目的自由兑换。只有在国内借贷能按均衡的（不受限制的）利率自由进行，国内通货膨胀率受到控制以至于不断发生的汇率下调不再必要时，资本项目自由兑换的条件才算是成熟了。否则，过早地取消对外资流入的汇率控制会导致未经批准的资本外逃或无偿还保证的外债堆积，或两者兼而有之。资本项目的自由兑换通常是经济市场化次序的最后阶段。

也有人主张采取激进的方式实现货币可兑换。他们通过实证研究发现，对货币兑换尤其是资本项目兑换进行限制借以保护发展中国家的国际收支是难以奏效的。在实现经常项目可兑换后，由于人们躲避各项控制以及外汇“黑市”的存在，货币可兑换的水平实际上已经很高，继续保持对资本项目的控制只能突出国际收支统计数据的差异。这样会使对潜在经济趋势的解释复杂化并使国内和外部金融状况之间的相互关系变得模糊。相反，因为货币兑换的限制所带来的成本却没有相应的减少。因此，应该迅速或者一步到位（也就是激进方式）地实现货币可兑换。

从各国的实践来看，在实现货币可兑换的速度选择上，绝大多数发展中国家都采用渐进的方式并取得了成功。

专栏 4-3 人民币资本项目可兑换与我国金融市场对外开放

党的十八届三中全会报告提出“推动资本市场双向开放，有序提高跨境资本和金融交易可兑换程度，建立健全宏观审慎管理框架下的外债和资本流动管理体系，加快实现人民币资本项目可兑换”。2015 年 10 月 29 日通过的《中共中央关于制定国民经济和社会发展第十三个五年规划的建议》提出“有序实现人民币资本项目可兑换，推动人民币加入特别提款权，成为可兑换、可自由使用货币”。

中国于 1996 年实现人民币经常项目可兑换后即开始稳步推进资本项目可兑换，取得了积极进展和显著成效。近期取得的新进展主要包括：对于企业“走出去”过程中的投融资行为，实现了汇兑环节按实需原则购汇和支付，推出了沪港通，实现了内地和香港的基金互认，境外机构在境内发行人民币债券更加便利，完全开放境外央行类机构进入境内银行间债券市场、银行间外汇市场，上海自贸区分账核算单元有关业务稳步发展等。从国际货币基金组织资本和金融项目交易分类标准下的40个子项来看，目前中国达到可兑换和部分可兑换的项目已有37项，距实现人民币资本项目可兑换的目标已不遥远。2015年11月30日，国际货币基金组织执行董事会决定将人民币纳入特别提款权(SDR)，是人民币资本项目可兑换和金融市场对外开放成果的体现。

下一步将继续按照"成熟一项、推出一项"的原则有序实现人民币资本项目可兑换，在风险可控前提下进一步提升人民币可兑换、可自由使用程度，更好地满足实体经济的需求。未来一段时期人民币资本项目可兑换和金融市场对外开放的重点任务包括：一是推动境内外个人投资更加便利化，进一步提高国内居民投资海外金融市场以及外国投资者投资中国金融市场的自由程度和便利程度。二是推进资本市场双向开放，改进并逐步取消境内外投资额度限制。提升股票、债券市场对外开放程度，有序拓展境外机构参与银行间债券市场的主体范围和规模，扩大境内机构境外发行债券的主体类型和地域范围，放宽境外机构境内发行人民币债券限制。完善沪港通的相关机制，适时推出深港通。进一步扩大QDII和QFII主体资格，增加投资额度。条件成熟时，取消资格和额度审批，将相关投资便利扩大到境内外所有合法机构。三是推动修订《中华人民共和国外汇管理条例》，清理相关规章制度，将资本项目可兑换纳入法制框架。建立与国际金融市场相适应的会计准则、监管规则和法律。

资料来源：中国人民银行《中国金融稳定报告2016》。

4.4 中国外汇管理体制和人民币汇率制度改革

4.4.1 中国外汇管理体制改革

4.4.1.1 中国外汇管理体制的演变

随着我国对外开放程度的进一步加大和国力的进一步增强，外汇管理措施也进行了相应的调整改革，总的趋势是由紧到松的过程，最终促使我国融入国际经济体系中。回顾我国外汇管理体制的变化，大致可分为三个阶段。

第一阶段(1949—1978年)：严格外汇管理时期

(1) 建国初期外汇管理(1949—1952年)

新中国成立前夕，国内物价飞涨，通货膨胀严重，同时进口货物价格低廉，出现了巨大的国际收支逆差。货币贬值过快，金融秩序混乱，外汇黑市交易猖獗，资金外逃严重。随着全国各地的先后解放，华北、华东、华中、华南各大行政区分别颁布了外汇管理办法和实施细则。当时外汇管理的主要任务是建立独立自主的外汇管理制度和汇价体系。

此时期外汇管理主要有以下几个方面的内容：一是建立了外汇的供汇和结汇制度。规定出口货物所获外汇、各种业务和劳务所得的外汇以及华侨汇款，均须卖给或集中于中国银行。进口所需外汇和其他非贸易用途的外汇，可以按规定向外汇管理机关申请，申请批准后，由国家银行卖给外汇。针对当时的进出口贸易主要由私人经营的情况，全面实行了进出口贸易许可证管理制度。二是外汇的统一分配使用。在1950年10月颁布的《外汇分配使用暂时办法》中，规定了各种外汇收入一律由中央人民政府财经委员会统一掌握分配使用。外汇分配的原则是：先中央后地方，先工业后商业，先公后私。三是建立了独立自主的人民币汇价体系。天津于1949年1月18日首先挂出了人民币对资本主义国家的汇价。汇价的计算由出口物资比价、进口物资比价、侨汇购买力比价三者综合加权平均值计算得出。当时国内由于国民党统治时期遗留下来的通货膨胀和其他因素影响，物价节节上涨。如上海批发物价指数在1948年6月为100，到了1950年3月则上涨到2 242.93，而同期的美国由于经济危机，物价下跌。根据物价变动，政府为了鼓励国内大宗物资出口，将美元汇率从1949年4月10日的1美元等于618元旧人民币下调为1950年3月13日的1美元等于42 000元旧人民币。1950年3月，我国执行了《关于统一国家财政经济工作的决定》以后，迅速制止了全国性物价上涨，物价逐步趋于稳定。四是建立了外汇指定银行管理制度。在全国共核准了53家银行经营外汇业务，同时加强了对外商银行的管理，取消了这些银行在华的一些特权。五是建立了人民币、外币和金银进出国境的管理制度，严格禁止私自携带或邮寄人民币、外币和金银出境。

经过这一时期的努力，国家外汇收入有了大量增加，扭转了新中国成立前的大量外汇逆差。但这一时期由全国各大行政区实行各自的外汇管理法令，外汇管理处于分散状态。

(2) 计划经济时期外汇管理(1953—1978年)

从1953年起，我国进入社会主义改造和建设时期，随着私营金融业和私营出口商的社会主义改造的完成，对外贸易由国营外贸专业公司统一经营，外汇业务开始由中国银行统一经营，这一时期的外汇管理采取“集中管理，统一经营”的方针。对外汇收支实行全面的指令性计划管理，外贸用汇实行计划管理，加强对非贸易外汇的管理，中国国内禁止外币流通、使用、质押等，禁止私自买卖外汇，禁止任何形式的套汇、逃汇。

这一时期的汇价较为稳定，从1953年至1972年，主要产品价格纳入国家计划，国内物价全面稳定，而国际货币体系所确定的以美元为中心的汇率也相对稳定，所以人民币对外币的比价也较稳定，汇价大致稳定在1美元等于2.46元人民币。1973年起世界经济激烈动荡，布雷顿森林体系崩溃，人民币汇率原则上采用钉住汇率制，货币的构成按1975年11月时，美元集团和西德马克集团货币汇率的中间线上选用13种货币加权平均，美元和西德马克的比重较大。这一时期人民币对美元升值，由1972的1∶2.24升为1979年的1∶1.55。

第二阶段(1979—1993年)：由紧向松的外汇管理体制改革时期

1980年我国在国际货币基金组织和世界银行的席位的恢复，要求外汇管理与国际规范相适应。随着20世纪70年代与一些发达国家的正常交往恢复，对外开放逐渐增加，国际交往增强，在贸易、投资领域的交流越来越多，原来的集中的外汇管理体制表现出其应变能力差、缺乏灵活性、不利于鼓励出口创汇的积极性等缺陷。随着我国经济体制改革步伐的加快，外汇管理体制的改革也启动了。主要内容如下：

(1) 设立了专门管理外汇机构。国务院于1979年3月正式批准建立国家外汇管理局，并赋予其管理全国外汇的职能。

(2) 外汇留成制和外汇调剂市场的建立。随着外汇经营权的下放，鼓励外商投资企业自行出口产品，外汇留成制及外汇调剂市场的出现打破了原来的统收统支的集中体制。允许在地方外汇管理局开设留成账户，把创汇和用汇相结合，鼓励出口企业的积极性。从

1988年到1993年，上海外汇调剂市场的外汇交易总量达到153亿美元，年交易额从1988年的7.3亿美元，增加到1993年的53亿美元。

(3) 允许个人持有外汇。1984年7月中国银行开办了个人外币储蓄存款，允许国内居民持有外汇。个人收入的外汇准许个人保留，但不准私自买卖、私自携带或邮寄出境，国内居民出国探亲、移居出境、出国留学等所需外汇凭有关证明向外汇管理部门申请，经批准后，向银行购买外汇。

(4) 建立了外债管理体制和外债统计监测系统。国家外汇管理局是监测和管理中国外债的机构。1987年7月，国家外汇管理局发布了《外债统计监测规定》，规定所有境内机构的外债必须向国家外汇管理局登记。并于1989年11月公布了实施细则，细化外债登记的有关规定。

(5) 对携带外汇、贵金属和人民币出入境的管理。中国居民从国外及港澳地区收到外汇收入可以保留并在中国银行或指定银行开立外汇账户。在国外或港澳地区工作的中国居民所得外汇收入必须调回境内，不允许存放在境外。非居民可在中国银行和其他批准的金融机构设立非居民账户。非居民汇入或带入的外汇必须兑成人民币或外汇券(Foreign Exchange Certificate，FEC)才能用于各种支付，外汇券是1980年国务院授权中国银行发行的一种含有外汇兑换证明的人民币代用券。

黄金制品、白银制品入境不受限制，但入海关时必须申报；携带金银和金银制品出境时，携带者必须提交入境时的申报单或人民银行开出的准带证明。非居民可在专门的商店购买金银和金银制品，但带出境时要提交购买发票。

第三阶段(1994年至今)：外汇管理体制的重大改革时期

1993年12月25日，国务院发布了《国务院关于进一步改革外汇管理体制的通知》，中国人民银行也于1993年12月16日对外公布了《关于进一步改革外汇管理体制的公告》，开始了我国外汇管理的根本性改革，采取了一系列举措，构建外汇运作市场机制的框架。

(1) 人民币实行以市场供求为基础的单一的、有管理的浮动汇率制度。1994年1月1日，官方汇率和调剂市场汇率并轨，使用单一汇率。汇价为1美元兑换8.7元人民币。并在1994年4月4日，在上海建立了全国统一的银行间外汇市场，使人民币汇率形成机制发生了根本性变化，汇率产生不是由国家外汇管理局挂牌，而是由外汇市场上外汇指定银行间的外汇买卖所决定，中国人民银行根据前一日银行间外汇市场交易的加权平均价，公布人民币对美元交易的中间价，并参照国际外汇市场变化，同时公布人民币对其他主要货币的汇率。各外汇指定银行在此汇率的基础上，在中国银行规定的上下2.5‰的浮动幅度范围内补充自行挂牌，对客户买卖外汇。中国人民银行参与外汇市场吞吐外汇，适时调控，使人民币汇率稳定在一个合理的水平上。

(2) 实行银行的结汇、售汇制。对外汇收支体制做出了重大改革的外汇管理体制取消了外汇上缴的额度和现汇留存制度，实行新的结汇、付汇和售汇办法及相应的外汇账户管理制度，并为此发布实施《结汇、售汇和付汇管理的暂行规定》。

(3) 1994年元月起停止发行外汇券，已发行流通的外汇券，可继续使用逐步兑回。从1995年1月1日起，外汇兑换券停止在市场上流通，境内机构以及来华人员、华侨、港澳台同胞和境内居民个人不得用外汇兑换券计价、收付、结算。至1995年6月30日中国银行兑换结束。这样曾在我国对外开放初期起过特殊作用的外汇券退出历史舞台。

(4) 人民币在经常项目下的有条件可兑换发展为经常项目下的可兑换。1996年1月国务院颁布了《中华人民共和国外汇管理条例》，1996 年 4 月 1 日起正式实施，取代了 1980 年的暂行条例，使外汇管理步入了规范化和法制化的轨道。该条例也体现了对外汇以直接管理为主过渡到以间接管理为主的管理方式。通过 1994 年的改革，汇率稳中有升，外汇储备快速增长，使我国对取消经常性国际支付和转移的汇兑限制有了坚定的信心。1996 年 11 月 27 日，时任中国人民银行行长的戴相龙致函国际货币基金组织，宣布从 12 月 1 日起接受国际货币基金组织协定第八条款的义务，取消对经常项目汇兑环节上还存在的部分限制，实现人民币经常项目可兑换。并于 1997 年 1 月 20 日发布了《国务院关于修改〈中华人民共和国外汇管理条例〉的决定》，为人民币经常项目可兑换提供了法律的保障。

4.4.1.2 现行中国外汇管理制度

根据《中华人民共和国外汇管理条例》，现行外汇管理框架主要由进出口收付汇核销系统、资本项目事先审批制、对银行的结售汇和外汇业务执法监管、外汇(债)统计(监测)系统和国际收支统计申报监管系统构成。这里主要介绍经常项目和资本项目的外汇管理。

1. 经常项目外汇管理

经常项目外汇管理是外汇管理的关键。我国外汇管理规定：所有外汇收入应全部调回境内，不得在境外存放或以收抵支(该措施不仅针对跨国公司在华企业，对境内其他经济单位同样适用)；经常项目下外汇收入可通过在境内银行开立的外汇结算账户保留，但保留金额受结算账户最高余额限制。为适应我国企业快速融入国际经济竞争环境，国家外汇管理局对有关经常项目外汇管理政策进行了调整，于 2001 年 1 月 1 日起推出出口收汇核销改革政策、中资企业外汇结算账户管理改革政策、境内居民个人自费出国(境)留学售付汇管理改革政策等三项改革政策。

2. 资本项目外汇管理

我国资本项目下的外汇收入，包括外汇资本金和外债，应当通过境内银行开立的外汇专用账户保留，结汇需经外汇局逐笔审批；所有对外支付，均需有真实的交易作背景，对外支付的真实性审核由外汇局审批。目前管理的内容主要有：

(1) 对资本市场和货币市场准入的限制。

(2) 对外借贷款(包括对外担保)的限制。

(3) 对外直接投资(包括不动产投资)的限制。

(4) 资本项目外汇收入汇回及结汇的限制。资本项目下所有的外汇收入未经批准，都必须调回境内，而不得存放境外。资本项目下的外汇收入可以开立专用账户，保留外汇，经外汇管理部门核准后才可以结汇。

(5) 对居民的购汇限制。

4.4.2 人民币汇率制度的演变

人民币汇率制度指的是我国货币当局对人民币汇率变动的基本方式所作的基本安排和规定。它同任何汇率制度一样，包括确定汇率的依据、汇率波动的界限、维持汇率应采取的措施和规定汇率应怎样调整。我国人民币汇率制度的内容是随着我国经济环境的演变而不断变化的，在不同的经济时期，人民币汇率制度有着不同的内容。

4.4.2.1 改革开放后的人民币汇率安排

改革开放以后，我国人民币汇率安排大致经历了四个发展阶段：

第一阶段(1979—1984 年)

1979 年我国的外贸管理体制开始进行改革，对外贸易由国营外贸部门一家经营改为多家经营。由于我国的物价一直由国家计划规定，长期没有变动，许多商品价格偏低且比价失调，形成了国内外市场价格相差悬殊且出口亏损的状况，这就使得人民币汇价不能同时照顾到贸易和非贸易两个方面。为了加强经济核算并适应外贸体制改革的需要，国务院决定从 1981 年起实行两种汇价制度，即另外制定贸易外汇内部结算价，并继续保留官方牌价用作非贸易外汇结算价。这就是所谓的"双重汇率制"或"汇率双轨制"。

1980 年人民币官方牌价为 1 美元＝1.5 元人民币。从 1981 年 1 月到 1984 年 12 月期间，我国实行贸易外汇内部结算价，贸易外汇 1 美元＝2.80 元人民币，官方牌价即非贸易外汇 1 美元＝1.50 元人民币。前者主要适用于进出口贸易及贸易从属费用的结算；后者主要适用于非贸易外汇的兑换和结算，且仍沿用原来的一篮子货币加权平均的计算方法。

随着美元在 20 世纪 80 年代初期的逐步升值，我国相应调低了公布的人民币外汇牌价，使之同贸易外汇内部结算价相接近。1984 年底公布的人民币外汇牌价已调至 1 美元＝2.796 3元人民币，与贸易外汇内部结算价持平。

第二阶段(1985—1990 年)

在人民币双重汇率制下，外贸企业政策性亏损，加重了财政补贴的负担，而且国际货币基金组织和外国生产厂商也对双重汇率提出了异议。1985 年 1 月 1 日，我国又取消了贸易外汇内部结算价，重新恢复单一汇率制，1 美元＝2.80 元人民币。

事实上，1986 年随着全国性外汇调剂业务的全面展开，又形成了统一的官方牌价与千差万别的市场调剂汇价并存的新双轨制。而且当时全国各地的外汇调剂市场，在每一时点上，市场汇率水平不尽相同。这种官方汇率与市场汇率并存的多重汇率制一直延续到 1993 年底。进入 20 世纪 80 年代中期以后，我国物价上涨速度加快，而西方国家控制通货膨胀取得一定成效。在此情况下，我国政府有意识地运用汇率政策调节经济与外贸，对人民币汇率作了相应持续下调。1995 年 8 月 21 日，人民币汇率调低至 1 美元＝2.90 元人民币，同年 10 月 3 日再次调低至 1 美元＝3.00 元人民币，同年 10 月 30 日又调至 1 美元＝3.20 元人民币。

从 1986 年 1 月 1 日起，人民币放弃盯住一篮子货币的做法，改为管理浮动。其目的是要使人民币汇率适应国际价值的要求，且能在一段时间内保持相对稳定。

从改革开放以后至 1991 年 4 月 9 日的 10 余年间，人民币汇率政策的特点表现为以下几个方面：一是分别实施过贸易外汇内部结算价与公布牌价并存的双重汇率体制，以及官方汇率与市场汇率并存的多重汇率体制；二是公布的人民币官方汇率按市场情况调整，且呈大幅贬值趋势，这与同期人民币对内实际价值大幅贬值以及我国的国际收支状况是基本上相适应的；三是在人民币官方汇率的调整机制上，做过多种有益的尝试，如盯住一篮子货币的小幅逐步调整方式以及一次性大幅调整的方式，这些为以后实施人民币有管理的浮动汇率制度奠定了基础；四是市场汇率的机制逐步完善；五是市场汇率的调节作用在我国显得越来越大。

第三阶段(1991—1993 年)

自 1991 年 4 月 9 日起，我国开始对人民币官方汇率实施有管理的浮动运行机制。国家对人民币官方汇率进行适时适度、机动灵活、有升有降的浮动调整，改变了以往阶段性大幅度调整汇率的做法。实际上，人民币汇率实行公布的官方汇率与市场汇率（即外汇调剂价格）并存的多重汇率制度。

我国人民币有管理的浮动汇率制度主要指人民币官方汇率的有管理的浮动，其基本特点是，我国的外汇管理机关即国家外汇管理局根据我国改革开放与发展的状况，特别是对外经济活动的要求，参照国际金融市场主要货币汇率的变动情况，对公布的人民币官方汇率进行适时适度、机动灵活、有升有降的浮动调整。在两年多的时间里，官方汇率数十次小幅调低，但仍赶不上水涨船高的出口换汇成本和外汇调剂价。

第四阶段（1994—2005 年）

从 1994 年 1 月 1 日起，我国实行人民币汇率并轨。1993 年 12 月 31 日，官方汇率为 1 美元兑换人民币 5.8 元，调剂市场汇率为 1 美元兑换人民币 8.7 元左右。从 1994 年 1 月 1 日起，将这两种汇率合并，实行单一汇率，人民币对美元的汇率定为 1 美元兑换 8.70 元人民币。同时，取消外汇收支的指令性计划，取消外汇留成和上缴，实行银行结汇、售汇制度，禁止外币在境内计价、结算和流通，建立银行间外汇交易市场，改革汇率形成机制。这次汇率并轨后，我国建立的是以市场供求为基础的、单一的、有管理的浮动汇率制度。

随着改革开放的不断深入，我国外汇管理体制相继进行了一系列重大的改革，1996 年 11 月 27 日，中国人民银行正式致函国际货币基金组织：中国将不再适用国际货币基金组织协定第十四条第 2 款所规定的过渡性安排，并正式宣布，自 1996 年 12 月 1 日起，我国将接受国际货币基金组织协定第八条第 2 款、第 3 款和第 4 款的义务，实现人民币经常项目可兑换，从此不再限制不以资本转移为目的的经常性国际交易支付和转移，不再实行歧视性货币安排和多重汇率制度。

4.4.2.2 人民币汇率安排的新阶段

2005 年 7 月 21 日，中国人民银行发布[2005]第 16 号文——关于完善人民币汇率形成机制改革的相关事宜公告。其主要内容如下：

(1) 自 2005 年 7 月 21 日起，我国开始实行以市场供求为基础、参考一篮子货币进行调节、有管理的浮动汇率制度。人民币汇率不再盯住单一美元，形成更富弹性的人民币汇率机制。

(2) 中国人民银行于每个工作日闭市后公布当日银行间外汇市场美元等交易货币对人民币汇率的收盘价，作为下一个工作日该货币对人民币交易的中间价格。

(3) 2005 年 7 月 21 日 19:00 时，美元对人民币交易价格调整为 1 美元兑 8.11 元人民币，作为次日银行间外汇市场上外汇指定银行之间交易的中间价，外汇指定银行可自此时起调整对客户的挂牌汇价。

(4) 现阶段，每日银行间外汇市场美元对人民币的交易价仍在人民银行公布的美元交易中间价上下千分之三的幅度内浮动，非美元货币对人民币的交易价在人民银行公布的该货币交易中间价上下一定幅度内浮动。

(5) 中国人民银行将根据市场发育状况和经济金融形势，适时调整汇率浮动区间。同时，中国人民银行负责根据国内外经济金融形势，以市场供求为基础，参考一篮子货币汇率变动，对人民币汇率进行管理和调节，维护人民币汇率的正常浮动，保持人民币汇率在合理、均衡水平上的基本稳定，促进国际收支基本平衡，维护宏观经济和金融市场的稳定。

人民币汇率安排改革的核心是放弃盯美元，参考一篮子货币，以建立调节自如、管理自主的，以市场供求为基础的，更富有弹性的人民币汇率机制。从短期来看，人民币一定的升值，将有利于降低进口技术、设备和引进管理人才的成本，促进企业调整产品结构，从而提高综合竞争力。从长远战略来看，人民币汇率新机制的建立，将有利于推进人民币汇率安排的市场化改革进程，建立健全以市场供求为基础的、有管理的浮动汇率体制，保持人民币汇率在合理、均衡水平上的基本稳定。

专栏4-4　稳妥有序推进人民币汇率形成机制改革

2005年以来，人民银行一直稳妥有序地推进人民币汇率形成机制市场化改革。2007年5月21日、2012年4月16日和2014年3月17日，人民币对美元汇率浮动幅度经三次调整由0.3%扩大至2%。2005年9月起，取消了对银行为客户办理结售汇业务时非美元货币对人民币的挂牌汇率浮动区间限制；2014年7月起，取消了银行对客户美元挂牌汇率浮动区间限制。

2015年8月11日，人民银行宣布完善人民币兑美元汇率中间价形成机制，做市商在每日银行间外汇市场开盘前，参考上日银行间外汇市场收盘汇率，综合考虑外汇供求情况以及国际主要货币汇率变化向中国外汇交易中心提供中间价报价。一方面在机制上加大市场供求对汇率形成的决定性作用，提高中间价的市场化程度；另一方面则顺应市场的力量对人民币汇率适当调整，使汇率向合理均衡水平回归。改革后中间价与市场汇率之间的偏离得到校正，中间价的市场化程度和基准作用明显增强。

未来，人民银行将坚持市场化取向，根据中央的改革部署和国际收支格局的变化规律，稳妥有序完善市场化汇率形成机制，发挥市场在汇率形成中的决定性作用，增强人民币汇率双向浮动弹性，建立汇率调节国际收支的市场化长效机制，保持人民币汇率对一篮子货币基本稳定，促进国际收支平衡。

资料来源：中国人民银行《中国金融稳定报告2016》。

本章概要

汇率制度是指一国货币当局对本国货币汇率变动的基本方式所作的基本安排和规定。汇率制度包括固定汇率制度和浮动汇率制度。金币本位下的固定汇率制度是典型的固定汇率制度。浮动汇率制度可以弥补固定汇率制度的不足，但是汇率波动幅度过大或过于频繁会严重影响国际经济发展。汇率目标区方案兼顾固定汇率制的稳定性和浮动汇率制灵活性的特点。

外汇管理是一个国家通过法律、法令、条例等形式授权有关管理机构运用各类手段对于境内的外汇收付、交易、借贷、转移及汇价等实施管理。外汇管理的内容主要包括对外汇资金流入、外汇资金流出、外汇的交易、银行外汇账户、汇率等方面的管理。外汇管理给各国经济发展带来了积极的作用，表现在能优化经济结构、增强商品的国际竞争力、稳定国内金融秩序、尽快恢复经济发展等，但是在一国经济发展过程中，严格的外汇管理会导致外汇市场供求信息扭曲，不能形成资源的更有利的流动,造成国际经济交易的障碍,国内经济发展也会受挫。

货币可兑换可以分为经常项目可兑换和资本项目可兑换。对发展中国家而言,经常项目可兑换所带来的收益可能要大于付出的成本。目前大部分国际货币基金组织的成员国已实现经常项目可兑换。资本项目可兑换的风险将更大,所以应该谨慎逐步推进。

关键术语

固定汇率制度、铸币平价、黄金输送点、浮动汇率制度、汇率目标区、外汇管理、货币可兑换

复习题

1. 固定汇率制度与浮动汇率制度的主要区别是什么?
2. 浮动汇率根据不同的划分标准可以划分为哪些种类?
3. 简述汇率目标区方案。
4. 外汇管理的主要内容是什么?
5. 外汇管理对社会经济有什么影响?
6. 我国现行人民币汇率制度有哪些特点?
7. 货币资本项下可兑换的利弊是什么?
8. 货币资本项下可兑换的条件是什么?

参考文献

[1] 易纲,张磊.国际金融.上海:上海人民出版社,2004.

[2] 杨胜刚,姚小义.国际金融.北京:高等教育出版社,2005.

[3] 连平.国际金融理论、体制与政策.上海:华东师范大学出版社,1999.

[4] 张礼卿.汇率制度变革——国际经验与中国改革.北京:中国金融出版社,2005.

[5] 余文建.货币可兑换比较研究——一个文献综述.上海金融,2004(6):44-46.

[6] [美]K.C.巴特勒.国际金融.张成思,译.大连:东北财经大学出版社,2008.

[7] [法]艾弗雷·克拉克.国际金融.刘爽,等,译.北京:北京大学出版社,2005.

[8] Triennial Central Bank Survey. Foreign exchange and derivatives market activity in 2007. Basel: Bank for International Settlement, 2007.

第5章 国际金融市场

国际金融市场是国际资本流动和债权债务结算的场所，是国际金融产品交易关系和运行机制的总和。在国际领域中，国际金融市场显得十分重要，商品与劳务的国际性转移、资本的国际性转移、黄金输出入、外汇的买卖以至于国际货币体系运转等各方面的国际经济交往都离不开国际金融市场，国际金融市场上新的融资手段、投资机会和投资方式层出不穷，金融活动也凌驾于传统的实质经济之上，成为推动世界经济发展的主导因素。

5.1 国际金融市场概述

5.1.1 国际金融市场的概念

国际金融市场(International Financial Market)是指国际上资金供应者和资金需求者双方通过信用工具进行交易而融通资金的市场，是居民与非居民之间交易金融资产并确定金融资产价格的一种机制。广义的国际金融市场是指进行长短期资金的借贷、外汇与黄金的买卖等国际金融业务活动的场所，包括货币市场(Money Market)、资本市场(Capital Market)、外汇市场(Foreign Exchange Market)和黄金市场(Gold Market)。狭义的国际金融市场是指在国际上经营长短期资金业务的市场，也称为国际资金市场(International Capital Market)，包括货币市场和资本市场。前者是短期资金国际经营的场所，而后者是长期资本国际运行的市场。

与国内金融市场相比，国际金融市场的特点在于：其交易活动发生在本国居民与非居民或非居民与非居民之间；其业务范围不受国界限制；交易的对象不仅限于本国货币，还包括国际主要可自由兑换的货币以及以这些货币标价的金融工具；业务活动比较自由、开放，较少受某一国家政策、法令的限制。国际金融市场与国内金融市场的联系表现在：国内金融市场是国际金融市场得以发展的基础，世界上主要的国际金融市场都是在国内金融市场的基础上发展而成的，如伦敦、纽约、东京等，这些国际金融市场中的金融机构、银行制度以及涉外业务与国内金融市场都有着密切的联系；国内金融市场的货币资金运动与国际金融市场的货币资金运动互为影响，国内金融市场的利率发生变动，会通过各种方式影响到国际金融市场上利率的变化，国内金融市场上货币流通发生变化或币值变动，也同样会影响国际金融市场上汇率的变动；国内金融市场上的某些大型金融机构，同样也是国际金融市场运作的主要参与者，并成为推动国际金融市场发展的重要力量。

5.1.2 国际金融市场的分类及业务构成

国际金融市场的构成可以依据不同的标准进行分类。从时间上区分，期限在一年或一年以下的资金融通业务划入货币市场的范畴，而期限在一年以上的业务则划入中长期资本市场的范畴。从货币和授受者的身份来讲，把非居民的境外货币存贷业务划入离岸金融市场(off-shore Financial Market)的范畴，把非居民的境内货币存贷业务和居民的境外货币存贷业务划入在岸金融市场(on-shore Financial Market)的范畴。通常所指的欧洲货币(Euro-currency)市场，主要是指离岸金融市场。根据国际金融市场的具体业务不同，可分为外汇市场、货币市场、资本市场、黄金市场、商品期货市场和衍生金融产品市场等。

1. 按市场功能不同划分

(1) 国际货币市场

国际货币市场的主要业务包括银行短期信贷市场、短期证券市场及票据贴现市场。在美国，短期货币市场以银行短期信贷和短期债券为主，商业银行占有重要地位。而在伦敦，短期货币市场以贴现业务为主，贴现银行占有重要地位。一般来说，国际货币市场的中介机构包括商业银行、票据承兑行、贴现行、证券交易商和证券经纪人。

① 短期信贷市场

短期信贷市场是银行对客户提供一年或一年以内短期贷款的市场，主要满足临时性和短期资金头寸的调剂需要。贷款的期限最短为1天，最长为1年，也可为3天、7天、1个月、3个月、6个月等。利率以伦敦同业拆借利率(London Inter-Bank Offered Rate，LIBOR)为基准，多为批发交易，金额巨大，交易手续简便，无须担保和抵押，通过电话、电传等无形市场进行。

② 短期证券市场

短期证券市场是国际上进行短期证券交易的场所，期限不超过一年，交易对象有短期国库券(Treasury Bills)、可转让定期存单(Transferable Certificate of Deposit，CD)、银行承兑汇票(Bank Acceptance Bills)和商业承兑汇票(Commercial Bills)。国库券是西方各国财政部为筹集季节性资金需要或进行短期经济和金融调控而发放的短期债券，期限一般为3个月或6个月，利率视情况而定，通常以贴现和拍卖的方式销售。

银行可转让定期存单是储户在银行的定期存款凭证，一般票面金额巨大，到期前不能到银行兑付，但可以转让和流通。20世纪60年代初，美国开始发行CD，金额为100万美元或100万美元以上，最小的面额也有50万美元；英国于20世纪60年代末发行CD，金额从5万至50万英镑不等。存单的利率与伦敦银行同业拆借利率大致相同，到期后可向发行银行提取本息。

银行承兑汇票和商业承兑汇票都是信用支付工具，前者由银行承兑，后者由企业或个人承兑，承兑后可“背书”转让，到期可持票向付款人取款。由于银行信誉较高，银行承兑汇票比商业承兑汇票的流动性要强。在国际贸易中，这两种汇票大量使用，是主要的支付结算工具。

③ 贴现市场

贴现市场是对未到期票据按贴现方式进行融资的场所。贴现是指将未到期的信用票据打个折扣，按贴现率扣除从贴现日到到期日的利息后向贴现行(Discount House)换取现金的一种方式。贴现交易使持票人提前取得票据到期时的金额(扣除支付给贴现行的利息），而贴现行则向要求贴现的持票人提供了信贷。贴现业务是货币市场资金融通的一种重要方式，贴现的票据主要有国库券、银行债券、公司债券、银行承兑票据和商业承兑票据，贴现率一般高于银行利率。经贴现后的票据，贴现行或从事贴现的银行可用以向中央银行再贴现。中央银行利用这种再贴现业务来调节信用、利率，进而调控宏观金融。

（2）国际资本市场

国际资本市场是指一年以上的中长期借贷市场。市场参与者主要有银行、公司、证券商和政府机构，业务包括银行贷款和证券交易两类。

① 信贷市场

信贷市场是政府机构（包括国际经济组织）和跨国银行向客户提供中长期资金融通的市场。政府贷款一般期限长、利率低、附有一定的条件，如规定贷款只能用于购买授贷国的商品，或者只能用于发展某些产业，所以政府贷款属于约束性贷款。商业银行贷款一般是无约束贷款，贷款利率视市场行情和借款人的信誉而定。对于数额比较巨大的贷款，银行一般采用银团贷款或辛迪加贷款（Syndicate Loans）的方式进行，即几家甚至十几家银行共同向某一客户提供贷款，由一家银行做牵头行，若干家银行做管理行，其余银行做参与行，这样有利于更好地分散风险，也有利于大额资金的筹集。银团贷款曾在20世纪80年代债务危机期间有所下降，但自1986年起走出低谷，其规模在以后的几年里迅速增长。

② 证券市场

国际证券市场主要由债券业务构成，债券发行人可以是政府机构、国际组织、企业、公司或银行。债券发行一般由大型投资银行作为中介，承销发行。

（3）外汇市场

外汇市场是从事外汇买卖的场所，参与者由买卖货币的所有机构和个人组成，主要包括中央银行、商业银行、外汇经纪人、外汇交易商等。外汇市场交易品种繁多，主要有即期交易、远期交易、期货交易、期权交易等。伦敦、纽约、东京和新加坡是全球主要外汇交易中心。伦敦仍然是全球最大的外汇交易中心，排在第二、三、四位的依然是纽约、东京和新加坡。其他重要的外汇交易中心还包括法兰克福、苏黎世、澳大利亚、加拿大、巴黎及中国香港等国家和地区。

（4）国际租赁市场

国际租赁是国际资金融通的一种方式，它使承租人不必购买短期或季节性需要使用的设备，从而变相为企业提供了资金融通。从另一个意义上讲，租赁费用一般是分期（如每月一次或每半年一次）支付的，这等同于出租人向承租人提供了信贷。国际租赁的形式多种多样，主要有操作租赁（Operating Leases）、金融租赁（Financial Leases）、货币加成租赁（Money-over-money Leases）、减税租赁（Tax Credit Leases）、杠杆租赁（Leveraged Leases）和双重租赁（Double Leases）。自20世纪70年代以来，国际租赁业务发展十分迅速，租赁物小到办公用品，大到军用飞机，包罗万象。美国、英国和德国是世界上主要的租赁市场所在地，租赁公司大部分由银行经营或控制。据估计，20世纪70年代末和80年代初，美国公司使用的耐用设备中有30%采用租赁设备，英国所有资本开支的15%～20%是通过租赁来实现资金融通的。

（5）黄金市场

黄金市场，是集中进行黄金买卖的交易场所。黄金交易与证券交易一样，都有一个固定的交易场所，黄金市场就是由位于世界各地的黄金交易所构成的。黄金交易所一般设在国际金融中心,是国际金融市场的重要组成部分。在黄金市场上买卖的黄金形式多种多样,主要有各种成色和重量的金条、金币、金丝和金叶等,其中最重要的是金条。大金条量重价高,是专业金商和中央银行买卖的对象,小金条量轻价低,是私人和企业买卖、收藏的对象。金价按纯金的重量计算,即以金条的重量乘以金条的成色。

国际黄金市场的参与者,可分为国际金商、银行、对冲基金等金融机构,各种法人机构,私人投资者以及在黄金期货交易中有很大作用的经纪公司。伦敦是世界上最大的黄金场外交易中心,其次是纽约、苏黎世、东京、悉尼和中国香港;黄金的交易所的市场交易主要在纽约商业交易所(NYMEX)、东京工业品交易所(TOCOM)和近年来崛起的印度多种商品交易所(MCX)进行。

2. 按业务涉及交易主体不同划分

从这个角度划分,国际金融市场可分为传统的国际金融市场(在岸市场)和新型的国际金融市场(离岸市场)。传统国际金融市场是指从事市场所在国货币的国际借贷,并受当地市场相关法规约束的市场,这类市场的发展通常是以市场所在国强大的经济、金融实力为基础。新型国际金融市场即20世纪50年代后期逐渐形成的欧洲货币市场。同传统的国际金融市场相比,欧洲货币市场有着明显的特点:它经营的对象可以是任何主要货币,借贷活动不受任何国家政府相关政策与法令的管辖。这类市场的形成不再以所在国强大的经济实力和巨额的资金积累为绝对基础,只要所在国家或地区政局稳定、地理位置优越、基础设施完善,并实行较为优惠的金融、税收政策,就有可能发展成为欧洲货币市场等离岸金融市场。把国际金融市场作这样的区分,主要依据其营运管理机制的不同,而并不一定在场所上完全分开,如伦敦国际金融市场、纽约国际金融市场、东京国际金融市场等,都既是传统的在岸国际金融市场,又是离岸金融中心,当然,也有完全提供离岸金融功能的金融中心,如开曼群岛、百慕大群岛等。

3. 按照交易对象性质的不同划分

按照交易对象性质的不同,国际金融市场可分为现货市场和衍生市场。现货市场是以基础资产(Underlying Assets)或称金融资产为交易对象的市场,又称基础市场;衍生市场则是以从各种基础资产交易中派生出来的衍生工具为交易对象的市场,如以股票为基础的股票价格指数期货,以债券市场为基础的利率期货、利率期权,以住房抵押贷款为基础的住房抵押贷款支持债券及相关产品等。衍生金融工具市场主要包括金融期货市场、期权市场、互换市场和远期利率协议市场等。

5.1.3 国际金融市场的作用

国际金融市场是世界经济和市场的重要组成部分,它的产生和发展是世界经济发展的客观要求,减少了交易成本并提高了国际贸易和国际经济的效率。但同时,国际金融市场的发展也产生了新的风险,给世界经济的发展带来了不确定性。

1. 促进世界经济的发展

国际金融市场是世界各国资金的周转中心,为国际贸易和跨国公司提供了充足的资金,也为资金短缺国家利用外资发展本国经济提供了便利的融资渠道。如欧洲货币市场促进了第二次世界大战后联邦德国和日本经济的复兴,国际银团贷款促进了墨西哥的经济腾飞,亚洲美元市场对亚太地区的经济建设也起到了积极作用,一些发展中国家和新兴经济体更是通过建立国际金融中心发展和带动了整体经济的发展,如新加坡。

2. 有利于灵活调节国际收支

如果没有开放的国际金融市场，一国在发生国际收支逆差时，就只能利用本国储备或者向国际货币基金组织(IMF)借款来弥补缺口；而拥有巨额国际收支顺差的国家，外汇资金盈余的投放也会受到限制，收益率下降。这对一国灵活调节国际收支极为不利，也会间接限制国际贸易的发展。现在，越来越多的国家通过国际金融市场筹集资金和运作资金，既可以弥补国际收支逆差，也沟通了石油美元的再循环，甚至成为弥补本国财政赤字缺口的渠道。

3. 促进生产和资本国际化的发展

第二次世界大战后跨国公司的迅速发展是生产和资本国际化的重要表现之一，国际金融市场为跨国公司提供了便利的投资和融资渠道。1996 年 4 月 9 日的《华尔街日报》曾经报道，通用电气公司(GE)仅用了 15 分钟就筹集到了 40 亿法国法郎，并立刻通过国际互换市场兑换成所需要的美元资金。通用电气公司声称这笔交易将为其“在今后的九年中每年节省 40 万美元”。国际金融市场不仅为跨国公司在全球范围融通、调拨资金提供了便利，也为跨国公司存储闲置资金并投资获利提供了条件。而跨国公司控制了世界生产的 40%左右、国际贸易的 50%～60%，发达国家 40%的国内生产总值来自跨国公司的海外收益。因此，国际金融市场促进了跨国公司的发展，推动了国际投资的扩大，加速了生产和资本的国际化。

4. 通过金融资产价格实现全球资源的合理配置

国际金融市场是一个高度竞争的市场，资金总是流向经济效益最好、资金收益最高的国家或地区，这就使国际金融市场的有效性大大增强。特别体现在国际金融市场的定价机制上，如伦敦同业拆借利率、浮动汇率的形成，是基于众多的交易者对未来市场走势和经济发展的预期，这些价格信息充分地反映了金融资产的供求关系，并为全球资源的最优配置提供了有效的价格机制。可以说，国际金融市场的表现就是全球经济的“晴雨表”。

5. 为交易者提供规避风险和套期保值的场所

随着国际金融市场自由化趋势的发展，利率、汇率和资产价格的波动越来越频繁和剧烈，参与国际经济交易的主体纷纷寻求转嫁风险的新途径。在这种背景下，产生了各种各样的金融衍生产品，国际金融市场中的期货、期权等产品为投资者提供了有效的风险管理手段，实现了风险的有效配置。

国际金融市场在积极促进世界经济发展的同时，也产生了一些消极作用。从国际资本构成来看，短期资本增长的趋势快于长期资本。巨额短期国际资本流动性大、投机性强，在国际金融市场上频繁进出进行套利，对利率和汇率水平产生重要影响。这些投机资本，往往游离于实体经济之外，追逐短期收益。当它们涌入某些国家或地区时，容易形成这些国家或地区的资产价格泡沫，而且不利于有关国家国内货币政策的执行。资本的快速撤出又会引起东道国外汇市场的剧烈波动，引发货币危机。短期资本聚集在初级产品和资源类产品市场还会抬高初级产品价格，引发并加剧世界性通货膨胀。可以说，墨西哥金融危机、欧洲货币危机、东南亚金融危机等都和国际短期资本有重大关联，而世界石油、粮食价格的大起大落也受到游资的巨大影响。

5.2 传统的国际金融市场

传统的国际金融市场是国内金融市场的延伸，从纯粹本国居民之间的金融业务发展到经营居民与非居民之间的国际金融业务，同时传统国际金融市场要受到当地政府法令管辖。传统金融市场又称为在岸金融市场，其中居民主要是投资者，非居民主要是筹资者，但也可以是相反的情形。

5.2.1 传统国际金融市场的性质和特点

国际金融市场的首要作用是从事国际借贷的信用市场，是以信用为基础的借贷资本的国际运动的表现形式和结果，它反映了借贷资本的国际移动，所以说国际金融市场本质上是国际信贷关系产生和国际借贷资本移动的中介。在传统的国际金融市场上，货币可以自由兑换，非居民可以发行债券、筹集资金等，经营的货币是市场所在国货币，市场的资金来源是由市场所在国提供的，即使有一些外国资金参加市场交易，也都是利用外国存放于该国的资金。概括地说，传统国际金融市场主要从事居民与非居民之间的国际借贷和货币交易以及市场所在国货币的借贷和交易，同时又是市场所在国的国内市场，市场活动受各有关国家政府的政策、法令的管制，受当地市场规则、管理的约束。传统国际金融市场所在国家一般是资本净提供国，要求该国拥有巨额剩余资金和源源不断的海外利润，所以传统国际金融市场的典型代表是伦敦、纽约等金融中心。传统国际金融市场上的所有交易活动主要是为所在国的政治经济服务，为所在国的宏观经济发展战略和政策目标服务，市场上的资金筹集和再分配都是以维护所在国的利益为出发点，尽管非居民在这些国际金融市场上进行贷款、债券发行等筹集资金的活动，但这些对于市场所在国而言，只是资金运用或资本输出的不同方式。

5.2.2 传统国际金融市场的形成和发展

第一次世界大战前，英国的经济和金融发展得最快，其经济跃居资本主义世界首位。与此同时，它从海外殖民地掠夺了巨额利润，积累了强大的资金实力，英镑成为当时世界上主要的国际结算货币和国际储备货币，英格兰银行年久资深，有一套比较完备的金融制度，这一切都使伦敦率先成为国际金融市场。第一次世界大战爆发后，英国的经济遭到了打击，英镑作为主要国际结算货币和国际储备货币的地位随之下降。战争期间及战后英国进一步加强了外汇管理，伦敦这一资本主义世界最大的国际金融市场有所萎缩。

第二次世界大战后，世界经济的中心由英国移至美国，美国利用战争积累了巨额资本，成为世界上最大的资金供应者，美元自然成为各国重要的国际结算和储备货币，并且与黄金挂钩。纽约与伦敦匹敌，同时成为世界最大的国际金融市场。与此同时，瑞士苏黎世、德国法兰克福、卢森堡等欧洲国家的国际金融市场也相继发展。

20世纪70年代后，亚太地区的国际金融业有了很大发展，特别是日本，随着经济的飞速发展，国内资金十分充裕，成为资本的净输出国。20世纪80年代中期，日元国际化和日本金融自由化后，资金流动更加活跃，东京一举成为继伦敦、纽约之后世界第三大国际金融市场。

5.2.3 传统国际金融市场业务

5.2.3.1 伦敦国际金融市场

1. 伦敦国际金融市场的概况和特点

从14世纪起，来自意大利北部伦巴第地区的银行家和商人就在伦敦泰晤士河北岸的一条大街上设立字号，经营放款业务，为英国银行业奠定了基础。这条大街名为伦巴第街，几乎成为伦敦货币市场的同义词。英格兰银行、各大商业银行的总行、商人银行、外国银行的分行、贴现行、证券交易所、保险公司、专营海上保险的劳合社，以及黄金、外汇和商品市场，都集中开设在这条大街及其附近一带总面积不到2.59平方千米的地区内，形成了举世闻名的“伦敦城”。

19世纪英国在国际贸易和海洋运输方面已居世界各国之首，英镑也成为国际结算和各国外汇储备的主要货币，英国的银行体制日趋完善，“伦敦城”成为世界最主要的金融中心。经过先后两次世界大战，伦敦金融中心的重要性曾一度受到削弱。20世纪50年代，美国国际收支不断出现逆差，导致美元大量外流。从1957年起，欧洲美元市场应运而生。伦敦凭借其原有的优越条件，逐渐成为这个市场的中心。外国银行为了发展欧洲货币业务，纷纷涌入伦敦城，设置机构。到1982年底，外国银行在伦敦开设的分支机构达449家，世界上100家大银行中已有94家在伦敦设立分支机构，“伦敦城”的地位又大大加强，重新成为世界上最重要的金融中心之一，至今仍是与纽约金融市场并列的最重要的国际金融市场。

伦敦金融市场交易活动中心集中于伦敦城，由英格兰银行、13家清算银行、6家海外银行以及贴现公司、商业银行、财务公司和保险公司等构成。在1958年英镑恢复部分自由兑换、西欧国家放松外汇管制、美国限制资金输出的情况下，伦敦在英镑资金市场以外，又形成了欧洲美元与其他欧洲货币的借贷市场，1979年英国全面取消外汇管制，为居民的资金流动提供了方便。伦敦金融市场按货币种类可分为英镑资金市场和欧洲货币市场。前者主要侧重于短期资金的借贷以及证券交易、外汇交易和黄金交易，后者则涉及欧洲美元等外币的同业拆放、工商贷款和欧洲债券等方面。

伦敦金融市场有四大特点：① 聚集了以英格兰银行为中心的众多历史悠久、实力雄厚的金融机构，市场规模堪称世界第一；② 拥有完备的金融组织结构及完善的金融市场管理体系，服务性设施发达齐备；③ 经营方式灵活多样，金融创新层出不穷，金融服务完善周到，业务范围遍及全球；④ 通信发达，设备先进，交易手段现代化，拥有高水准的金融管理及从业人员，金融市场的整体实力名列世界前茅。

2. 伦敦国际金融市场的业务类型

(1) 伦敦短期资金市场

① 贴现市场。第一次世界大战之前，贴现市场在英国就占有特殊的重要地位。由于英国一直是西欧的贸易和航运中心，信用票据成为主要结算工具，因此通过贴现票据融通资金是市场交易的主要形式。目前贴现市场的主体由11家贴现行组成。主要经营政府债券业务，有些也参与银行存单市场的交易，经营外汇期票和美元存单业务。

② 银行同业拆放市场。银行之间的拆放业务，发展于20世纪60年代，一部分通过货币经纪人进行，另一部分由银行直接交易，每笔交易额最低为25万英镑，高的可达数百万英镑。还款期限一般为1天～3个月，也有长达半年至一年的。银行同业拆放无须提供抵押品，利率一般比国库券利率略高，但低于地方政府债券利率。

③ 地方政府借贷市场。英国地方政府的财政收入主要是房地产税，一般每年分两次征收，但政府开支是经常性的，因此，地方政府当局需要不时到资金市场上借款。贷款人以银行为主，此外还有投资信托公司、养老金机构、房地产抵押公司等一些金融机构。海外资金有时也进入这一市场，但一般都由银行经手办理。贷款额每笔低者为 10 万～100 万英镑，最高时可达 5 000 万英镑。

④ 银行可转让英镑定期存单市场。存单面额最低为 5 万英镑，期限一般为 1～12 个月，也有的长达 2～5 年。存单利率一般较即期同业拆放利率为高，同时还可以在市场贴现，因此深受市场欢迎，业务发展较快。

(2) 伦敦长期资本市场

① 伦敦证券交易所。由 169 家证券经纪商和 21 家证券交易商的 3 600 个会员组成，目的在于汇集国内外存储的资金并安排其投资去向。交易所成立于 1773 年，1802 年获英国政府正式批准，业务主要是买卖英国中央及地方政府和其他公共部门的债券、外国政府债券、工商企业和公司的股票与债券等，共达 7 000 余种，每日成交额达 7 亿多英镑，为世界上最大的证券交易中心之一。交易所内按不同类型的证券业务分为 16 个交易点，参与交易活动的主要是证券经纪人和证券交易商。

② 伦敦发行市场。包括政府发行债券市场和公司发行证券市场。政府发行债券市场是伦敦资本市场中最重要的一环。由于政府债券能保证按期付息还本，风险较低，因此通称"金边债券"。英格兰银行代表财政部发行和管理政府债券，发行后未被认购的剩余新债券则由该行发行部持有，并通过经营政府债券的经纪人随时供应市场，按市价出售。英国公司发行的股票和债券一般是通过商人银行和股票经纪人办理，债券分为固定利率和浮动利率，有的债券还可换成股票。

③ 伦敦国际债券市场。伦敦是重要的国际债券市场，到 1983 年初，这类债券发行总额已超过 300 亿美元。

(3) 伦敦外汇市场

伦敦外汇市场，由近 300 家经英格兰银行批准的"外汇指定银行"和 14 家经纪公司组成，是世界上最大的外汇市场。外汇市场并无具体的交易场所，从事外汇交易的银行和经纪公司通过该市场巨大的通信网络，迅速、灵活地处理各种即期和远期外汇交易及外汇兑换业务。到 1983 年初，每日成交额达 600 多亿美元。英格兰银行作为英国中央银行，时刻注视着整个市场动向，并利用外汇平准基金随时进行干预，以稳定汇率，维持市场秩序。

(4) 伦敦黄金市场

伦敦黄金市场是世界上最重要的黄金现货市场，由五家大黄金交易公司组成，即：罗特希尔德父子公司、塞缪尔·蒙塔古公司、夏普·皮克斯利公司、约翰逊·马瑟公司和莫卡泰·戈德史密斯公司。五家公司每天于上午 10 时半和下午 3 时在罗特希尔德公司集会，根据各公司供应及需求的数量进行协商，分别定出当天上下午的定价。这两次定价是整个市场大宗交易的市价基础，也是其他黄金市场上国际金市的晴雨表。1982 年 4 月 19 日，伦敦远期黄金交易所开始营业，投资者可以经营长达 6 个月的黄金期货交易，成为欧洲第一个远期黄金交易市场。

(5) 伦敦保险市场

伦敦保险市场是世界上最大的保险业中心，通过劳埃德保险社和伦敦保险协会所属的许多保险公司和保险经纪人，经营着来自世界各地的几乎任何类型的保险业务。劳埃德保险社是世界上历史最悠久的一个保险组织，由许多个体的承包会员组成。每个会员根据其拥有的资产和经营的业务量缴纳数额不同的保证金，由劳合社的管理委员会保管。只要提出拥有10万英镑的证明，并缴纳2.5万英镑的保证金，就可以承做保险费不超过10万英镑的生意，成为会员。这些会员按各自承保的险别，组成联合小组（辛迪加），各小组的成员多少不一，有的小组会员达1 000个以上。1982年劳合社属下的会员数已由1962年的5 126个增至20 156个，联合小组由271个增至429个。

1982年伦敦共有保险公司442家，其中363家为英国公司，其余为英联邦和其他国家的公司。伦敦保险业务的2/3来自海外，1/3来自英国。根据1967年的英国的公司法，英国保险业分为长期业务和短期业务。长期业务包括人寿保险和长期健康保险，短期业务包括水险、航空险、火险、汽车险、个人意外险和财产险等，此外还有再保险。伦敦保险市场是伦敦中、长期资本市场的重要支柱，保险公司把大量资金投放到政府债券和公司股票上，从而向国内外市场提供大量资金，并为英国政府财政收入带来很大好处。

5.2.3.2 纽约国际金融市场

1. 纽约国际金融市场的发展

纽约国际金融市场与伦敦国际金融市场相比发展较晚，通过第一次世界大战，美国从债务国变成了最大的债权国。第一次世界大战以前美国对外国投资为35亿美元，而外国对美国的投资为68亿美元；到1930年，美国对外国的投资为172亿美元，外国对美国的投资则为84亿美元。资本输出促进了美国商品输出，使美国超过了英国，居世界商品输出的首位。资本输出和国际贸易的发展，使纽约开始成为世界上主要的国际金融中心之一。美国的黄金储备从1934年的82亿美元，增长到1939年的176亿美元，到1949年又增长到245亿美元。美元作为世界货币而居于霸权地位，纽约金融市场在国际金融市场中的地位得到进一步加强。

纽约金融市场以巨大的国际金融业务为重点，参加市场活动的有纽约联邦储备银行、商业银行、储蓄银行、投资银行、保险公司、外汇经纪人和股票经纪人等。纽约联邦储备银行是纽约州的中央银行，在纽约金融市场居领导地位，是联邦储备局各项政策的执行和监督机关。美国的投资银行是纽约金融市场的代表，华尔街是全球资本运作的中心。

专栏5-1 华尔街

华尔街是纽约市曼哈顿区南部从百老汇路延伸到东河的一条大街道的名字，全长不过1/3英里，宽仅11米，是英文"墙街"的音译。街道窄而短，从百老汇到东河仅有7个街段，但却以"美国的金融中心"闻名于世。这里是美国大垄断组织和金融机构的所在地，集中了纽约证券交易所、美国证券交易所、投资银行、政府和市办的证券交易商、信托公司、联邦储备银行、各公用事业和保险公司的总部以及美国洛克菲勒、摩根等大财团开设的银行、保险、铁路、航运、采矿、制造业等大公司的总管理处，成为美国和世界的金融、证券交易的中心。垄断资本从这里支配着美国的政治、经济，华尔街成了美国垄断资本、金融和投资高度集中的象征。在其东北角矗立着古老国库的分库大楼（现为陈列馆），是在华盛顿发表就职演说的地点修建起来的。

早在20年前，许多金融机构就已经离开地理意义上的华尔街，搬迁到交通方便、视野开阔的曼哈顿中城区去了。华尔街附近挤满了古旧建筑和历史文化街区，道路也像蜘蛛网一样难以辨认，实在不太符合金融机构扩张业务的需求。“9·11”事件更是从根本上改变了华尔街周围的格局，有些机构干脆离开了纽约这座危险的城市，搬到了清静安全的新泽西。现在，除了纽约联邦储备银行之外，没有任何一家银行或基金把总部设在华尔街。在著名的“华尔街巨人”中，只有高盛和美林还坚守在离华尔街不远的地方，其他巨人都已经搬迁到洛克菲勒中心、时代广场或大中央火车站周围的繁华商业区；即使是高盛和美林，也已经在曼哈顿中城区购置了新的豪华办公室，不久就要彻底离开旧“华尔街”了。

但是，人们宁愿把这一切称为“华尔街”。在洛克菲勒中心的办公室里，人们阅读的仍然是“华尔街日报”；在国会听证会上，美联储主席仍然关心着“华尔街的态度”；在大洋的另一侧，企业家们的最高梦想仍然是“在华尔街融资”。无论地理位置相隔多远，人们在精神上仍然属于同一条街道——在这条街道上，所罗门兄弟曾经提着篮子向证券经纪人推销债券，摩根曾经召开拯救美国金融危机的秘密会议，年轻的文伯格曾经战战兢兢地敲响高盛公司的大门(日后他成为高盛历史上的传奇总裁)，米尔肯曾经向整个世界散发他的垃圾债券。在这些神话人物死去几十年之后，他们的灵魂仍然君临纽约上空，附身在任何一个年轻的银行家、分析师、交易员、经纪人或基金经理的身上，随时制造出最新的金融神话，这就是华尔街。

资料来源：http://baike.baidu.com/view/213647.htm.

2. 纽约国际金融市场的主要业务活动

(1) 纽约外汇市场。参与外汇市场的有居中央银行地位的纽约联邦储备银行，它干预市场、稳定美元汇率，还代理外国中央银行保管美元储备。参与外汇市场的还有美国商业银行的外汇部、外国银行的纽约分支机构、外汇经纪人等。美元兑其他西方国家货币的汇率主要由欧洲的金融市场决定，纽约外汇市场的外币汇率只不过是欧洲金融市场的反映。世界各地金融市场的美元交易必须在美国(主要在纽约)的商业银行账册上进行收付、划拨和清算，所以纽约是世界美元交易的清算中心。

(2) 纽约短期资金市场。纽约短期资金市场无固定交易场所，它包括联邦资金市场、政府国库券市场、银行大额定期存单市场、商业票据市场等。联邦资金市场(Federal Fund Market)是纽约市商业银行之间拆借资金的市场；政府国库券市场是美国联邦政府为弥补财政赤字而发行的各种债券的交易市场；银行大额定期存单市场是进行大银行发行的面额在10万美元以上，期限为3～6个月的可以自由转让的存单交易的场所；商业票据市场是美国企业和银行发行的期限为3～6个月的商业票据所组成的市场。纽约长期资金市场，包括政府债券市场、公司债券市场、房地产抵押贷款市场、银行中长期贷款市场等。

(3) 纽约股票市场。纽约股票市场是纽约资本市场的一个组成部分，在美国有10多家证券交易所按证券交易法注册，被列为全国性的交易所。其中纽约证券交易所、NASDAQ和美国证券交易所最大，它们都设在纽约。公司的股票要想取得在某一证券交易所进行交易的资格，必须向该交易所注册。在美国全国性证券交易所中，纽约证券交易所的注册条件最为严格。它规定，只有那些被广泛持有并已表明具有生息能力的大公司股票，才有资格注册，取得了注册资格的股票才能正式上市。因此，正式上市的股票只是一小部分，大约有4万多种股票没有在交易所正式上市，而在“场外交易市场”进行交易。公司股票的日常交易，由股票经纪人在股票交易所中每天代客买卖。纽约证券交易所和美国证券交易所大约各有600多家经纪人，场外交易市场的经纪人大约有4 000多家。美国的投资银行在股票市场十分活跃，它们代表公司发行和销售股票。

5.2.3.3 东京金融市场

1. 东京金融市场的发展

东京金融市场是日本的金融中心，也是世界上重要的金融市场之一。日本在19世纪中叶明治维新后，金融业向现代资本主义金融制度发展。1872年明治政府参照美国银行制度制定了《国立银行条例》，1882年又颁布了《日本银行法》，成立了中央银行——日本银行，在此前后，商业银行和储蓄银行也相继建立。19世纪末，为适应经济发展的需要，明治政府先后创立了一批专门经营长期金融业务和外汇业务的特殊金融机构，现代金融制度在法律上趋于完善，东京金融市场的基础逐步形成。

进入20世纪，日本经济向垄断资本主义发展，金融业走上了集中的道路。东京金融市场的规模随着海外市场和对外贸易的迅速扩大而扩大。第二次世界大战期间，日本的金融资本高度集中，完全置于军国主义政府的统治之下，资金首先满足军需产业的需要，使东京金融市场的发展受到很大影响，外汇市场的活动几乎完全停顿。第二次世界大战后，日本的金融机构经过整顿，到20世纪50年代初期，东京金融市场恢复正常活动。50年代后期到70年代初期日本经济高速发展，东京金融市场也成为世界上重要的金融市场之一。

2. 东京金融市场的经营主体和特点

东京金融市场的金融机构大体可分为中央银行、民间金融机构、政府金融机构和外国金融机构。① 中央银行，即日本银行，是日本金融机构的核心。② 民间金融机构，是整个金融机构的主体，有13家城市银行(包括1家外汇专业银行)、64家地方银行、3家长期信贷银行、7家信托银行、69家相互银行以及信用金库、信用组合、商工组合中央金库、农(林、渔)业协同组合、农林中央金库等等。此外还有21家人寿保险公司、22家财产保险公司和短期资金公司、住宅金融公司、消费信贷公司等。③ 政府金融机构，其作用是从政策方面补充民间金融机构活动之不足，主要有邮局、日本开发银行、日本输出入银行和国民金融公库、中小企业金融公库、住宅金融公库等10家公库。④ 外国银行，在东京设立营业机构的有70多家。

东京金融市场的特点：① 间接金融占主导地位。日本企业的外部资金主要是通过金融机构向资金供应者(个人和企业)筹措的，即个人和企业将多余资金存入金融机构，金融机构将它集中起来提供给企业，间接金融约占金融市场的60%。② 企业对外部资金的依赖程度大。③ 民间大银行经常发生超贷现象。民间银行特别是承担对大企业提供资金的城市银行，对企业的贷款经常超过自己筹集的资金。④ 金融机构之间资金筹集和运用不均衡。城市银行用于贷款和有价证券投资的资金超过其吸收的存款和发行债券筹集的资金，而其他地区金融机构的贷款和有价证券投资的资金则少于筹集的资金。城市银行的资金不足和其他金融机构的资金过剩通过短期拆放、金融机构贷款和票据买卖市场进行调节。

3. 东京金融市场的业务活动

(1) 东京短期资本市场

① 短期拆借市场。日本短期拆借市场是金融机构间融通资金的场所，源头可追溯到1902年，目前包括无抵押拆借交易和有抵押拆借交易，参与机构包括城市银行、地方银行、

第二地方银行、信托银行、长期信用银行、外资银行、信用中央金库和信用金库、农林系统金融机构、证券和证券金融公司、保险公司等。

② 短期债券市场。短期贴现国债(TB)和政府短期证券(FB)是日本政府筹措调剂短期资金的重要手段,也是日本银行开展公开市场操作的重要工具,这两个市场分别形成于1986年和1981年。

③ 可转让的定期存单市场。日本CDs的发行机构主要是城市银行、地方银行、信托银行、长期信用银行、外资银行、信用金库等金融机构,自1979年开始推出。

(2) 东京长期资本市场

日本发行和流通的证券有股票和公债(包括国债、公社公团债、地方政府债)、公司债(包括事业债、金融债)。股票市场和债券市场又都是由发行市场和流通市场构成的。东京的股票市场和债券市场(统称证券市场)是规模仅次于纽约的世界第二大市场。

① 股票市场

日本的股票市场主要包括东京证券交易所(Tokyo Stock Exchange)、大阪证券交易所(Osaka Securities Exchange)、名古屋证券交易所(Nagoya Stock Exchange)和Jasdaq证券交易所(Jasdaq Securities Exchange)等。其中,东京证券交易所在年成交金额方面占绝对主导地位,2007年市场占比为88.9%。

日本的股票市场大都是订单驱动(order-driven)市场,使用竞价方式进行交易,包括连续竞价和集合竞价,Jasdaq于2008年4月引入流动性提供商计划(Liquidity Provider Program),使交易方式兼具竞价和做市机制。普通投资者通过各交易所的交易会员参与股票交易,交易方式包括普通交易和保证金交易,保证金交易又可选择标准或协议的形式进行融资、融券操作。交易所采取特别买卖报价机制、日波幅限制、最小交易单位设置等措施保障股票市场平稳运行,另外还在非竞价时间通过ToSNET、N－NET等网络系统开展大额(single issue)交易、交叉(cross)交易、协议(negotiation)交易、一揽子(basket)交易、收盘价(closing price)交易和自有股份回购(own share repurchase)交易等,以减小对市场的冲击。

交易所通常拥有股票、债券和衍生品等多个交易系统,分别交易相关产品,并采用中央对手方(Central Counter-Party,CCP)机制或清算参与方(Clearing Participant)机制通过日本证券清算公司(Japan Securities Clearing Corporation,JSCC)实行T+3清算。在中央对手方机制下,JSCC作为清算对手方为所有交易会员的交易提供清算,通常用于股票和债券交易清算;在清算参与方机制下,部分获得资格的交易会员成为清算参与方,与JSCC就有关交易进行清算,其他未获得资格的交易会员需由清算参与方代理清算服务,通常用于衍生品交易清算。证券的交割在JSCC和日本证券存管中心(Japan Securities Depository Center,JASDEC)的证券账户间转移完成,资金则通过JSCC和清算参与方在日本银行或指定资金清算银行的银行账户间划转。JASDEC通过股息支付银行和股东服务代理银行(都由挂牌的外国企业指定)为外国企业的股东提供保管(custody)服务。

② 债券市场

日本的债券品种很多,包括国债(JGBs)、地方政府债券(Municipal Bonds)、政府担保债券(Government Guaranteed Bonds)、财投机构债券(FILP-Agency Bonds)、金融债券(Bank Debentures)、武士债券(Yen-Denominated Foreign Bonds)、公司债券(Corporate Bonds)、资产支持债券(Asset Backed Bonds)、可转换债券(Convertible Bonds)以及私募债券(Private Offering Bonds)等,投资者涵盖所有参与拆借市场的金融机构以及投资信托、债券

经纪商、互助协会、各类公司、国内外居民等。

(3) 东京外汇市场

在1998年4月《外汇法》修订后，日本所有的金融机构、企业和个人可以自由买卖外汇。日本的外汇交易主要集中在东京，尤其在20世纪80年代日本政府放开外汇管制后，东京外汇市场交易规模不断扩大，目前与纽约、伦敦外汇市场共同构成三大国际性外汇市场。

专栏5-2 MSCI

Morgan Stanley Capital International，简称MSCI，是一家提供全球指数及相关衍生金融产品标的国际公司，其推出的MSCI指数广为投资人参考，全球的投资专业人士，包括投资组合经理、经纪交易商、交易所、投资顾问、学者及金融媒体均会使用MSCI指数。MSCI指数是全球投资组合经理中最多采用的投资标的。根据MSCI估计，在北美及亚洲，超过90%的机构性国际股本资产是以MSCI指数为标的。根据美林/盖洛普调查显示，约三分之二的欧洲大陆基金经理使用MSCI为指数供货商。MSCI指数也作为共同基金的标的，特许用作评估与指数有关的基金、研究及专有产品。全球逾1 400名客户使用MSCI作为标的。

表5-1 中国纳入MSCI历程

2013年6月	A股加入MSCI审议启动
2014年6月	A股第一次冲关MSCI失效
2014年7月	引入MSCI中国A股国际指数
2015年6月	A股第二次冲关MSCI失败(因QFⅡ额度分配、资本流动限制、实际权益拥有权等问题)
2015年11月	中概股纳入MSCI新兴市场指数和MSCI中国指数
2016年5月	证监会明确了“名义持有人”和“证券权益拥有人”概念，交易所发布停复牌新规
2016年6月	A股第三次冲关MSCI失败(因QFⅡ赎回机制、停复牌问题、金融产品预先审批限制问题)
2016年12月	深港通开通，总额度取消
2017年2月	股指期货松绑
2017年3月	MSCI公布A股纳入新兴市场指数新方案

中国A股纳入MSCI新兴市场指数权重0.73%，初始纳入222只大盘股

和讯网消息 北京时间2017年6月21日凌晨MSCI Inc.(纽交所：MSCI)公布，2018年6月中国A股纳入MSCI新兴市场指数和MSCI ACWI全球指数。此次纳入A股的决定在MSCI所咨询的国际机构投资者中得到广泛支持。这主要是由于中国内地与香港互联互通机制的正面发展，以及中国交易所放宽了对涉及A股的全球金融产品进行预先审批的限制。此两项进展对提升中国A股市场的准入水平起到了积极的影响。

MSCI计划初始纳入222只大盘A股。基于5%的纳入因子，这些A股约占MSCI新兴市场指数0.73%的权重。MSCI计划分两步实施这个初始纳入计划，以缓冲沪股通和深股通当前尚存的每日额度限制。第一步预定在2018年5月半年度指数评审时实施；第二步在2018年8月季度指数评审时实施。倘若在此预定的纳入日期之前沪股通和深股通的每日额度被取消或大幅度提高，MSCI不排除将此纳入计划修改为一次性实施的方案。

MSCI将开始演算多只MSCI ACWI全球指数系列中包含A股的暂行指数。这些暂行指数工具旨在为全球投资者在其拣选的特定时间段实施纳入A股提供操作指引。MSCI于2017年6月21日推出MSCI中国A股国际大盘暂行指数(MSCI China A International Large Cap Provisional Index)，于2017年8月推出全球及各区域的包含A股的暂行指数，其中包括MSCI中国暂行指数及MSCI新兴市场暂行指数。

资料来源：和讯网，http://stock.hexun.com.

5.3 离岸金融市场

离岸金融市场(Offshore Finance Market)，是主要为非居民提供境外货币借贷或投资、贸易结算、外汇黄金买卖、保险服务及证券交易等金融业务和服务的国际金融市场，亦称境外金融市场。其特点为市场交易以非居民为主，基本不受所在国法规和税制限制。例如，一家信托投资公司将总部设在巴哈马群岛，其业务活动却是从欧洲居民或其他非美国居民那里吸收美元资金，再将这些资金投放给欧洲居民或非美国居民，该公司便在从事离岸金融活动。更进一步地说，离岸金融是不受当局国内银行法管制的资金融通，无论这些活动发生在境内还是在境外，如美国的国际银行业设施(IBF)和东京离岸金融市场的业务活动等。离岸金融市场在20世纪60年代兴起，它的出现使国际金融市场进入了一个全新的发展阶段，目前，离岸金融市场已经成为国际金融市场的主体。

5.3.1 欧洲货币市场的形成与发展

欧洲货币(Eurocurrency)，是指由货币发行国境外银行体系所创造的该种货币存贷款业务。最早的欧洲货币形式是欧洲美元，即出现在欧洲国际金融市场上的美元存贷款业务。在形式和购买力上，欧洲美元与美国美元完全相同，都是美联储发行和流通的货币，但是，欧洲美元不由美国境内金融机构经营，不受美联储相关银行法规、利率结构的约束。欧洲美元从20世纪50年代诞生以来，发展迅速，进而又出现了欧洲英镑、欧洲马克、欧洲瑞士法郎、欧洲法国法郎、欧洲日元，甚至欧洲欧元等。而经营这些欧洲货币金融业务的市场则称为欧洲货币市场或境外货币市场。

1. 欧洲货币市场的形成与发展

欧洲美元起源于20世纪50年代。当时，美国在朝鲜战争中冻结了中国存放在美国的资金，苏联和东欧国家为了本国资金的安全，将原本存于美国的美元转存到苏联开设在巴黎的北欧商业银行、伦敦的莫斯科国民银行以及设在伦敦的其他欧洲国家的商业银行。美国和其他国家的一些资本家为避免其“账外资产”公开暴露，引起美国管制和税务当局追查，也把美元存在伦敦的银行，从而出现了欧洲美元存款。当时，欧洲美元总额不过10亿美元，而且存放的目的在于保障资金安全。在第二次世界大战结束以后，美国给予饱受战争创伤的西欧各国援助与投资，以及支付驻扎在西欧的美国军队的开支，使大量美元流入西欧。当时，英国政府为了刺激战争带来的经济萎缩，企图重建英镑的地位，1957年英格兰银行采取措施，一方面对英镑区以外地区的英镑贷款实施严格的外汇管制，另一方面却准许伦敦的商业银行接受美元存款并发放美元贷款，从而在伦敦开放了以美元为主体的外币交易市场，这就是欧洲美元市场的起源。

到了20世纪60年代，欧洲货币市场逐渐发展起来，其主要原因是：

(1) 美国国际收支发生逆差

美国国际收支发生逆差是欧洲美元迅速增长的最根本原因。欧洲美元存在的形式首先是美元存款，私人公司或其他经济实体在欧洲银行存入一笔欧洲美元，归根到底，只能是把原来在美国银行里的一笔活期存款转存到欧洲银行里来。同样，一家欧洲银行贷出一笔欧洲美元，也只能是把这笔原来存在美国银行里的活期存款转贷给借款人。所以欧洲美元的实质是美国银行对外负债的转移，这种对外流动性负债的转移与美国国际收支逆差有着直接关系。20世纪50年代，美国海外军事开支庞大，海外投资增加，美元大量外流，国际收支出现巨额逆差，相应地，境外美元数量明显增加。

(2) 美国政府的限制措施促使大量美元外流

由于美国国际收支不断出现逆差，趋势日益恶化，所以从20世纪60年代开始美国政府就采取了一系列限制美元外流的措施。如美国政府从1963年起实施利息平衡税，对外国政府与私人企业在美国发行的债券利息，一律征收平衡税，以限制美国企业对外直接投资，同时限制设立海外分支机构和银行对外信贷。1968年美国政府的金融管制当局正式停止美国企业汇出美元到国外投资。同时，根据在20世纪30年代美国联邦储备银行制定的Q条例规定，美国商业银行对活期存款不付利息，对定期与储蓄存款利率规定最高限额，而在国外的欧洲美元存款则不受此种限制。另一项联邦储备银行的M条款规定，美国银行对国外银行的负债，包括国外分支行在总行账面的存款，必须缴存累进的存款准备金，而国外的欧洲美元存款则可以不缴存任何存款准备金。这些措施引起美国国内商业银行的不满，纷纷向国外寻求吸收存款的出路。全世界的跨国公司也不得不转向欧洲货币市场，以满足其资金融通的需求。这些因素都大大地促进了欧洲货币市场的发展。

(3) 欧洲各国放松外汇管制

西欧主要国家从1958年12月开始，允许出口商和银行拥有外币资金，主要是美元资金。当时，美元是国际上主要的支付和储备货币，西欧各国解除外汇管制，各国货币可以自由兑换美元。这些措施使得欧洲银行的美元存放业务迅速增长，同时也促进了美国银行的分支机构大量增加。

进入20世纪70年代以后，欧洲货币市场进一步发展。无论从市场上的资金供应方面，还是从资金需求方面，都在迅速增加。

从资金供应方面来看，有以下因素促进了欧洲美元的发展：

① 美国巨额和持续的对外军事开支和资本输出，使大量美元流入外国工商企业、商业银行和中央银行手中，它们把这些美元存于欧洲各国银行套取利息。特别是1971年8月

15 日美国宣布停止美元与黄金兑换后，促使更多的美元流入欧洲市场。

② 石油生产国的美元。1973 年 10 月油价提高，石油生产国的石油美元收入急剧增加，这些国家将美元收入的一部分存入欧洲货币市场。

③ 经营欧洲货币市场业务的各国商业银行的分行，为适应业务的需要，常将其总行的资金调至欧洲市场，以便调拨使用。一些大的跨国公司，为促进其业务的发展，便于资金的使用，也增加在欧洲银行的投放。

④ 派生存款的增加。欧洲银行在吸收一笔欧洲美元存款后，留存一定的备付金，将剩余资金贷出，而接受贷款的借款人，又将所得贷款存入欧洲银行，这样就像在国内银行体系中所发生的存款派生过程一样，在欧洲货币市场上，也会发生类似的存款派生过程。而且，由于没有法定存款准备金的规定，其派生存款的倍数往往要高于国内派生存款的倍数。

从资金需求方面来看，20 世纪 60 年代到 70 年代欧洲货币市场以短期贷款为主，主要满足工商企业短期资金周转的需要，贷款期限多在一年以下。但在 70 年代后，发生了一些变化：

① 1974 年以来，石油价格提升，西方工业国及第三世界非产油国出现国际收支巨额逆差，开始向欧洲货币市场举债。苏联及一些东欧国家以及发展中国家也到欧洲货币市场举债以加快本国经济的发展。

② 1973 年国际金融市场开始实行浮动汇率，一些银行与工商企业为了减少汇率风险并投机牟利，增加了外汇买卖，从而扩大了对欧洲货币市场的资金需求。

总之，其他欧洲货币是在美元危机中逐渐形成的。各国的企业、金融机构，以及中央银行所掌握的外汇储备，绝大部分是美元，从 20 世纪 60 年代以来，美元的霸权地位日益衰落，抛售美元、抢购黄金或其他硬通货的风潮频繁发生，这就导致美元汇率下跌，进一步降低美元储备的价值。为了减少储备贬值风险，它们开始实施储备多元化措施，在储备多元化的过程中，人们对美元的信心动摇，致使当时国际市场上的硬通货，如联邦德国马克、瑞士法郎、日元等，身价倍增，成为抢购的对象，再加上有些国家对非本国居民的本币存款施加种种限制，而对外国货币存款则不加限制或限制较少，这就形成了“欧洲德国马克”、“欧洲瑞士法郎”等其他欧洲货币。最初的欧洲美元市场，也就逐渐发展成为欧洲货币市场了。

同时，欧洲货币市场的范围也在不断扩大，它的地区分布扩展至亚洲、北美和拉丁美洲。至此，欧洲货币开始脱离欧洲的地域限制。所谓欧洲货币，不一定是存放在欧洲各国的生息资本，只要是货币发行国以外的货币存贷业务，都可以称之为欧洲货币业务。欧洲货币存贷业务多集中于银行业务和金融市场比较发达的国际金融中心。20 世纪 80 年代，伦敦金融市场占整个欧洲货币市场份额的 1/3 左右。

目前欧洲货币市场规模日趋增大。实际统计时，人们一般以银行的欧洲货币负债额，而不以资产额来测定欧洲货币市场的规模。这是因为银行的资产除了金融资产以外，往往还包括有形资产，而银行的负债主要是存款，从是否存缴法定准备金上就可以看出某笔外币存款是否为欧洲货币存款。关于欧洲货币市场规模有多种统计资料，其中以国际清算银行、摩根保证信托公司和英格兰银行的统计比较可靠。国际清算银行根据与欧洲美元市场有联系的大多数银行的报告，对这一市场的资金总额和净额进行估计。其总额只限于报告国银行的外币负债的总计，它没有把所有有关国家和地区都包括进去，例如巴林、拿骚(巴哈马首都)等地。而且，它只计算呈报银行对非居民的外币负债，而呈报银行对本国居民，包括本国银行和本国金融当局的外币负债则略而不计。因此，国际清算银行对欧洲货币市场规模是低估的。摩根保证信托公司的资料，在统计方法上和国际清算银行相同，但范围更大。在测度欧洲货币市场总额时，它是将商业银行所有外币负债汇总得出，总额中剔除银行间负债的数字就是净额。不过，它用各国官方关于本国银行的外币资产负债的资料对国际清算银行的估计进行补充和核实，差别不太大。

2. 欧洲货币市场的作用和弊端

（1）欧洲货币市场的作用

第一，促进了资金国际转移的顺利实现，缓解了资金供求之间的矛盾。

第二，扩大了信用资金来源，扩充了欧洲银行的存贷业务，为各国跨国公司筹措外汇资金提供了条件，促进了国际贸易发展。

第三，促进了金融创新业务的发展。

第四，促进了各国经济、金融的国际化。

（2）欧洲货币市场的弊端

第一，损害了各国货币政策自主权。对参与欧洲货币市场的国家来说，当本国央行根据经济过热的信号采取加息政策时，本国企业可以通过欧洲货币市场融入资金，继续投资，抵消加息带来的紧缩影响；反之，当一国采取降息措施刺激经济时，本国资金会调往欧洲货币市场赚取更多的套利收益。所以，对欧洲货币市场依赖越多的国家，该国金融政策的效力和货币政策自主权就会越小。该国银行或者大企业一旦在市场上遭受巨额倒账，就很可能引起连锁反应，造成该国货币金融体系的紊乱，甚至威胁到该国的外汇储备体系，引发货币危机。

第二，已成为发达国家向外转嫁通货膨胀的主要渠道。20 世纪 60 年代，在境外美元急剧增加的情况下，美国政府实行了严格限制资金外流的政策，结果使得美国国内货币供应量和货币流通速度降低，在一定程度上抑制了国内的通货膨胀，即通过欧洲货币市场向外转移通货膨胀。此外，虽然欧洲货币市场借贷方便，但利率往往多变，借款国的债务总额中如果浮动利率债务所占比重过大，则可能由于利率的波动引发债务危机，丧失对债务负担控制的主动权。

第三，影响国际金融的稳定。到处流窜的巨额游资正是利用欧洲货币市场实现其频繁的国际转移，时而抢购黄金，时而抢购硬通货，还通过套汇、投资股票和债券等冲击世界金融体系的稳定。可以说，每一次国际金融危机都有国际游资在欧洲货币市场上的活跃身影。1987 年 10 月，从纽约市场引发的西方股市风暴，主要是由于欧洲货币市场的资金横冲直撞，到处兴风作浪，当股市下跌后，这些资金时而冲向国库券，时而套购硬通货，造成国际金融市场剧烈动荡，甚至迫使西方国家暂时关闭外汇市场。

第四，欧洲货币市场自身存在着结构性缺陷。首先，经营欧洲货币业务的欧洲银行需要承担更大的风险。这是因为：① 借款人除了本国客户外，还有外国客户，或虽为本国客户，但又转手放贷给外国客户，所以具有国际上极为复杂的债权债务关系；② 借款金额巨大，又缺乏抵押和担保；③ 有时借款人把资金转借出去，几经倒手后，甚至连最终用款人是谁都不清楚，银行难以与实际客户保持紧密联系，对资金运用情况更是难以深入了解。其次，银行的资金来源多为居民或非居民的短期美元存款或同业拆放的款项，而资金运用多为中长期信贷，这种“短借长贷”的结构性矛盾一旦出现在经济衰退周期或信贷过度集中于某一国家和地区时，很容易引发债务偿还危机。20 世纪 80 年代初，西方国家陷入严重的经济危机，美国又实行高利率政策，使一些借款国和企业无力偿债甚至无力付息，引发了一场严重的国际债务危机，致使许多从事欧洲货币业务的大银行遭受巨额损失。

5.3.2 欧洲货币市场的构成及主要业务

5.3.2.1 欧洲资金市场

欧洲资金市场又称为欧洲短期信贷市场，它主要是欧洲银行间的借贷市场，接受短期外币存款并提供一年期以内的短期贷款。

欧洲资金市场的资金来源主要有：银行间存款，包括跨国公司在内的工商企业、个人或非银行金融机构的外币存款；各国中央银行为保持外汇储备多元化而存入欧洲银行的外汇储备资金；国际清算银行的存款。

欧洲资金市场的资金运用主要包括：商业银行间的借贷，这是最主要的运用去向，其中大商业银行对中小银行的转贷款占相当比重；跨国公司和工商企业，这是欧洲资金市场的最终使用者，当这些企业的本国利率水平明显高于欧洲资金市场利率水平时，它们从欧洲货币市场贷款再兑换为本币使用，以减轻利息负担；各国政府和公用事业贷款。

欧洲资金市场的特点是：① 期限短。通常为2天(隔夜)、7天、30天、90天，最长不超过一年。② 起点高，为批发市场。每笔业务起点通常为25万美元或50万美元，一般借贷金额为百万美元，个别有时也达1亿美元。由于起点高，借贷者大多是银行、政府或大型跨国公司。③ 条件灵活。借贷货币的期限、金额、交割方式等均可由双方议定。这种拆放活动主要凭借信用，无须提供担保，也不需要签订合同，通过电话或电传即可成交。利率通常以伦敦同业拆放利率(LIBOR)为基础，存贷利差小，一般仅相差0.25%～0.5%。欧洲资金市场的存款利率一般高于国内，贷款利率往往较低，因此对存款人和借款人均具有吸引力。④ 市场没有中央监管机构，几乎不存在任何管制，经营比较自由。同时是高度竞争的市场，效率很高。

5.3.2.2 欧洲资本市场

1. 欧洲中长期信贷市场

欧洲资本市场由欧洲银行中长期信贷和欧洲债券市场所组成，按照传统将1～5年期贷款称为中期贷款，5年期以上贷款称为长期贷款。第二次世界大战后，国际金融市场上已不再将两者严格区分，统称为中长期贷款。欧洲银行中长期信贷根据资金提供者的不同，又可分为欧洲银行信贷和欧洲银团贷款。前者是由一家欧洲银行单独向境外的筹资者提供以欧洲货币为面额的中长期贷款，金额通常在1 000万～2 000万美元之间，手续较简便，又称为双边贷款。后者则是由一家或数家声誉卓著的大银行牵头，联合几家甚至几十家银行组成银团，联合向某国、某企业或某大型工程提供欧洲货币的中长期贷款，也被称为国际辛迪加贷款，又称多边贷款。这种贷款期限长，一般为10～20年；金额大，可从几千万美元直至几十亿美元；手续比较复杂，各种费用也要比欧洲银行信贷多。

欧洲中长期贷款利率在伦敦同业拆放利率基础上加一个附加利率，并根据市场利率变动情况定期调整，也称为"浮动利率"贷款。借款人除支付利息外，还要承担与借款有关的各种费用。中长期信贷的用途由借款人自行安排，贷款人不加限制。

2. 欧洲债券市场

(1) 欧洲债券和外国债券

国际债券可分为欧洲债券和外国债券两大类。欧洲债券(Euro Bonds)是指借款人在本国之外的欧洲货币市场上发行的以市场所在国以外的货币为面值的债券。这种境外债券通常是由一些国家的银行和金融机构建立的国际承销辛迪加出售，并由有关国家向投资人提供担保，其特征是借贷双方均具有国际性。第一笔欧洲债券于1961年2月1日在卢森堡发行，市场建立的初期主要是美元债券，后来由于美元汇价动荡不定，美元债券的发行减少，而德国马克、法国法郎、卢森堡法郎、加拿大元、澳大利亚元、丹麦克朗、荷兰盾等货币发行的债券相继出现。欧洲债券也称为“将军债券”，欧洲债券市场的中心在卢森堡。进入20世纪80年代后，欧洲债券发展迅速，发行额远远超过外国债券。

外国债券(Foreign Bonds)是指借款人在国外资本市场发行的以发行国货币标价的债券。外国债券的发行者是一个外国主体，最重要的外国债券市场包括苏黎世、纽约、东京、法兰克福、伦敦和阿姆斯特丹等。外国债券也有有趣的别称，如在美国市场承销和发行的非美国公司的美元债券被称为扬基债券(Yankee Bonds)，在日本市场承销和发行的非日本公司的日元债券被称为武士债券(Samurai Bonds)，在英国市场承销和发行的非英国公司的英镑债券被称为猛犬债券(Bulldog Bonds)。

(2) 欧洲债券的种类

① 固定利率债券。固定利率债券在发行时就明确规定利率和到期日，不再改变。固定利率债券便于发行者和购买者准确计算成本和投资收益，但在国际金融市场利率多变的情况下，会使双方感到难以做出决断。

② 浮动利率债券。浮动利率债券的利率按约定时间(通常以半年为期)调整，调整基础一般以伦敦银行同业拆放利率或美国商业银行优惠放款利率为准，另加附加利率。浮动利率债券的利率随国际金融市场利率水平而变动，比较有利于购买者，但发行者较难准确把握筹资成本。在分析20世纪80年代拉美债务危机时，有不少专家指出拉美国家外债中浮动利率债务比重从20世纪60年代的20%左右上升到70年代中后期的60%左右，是引发债务危机的一大诱因。20世纪80年代后期，欧洲债券市场上浮动利率债券比重曾有所下降，但随后又重新上升。1991年为2%，1992年上升到14%，1994年在固定利率债券发行量有所减少的背景下，浮动利率债券发行量增长35%。近些年来，为减少筹资风险，在欧洲债券市场上出现了有上、下限的浮动利率债券。

③ 可转换为股票的债券。购买者可按发行时规定的兑换价格，换成相应数量的股票。

(3) 欧洲债券市场的特点

欧洲债券市场的主要特点是：① 管制宽松，发行债券不必经市场所在国政府审批。② 发行费用低，发行不缴注册费，由于不记名，持有人不缴利息税。③ 债券种类多，期限可长可短；计价货币多样，可以是单一货币，也可以是复合货币；计息方式灵活，双方均可有充裕选择余地。④ 有发达的二级市场，债券流动性强。⑤ 偿还方法多，可以到期一次偿还，也可以分期偿还，若筹资者能在提前偿还时支付一定贴息，还可以提前偿还。正是由于这些灵活方便的特点，欧洲债券市场才得以迅速发展。

中长期信贷和欧洲债券市场虽然都是欧洲资本市场，但有以下不同：① 债权人不同。中长期贷款的债权人是贷款银行，欧洲债券的债权人是债券购买持有者。② 流动性不同。中长期贷款一般不能转让，欧洲债券可随时在二级市场流通转让。③ 债权人对借贷资金的使用干预不同。提供中长期贷款的银行对贷款资金的使用状况一般都予以关注，欧洲债券的持有人则通常不干预债券资金的使用状况。④ 展期安排不同。中长期贷款到期后要求展期条件比较严格，欧洲债券发行者则可以在债券期满前发行更续债券来延长偿还期限。若双方同意，也可以不换债券，即于延长。⑤ 资金来源不同。中长期贷款的资金来源主要靠吸收短期欧洲货币存款、发行欧洲票据和欧洲大额可转让定期存单，以及欧洲银行总行与分支行间的资金调拨；而欧洲债券的资金来源主要是银行和非银行金融机构、工商企业、国际组织等。

5.3.3 亚洲美元市场

1. 亚洲美元市场的概念

亚洲美元市场是指由亚洲、太平洋地区的美元存、贷业务而形成的国际金融市场。亚洲美元市场是欧洲货币市场的一个组成部分，除美元外，也经营日元、港元和人民币等其他离岸货币业务。其交易中心是新加坡、东京和中国香港。

2. 亚洲美元市场的形成

由于时差的影响，传统的国际金融市场，不能做到每日24小时不停运转，这就在客观上产生了当伦敦金融市场停业时将交易转至亚太地区继续进行的要求。第二次世界大战后，美国在亚太地区的活动，使巨额的美元滞留在亚太地区，为形成亚洲美元市场创造了资金条件。由于日本直到1964年才宣布日元可自由兑换，而且对外国金融机构进入日本开业和资本输出输入管理十分严格，因而难以在当时形成离岸货币中心。当时的香港地区和新加坡都处于战略性地理位置，交通通信设施先进，是传统的地区性贸易中心，而且都具有以华人聚居为主、自然资源贫乏、熟练而廉价的劳力充裕、经济发展程度高于周围国家或地区等特点，且两地时差仅为半小时，但是，新加坡是独立国家，而香港地区还是英属殖民地，新加坡元的稳定性超过港元，新加坡金融业务的经营成本低于香港地区。更重要的是，新加坡政府在充分分析了各方面情况后，对在新加坡建立和发展亚洲美元市场提供了一系列的优惠政策，包括豁免对亚洲美元存款收益的利息预扣税；而香港地区政府则不愿提供相应鼓励措施，不愿豁免对离岸货币交易所得的15%利息预扣税，并且担心在香港地区从事离岸金融业务后，香港地区居民获得收益而政府不能增加收益，担心离岸货币会冲击港元的稳定性。最终，新加坡超越了东京、香港地区，一跃成为亚洲美元的离岸金融中心。

专栏5-3 亚洲美元市场的建立

建立亚洲美元市场的最初设想是美洲银行(American Bank)提出的。当时美国的越战正打得激烈，国内各种矛盾激化，国际收支面临很大困难，美洲银行想挖掘游离在亚太地区的美元资金。欧洲美元市场存款的最低起点为10万美元，不利于调动众多的小额持有者的积极性，于是，美洲银行提出以2.5万美元作为存款起点(之后有的银行还将非银行客户起点定为5 000美元)，以争取广大中小客户。1968年美洲银行向新加坡政府申请开办离岸美元业务，获准后于1968年10月1日以20万美元的存款基数开始经营。1969年后，花旗、华侨、渣打、华通投资和汇丰等银行也先后获准开展亚洲美元业务。于是，亚洲美元市场便开始在新加坡正式建立。

资料来源：http://wiki.mbalib.com/wiki.

3. 亚洲美元市场的发展

亚洲美元市场的发展大体可分为以下三个阶段：

(1) 1968—1970年为形成阶段。到1970年，新加坡共批准16家国际大银行在新加坡设立分支机构和开展离岸美元业务。

(2) 1971—1975年为巩固阶段。为鼓励外国银行到新加坡开设分支机构，1973年新加坡颁布《所得税修正法》，把外币经营所得税率由40%降至10%，新加坡金融管理当局还规定亚洲美元存款免缴存款准备金，允许本国居民在亚洲货币账户上开立外币账户，以扩大亚洲美元市场的基础。至1975年在新加坡经营亚洲美元的银行已达66家，其中本地资本银行17家，外国资本银行49家，资产负债总规模已达125.97亿美元。亚洲美元市场占整个欧洲货币市场的比重，1968年为0.1%，1971年为1.5%，1975年达6.1%。

(3) 1976年以后是稳定发展阶段，亚洲美元业务扩展到香港地区、悉尼、马尼拉和东京，但业务仍以新加坡为主。亚洲美元市场的资产负债额，1990年曾达3 903亿美元，但自1991年起连续两年衰落，1992年底为3 550亿美元，1993年底为3 860亿美元，1994年6月底回升至4 174亿美元。90年代初的回落主要是因为日本泡沫经济破裂，导致日本银行一方面忙于应付坏账，另一方面要积极提高自有资本比例来达到“巴塞尔协议”的要求，因此不得不收缩其在亚洲美元市场的活动。目前亚洲美元市场上的货币除美元外，还有英镑、德国马克、瑞士法郎、日元、澳元、加拿大元、新西兰元和港元等，但美元占交易总额的90%，其余货币比重很小。

4. 亚洲美元市场的资金来源和运用

亚洲美元市场的资金来源主要有：银行同业存款、各国中央银行及政府存款、跨国公司调拨资金及暂时闲置资金、各国工商企业存款等。1994年资金来源中81%是银行同业存款或拆放，其中68%来自海外银行，事实上欧洲美元市场长期以来一直是亚洲美元市场资金的主要供应者。

亚洲美元市场资金的主要用途是以亚太地区国家（地区）政府和企业以及跨国公司为借款人的国际联合中期信贷，它们运用亚洲美元资金主要是为了应付国际收支逆差、重要工程项目（香港地区地铁项目就曾从该市场筹资）、国际贸易和中期投资的资金需要。

美元存单是发行得最多的一种筹集中、短期资金的工具。美元存单不记名，随时可在市场上转让，利率高于银行存款利率，在新加坡等市场上享受免税优惠。美元存单有固定利率和浮动利率之分，但大多是浮动利率，利率通常比新加坡6个月期同业拆放利率高0.125%～0.187 5%，期限为1～5年。亚洲美元市场上筹措长期信贷的主要形式是发行亚洲美元债券。这是一种由银团包销的国际债券，银团中至少应有一家银行在新加坡注册，支付代理人必须有新加坡金融机构，债券必须在新加坡证券市场挂牌，债券应主要在亚太地区销售。除亚太地区各国政府、银行和企业外，世界银行、亚洲开发银行和非洲开发银行从20世纪70年代起，也利用这一方式筹资。1971年亚洲美元债券创设之初，发行者多采用固定利率。80年代以来，由于通货膨胀率和利率波动引起的风险难以确定，浮动利率为越来越多的筹集者和投资者所接受。到1987年，亚洲债券市场共计发行了171笔美元债券，筹资总额达92.99亿美元。

20世纪90年代，亚洲美元市场出现的龙债券引起了人们的关注。所谓龙债券，应具备以下条件：① 以日本以外的亚太其他国家或地区的投资者为对象；② 发行债券的包销集团应以亚洲公司占多数，其余只有一小部分为国际包销商；③ 发行债券至少要在两家亚洲区证券交易所上市；④ 牵头经办人应是一家总部在亚洲的公司；⑤ 由亚洲投资者在亚洲地区内交易。亚洲开发银行于1991年10月推出总值3亿美元、期限7年的龙债券，首开龙债市场。相隔一年，亚行再次发行3亿美元、期限5年的龙债券。我国财政部于1993年10月推出3亿美元、期限10年的龙债券，颇受投资者欢迎，打破了亚洲投资者不再投资7年期以上债券的习惯。龙债券市场机制与欧洲债券市场大同小异，但由于亚洲结算交割系统尚待发展，龙债券仍需靠欧洲结算所处理交易结算。

5.3.4 离岸金融中心和避税港

1. 离岸金融中心的概念

任何国家、地区及城市，凡主要以外币为交易(或存贷)标的，以非本国居民为交易对象，其本地银行与外国银行所形成的银行体系，都可称为离岸金融中心。广义的离岸金融中心包括一切开办了离岸金融业务的地区，但在伦敦、纽约、东京等世界主要金融中心，居民业务和非居民业务之间并无截然区分(尽管某些从事非居民业务的机构为获取税收优惠和其他目的，进入了专门的纽约国际银行设施和日本离岸市场)，因此国际货币基金组织又将这些地区称为"国际金融中心"，与狭义的离岸金融中心(即离岸金融业务与国内业务分离并对离岸金融业务给予特殊税收优惠的地区)相区别。目前比较著名的离岸金融中心有英属维尔京群岛、开曼群岛、巴哈马群岛、百慕大群岛、西萨摩亚、安圭拉群岛等。

按资产规模衡量，狭义的离岸金融中心落后于主要国际金融中心，据国际货币基金组织不完全计算，截至1999年6月末，特定离岸金融中心表内跨境资产总额4.6万亿美元，其中9 000亿美元分布在加勒比海离岸金融中心，1万亿美元分布在亚洲，其余2.7万亿美元多数分布在伦敦、美国国际银行设施和日本离岸市场等主要国际金融中心。对现行国际金融秩序的困扰主要来自狭义的离岸金融中心，加勒比海离岸金融中心几乎成为离岸金融中心的代名词。因此，通常所说的离岸金融中心指的是狭义的离岸金融中心，尤其避税港型离岸金融中心。

2. 离岸金融中心的分类

(1) 伦敦型。伦敦离岸市场始于20世纪50年代末，属于"自然形成"的市场，它既经营银行业务，也经营证券业务。非居民除获准自由经营各项外汇、金融业务外，其吸收的存款也不需缴纳法定准备金。过去，这类市场业务因受外汇管制等限制，而与国内业务截然分开，但自从1979年10月外汇管制取消后，对外汇金融业务的管理与国内金融业务同等对待，"离岸"本身的含义便发生了变异，伦敦离岸市场实际上已经成为兼具境内和离岸业务的"内外一体式"金融市场。中国香港自从1972年废除外汇管制后，也逐渐演变成亚太地区一个主要的伦敦型离岸市场。

(2) 纽约型。其最大特点在于"人为创设"和"内外分离"，而且没有证券买卖。1981年12月，美国联邦储备委员会同意设立国际银行业设施IBF(International Banking Facility)之后，纽约离岸金融业务迅速发展。它的主要交易对象是非居民，筹资只能吸收外国居民、外国银行和公司的存款，但开办国际银行业设施的不限于外国银行，任何美国的存款类金融机构和外国银行在美分行皆可申请开办。存款不受美国国内银行法规关于准备金比率和存款比率的限制，贷款必须在美国境外使用。该"设施"可使用包括美元在内的任何一种货币计价，由于美元是最主要的国际通货，而该离岸市场主要交易货币也是欧洲美元，所以纽约离岸市场以本国货币作为主要交易货币。由于美国政府除了把在美国境内流通的外国货币视为欧洲货币外，又将在美国境内不受美国金融当局管理的非居民美元存贷款定义为欧洲美元，所以欧洲货币的概念从此突破了特定地理区域限制，表现为鲜明的国际借贷机制的特点。以纽约为代表的IBF成为依靠政策主动培育境内金融业务与离岸金融业务严格分离的离岸金融中心类型，1986年开放的东京离岸市场和新加坡离岸金融中心也属于这一类型。

(3) 避税港型。自20世纪70年代起，不少美国银行将资产大量转移到加勒比海的巴哈马、开曼等岛国。那里政局稳定，资金不受任何管辖，且免征有关税费，具有合理避税的优势。这些岛国的资金来源于非居民，也投放于非居民，又没有金融管制，因此成为典型的离岸金融中心。实际上，资金的提供和筹集并不在那里进行，一些国际性银行只不过在当地开设账户，进行资金和利润的转移与调拨，目的就是为了逃避金融监管和税收。加勒比海的百慕大和巴拿马、西欧的马恩岛与海峡群岛等均属于这一类型的离岸金融中心。

3. 离岸金融中心的业务类型

对投资者而言，离岸金融中心的吸引力在于税制优惠，无资本管制，监管和信息披露要求宽松。离岸金融中心提供的服务大体可以分为三类：私人投资、资产保护和财产规划，这些服务通过以下形式进行：

(1) 离岸银行。由跨国公司和在岸银行设立，跨国公司设立离岸银行的目的是开展外汇运作，便于向国际合资企业提供融资；在岸银行在离岸金融中心设立全资附属机构，目的是为了提供离岸基金管理服务。

(2) 离岸公司(也称为“国际商业公司”)。即在离岸金融中心登记注册的有限责任公司，可以用于运作实际的经营业务、避税，也可用于发行股票、债券或其他方式的融资，还可以用于创建复杂的财务结构，是一种常用的管理投资基金的载体。大多数避税港型离岸金融中心将在岸业务与离岸业务彻底分开，禁止本国或本地区公民拥有国际商业公司，加勒比海地区只有巴巴多斯允许本国居民拥有国际商业公司、离岸银行和有限责任协会。离岸公司与一般有限公司相比，主要区别在税收上。与通常使用的按营业额或利润征收税款的做法不同，离岸管辖区政府只向离岸公司征收年度管理费，除此之外，不再征收任何税款。除了有税务优惠之外，几乎所有的离岸管辖区均明文规定：公司的股东资料、股权比例、收益状况等，均享有保密权利，如股东不愿意，可以不对外披露。另一优点是几乎所有的国际大银行都承认这类公司，如美国的大通银行、香港地区的汇丰银行、新加坡的发展银行、法国的东方汇理银行等。离岸公司可以在银行开立账号，在财务运作上极其方便。离岸金融中心与世界发达国家都有良好的贸易关系，因此，海外离岸公司成为许多大型跨国公司和拥有高额资产的个人经常使用的组织模式和融资工具。

在离岸公司中，增长最为迅速的是特设载体(SPV)。在离岸金融中心设立特设载体，通常是为在有利的税收环境下从事特定的金融运作，如发行资产支持证券、剥离不良资产等。20世纪90年代，日本银行曾向其开曼群岛分行转移资金，以便冲减国内账面不良资产额度；于2002年7月上市的中银香港在首次公开发行(IPO)前夕的6月26日，向中国银行开曼群岛分行无追索权出售了总账面值114.01亿港元的贷款组合(2002年贷款组合)，也被市场参与者普遍视为剥离不良资产、轻装上市之举。还有一类特设载体是海外投资者为提高其直接投资流动性而设立的。如中国的外资政策呈现显著的直接投资偏好特征，外国投资者在华投资的流动性本来就不如西方投资基金所习惯的组合投资，《中外合作经营企业法》等法规规定合资企业中的一方转让其权利、义务，必须经他方同意并报审查批准机关批准，进一步降低了外商在华投资资产的流动性。在这种情况下，如果海外投资者付出较低成本设立离岸公司，然后以离岸公司为名义投资主体对华直接投资，就可借助离岸公司的独立法人资格克服上述限制，提高投资流动性。一旦该海外投资者计划退出这一投资项目，只需向收购方转让本公司在离岸公司的股权即可。由于中外合资公司的名义外方投资者——离岸公司作为一个独立法人没有发生变动，中外合资公司的名义股权结构没有变化，因此无需说服合作伙伴和向审查批准机关申请。

(3) 保险公司，设立者包括工商企业和在岸保险公司。为降低管理风险、实现税负最小化，工商企业往往选择在离岸金融中心设立附属保险公司，也称为专业自保公司。如开曼群岛是全世界名列前茅的健康保险市场，其1/3的受控保险公司是面向美国医院和保健体系的误诊风险。在岸保险公司在离岸金融中心设立附属机构是为对承保的特定风险进行再保险，或降低总体准备金和资本充足率要求。在岸再保险公司在离岸金融中心设立附属机构是为了对巨灾进行再保险。

(4) 共同基金。共同基金已成为国际金融市场上最大的机构投资者，也是离岸金融业中增长最迅速的业务种类之一。如1994年末在开曼群岛注册的共同基金不过868只，2001年末已增至3648只。

(5) 对冲基金。对冲基金在20世纪90年代的国际货币危机中发挥了关键作用，也取得了长足进展。据国际货币基金组织统计，1990—1997年间，对冲基金数量从127只增长到1 115只，资产规模从85亿美元增长到1 095亿美元。按照格林尼治协会估算，2003年底全球对冲基金业资产规模已达7 450亿美元。为规避监管，许多对冲基金在加勒比海离岸金融中心注册。虽然美国始终是绝大多数对冲基金的实际运营中心，但在1997年的1 115只对冲基金中，在美国注册的不过569只，占对冲基金总数的51%，资产规模占1/3；其余主要在加勒比海的几个离岸中心注册。

(6) 船舶注册。在英属维尔京群岛注册的船舶超过1 040艘，大多是大型游艇，该岛于2001年通过新《船舶法》，为进一步发展该项业务开辟了道路。2001年末，在开曼群岛注册的船舶为1 500艘。

专栏5-4　避税港型离岸金融中心

一、海峡群岛

海峡群岛是英吉利海峡里一群小岛的总称，主要由格恩西和泽西两个行政区组成，是英国王室领地，但不是英国领土。

海峡群岛对公司和个人不征收任何收入所得税。泽西、格恩西和奥尔德尼征收20%的固定地方税，萨克岛的地方税为零税率。从20世纪60年代开始，金融服务逐渐成为海峡群岛的主要经济来源，但格恩西行政区的园艺业和轻工业比较发达，金融服务业则主要集中在泽西行政区，隶属泽西群岛的诺曼底群岛接纳了225家欧洲的银行和820家投资基金。两个行政区发行各自的货币，可以和英格兰银行及苏格兰银行发行的货币一起自由流通。

海峡群岛不是欧盟成员，但根据欧盟条约第三条协议，是欧洲关税共同体的一部分。

二、百慕大群岛

百慕大群岛地处美国佛罗里达州迈阿密市东北1 770公里的北大西洋上，是英国的海外属地。百慕大群岛被认为是第一个现代意义上的“避税天堂”，1935年，岛上诞生了世界上第一部离岸公司法。

境外公司来百慕大群岛注册可以享受"特殊豁免权"。所谓特殊豁免权，就是公司可以不受岛上所有权法的束缚，不必缴纳所得税，可以不拥有不动产，而且无须执照就可以开办银行、保险、担保、再保险、基金管理以及投资顾问等业务，因而百慕大群岛被视为开办保险及再保险业务的最佳之地，世界排名前35位的保险公司中，有16家就坐落于此。但是，百慕大群岛对外来人口并不"友善"。外来人要想购买房产，必须支付25%的外国人购置税，每年必须至少缴纳1.5万美元的土地使用费。

2009年3月，百慕大群岛被美国国会列入30个"离岸保密辖区"之一，准备用立法的形式予以打击。

三、特克斯和凯科斯群岛

特克斯和凯科斯群岛由西印度群岛上的两个热带群岛组成，大的叫凯科斯群岛，小的叫特克斯群岛，因旅游业和离岸金融中心而知名。

特克斯和凯科斯群岛因为它的税收豁免、最小限度的税务公开和政府监管而吸引了众多的离岸公司。但是，如果一家公司要想获得免税特权，注册公司时必须同时签署一份声明，承诺公司的主要业务必须在群岛之外开展。注册时，不必提供公司实际所有者的真实身份，但是公司必须指派一名代表常驻岛上，以配合处理法律问题。

特克斯和凯科斯群岛总人口不过3万，超过70%的人住在凯科斯群岛上，但是群岛的国际公司竟多达1.5万余家，金融服务创造了29.64%的国民生产总值。

四、英属维尔京群岛

英属维尔京群岛是维尔京群岛的一部分，另一部分是美国的海外属地，位于加勒比海岛国波多黎各以东，被视为目前"避税天堂"中公司注册门槛最低(最低注册费仅为300美元，加上执照费、手续费，共计约980美元，而后每年只需交纳600美元的执照续费)，监管力度最小的地区。

2000年，世界最大专业服务公司之一的KPMG呈递给英国政府的报告显示，英属维尔京群岛接纳了世界上大约41%的离岸公司，岛上离岸公司的数量居全球之冠。截至2004年，岛上的离岸公司已经超过55万家。大量离岸公司的到来，给岛上政府带来了滚滚财源，岛上约50%的财政收入直接来自离岸公司执照费。从2001年起，岛上的金融服务开始接受独立的"金融服务委员会"监管。

五、开曼群岛

开曼群岛位于西加勒比海，古巴之南，牙买加西北，是英国的海外属地，加勒比海上最主要的离岸金融中心，接纳了大约8 000家对冲基金和众多专为专业投资者和投资机构提供服务的基金。

群岛政府最重要的财政收入来自间接税——群岛不征收收入所得税、资本增值税、公司税，只对进口商品征收5%～20%的进口税。少数商品是免征进口税的，比如书籍、照相机和婴儿代乳品。政府对来岛开办业务的金融机构征收执照费，对来岛工作的境外人士征收劳动许可费，费用从500美元(一般职员)到2万美元(首席执行官)不等。

2000年，开曼群岛宣布接受经济合作与发展组织提出的"国际税收标准协议"，已通过立法授权政府开放税务信息，被经济合作与发展组织称作"弃恶从善"的样本。

资料来源：http://blog.sina.com.cn/s/blog_133396a490102vzc5.html.

5.4　国际金融市场一体化

20 世纪 50 年代末 60 年代初出现的欧洲货币市场，打破了各国金融市场相互分割的格局，出现了国际金融市场一体化的萌芽。70 年代末 80 年代初，西方国家纷纷放松金融管制，实行金融自由化政策，大大加快了国际金融市场一体化的进程。90 年代以来，随着广大发展中国家的金融深化和金融自由化，加上金融创新和通信等技术的不断发展，国际金融市场一体化趋势进一步加强。

5.4.1　金融市场一体化的概念

所谓国际金融市场一体化，是指国内和国外金融市场之间日益紧密的联系和协调，它们相互影响、相互促进、逐步走向统一金融市场的状态和趋势。正如罗依・C. 史密斯(Rory C. Smith)和英格・沃特(Ingo Walter)所指出的，国际金融市场一体化包含三层含义：第一，各国银行和金融机构跨国经营而形成的各国金融市场的关联链；第二，由于各国金融市场之间关联链的形成，极大地促成了各国金融市场之间的金融交易量的增长；第三，基于以上两个方面，各国金融市场的利率决定机制互相影响，具体表现为相同金融工具在不同金融市场上的价格趋于一致。

金融市场一体化的实现主要有两条途径：一是金融活动一体化。即国际金融领域中的各种壁垒及障碍需要尽可能消除，在业务活动中各种交易工具、交易市场、交易规则、资金价格、结算汇兑、货币种类等趋于一致或具有较大的趋同性，主要表现在金融市场、机构、工具乃至货币的一体化上。二是金融制度一体化。即通过契约法律条文和一定的组织形式将金融活动一体化固定下来，形成多个必须遵守的制度。这是较高级的层次，带有一定的主观性。这一进程会牵扯到国家利益的放弃、政治经济主权的削弱与让渡，因此主权国家对此都极为慎重。

5.4.2　国际金融市场一体化的表现

(1) 各国银行和金融机构的跨国化。不仅发达国家的金融机构在世界范围内普遍设立分支机构，而且发展中国家也纷纷在境外设立金融机构。

(2) 金融资产交易的全球化。筹资者和投资者都可以跨国进行交易，并可以在离岸金融市场经营以任何一国货币为面值的金融资产，从而为投资者在全球范围内投资和分散风险以及为借款者选择市场降低筹资成本提供了极大的便利。

(3) 各国金融市场的网络化、全球化。由于电子通信设施的广泛应用以及跨国银行的长足发展，跨国资金流动可在瞬间完成，这就使各国金融市场连接成为一个全时区、全方位的统一国际金融市场，投资者可在任何一个主要金融市场进行 24 小时连续不断的金融交易。

(4) 金融资产价格的趋同化。国际金融市场的一体化大大降低了交易成本，任何一个国家的金融资产价格均对其他国家具有示范和影响效应，从而使全球的金融市场价格信号趋于一致。

5.4.3 金融市场一体化的收益和风险

金融市场一体化是一把“双刃剑”，具有正反两方面的效应。一方面，它可以促进各国金融机构之间的合作并提高效率，促进国际贸易、国际投资和金融创新，并有利于国际监管合作的形成。另一方面，在金融一体化下，各国政府对本国金融市场的控制能力被削弱，难以坚持自主的货币政策，还容易受到国际金融风险的传染。连成一体的国际金融市场，一旦发生金融危机，就会迅速由一国或地区传导至世界各地，这种“多米诺骨牌效应”在2008年的美国次贷危机中表现尤为明显。

1. 金融市场一体化的收益

金融市场一体化促进金融市场的发展，有利于形成更有效的金融市场。根据欧盟委员会对经济一体化后金融市场的评估，发现金融一体化至少给金融市场的发展带来以下几个方面的正效应：

（1）金融服务提供者之间的竞争将为资金需求者带来更低的资本成本，为投资者带来更高的收益率；

（2）金融服务提供者可以通过市场的扩大来更好地获得范围经济和规模经济效应；

（3）竞争将促进创新和多元化，将创造一个能够对经济发展的各种金融需求做出及时反应，并且能够为消费者和企业提供更广泛的产品选择的完善的金融市场；

（4）增加金融市场的流动性和市场厚度，这将降低资本成本，减少交易成本，增加投资者总的回报；

（5）一个有着有效金融监管的一体化市场将带来金融稳定。

金融市场一体化将促进本国经济和区域经济增长。首先，金融市场的一体化通过吸收更多国外资本，进行更广泛的投资组合，从而优化资源配置，直接促进经济增长；其次，金融市场一体化促进金融市场的发展，而金融是现代经济的核心，也是各国经济的增长点，这就是金融市场一体化对经济增长的间接带动作用。欧盟委员会曾委托“伦敦经济学派”的专家专门就欧盟金融市场一体化的宏观效应进行研究，结论是：金融市场一体化将使欧盟的实际国内生产总值在长期内保持1.1%的平均增长率。即，如果以2002年的价格计算，金融市场一体化将给欧盟带来国内生产总值每年增长1 300亿欧元的显著效应。

2. 金融市场一体化的风险

（1）引发资产价格过度波动和资产泡沫，降低金融市场的稳定性。相对于封闭的国内金融市场而言，金融市场的对外开放和国际联动意味着外部不确定性因素对本国金融市场的影响加大。如果本国市场规模较小、流动性不充分，或者存在制度缺陷，那么巨额和频繁的外资流入流出将显著影响本国金融资产价格的走势。首先引发汇率的波动，造成没有基本面支撑的本币升值或贬值；如果巨额资金囤积在资产市场，如股票、房地产市场，会引发资产价格泡沫，形成扭曲的价格信号，而一旦资金撤离本国，泡沫破裂，不仅本国金融体系会遭受重创，还会传导到实体经济，引发经济危机。

（2）产生传染效应，增大金融体系的系统性风险。国际机构投资者和游资在全球范围内的金融市场进行资产组合，灵活配置资金。如果其中一国金融市场发生动荡，就会引发资产组合的调整和重新配置，导致该国相邻国家和地区的金融市场资金供求发生变化，价格随之调整。这种各国市场之间的“溢出效应”是金融危机迅速传染和蔓延的根本原因。1998年的东南亚金融危机和2008年的美国次贷危机都是金融传染形成区域性系统风险和全球性风险的最好证明。

(3) 金融监管失控风险。金融市场一体化增加了金融监管的难度,需要各国在金融监管方面更广泛地合作并达成共识。但是每个国家都是根据自己的国情来制定相应的金融监管政策的,带有一定的主权性色彩,所以,监管的协调存在较大的制度障碍。即便经济一体化程度最高的欧盟,成立统一的中央银行,发行区域性货币欧元,也做不到成员国货币政策的高度统一。同时,金融市场一体化还向金融监管者提出了技术层面的挑战,如何选取检测指标,订立何种监管标准,特别是对金融衍生产品等金融创新如何监管,都有待于进一步的研究和检验。

本章概要

国际金融市场是指国际上资金供应者和资金需求者双方通过信用工具进行交易而融通资金的市场,是居民与非居民之间交易金融资产并确定金融资产价格的一种机制。国际金融市场的构成可以依据不同的标准进行分类。从时间上区分,期限在一年或一年以下的资金融通业务划入货币市场的范畴,而期限在一年以上的业务则划入中长期资本市场的范畴。从货币和授受者的身份来讲,把非居民的境外货币存贷业务划入离岸金融市场的范畴,把非居民的境内货币存贷业务和居民的境外货币存贷业务划入在岸金融市场的范畴。通常所指的欧洲货币市场,主要是指离岸金融市场。根据国际金融市场的具体业务不同,可分为外汇市场、货币市场、资本市场、黄金市场、商品期货市场和衍生金融产品市场等。

传统国际金融市场主要从事居民与非居民之间的国际借贷和货币交易以及市场所在国货币的借贷和交易,同时又是市场所在国的国内市场,市场活动受各有关国家政府的政策、法令的管制,受当地市场规则、管理的约束。传统国际金融市场所在国家一般是资本净提供国,要求该国拥有巨额剩余资金和源源不断的海外利润,所以传统国际金融市场的典型代表是伦敦、纽约等金融中心。

任何国家、地区及城市,凡主要以外币为交易(或存贷)标的,以非本国居民为交易对象,其本地银行与外国银行所形成的银行体系,都可称为离岸金融中心。广义的离岸金融中心包括一切开办了离岸金融业务的地区,但在伦敦、纽约、东京等世界主要金融中心,居民业务和非居民业务之间并无截然区分(尽管某些从事非居民业务的机构为获取税收优惠和其他目的,进入了专门的纽约国际银行设施和日本离岸市场),因此国际货币基金组织又将这些地区称为"国际金融中心",与狭义的离岸金融中心(即离岸金融业务与国内业务分离并对离岸金融业务给予特殊税收优惠的地区)相区别。目前比较著名的离岸金融中心有英属维尔京群岛、开曼群岛、巴哈马群岛、百慕大群岛、西萨摩亚、安圭拉群岛等。

国际金融市场一体化,是指国内和国外金融市场之间日益紧密的联系和协调,它们相互影响、相互促进,逐步走向统一金融市场的状态和趋势。国际金融市场一体化包含三层含义:第一,各国银行和金融机构跨国经营而形成的各国金融市场的关联链;第二,由于各国金融市场之间关联链的形成,极大地促成了各国金融市场之间的金融交易量的增长;第三,基于以上两个方面,各国金融市场的利率决定机制互相影响,具体表现为相同金融工具在不同金融市场上的价格趋于一致。

关键术语

国际金融市场、国际货币市场、国际资本市场、银团贷款、欧洲货币、欧洲货币市场、国际银行业设施、外国债券、欧洲债券、亚洲美元、离岸金融业务、分离型离岸金融中心、避税港、国际商业公司、国际金融市场一体化

复习题

1. 国际金融市场是怎样产生和发展的？主要包括哪些市场？
2. 欧洲货币市场的特点和作用是什么？
3. 欧洲债券和外国债券有何区别？
4. 欧洲中长期贷款与欧洲债券的区别是什么？
5. 何为避税港？它有哪些特点？
6. 我国将建立何种类型的离岸金融中心？准备开展哪些离岸金融业务？
7. 简述亚洲美元市场的发展、特点和趋势。
8. 国际金融市场一体化的含义是什么？存在哪些收益和风险？

参考文献

[1] 陈雨露. 国际金融. 北京：中国人民大学出版社，2005.

[2] [美]J. 奥林·戈莱比. 国际金融市场. 刘曼红，陈雨露，赵锡军，等，译. 北京：中国人民大学出版社，2003.

[3] 姜波克. 国际金融新编. 4 版. 上海：复旦大学出版社，2008.

[4] 时秀梅. 国际金融理论与实务. 北京：国防工业出版社，2010.

[5] [美]托马斯·A. 普格尔. 国际金融. 12 版. 北京：中国人民大学出版社，2005.

[6] 中国人民银行上海总部国际金融市场分析小组. 2009 年国际金融市场报告. 上海：中国人民银行上海总部，2010.

11
1
10
2
第二篇
国际金融
运行体系
8
4
7
5

第6章　国际货币制度

自古以来，从货币产生到在一国范围内普遍流通，各个国家在货币问题方面都制定了种种法令法规。这些法令法规反映了国家在不同程度、从不同角度对货币所进行的控制，其意图是建立一个能够符合其政策目标，并可能由自己操控的货币制度（Monetary System）。一般说来，有秩序而稳定的，从而能为商品经济发展提供有利条件的货币制度是政府追求的目标，而每个国家的货币制度大体包含这样一些内容：货币材料的确定、货币单位的确定、流通中货币种类的确定、对不同类货币的铸造和发行的管理、对不同类货币的支付能力的规定，等等。所有这些方面，也被称为货币制度的构成要素。当货币制度问题超出国界时，就称为国际货币制度，也称为国际货币体系，即各国政府对货币在国际范围内发挥世界货币职能所确定的规则、措施和组织形式。当今的国际货币体系是随着历史的发展而不断演变来的，国际货币体系的形成具有两种途径：一是通过经济自发形成实现内外均衡的一些国际准则，二是通过国际协调而人为地在短期内建立起来。

6.1　国际货币制度概述

国际货币体系（International Monetary System），又称国际货币制度，是指为适应国际贸易和国际支付的需要，各国政府关于货币在国际上支付、结算、汇兑和转移所规定的规则、措施以及相应的组织机构的总称。

6.1.1　国际货币体系的主要内容

1. 各国货币比价的确定及汇率制度的安排

根据国际交往与国际支付的需要，使货币在国际市场上发挥世界货币的职能，各国之间的货币一定要确定一个比价，即汇率。由于汇率变动可直接地影响到各国之间经济利益的再分配，因此形成一种较为稳定的、为各国共同遵守的国际汇率安排，成为国际货币制度所要解决的核心问题。同时，一国货币与其他货币之间的汇率如何确定与维持，货币比价确定的依据、货币比价波动的界限、货币比价的调整、维持货币比价所采取的措施、对同一货币是否采取多元化比价等，以及一国货币能否成为自由兑换货币，是采取固定汇率制度还是采取浮动汇率制度，或是采取其他汇率制度，这些都是国际货币制度的主要内容。

2. 国际储备资产的选择与确定

为平衡国际收支的需要，一国需要有一定数量的国际储备。保存一定数目的、为世界各国普遍接受的国际储备资产以及它们的构成是国际货币制度的一项重要内容。另外，采用哪种货币作为国际上的支付货币,在一个特定时期中心储备货币如何确定以维护整个储备体系的运行,世界各国的储备资产又如何选择以满足各种经济交易的要求,这些都是国际货币体系的重要内容。

3. 国际收支及其调节机制

国际货币制度的主要内容之一就是有效地帮助与促进国际收支出现严重失衡的国家通过各种措施进行调节,使其在国际范围能公平地承担国际收支调节的责任和义务。由于各国实行的金融货币政策,会对相互交往的国家乃至整个世界经济产生影响,因此如何协调各国与国际金融活动有关的金融货币政策,通过国际金融机构制定若干为各成员国所认同与遵守的规则、惯例和制度,也构成了国际货币制度的重要内容。

4. 各国货币的兑换性与国际结算的原则

这是指一国货币能否自由兑换,在结算国家之间存在债权债务时采取什么样的结算方式,对支付是否加以限制等。

5. 黄金、外汇的流动与转移规定

规定是否对黄金、外汇加以限制而不能自由流动,或只能在一定地区范围内自由流动,或完全自由流动等。

6.1.2 国际货币制度的发展与作用

如同一国国内的经济一样,世界经贸往来自以货币为媒介起,世界经济的发展与稳定就与货币问题紧紧地联系在一起。国际货币制度的主要任务就在于促进世界经济的发展和稳定,促进各国经济的平衡发展。具体来讲,国际货币体系有三大任务。

第一,确定国际清算和支付手段来源、形式和数量,为世界经济的发展提供必要的、充分的国际货币,并规定国际货币及其同各国货币的相互关系准则。比如,当确定黄金或特别提款权为世界清算和支付手段的来源时,国际货币体系还必须就黄金或特别提款权与其他国际货币和各国货币的比价与兑换方式做出规定。此外,对黄金或特别提款权的定价方式、运作范围和方式等,也要做出具体的规定。

第二,确定国际收支的调节机制,以确保世界经济的稳定和各国经济的平衡发展。调节机制涉及三个方面的内容:一是汇率机制,二是对逆差国的资金融通机制,三是对国际货币(储备货币)发行国的国际收支纪律的约束机制。

在固定汇率下,一国将不得不经常性地采用财政政策、货币政策和管制政策来维持国际收支的平衡。因为国际收支的逆差,尤其是大幅度的逆差,将导致本国货币汇率的贬值;而国际收支的顺差,尤其是大幅度的顺差,将导致本国货币的升值。但是,固定汇率已经失去了理论上的调节国际收支的功能,为了维持汇率的固定,政府还不得不采取其他措施来维持国际收支的平衡。而在浮动汇率下,汇率波动本身就具有调节国际收支的功能。汇率波动既能反映国际收支的状况,又能调节国际收支。国际货币体系的任务之一便是根据世界经济形势和各国的经济状况,确定世界范围的汇率制度。

确定资金融通机制,是指确定当某国发生国际收支逆差时,能在什么样的条件下从何处获得资金及资金的数量和币种,以弥补其国际收支逆差,避免采取不必要的调节措施或有损别国的政策。资金融通可在一定程度上替代国际收支调节,或缓和调节的程度。资金融通的数量大、条件松,国际收支政策调节的必要性就下降;反之,可供融通的资金数量小、条件严,国际收支政策调节的必要性就增加。国际货币体系的任务就是要确定恰当的资金融通机制，使融资数量和融资条件相宜，以避免不必要的国际收支政策调节或拖延必要的国际收支政策调节。当一个国家的主权货币能充当国际货币（或储备货币）时，它就能用输出货币（纸币）的方式来弥补其国际收支逆差。如果对国际货币发行国没有适当的约束机制，那它就可能为达到本国的某种目的而持续性地保持国际收支逆差、输出纸币，而国际货币供应的持续增长，可能会引起别国甚至世界性的通货膨胀，破坏国际货币金融领域的稳定。因此，确定一项机制来约束国际货币发行国的国际收支行为，也是国际货币体系的任务之一。

第三，确立有关国际货币金融事务的协商机制或建立有关的协调和监督机构。在早期，有关国际货币金融的事务多半通过双边协商解决。随着战后各国间经济联系的加强，参与国际货币金融业务的国家日益增多，形式日益复杂，程度日益加深，范围日益广阔，双边磋商已不能解决所有的问题。因此，有必要建立多边的带有一定权威性的国际货币金融机构，以监督各国行为、提供磋商的场所、制定各国必须共同遵守的基本行为准则，并在必要时提供援助。

从历史的发展过程来看，现代国际金融体系大致经历了三个阶段，每个阶段均有带有一定特点的主体金融体系。

第一阶段是国际金本位制时期，从 1870 年前后主要国家的国内货币制度都实行金本位制开始，到第一次世界大战爆发时结束。

第二阶段是布雷顿森林体系时期，起始于第二次世界大战结束后的 1944 年的布雷顿森林协定，终止于 1973 年。

第三阶段是牙买加货币体系时期，始于 1976 年 1 月 8 日 IMF 临时委员会的《牙买加协议》的正式签订日。

6.2 国际金本位制度

西方国家并不是在一个确定的时间一起开始实行金本位制的，大体上说国际金本位制开始于 1870 年到 1890 年间，是在 19 世纪下半叶随着西方各主要资本主义国家逐渐过渡到单一的金铸币本位制而形成的。金本位制是以一定重量和成色的黄金作为本位币，并使流通中的各种货币与黄金间建立起固定兑换关系的货币制度。它的基础在于各主要资本主义国家国内都实行了金铸币本位制，继而使黄金充当了国际货币。但是，在金本位制度下，流通中的货币不仅限于金币，还有辅币和银行券等。根据货币与黄金的联系程度，金本位又表现为三种形式，即金币本位、金块本位和金汇兑本位。国际金本位制度就是以各国普遍采用金本位制为基础的国际货币制度，但是不同的金本位又带来稍有区别的国际金本位制度。

6.2.1 国际金本位制度的形成及特征

1. 金本位制度的形成

从 19 世纪初到 20 世纪初，发达资本主义国家先后实行了金本位制，金本位制发展成最早的世界性的货币制度。金本位制是以一定量黄金为本位货币的货币制度，黄金是货币制度的基础。1816 年英国正式颁布了《金本位制度法案》，发行金币并以一定量黄金作为本位货币,规定 1 盎司黄金为 3 英镑 17 先令 10.5 便士,最先实行了金本位货币制度。随后,法国、比利时等国家也先后实行了金本位制度。到 1880 年为止,金本位制在西方贸易国普遍实行,具有了国际性。这种以世界各国普遍实行的金本位制为基础的国际货币体系就是国际金本位制度。各国实行金本位制的年代如表 6-1 所示。

表 6-1 各国实行金本位制的年代

国别	年代	国别	年代
英国	1816	瑞士	1874
德国	1871	意大利	1874
瑞典	1873	希腊	1874
挪威	1873	荷兰	1875
丹麦	1873	乌拉圭	1876
法国	1874	美国	1879
比利时	1874	奥地利	1892
智利	1895	多米尼加	1901
日本	1897	巴拿马	1904
俄国	1898	墨西哥	1905

资料来源:IMF International Financial Statistics,1950-1972.

2. 金本位制度的主要特征

国际金本位制度有三项基本的运行原则:① 所有参加国的货币均以一定数量的黄金定值,本国货币当局随时准备以本国货币固定的价格买卖黄金;② 黄金能够自由输入和输出;③ 本国的货币供应量受本国黄金储备的制约,黄金流入,货币供应增加;黄金流出,货币供应下降。满足了这三个条件,国际金本位制度就能够正常运行。

这三个原则决定了国际金本位制具有以下特征:

第一,黄金在国际交往中充当世界货币,成为各国之间的最后清偿手段,各国中央银行持有的国际储备资产大部分为黄金,黄金是国际货币制度的基础。

第二,金币可以自由铸造,金币面值与所含黄金量的实际价值保持一致,金币或黄金可自由兑换,因此货币的名义价值稳定,不易发生通货膨胀、货币贬值。黄金可以自由输出和输入,保证各国货币之间的兑换率相对固定和世界市场的统一,这时两国之间的汇率为两国货币含金量之比,即铸币平价。由于各国都规定了货币的含金量,国际金融市场的实际汇率则随着外汇供求的变动围绕铸币平价上下波动。波动的上下限是黄金输送点,这是经济自动形成而不是靠人为措施维持的,因此是自发的、严格的固定汇率制。

第三,金币可以在市场中完全自由兑换和自由输入输出以供资本流动,黄金可以在各国间自由转移,为外汇市场的相对稳定和国际金融市场的统一提供了保障。

因此国际金本位制度具有自动调节国际收支的机制,即大卫·休莫(D. Hume)提出的"价格-铸币流动机制"(Price-specie-flow Mechanism)。当国际收支出现逆差黄金外流时,中央银行的黄金储备明显减少,国内货币紧缩,进而物价下降,这会提高本国商品的出口竞争力并抑制进口;同时货币紧缩时利率上升,导致资本流入增加,黄金流入,导致外汇收支恢复均衡。反之，如果国际收支出现顺差，导致黄金流入，国内货币供给增加，收入和价格水平提高，出口减少，进口增加，利率下降，资本流出，随之经济自动恢复均衡。

在这一时期世界经济理想化的运转中，各国的政策制定及贯彻实施都受到上述游戏规则自动的控制与协调，国际货币制度具有相对稳定性，因此金本位制对资本主义国家发展起着促进作用，促进了生产的发展和商品的流通，并保证了物价的稳定，还具有国际收支的自动调节功能，使国际收支保持基本平衡。总之，这种典型的金本位制度使得各国货币价值对内和对外稳定，黄金自由地发挥世界货币的职能，国与国之间的国际收支自动调节，促进了资本主义上升时期世界经济的繁荣与发展。因此，很多人将金本位制时期看作世界经济发展的"黄金期"，甚至认为应该重建金本位制度。

但同时也有学者认为，那段时间的经济发展更大程度上应该归功于当时的世界经济环境，因为制度还存在相当多的缺点。

3. 金本位制度的缺陷

(1) 在古典金本位制度下，本位货币是黄金。于是货币供应量取决于货币黄金的供应量，进而价格水平也在长期上与黄金供应量相联系。但是由于黄金的供应量取决于采金技术和黄金矿藏，因此它难以长期与商品的普遍增长保持适当的比率，有资料证明当时主要西方国家的价格水平随黄金供应量的变化而波动。

(2) 资本主义经济发展不平衡体现为货币黄金的分配不平衡。到 1913 年末，英、美、法、德、俄五国拥有世界黄金存量的 2/3，世界上绝大部分黄金被少数国家占有，这就削弱了其他国家货币制度的基础。同时，一些国家为了准备战争，政府支出急剧增长，为了防止黄金外逃，各国纷纷限制黄金的自由流动，维持金本位制的自动稳定机制也被破坏。

(3) 金本位制度平稳的国际收支调节机制是以各国政府对经济的自由放任，或者干预的目标是以维持对外均衡为前提的。在国际金本位制时期，各国政府基本上不具有全面干预宏观经济的能力，但是当资本主义国家政府的职能发挥到一定阶段后，便不可能让国民经济完全听任市场的摆布，必然要对经济实行政策干预，金本位的纪律约束终究会被冲破。

6.2.2 国际金本位制的类型及作用

国际金本位制按其货币与黄金的联系程度可以分为金币本位制、金块本位制和金汇兑本位制三种类型，其中最典型的是金币本位制。

1. 金币本位制

所谓金币本位制(Gold Specie Standard)，是指以黄金作为本位货币的货币制度。它是 19 世纪初至第一次世界大战前西方各国普遍采用的货币制度，又称为金铸币本位制。其典型特点是：国家以法律规定货币含金量，一定重量、成色的黄金金币为本位货币，在市场上流通；同时还有以百分之百黄金作为发行准备的银行券，并可以自由兑换成金币或黄金；金币可以自由铸造，任何人都可以自由铸造或熔化金币；金币还可以自由兑换，市面上流通的其他金属辅币和银行券可以按法定比率自由兑换成金币或等量的黄金；同时，准许人们自由储藏黄金；黄金可以自由地输出输入本国。这些特点使本位货币的名义价值和实际价值相等，国内外价值一致，并使其具有贮藏货币与世界货币的职能。

2. 金块本位制

金块本位制(Gold Bullion Standard)也称为"生金本位制"，这是一种以金块办理国际结算的变相金本位制。在该制度下，由国家储存金块作为储备；流通中各种货币与黄金的兑换关系受到限制，不再实行自由兑换，但在需要时，可按规定的限制数量以纸币向本国中央银行无限制兑换金块。其特点是：国家不再铸造金币，也不允许公民自由铸造和流通金币，只发行代表一定重量和成色黄金的银行券，银行券具有无限法偿的能力，银行券必须按含金量计算，达到规定数量才能兑换金块。比如英国规定兑换金块的数量最低为1 700英镑，相当于400盎司黄金的银行券。也就是说，在金块本位制下既没有金币流通，又对银行券兑换黄金进行了严格的限制。可见，这种货币制度实际上是一种附有限制条件的金本位制。

3. 金汇兑本位制

金汇兑本位制(Gold Exchange Standard)又称虚金本位制，实行这种制度的国家不铸造和流通金币，国内流通银行券，虽然货币当局也为单位货币规定了含金量，但它不能直接兑换黄金，本国货币同另一个实行金本位国家的货币保持固定的比价，这种货币可以自由兑换成联系国家的货币，联系国家的货币可以直接兑换黄金，这样使本国货币同黄金间接地挂钩。采用这种货币制度的国家在对外贸易和财政金融等方面必然受到与其相联系的金本位国家的控制和影响，因此，金汇兑本位制在本质上是一种附庸的货币制度。

最早使用这种货币制度的国家是英国殖民地印度。它存在于第一次世界大战前的殖民地与宗主国之间，往往宗主国实行金块本位制，而殖民地国家实行金汇兑本位制。第一次世界大战后，在美国恢复金本位制和英法等国实行金块本位制的同时，德国、意大利、奥地利、丹麦、挪威等30个国家实行金汇兑本位制。此时的金汇兑本位制已具有了国际性，其做法已与战前有所不同，通常所说的金汇兑本位制主要是指第一次世界大战后的金汇兑本位制。

金本位制对世界经济发展起到积极作用，它促进生产发展，保持汇率稳定，使国际收支可以自动调节；促进国际资本自由流动；扩大国际贸易发展，有助于协调各国经济政策。在金本位制下，由于各国货币都以黄金为基础，黄金充分发挥了世界货币的职能，这就加强了国际经济交流，促进了国际贸易和融资的发展。

6.2.3 国际金本位制的崩溃

第一次世界大战后，西方国家先后建立起金块本位制和金汇兑本位制。与金币本位制相比，其基础已严重削弱。1929年爆发了资本主义有史以来最严重的经济危机，从此动摇了金块本位制和金汇兑本位制。英国于1931年9月放弃金本位制后，美国又于1933年3月宣布停止兑换黄金并禁止黄金输出，也放弃了金本位制。1935年以后，比利时、法国、荷兰等国宣布货币贬值，放弃金本位制，至此，国际金本位制随之瓦解。在西方国家纷纷放弃金本位制、普遍实行纸币制度的情况下，货币信用危机加深，矛盾重重，由于建立不起统一的国际货币体系，而纷纷组成相互对立的货币集团，如英镑集团、美元集团和法国法郎集团。在各集团内部，货币比价、汇率波动界限和货币兑换与支付均有统一规定，而对集团外的国际支付则采取严格的管制，货币不能自由兑换。在国际收支调节方面，各国也采取了各种各样的手段，为了解决国内严重的失业问题，各国大打汇率战，竞相实行货币贬值以达到扩大出口、抑制进口的目的，集团之间壁垒森严，限制重重，各种贸易保护主义措施和外汇管制手段也非常盛行，形成货币战争的混乱局面。这一时期不存在统一的国际货币体系，结果是国际贸易严重受阻，国际资本流动几乎陷于停顿，世界经济发展停滞。

6.3 布雷顿森林体系

在经历了1929—1933年的世界经济大衰退后，国际金本位制已完全退出历史舞台。各个货币集团的建立和各国外汇管制的加强，使国际金融关系更加不稳定，成为世界经济发展的障碍。因此建立一种统一的国际货币制度，改变国际金融领域的动荡局面，已成为国际社会的迫切任务。

6.3.1 布雷顿森林体系的建立

第二次世界大战结束前夕，美、英等国开始描绘战后国际货币体系的蓝图，以改变20世纪30年代以来的混乱局面。美英两国政府出于本国利益的考虑，构思和设计战后国际货币体系，分别提出了"怀特计划"和"凯恩斯计划"。怀特计划从内容上反映了美国经济力量日益强盛，从而试图操纵和控制国际货币制度，并获得国际金融领域的统治地位。经过长达3个月的讨价还价。美英两国终于达成协议。1944年7月，44个国家在美国新罕布什尔州(New Hampshire)布雷顿森林系(Bretton Woods)，召开了联合和联盟国家国际货币金融会议，通过了《国际货币基金协定》，又称"布雷顿森林协定"或"国际复兴开发银行协定"，从而建立起一个以美元为中心的国际货币体系，称之为"布雷顿森林体系"(Bretton Woods Agreement)。

布雷顿森林体系是通过国际协定建立而不是自发形成的，主要内容有五个方面。

(1) 建立国际金融机构。根据布雷顿森林协定，设立一个永久性的国际金融机构——国际货币基金组织(International Monetary Fund, IMF)作为国际货币体系的核心，其宗旨在于促进国际货币合作，稳定汇率，协助成员国改善国际收支。其基本职能是：对汇率政策、经常项目的支付和货币的兑换性等问题确立各国可以接受的行为准则；为使会员国遵守上述原则以及调解国际收支不平衡，向会员国提供资金融通；为会员国进行国际货币磋商与协调提供讲坛。国际货币基金组织在一定程度上维护着国际金融领域的秩序。

同时设立国际复兴开发银行(International Bank for Reconstruction and Development, IBRD)，其宗旨在于以低利率长期贷款，协助推动成员国的经济发展。

(2) 实行美元-黄金本位制。规定美元作为最主要的国际储备货币，确立了美元的中心地位，确定了"双挂钩"制度，即美元直接与黄金挂钩，规定1盎司黄金等于35美元的黄金官价，每1美元的含金量为0.888 671克黄金，以黄金为价值基础；其他国家的货币与美元挂钩，各国货币按含金量确定与美元的比价，各国货币要先兑换美元，然后才能兑换黄金。"双挂钩"通常被视作布雷顿森林体系的两个支柱。

从这个意义上说，第二次世界大战后建立起来的布雷顿森林体系实际上是以美元为中心的金汇兑本位制，也有经济学家称为"黄金-美元本位制"，以区别于第一次世界大战后的金汇兑本位制。

(3) 建立国际性的资金融通设施。国际货币基金组织通过一系列贷款计划，向会员国提供资金，主要用来帮助会员国解决国际收支问题。会员国在需要资金时，可用本国货币向国际货币基金组织购买(即借贷)一定数量的外汇，并在规定期限内，以购回本国货币方式偿还借用的外汇。会员国所获得的贷款额同其缴纳的基金份额相当，认缴份额越大，它能获得的贷款越多。

(4) 实行固定汇率制。国际货币基金协定规定了各国货币对美元的比价,并且规定各国货币对美元的汇率只能在金平价上下1%的幅度内波动。为保持这个波动幅度,各国政府有义务在外汇市场上进行干预。一国国际收支只有发生根本性不平衡时,货币才允许贬值或升值。金平价的任何变动都要经过国际货币基金组织批准。由于各国在国际收支不平衡时,经批准,才能改变汇兑平价,而汇兑平价介于金本位制的永久固定汇率和完全自由兑换浮动汇率之间,因此,有的经济学家称其为"可调整的钉住汇率制"。

(5) 国际收支调节的安排。当成员国国际收支发生困难时,IMF通过三种方式帮助成员国渡过难关:一是敦促成员国广泛协商,促进国际货币合作。二是为成员国提供融通资金的便利。发生国际收支逆差的国家需要储备时,可用回购方式取得短期信贷来弥补逆差,即逆差国以本币向其余成员国购买一定数额的外汇,并在规定的期限内用所借的外汇购回本币,以此方式来偿还所借的款项。三是规定各成员国实行多边支付与清算,不得限制经常项目的支付,亦不许采取歧视性的货币措施(即废除外汇管制),由此创造平衡国际收支的外在条件。

可见,美元在各国货币制度中处于中心地位,履行着关键货币的职能,而其他国家的货币则都依附于美元,即布雷顿森林体系实际上是以美元为中心的国际金汇兑制度。无论如何,美元与黄金挂钩,其他国家货币与美元挂钩,保证了在第二次世界大战以后的较长时间里国际货币制度有了一个较为有效和稳定的基础,同时也促进了国际贸易、国际投资和国际经济的迅速发展。

6.3.2 布雷顿森林体系的特点

布雷顿森林体系的特点如下:

(1) 美元处于国际货币体系的中心地位。美元被广泛用作国际上的计价单位、支付手段和储备资产,因此也可以认为布雷顿森林体系是可兑换黄金的美元本位制。

(2) 对国际收支的调节作用不大。在布雷顿森林体系下有两种方法对国际收支进行调节:一是短期的失衡由国际货币基金组织提供信贷资金;二是长期的失衡调整货币金平价。但在实际运行中,两种方法效用都不大。在布雷顿森林体系运行的20多年时间里,各成员国国际收支失衡的问题始终没有得到真正的解决。

(3) 实行钉住美元的可调整固定汇率制度。美元作为关键货币,先根据其他国家的货币与美元的金平价之比来确定它们的货币对美元的汇率,再决定各会员国货币彼此之间的平价关系。国际货币基金组织规定,各会员国货币与美元的汇率波动范围上下不得超过金平价的1%。如果超过,各会员国有义务在外汇市场上进行干预。

(4) 国际性的金融组织发挥重大作用。国际货币基金组织和世界银行等国际金融机构,在监督各国汇率变动、调节国际收支、对会员国提供贷款、监督会员国财政货币政策等方面产生了重要影响。而第二次世界大战前的国际货币体系没有一个这样的组织,在这方面没有统一的规定,处于松散状态。

6.3.3 布雷顿森林体系的作用

以第二次世界大战时的经济环境为背景建立的布雷顿森林体系,在20世纪50年代和60年代的大部分时间里都运行良好,对战后世界经济和贸易的发展起着一定的积极作用,支撑了20世纪60年代开始的资本主义世界高速增长的“黄金时代”，对全球经济贸易的发展起到了积极的促进作用。

(1) 促进了国际经济的迅速发展。在布雷顿森林体系下，美元是主要的国际支付和储备货币，美元与黄金、各国货币与美元的“双挂钩”原则，结束了战前国际货币金融领域的动荡与混乱状态；汇率的稳定消除了国际贸易及对外投资的汇率风险，使国际货币金融领域进入了相对稳定的时期，为战后世界经济的稳定发展创造了相对平衡的外部环境和良好的条件；美元作为主要国际支付手段和储备货币，弥补了过去清偿能力的不足，消除了影响国际商品流通的各种障碍。这些都促进了国际贸易和资本流动，从而促进了世界经济的发展。

(2) 缓解了各国国际收支的困难。国际货币基金组织对一些工业化国家，尤其是一些发展中国家的国际收支不平衡，提供各种类型的短期贷款和中长期贷款。这在一定程度上缓和了会员国的国际收支困难，解决了其收支困境，从而减轻了这些国家货币的内在不稳定性，使它们的对外贸易和经济发展得以正常运行，从而有利于世界经济的稳定增长。

(3) 有助于国际资本流动和生产国际化的发展。汇率的相对稳定降低了国际资本流动的汇率风险，有助于各国资本的输入输出，为国际融资创造了良好的环境，有助于银行业和国际金融市场的发展，也为跨国公司和生产国际化的发展创造了条件。

(4) 树立了国际货币合作的典范。IMF在布雷顿森林体系下建立，以协调国际货币问题。其140多个成员国每年都召开一次全体成员会议，就国际金融问题交换意见，在共同讨论的基础上做出决策。在稳定汇率方面，IMF与十国集团之间的相互协调也得到了世界范围的肯定。通过IMF来协调解决国际金融问题，保证了国际货币金融关系相对稳定，开辟了国际金融政策协调的新时代。

总之，从布雷顿森林体系的运行中可以看出，其顺畅运行的一个核心就是“双挂钩”原则是否能得到保证，而这一条件的保证要建立在以下三项基本条件之上：① 美国国际收支保持顺差，美元对外价值稳定；② 美国有充足的黄金储备，以保持美元对黄金的有限兑换性；③ 黄金价格维持在官价水平，即维持在35美元上下兑1盎司黄金的水平。这三个条件是相互联系的，得不到满足时以美元为中心的布雷顿森林体系的基础就会处于危机之中。

6.3.4 布雷顿森林体系的崩溃

第二次世界大战后，世界各国都在积极加紧恢复生产和发展经济，急需大量美元，因而出现了美元短缺的“美元荒”局面。在布雷顿森林体系运行的初期，主要问题可以归结为美元的不足，1947—1958年表现为“美元荒”(Dollar shortage)。但是20世纪50年代到60年代初，美国急剧对外扩张，带来了巨额的国际收支赤字，美国经济实力相对削弱，1958—1969年转化为“美元灾”(Dollar glut)。美国的国际收支连年逆差，美国黄金储备开始外流，对外短期债务激增。到1960年，美国对外短期债务为210亿美元，已超过当时178亿美元的黄金储备。这说明美国的黄金储备已不能抵偿其所负担的短期外债。这就使人们对美元币值是否稳定、美国政府能否继续按官价用美元兑换黄金产生怀疑，以至于发生抛售美元抢购黄金的风潮，形成美元危机。

专栏6-1 美元危机

所谓美元危机，是指由美国发生国际收支危机所引起的美国黄金储备急剧减少，美元汇率猛跌和美元信誉下跌，大量资本从美国流走，国际金融市场出现抛售美元、抢购黄金与硬货币的风潮。从1960年10月到1973年2月，美元共经历了三次危机。

1960年10月爆发了第一次美元危机，这标志着美元从此进入动荡时期。尽管IMF、美国和其他主要国家采取了种种补救措施，例如1960年10月美国与西欧发达国家达成的《稳定黄金价格君子协定》、1961年3月国际清算银行理事会的各国央行达成的《巴塞尔协议》、1961年10月的《黄金总库协定》和《借款总安排》、1962年3月的《货币互换协定》等，但收效甚微。

到了20世纪60年代中期，由于越南战争的扩大，美国财政金融和国际收支更加恶化，对外债务急剧增加，美元信用更加下降，导致了1968年3月的第二次美元危机，美国黄金储备从1949年占西方世界存量75%的顶峰下跌到1968年的25%，表明了美元实际对外价值的下降。

1971年5月爆发了第三次美元危机，西方外汇市场大量抛售美元，抢购黄金和西德马克，美元本位制开始走向解体。1971年8月15日，尼克松政府宣布实行"新经济政策"，美国政府停止履行外国政府和中央银行用美元向美国兑换黄金的义务。这意味着美元与黄金的脱钩，支撑布雷顿森林体系的一根支柱倒塌。同年12月十国集团在华盛顿史密森氏研究所举行国际金融会议，讨论重新安排主要货币的汇率，达成《史密森协议》，将黄金官价从每盎司35美元提高到38.02美元，美元兑换黄金贬值7.89%；这就是《史密森协议》下的美元第一次正式贬值，其他国家货币则升值，其中日元升值16.9%，德国马克升值13.6%，瑞士法郎升值13.9%，荷兰盾和比利时法郎各升值11.6%，英镑和法国法郎各升值8.6%，意大利里拉和瑞典克朗各升值7.5%；扩大汇率波动幅度，各国货币对美元汇率的波动幅度由不超过1%扩大到2.25%。

资料来源：信玉红. 国际金融学. 北京：中国经济出版社，2005.

虽然美国与他国以及国际货币基金组织先后采取了多种措施，维持布雷顿森林体系的正常运转，暂时缓解了美元危机，但只是暂时推迟了外汇危机的发生。投机资本开始对英镑和意大利里拉施加贬值压力。1972年，英镑汇率开始根据供应和需求情况浮动；而有着大量投机资本流入的国家则使用法律来控制投机，减少货币进一步流入。1973年2月，国际外汇市场再度爆发美元危机，掀起抛售美元，抢购联邦德国马克、日元和黄金的浪潮。黄金官价由每盎司38美元提高到42.22美元。同年3月，美元再次贬值，黄金官价一度上涨到每盎司96美元。各国为了维持中心汇率，不得不投放大量本国货币，造成了巨大的通货膨胀压力，使得各国无法承受，先后放弃了与美元的中心汇率，实行自由浮动。至此，布雷顿森林体系彻底崩溃。

布雷顿森林体系的建立有其历史发展的客观必然性，其诞生与发展对世界经济的发展具有重要的促进作用，然而，由于其本身固有的缺陷，导致该体系走向崩溃。主要有以下原因：

第一，布雷顿森林体系是以美元为中心的国际货币制度，其存在的先决条件是美国经济占绝对优势和美元地位的稳固。该体系以美元作为主要储备货币，导致国际清偿能力供应和美元信誉两者不可兼得的矛盾，即所谓的特里芬难题。为了保证国际清偿能力，美国需要通过持续的国际收支逆差促使美元外流。国际贸易和投资的迅速发展要求储备货币的相应增长，但是美元持续外流必然会导致美国国际收支不断恶化和短期对外债务不断增加，国际上对美元作为主要国际储备货币的信心也就会不断降低，使美元信誉下降。这一矛盾正是布雷顿森林体系制度设计的内在缺陷，最终必然爆发美元危机，导致布雷顿森林体系瓦解。

专栏 6-2 特里芬难题

1960 年，美国耶鲁大学教授特里芬(R. Triffen)发表了《黄金与美元的危机》一文，从而提出了著名的“特里芬难题”(Triffen Dilemma)，对布雷顿森林体系的内在缺陷进行了深入的探讨。特里芬指出，随着世界经济的增长，各国中央银行对美元储备的需求也必然增长，美元的供应是有保障的，它可以通过美国的国际收支逆差来满足，但是没有同样可靠的机制来保证黄金的供应，黄金供应由采金技术和黄金矿藏等外生变量决定，于是不可避免的，美国迟早会处于一种两难的境地：如果它满足美元储备需求的增长，其对外负债必然增加，然而黄金储备却增加不了，从而美元兑换黄金的比率必然提高，这会逐渐导致对美国保证美元兑换黄金的信心丧失。并且，外国中央银行预期到美元这种不可避免的崩溃，会不断要求用美元兑换黄金，从而加速体制的崩溃。反之，如果要避免这种不可避免的崩溃，美国拒绝满足不断增长的美元需求，从而不出现美国国际收支逆差，那么世界经济会因缺少美元储备而陷入通货紧缩。如果美国满足美元储备需求的增长，制度不可避免地要崩溃；如果拒绝满足美元储备需求的增长，世界经济将陷入通货紧缩。

总之，20 世纪 60 年代以来，世界经济的发展似乎证明了特里芬的论断，美元负债对黄金的比率果然不断提高，以至到 20 世纪 70 年代，美国受周期性经济危机的影响，国际收支进一步恶化，最后在 1973 年 3 月，欧共体、日本、加拿大等国宣布本区或本国货币对美元实行浮动，布雷顿森林体系就这样在一系列美元危机与 1971—1973 年的国际金融危机中解体了。

资料来源：辛清，李熠，冯蕾. 国际金融学. 天津：天津人民出版社，2008.

第二，布雷顿森林体系的调节机制过于依赖国内政策手段。从原则上，它属于可调整钉住汇率制，但是实际上国际货币基金组织很少允许成员国运用汇率政策来调节国际收支，各国被迫通过国内财政和货币政策调节国际收支，其经济政策的自主性受到削弱。而且，成员国政府大多不愿以改变汇率的方法来应付“基本失衡”，待到非改不可时，投机者早已闻风而动，在外汇市场及黄金市场上掀起投机的浪潮，加剧了金融危机。

第三，这种货币制度赋予美元霸权地位。美国可以直接使用美元弥补国际收支逆差，相当于给其他国家打白条。其他国家则要通过减少进口、增加外债等手段来弥补国际收支逆差。美国也实际上操纵着其他国家的货币政策。如美元大量外流时，其他国家为维持固定汇率需要收购美元，并使国内货币供应量增加。这些问题日渐深重，并最终导致布雷顿森林体系的瓦解。

6.4 牙买加体系

布雷顿森林体系崩溃以后，国际金融秩序又复动荡，国际社会及各方人士也纷纷探析能否建立一种新的国际金融体系，提出了许多改革主张，例如恢复金本位、恢复美元本位制、实行综合货币本位制及设立最适货币区等，但均未能取得实质性进展。直至1976年1月，经过激烈争论，IMF理事会国际货币制度临时委员会在牙买加首都金斯敦达成了《牙买加协议》(Jamica Agreement)。1978年4月，《IMF协定第二修正案》获得IMF理事会法定60%以上的会员国和80%以上的多数票通过，从而形成新的国际货币体系，由于这个协定体系是在牙买加会议上产生的，所以被称作“牙买加体系”。

《牙买加协议》涉及汇率制度、黄金非货币化、扩大IMF对发展中国家的资金融通、增加会员国在IMF的份额等问题，不仅对修正IMF协定有指导意义，而且对形成目前的国际货币制度有重要作用。

6.4.1 牙买加协议的基本内容

牙买加协议的主要内容包括五个方面。

(1) 承认浮动汇率制的合法化。《牙买加协议》正式确认了浮动汇率制的合法化，承认固定汇率制与浮动汇率制并存的局面，成员国可自由选择汇率制度。同时，IMF继续对各国货币汇率政策实行严格监督，并协调成员国的经济政策。IMF要求各国在物价稳定的条件下寻求持续的经济增长，稳定国内的经济以促进国际金融的稳定，并尽力缩小汇率的波动幅度，避免通过操纵汇率来阻止国际收支的调整或获取不公平的竞争利益。协议还规定实行浮动汇率制度的会员国根据经济条件，应逐步恢复固定汇率制度，在将来世界经济出现稳定局面后，经IMF总投票权的85%多数票通过，可以恢复固定的但可调整的汇率制度。这部分条款将已实施多年的钉住管理的浮动汇率制度予以法律上的认可，但同时又强调了IMF在稳定汇率方面的监督和协调作用。

(2) 黄金非货币化。协议作出了逐步使黄金退出国际货币的决定。并规定：废除黄金条款，取消黄金官价，各会员国中央银行可按照市场价格自由进行黄金交易，取消会员国相互之间以及会员国与IMF之间需用黄金清算债权债务的义务。IMF所持有的黄金应逐步加以处理，其中1/6(2 500万盎司)按市价出售，以其超过官价(每盎司42.22美元)部分作为援助发展中国家的资金。另外1/6按官价由原缴纳的各会员国买回，其余部分约1亿盎司，根据总投票权的85%作出的决定处理，向市场出售或由各会员国购回。

(3) 提高特别提款权(SDRs)的国际储备地位。《牙买加协定》修订了特别提款权的有关条款，以使SDRs逐步取代黄金和美元而成为国际货币制度的主要储备资产。在未来的货币体系中，应以特别提款权作为主要储备资产，并作为各国货币定值的基础。凡参加特别提款权账户的国家，可通过账户用特别提款权偿还欠基金组织的债务及相互间的借贷。协议规定各会员国之间可以自由进行SDRs交易，而不必征得IMF的同意，IMF与会员国之间的交易以 SDRs 代替黄金，IMF 一般账户中所持有的资产一律以 SDRs 表示。

(4) 扩大对发展中国家的资金融通。以出售黄金所得收益设立信托基金，以优惠条件向不发达国家提供贷款，帮助它们解决国际收支上的困难。扩大基金组织信贷部分的贷款额度，由占会员国份额的 100％增加到 145％。提高基金组织出口波动补偿贷款的额度，由占份额的 50％提高到 75％。

(5) 增加会员国的基金份额。各会员国对国际货币基金组织所缴纳的基本份额，由原来的 292 亿特别提款权增加到 390 亿特别提款权，增加了 33.6％。各会员国应缴纳份额所占比重也有所改变，主要是石油输出国的比重由 5％增加到 10％，其他发展中国家保持不变，主要西方国家除前联邦德国和日本略增外，都有所降低。

6.4.2 牙买加体系的评价

《牙买加协定》是国际社会在布雷顿森林货币体系解体后的一种权宜之计。一方面，这个体系适应了当时世界经济形势发展的需要，从而对国际贸易和世界经济的正常运转起到了一定的积极作用；另一方面，这个体系也存在着一些严重的问题，有待更进一步的改革与发展。这些作用和问题是并存于现行国际货币体系一身的。

1. 浮动汇率制的长期化

1973 年固定汇率制度崩溃后，工业发达国家都纷纷改行浮动汇率制。浮动汇率制的优势在于：不仅可以比较灵敏而准确地反映不断变化的国际经济状况，而且还可以调节外汇市场的供求关系，从而促进国际贸易和世界经济的发展。浮动汇率制对国际经济的这种有利作用主要表现在：① 各国的汇率可以根据市场供求状况自发调整，不再会长期偏离实际价值；② 可以缓解硬通货国家在固定汇率制下维持汇率稳定的义务，不再会被动地输入通货膨胀；③ 可以使一国的财政政策和货币政策更具独立性和有效性，不再会为了外部经济而牺牲内部经济；④ 为避免汇率风险，客观上促进了国际金融业务的创新和发展。

浮动汇率的特点是外汇汇率由外汇市场的供求关系自发决定，波动比较频繁，尽管各国政府都采取种种措施干预外汇行市，但汇率体系仍然表现为极大的不稳定性。显然，汇率的经常变动，不仅影响国际贸易和资本流动，也使国际储备和外债管理变得相当复杂。20 世纪 90 年代以来发生的多起区域性的货币危机都与汇率的过分动荡有关，但目前还未能找到一种比浮动汇率制更好的、并且各国都普遍愿意接受的汇率制度。

2. 储备货币的多样化

由于美元本位制难以维持，国际储备资产出现了分散化趋势。除了黄金、美元和特别提款权以外，各国还以其他一些可兑换货币，如德国马克、英镑、日元等作为官方储备货币。储备货币多样化的优势在于：摆脱了原先对美元的过分依赖，分散了汇率变动的风险，也促进了国际货币的合作与协调，起到缓解国际清偿能力不足、克服以前美元作为唯一储备货币的“两难困境”的作用。

但储备资产多样化形成的储备货币多中心，使得国际货币体系更加脆弱，具有一种内在的不稳定性。因为只要储备货币发行国中的一个国家经济或金融状况有重大变动，国际金融市场就会产生严重的动荡。也就是说，在布雷顿森林货币体系下，只有美国的经济状况发生变化从而引起美元的变动，才会引发国际金融市场的动荡；而在牙买加货币体系下，美元、日元、英镑、德国马克等其中任何一种储备货币，因本国经济状况的变化而发生稍大的波动，都可能引发国际金融市场的动荡。

在多元化国际储备下，缺乏统一的稳定的货币标准，这本身就可能造成国际金融的不稳定。汇率大起大落，变动不定，汇率体系极不稳定，其消极影响之一是增大了外汇风险，从而在一定程度上抑制了国际贸易与国际投资活动。对发展中国家而言，这种负面影响尤为突出。

3. 国际调节机制的不健全

牙买加体系除可以继续依靠国际货币基金组织和变动汇率外，还可以通过利率及国际金融市场的媒介作用、国际商业银行活动、外汇储备的变动等渠道进行，多种调节手段还可以结合起来运用。这在一定程度上克服了布雷顿森林货币体系后期调节机制失灵的困难，从而对世界经济的健康发展起到了积极作用。

尽管在牙买加体系下国际收支调节的渠道与措施比先前增多且可组合运用，但该体系运行多年以来，全球性的国际收支失衡问题非但没有得到妥善解决反而更加严重。这是因为在现行体系下，调节国际收支不平衡的责任往往完全落在逆差国身上，而对顺差国却没有严格的限制条件。因而，现行的国际货币体系还没有建立起一种完善的国际收支调节机制。

由于现行国际货币体系中国际收支调节机制的不健全，不仅给国际收支逆差国带来了严重困难，而且也加剧了全球性的国际收支的严重失调。近几年发展中国家的巨额外债成了全球性国际收支不平衡的一个重要因素。因而，许多国家对国际货币体系中不存在一个公平的合理分配国际收支不平衡调节责任的机制，深感不满。

6.5 欧洲货币一体化

第二次世界大战以后，特别是自20世纪50年代末以来，世界经济一体化的趋势不断加强，经济一体化的加强必然引发货币一体化的问题，尤其是区域性的货币一体化，十分引人注目。区域性货币体系或区域性货币一体化，是国际货币体系改革的重要内容和组成部分，是布雷顿森林货币体系解体的产物，也是当前国际及区域经济一体化的必然结果。它对整个世界的国际收支、国际储备、汇率体系和国际货币管理等都有重大的影响。因此，它在国际货币关系中有着重要的作用。

区域性货币体系或区域性货币一体化，一般是从货币联盟开始的，参加联盟的国家彼此之间实行固定汇率制度，使用统一货币单位进行债务清算，并建立统一的货币管理机构协调各国的宏观政策，最终实现一个统一的体系。区域性货币一体化具有三个基本特征：一是汇率的统一，即成员国之间实行固定汇率制度，对成员国以外的国家实行浮动汇率；二是货币的统一，即发行单一的共同货币，在成员国之中使用不受限制；三是货币管理机构和货币政策的统一，即建立一个中央货币机关，并由这个机关保存各成员国的国际储备，发行共同货币，以及决定货币联盟的政策等。目前，区域性货币体系或区域性货币一体化主要有欧洲货币体系、阿拉伯货币基金组织、中美洲经济一体化银行、西非货币联盟等，而其中欧洲货币体系最为典型。因此，我们这里仅选择欧洲货币体系予以专门介绍。

欧洲货币体系被公认为是布雷顿森林体系崩溃以来国际货币制度的重大创新，也是国际政策协调方面最成功的典范。它在其成员国之间建立起一个“稳定货币区域”，使它们免受区域外金融不确定性的影响，方便成员国之间的经济交往和合作，为未来的国际货币制度改革提供了可供借鉴的途径。而欧洲货币一体化是欧洲经济一体化的终极目标，欧洲单一货币(欧元)的出现被称为“自纸币发明以来最引人注目的事件”，将对国际货币体系产生深远的影响。

6.5.1 欧洲货币体系的建立

欧洲货币体系(European Monetary System，EMS)的形成是欧洲经济共同体(European Economic Community，EEC)和经济一体化发展的要求。欧洲经济共同体是一个国际联合组织，其共同目标是：在经济领域里逐步统一经济政策，建立工农业产品的统一市场，在共同体内实现资本和劳动力的自由流动，协调各成员国在财政、金融、货币等方面的政策和立法，当时机成熟时再从经济联盟发展为政治联盟。

1950 年欧洲支付同盟成立，这是欧洲货币一体化的开端。1957 年 3 月，法国、原联邦德国、意大利、荷兰、比利时和卢森堡在罗马签订了《欧洲经济共同体条例》，通称《罗马条约》，该条约于 1958 年 1 月 1 日正式宣布生效，标志着欧洲经济共同体的诞生。欧共体成立后，在经济一体化方面取得了巨大进展，主要措施有：① 建立关税同盟，对内取消工业关税，对外实行统一的进口关税；② 实行共同的农业政策，内部主要农产品统一价格，基本取消内部农产品关税，在成员国之间实现农产品自由流通；③ 建立“欧洲经济与货币联盟”(European Economic and Monetary Union，EEMU)，逐步统一财政、经济政策和逐步实现成员国货币的统一。

为了统一共同市场在政治和经济方面的步调，必须改善各成员国在货币政策上的不协调状态。进入 20 世纪 60 年代后，美元的不稳定状态及频繁爆发的危机使西欧国家特别是持有大量美元储备的共同体国家的货币受到剧烈的冲击。共同体国家深感有必要进一步统一货币政策，加强货币协作，建立一个比较稳定的欧洲货币区，从而摆脱美元的控制和影响，加强对美国的抗衡力量。1969 年 12 月在海牙举行的欧共体首脑会议上，决定筹建以统一货币为中心的经济和货币同盟。主要目标是：统一财政、金融政策，设立共同市场储备总库，协助成员国解决国际收支困难；逐步缩小成员国货币汇率波动幅度，达成货币的固定平价，到 1980 年建立一种与美元相抗衡的欧洲货币，并规定上述目标在 10 年内分 3 个阶段实现。欧共体的部长理事会经过几个月的审议，于 1971 年 3 月达成协议，决定先正式实施货币联盟计划，具体包括：1972 年 4 月欧共体内部实行可调整的中心汇率制即联合浮动汇率制，又称“蛇形浮动汇率制”；1973 年 4 月建立欧洲货币合作基金；1974 年 6 月 28 日创设欧洲计账单位(European Unit Account，EUA)。这些措施的实行奠定了欧洲货币体系的基础。

进入 20 世纪 70 年代后，世界经济动荡不安，1973 年石油提价导致欧洲发生石油危机，1974 年又爆发了第二次世界大战后最严重的经济危机，美元大幅度贬值，布雷顿森林体系崩溃，这些不稳定的因素使欧洲经济共同体完全实施 10 年内的经济与货币联盟的计划变得更加艰巨与复杂，有关成员国忙于应付本身的经济问题而无暇顾及联盟的发展。直至 1977 年底，欧共体委员会主席詹金斯才重新提起并敦促经济和货币同盟的进展。1978 年原联邦德国总理施密特提出建立欧洲货币稳定区的设想，得到法国总统德斯坦的积极支持。1978 年 7 月，不来梅会议和同年 12 月的布鲁塞尔会议，分别提出并通过建立“欧洲货币体系”的计划。1979 年 3 月 13 日，在巴黎举行的欧洲共同体国家政府首脑第十三次理事会上，正式通过并宣布欧洲货币体系于同日起生效。

6.5.2　欧洲货币体系的主要内容

1. 创设欧洲货币单位

欧洲货币单位(European Currency Unit，ECU)是欧洲货币体系的核心，它比欧共体原创立的、只起计价作用的EUA大大前进了一步。它不仅起到计价作用，而且还具有以下功能：① 作为确定参加欧洲货币体系国家货币的中心汇率标准；② 是成员国与欧洲货币基金之间信贷融通的计值标准；③ 作为成员国货币当局之间的结算工具，以及整个共同体的财政预算的结算工具；④ 随着欧洲货币基金的建立，逐渐成为各国货币当局的一种储备资产。

欧洲共同体借助于ECU的创建，进一步摆脱了美元的控制与影响，最终发展成为欧共体统一的货币。欧洲货币单位实质上是一个货币篮子，是按货币篮子的原则由共同市场各国货币混合构成的货币单位。组成欧洲货币单位的每一种货币在ECU中所占的权重，主要根据各成员国的国民生产总值及其在欧共体内贸易额所占的比重加权平均来计算。成员国货币在欧洲货币单位所占的权重每5年调整一次，必要时也可随时调整。

随着欧共体的经济发展，其实力越来越强，不断有新的成员国加入。1973年1月1日，英国、丹麦、爱尔兰加入欧共体；1981年1月1日，欧共体正式接纳希腊为成员国；1986年1月1日，葡萄牙和西班牙也成为正式成员国。至此欧共体成员国已扩大到12国，ECU的构成也扩大至12国的货币。1995年1月1日，瑞典、芬兰和奥地利亦成为共同体的正式成员。

2. 扩大西欧货币联合浮动范围，实行双重的中心汇率制

共同体成员国对内实行固定汇率，对外实行联合浮动。共同体成员国货币之间都确定了中心汇率，并将汇率波动的上下限由“蛇形浮动汇率制”时期1.125%扩大为2.25%，允许英国、西班牙和意大利的货币汇率波动幅度为6%。此外，各成员国货币还要和欧洲货币单位确定一个中心汇率和波动的上下限。如果成员国的货币偏离了对欧洲货币单位的中心汇率，而出现升降差异时，其最大差异幅度为1.687 5%，又称为“临界干预点”，有关国家的中央银行应及时采取行动，改变自己的经济和货币政策，将其汇率控制在差异界限之内。因此，它是一种带有预防性的措施，能对各国的汇率失常现象预先提出警告，从而维持汇率的稳定。在实际执行过程中，随着成员国的不断增多及各国经济状况的变化，这些比率也处于调整之中。

3. 建立欧洲货币基金，增强干预市场的能力

欧洲货币基金(European Monetary Fund，EMF)是欧洲货币体系的基础。1973年4月，欧共体曾为稳定汇率而建立了欧洲货币合作基金，但远不足以适应干预市场的需要。而新建立起的欧洲货币基金，则集中了成员国20%的黄金、外汇储备，以及相同金额的各国货币，以便向成员国提供信贷、干预市场、稳定汇率和平衡国际收支。在欧洲货币体系成立之初，欧洲货币基金的总额约有250亿欧洲货币单位，其中的140亿作为短期贷款，其余110亿欧洲货币单位则作为中期金融贷款。其发放贷款方式与国际货币基金组织发放的方式相似。这些基金对稳定欧洲货币单位的币值及干预市场等起着重要的作用。

6.5.3　欧洲货币体系的作用

第一，欧洲货币体系的建立进一步削弱了美元的霸权地位，是国际货币体系走向多元化的标志，从而加强了欧洲经济共同体在国际金融领域同美国分庭抗礼的地位。

第二，欧洲货币单位的地位明显提高，用途日益扩大。欧洲货币单位经过多年的发展，在国际金融领域的地位不断提高，被认为是成功的一篮子定值的货币。欧洲货币单位的官方用途正逐渐扩大，成为适用于欧共体各国的清偿货币。由于欧洲货币单位的汇率风险较小，所以以它为面值发行的国际债券越来越多。同时，欧共体各国间的交通、电信、旅游等业务结算也逐渐采用欧洲货币单位，使其成为重要的民间划拨清算工具。

第三，强大的欧洲货币基金，增强了联合浮动汇率机制的稳定性。自欧洲货币单位建立以来，欧洲及国际金融市场上曾出现过多次动荡，牙买加货币体系实际上是“无体系的体系”，浮动汇率制度所带来的剧烈的汇率波动常常使各国自身难保，国际上的协调更加困难。而欧洲货币体系所建立起来的汇率机制实际上是一种可调整的固定汇率制，在不断地调整过程中，它经受住了多次严峻的考验，不仅巩固了欧洲货币体系本身，而且促进了欧共体的经济发展。

6.5.4 欧元的诞生与发展

对实现统一市场的憧憬推动了欧洲各国对消除汇率风险和交易成本的兴趣，于是在法国和德国外交部部长的催促下，在1988年6月召开的汉诺威首脑会议上，欧洲理事会决定建立一个专门委员会，就欧洲共同体如何走向经济货币联盟提出报告。该委员会由当时的欧共体委员会主席雅克·德洛尔(Jacques Delors)主持。这就是所谓的德洛尔委员会(Delors Commission)。1989年4月，该委员会向欧共体十二国财长提交了《关于欧洲经济共同体经济与货币联盟报告》，即“德洛尔报告”。

根据这份报告，欧洲理事会马德里会议决定在1990年6月由8个成员国启动EMU的第一阶段：放松资本管制，实现资本流动自由化。1991年12月9—10日，欧共体首脑在荷兰小镇马斯特里赫特举行会议，决定在20世纪90年代建立“货币与经济联盟”，并于1992年2月7日，欧共体外长签署了在“德洛尔报告”基础上形成的《欧洲经济联盟》，又称《马斯特里赫特条约》，简称《马约》。《马约》成了以后欧洲经济联盟进一步发展的里程碑。欧洲共同体相应地更名为欧洲经济和货币联盟，简称欧盟。

《马约》分为政治联盟和经济与货币联盟两个方面。货币联盟的最终目的是在欧共体建立一个负责制定和执行欧共体货币政策的中央银行并发行统一的货币。该条约声明，欧盟将通过三个连续阶段在20世纪末建立货币联盟，并为此设置了精确的时间表。

第一阶段：1990年7月1日—1993年12月31日。最主要的目标是加强欧洲各国的货币合作，所有成员国货币加入欧洲货币体系的汇率机制(EMS)；清除市场行政障碍，完成单一市场建设，形成欧洲统一大市场，实现商品、人员和资本的自由流动；取消外汇管制，实现资本项目的完全开放。

第二阶段：1994年1月1日—1997年。进一步实现各国宏观经济政策的协调，建立独立的不受政治干预的欧洲货币管理体系或欧洲中央银行，负责统一制定货币政策，进一步缩小成员国之间的汇率波动幅度。建立公共融资的规则，限制政府过度财政赤字，规定各国中央银行不允许直接向其政府提供信贷，对国有企业的特殊保护以及对公共债务的强迫投资均被禁止，并赋予中央银行以独立性；建立欧洲货币局(European Monetary Institute，EMI)，即欧洲中央银行前身。EMI监管各国货币的波动幅度，实现各国货币的可自由兑换和向永久固定汇率过渡，加强各国中央银行间的合作，为进入建立单一货币的最后阶段做必要准备。

第三阶段：1997—1999年1月1日。最终建立统一的欧洲货币，完成欧洲货币联盟的建设。参加国货币之间的汇率被最终锁定,统一货币被命名为欧元,取代各成员国的本国货币,并以与ECU相等的价值正式启动;与此同时,单一货币政策开始确立并将此权力赋予欧洲中央银行(European Central Bank,ECB)系统。ECB由各国中央银行行长以及欧洲中央银行共同组成,各成员国将其全部黄金和外汇储备纳入欧洲中央银行账户,并受《马约》规定的趋同指标的约束。可信的稳定政策以及宏观经济的高度趋同是单一货币稳定的必要条件。虽然所有欧盟成员国都可以加入第二阶段,但是在进入第三阶段之前,《马约》第109条款规定成员国必须满足所有趋同标准:① 价格水平高度稳定,通货膨胀率不能超过上一年欧共体三个最低国家平均水平的1.5%;② 可持续性,政府长期债券的利率不能高于欧共体三个通货膨胀率最低国家平均水平的2%;③ 持续稳定的政府财政地位,上一年的财政赤字占国内生产总值的比重必须小于3%,公共债务的累计额必须低于国内生产总值的60%。④ 货币汇率必须维持在欧洲货币体系规定的幅度内,并且稳定两年时间;⑤ 其中央银行的法则法规必须与《马约》规定的中央银行法规相兼容。

虽然《马约》向经济货币联盟渐进的过程受到了来自各方的批评,虽然欧洲于1992—1993年发生的货币危机使得货币联盟的前景显得黯淡,但是欧洲各国政府还是坚定不移地在1994年1月启动经济货币联盟第二阶段,并于1999年1月1日开始第三阶段。

1999年1月1日,欧共体统一货币——欧元(EURO)开始启动,欧共体15个成员国中的12个国家(奥地利、比利时、芬兰、法国、德国、希腊、爱尔兰、意大利、卢森堡、荷兰、葡萄牙、西班牙)成为欧元区国家,3.06亿人统一使用欧元货币。这一阶段欧元和欧元区国家原货币同时流通。自2002年1月1日起,欧元区国家正式发行第一批欧元的纸币与硬币,欧元取代原各国货币开始正式流通。同年7月1日,欧洲各国货币退出历史舞台,欧元成为欧元区唯一的货币。

2004年5月1日,中东欧捷克共和国、爱沙尼亚、塞浦路斯、拉脱维亚、立陶宛、匈牙利、马耳他、波兰、斯洛文尼亚和斯洛伐克10个国家加入欧盟,现在的欧盟国扩大到25国。

欧元开始启动以来,其价值几经起伏。欧元的诞生与发展对世界经济产生了非常大的影响。

6.5.5 欧洲中央银行体系

欧洲中央银行的前身为欧洲货币局,再远可以追溯到欧共体时期的中央银行行长委员会。中央银行行长委员会是欧共体各成员国中央银行行长之间相互协商信贷、货币市场和汇率等问题的机构。欧洲货币局成立于1994年1月,是作为设想中的将于1999年成立的欧洲中央银行的过渡。

1998年5月,欧洲经货联盟各国政府任命了欧洲中央银行执行董事会成员,这标志着欧洲中央银行和欧洲中央银行体系(European System of Central Bank,ESCB)的建立。1998年6月1日,欧盟理事会正式任命欧洲中央银行行长、副行长及执行董事会的四位成员。这一天被视为欧洲中央银行正式的成立日期。欧洲中央银行也就成为欧元区国家统一发行欧元后的中央银行。欧洲中央银行和欧元区各成员国的中央银行共同组成欧洲中央银行体系。ESCB的成立是欧洲中央银行法的产物,具有坚实的法律基础。ESCB有自己的预算,独立于欧洲联盟预算之外,欧盟的其他机构不能干涉ESCB的行政事务,这有助于将ESCB的预算与欧盟各国的财政利益分离。ESCB行长的正常任期为8年。ESCB负责制定和实施经货联盟的货币和金融政策,以维持欧元区的价格稳定,促进欧元区的经济增长。

专栏 6-3 欧洲债务危机

欧洲主权债务危机，简称欧债危机，是指2008年金融危机之后欧洲部分国家因在国际借贷领域中大量负债并超过了其自身清偿能力，造成无力还债或者必须延期还债的现象。2009年12月，欧洲主权债务危机最早在希腊凸显。随即国际三大评级机构惠誉、标准普尔和穆迪相继下调希腊主权信用评级，并将其评级展望定位为负面，希腊乃至整个欧洲的债务危机由此拉开序幕。截止到2010年4月底，其已经蔓延至欧元区内经济实力较强的葡萄牙、意大利、爱尔兰和西班牙。此后，法国和德国两个欧元区的核心国家也受到了危机的影响。2012年初，标准普尔宣布将法国等9国主权信用评级下调，法国主权信用被踢出AAA级。至此，由希腊开始的主权债务危机已演变成一场席卷整个欧洲的主权债务危机，表6-2列出了欧洲债务危机进程。

表 6-2 欧洲债务危机进程

开端	2009年12月全球三大评级公司下调希腊主权评级，希腊的债务危机随即愈演愈烈，但金融界认为希腊经济体系小，发生债务危机影响不会扩大	2009年12月8日 惠誉将希腊信贷评级由A－下调至BBB＋，前景展望为负面 2009年12月15日 希腊发售20亿欧元国债 2009年12月16日 标准普尔将希腊的长期主权信用评级由“A－”下调为“BBB＋” 2009年12月22日 穆迪宣布将希腊主权评级从A1下调到A2，评级展望为负面
发展	欧洲其他国家也开始陷入危机，包括比利时这些外界认为较稳健的国家，及欧元区内经济实力较强的西班牙，都预报未来三年预算赤字居高不下，希腊已非危机主角，整个欧盟都受到债务危机困扰	2010年1月11日 穆迪警告葡萄牙若不采取有效措施控制赤字将调降该国债信评级 2010年2月4日 西班牙财政部指出，西班牙2010年整体公共预算赤字恐将占GDP的9.8% 2010年2月5日 债务危机引发市场惶恐，西班牙股市当天急跌6%，创下15个月以来最大跌幅
蔓延	德国等欧元区的龙头国都开始感受到危机的影响，因为欧元大幅下跌，加上欧洲股市暴挫，整个欧元区正面对成立十一年以来最严峻的考验，有评论家更推测欧元区最终会解体收场	2010年2月4日 德国预计2010年预算赤字占GDP的5.5% 2010年2月9日 欧元空头头寸已增至80亿美元，创历史最高纪录 2010年2月10日 巴克莱资本表示，美国银行业在希腊、爱尔兰、葡萄牙及西班牙的风险敞口达1 760亿美元
升级	希腊财政部部长称，希腊在2010年5月19日之前需要约90亿欧元资金以度过危机。欧盟成员国财政部部长10日凌晨达成了一项总额高达7 500亿欧元的稳定机制，避免危机蔓延	2010年4月23日 希腊正式向欧盟与IMF申请援助 2010年5月3日 德内阁批224亿欧元援希计划 2010年5月10日 欧盟批准7 500亿欧元希腊援助计划，IMF可能提供2 500亿欧元资金救助希腊

资料来源：http://wiki.mbalib.com/wiki.

专栏 6-4 脱欧公投

脱欧公投,是指英国是否脱离欧盟进行的公投。

2013 年 1 月 23 日,英国首相卡梅伦首次提及脱欧公投。

2015 年 1 月 4 日,英国首相卡梅伦表示,如果有可能,将原计划于 2017 年进行公投提前举行。

2015 年 5 月 28 日报道,英国政府向下议院提交并公布了有关"脱欧公投"的议案,包括公投问题的语句,并承诺将在 2017 年底之前举行投票。

"脱欧"公投投票于英国当地时间 2016 年 6 月 23 日上午 7 点(北京时间 6 月 23 日下午 3 点)开始。

此次投票持续了 15 小时,公投结果将直接影响英国未来是否留在欧盟。

最新民意调查显示,"留欧"和"脱欧"的支持率不相上下,悬念看来要留到最后一刻。除了加大公投本身的难以捉摸的程度,还给全球市场平添了一层不确定性。

英国广播公司 26 日称,由于不满英国脱欧公投结果,当地民众发起联署签名请愿,要求英国议会重新考虑这次公投的有效性,呼吁二次公投。

2016 年 7 月 9 日,英国政府正式拒绝了逾 412.5 万人发起的举行第二次退欧公投的请愿。英国外交部代表官方表示,首相和政府均已经明确,必须尊重此前公投的结果。

2017 年 3 月 16 日,英国女王伊丽莎白二世批准"脱欧"法案,授权英国首相特雷莎·梅正式启动脱欧程序。

6.6 国际货币制度的改革

改革现行国际货币体系的呼声从牙买加体系成立后就没有停止过,国际上曾围绕国际货币体系的改革进行过多次的协商和讨论,其中心论题为:① 汇率机制的安排;② 货币可兑换性的重建;③ 各种储备资产在国际货币体系中的地位;④ 扰乱性资本流动的治理;⑤ 为适应发展中国家的特殊需要,应做出某些新的规定等。但因为各个国家的利害关系不同,所以在货币体系的改革方面存在着多种利益冲突。这也就决定了这一改革必然是一个长期的、复杂的和曲折的过程。

目前,作为现行国际货币体系载体的国际货币基金组织、发达国家集团、发展中国家集团、各国际经济政治组织和著名学者都提出了改革货币体系的方案。这些方案大体可以分为两类。

6.6.1 货币本位制的改革

货币本位制的改革方案主要有五种。

(1) 恢复金本位制方案。这是法国经济学家吕埃夫提出的主张。其主要内容是:各国持有的美元可以自由向美国兑换黄金,黄金价格可以提高;各国对于外国持有的本国通货,在外国要求时,都应兑换为黄金;恢复用黄金弥补赤字的做法。

(2) 恢复美元本位制方案。国际货币基金组织研究部的安舟·克饶克特等人主张恢复美元本位制，同时促使各主要工业国家间的宏观经济政策协调提高到一个更高的程度。他们认为，虽然美国的经济实力从绝对优势转为相对优势，美元的国际地位有所下降，但目前钉住美元的货币仍有 40 多种，美元仍是主要的支付和储备手段。

(3) 特别提款权本位制方案。一些学者主张将特别提款权作为本位货币，并提出了如下建议：① 在国际货币基金组织的控制下，以特别提款权为国际基础货币，通过它来影响国际储备总量；② 特别提款权要有坚实的物质基础，使人们对它无限信任；③ 在储备总量的构成上，逐步增加特别提款权的比重，最后把多种储备资产简化成单一储备资产，所有官方储备只有黄金和特别提款权；④ 各国中央银行可以用特别提款权干预外汇市场。

(4) 多种货币为基础的本位方案。法国政府在 1985 年提出建立"多极"国际货币体系，主张让日元、前德国马克、前法国法郎和瑞士法郎也像美元一样，处于关键货币的地位。日本经济学家小岛消倡议实行"复数中心货币金汇兑本位制"，让美元、日元和前德国马克三种货币取得无优劣差别价值的国际通货资格。美元、日元和前德国马克规定含金量，黄金可在三国间转移。

(5) 确立一种超主权的国际储备货币。所谓超主权储备货币(Super-sovereign Reserve Currency)，是指由一个超越主权国家的货币管理机构发行的用于国际范围内计价尺度、交换媒介与储藏手段的货币。就发生国际货币危机的根源看，目前缺少一种超越国别的超主权的国际储备货币，虽然欧元在部分特征上符合超主权货币的要求，但是，其距离真正的超主权国际储备货币还有一定差距。同时，真正的国际储备货币需要币值稳定、供应有序、总量调节灵活等特征，美元、欧元等强势货币不能满足其内在要求，而超主权储备货币能够满足上述要求。超主权储备货币不仅能克服主权信用货币的内在风险，还能调节全球流动性。由一个全球性机构管理的国际储备货币将使全球流动性的创造和调控成为可能，当一国主权货币不再作为全球贸易的尺度和参照基准时，该国汇率政策对失衡的调节效果会大大增强。这些能极大地降低未来危机发生的风险，增强危机处理的能力。

2008 年成立的联合国大会主席关于国际货币金融体系改革的专家委员会(the Commission of Experts of the President of the UN General Assembly on Reforms of the International Monetary and Financial System，简称"斯蒂格利茨委员会")的报告指出，当前的国际货币体系改革应解决三个问题：第一，储备资产的积累必须与储备货币发行国的经常账户赤字相分离(以克服特里芬两难)；第二，对经常账户盈余国必须有所约束(这是凯恩斯提出的清算同盟的核心理念)；第三，应该提供一个比美元更加稳定的国际价值储存载体。为了解决上述三个问题，一个最现实的方法是大量增加对特别提款权(Special Drawing Right，SDR)的发行与使用。

6.6.2 汇率制度的改革

1. 对现行汇率制度持否定态度的改革

以美国经济学家库珀为代表，他们认为在浮动汇率制下，汇率的频繁波动给世界经济的发展造成了损害，改革必须以国际货币的稳定作为目标。为此，应加强国际货币基金组织对汇率的监督，尤其需要国内的经济政策与国际上的合作密切配合。只有如此，才能保持汇率的稳定。反映发展中国家意见的二十四国集团的《蓝皮书》也认为，应当改革目前的浮动汇率制度。

2. 对现行汇率制度持肯定态度的改革

这是代表发达国家的十国集团的主张，它们认为目前尚不具备恢复固定汇率制的条件。以主要货币为基础的浮动汇率制是灵活的、可行的，但今后还要采取措施来稳定汇率和金融市场。要取得汇率和金融市场的稳定，需要完善的国内政策以及主要国家间的密切合作，必要时应共同采取行动干预外汇市场。

3. 建立汇率目标区

20 世纪 70 年代布雷顿森林体系崩溃之后，以浮动汇率为主的混合体制占据了主导地位，浮动汇率制给全球经济带来了震荡，并使各主要货币之间的汇率大起大落。为改变这种局势，各国政府和学者作了许多探索，“汇率目标区”就是其中最具代表性的探索成果之一。

最早提出“汇率目标区”制度的是荷兰财政大臣杜森贝里(Duilsenbery)，他在 1976 年提出建立欧洲共同体六国货币汇价变动的目标区计划。1985 年，美国著名学者约翰·威廉姆森(John Williamson)和伯格斯坦(Bergstein)又共同提出了详细的汇率目标区设想及行动计划。1987 年 2 月，“七国集团”中的六国财长在巴黎会议上将汇率目标区思想写入会后发表的《 罗浮宫协议》。1991 年克鲁格曼(Krugman)在 1985 年威廉姆森的汇率目标区方案基础上创立了汇率目标区的第一个规范理论模型——克鲁格曼的基本目标区理论及模型，也就是克鲁格曼汇率目标区理论。

汇率目标区理论的基本指导思想是：用在世界贸易中占最大比重的工业国家的货币来建立一个汇率目标区，在汇率目标区内有一个中心汇率(基本汇率)，并在中心汇率附近确定一个汇率波动的范围，当市场汇率波动超过波动带范围时，有关国家应调整其经济政策，积极干预市场或调整其中心汇率，使汇率的变动不超过这个区域。

根据汇率目标区的内容可将其分为硬目标区和软目标区。硬目标区的特点是汇率波动幅度小，不常修订，目标区的内容对外公开，一般是通过货币政策将汇率维持在目标区内；软目标区的特点是汇率波动幅度大，常修订，目标区的内容不对外公开，不必要求通过货币政策加以维持。

建立汇率目标区体系尚待确定的问题是：① 目标区的规模问题；② 目标区汇率变动的频率和幅度问题；③ 目标区对外公开的程度问题；④ 对目标区汇率的承诺或保证程度的问题。

目前，国际货币体系的改革主张都还处于探索阶段，综合各方的观点，这种方案可以修订如下：在现有的国际货币体系基础上进行调整和改革，改进现有的国际金融机构(包括国际货币基金组织、世界银行、国际清算银行、区域性银行)，建立新的金融秩序，加强金融监管和援助力度，进一步协调发达国家和发展中国家、国际金融组织和私人组织以及其他各利益冲突方之间的关系，在最大限度内维护主要货币汇率的稳定，减少全球范围内金融危机的发生频率。

然而，该方案牵涉到各方的利益冲突，要达成一致的意见还有待时日。但有一点是可以肯定的，各国和国际组织将做出不懈的努力，在未来几年内向以上的目标迈出重要的步伐。

本章概要

国际货币体系(International Monetary System)，又称国际货币制度，是指为适应国际贸易和国际支付的需要，各国政府关于货币在国际支付、结算、汇兑和转移等方面所规定的规则、措施以及相应的组织机构的总称。其基本内容包括各国货币比价的确定及汇率制度的安排、国际储备资产的选择与确定、国际收支及其调节机制、黄金和外汇的流动与转移规定、各国货币的兑换性与国际结算的原则。历史上的国际货币体系经历了国际金本位制度、布雷顿森林体系和牙买加体系。

在国际金本位制度下，黄金是唯一的储备货币，各国货币根据铸币平价建立固定比价关系；价格-现金流动机制是国际收支不平衡的调节手段；各国货币调整具有对称性，各国货币的发行受到黄金储备的限制而避免了过度扩张。但是在金本位制度下，黄金储藏量的相对有限导致了国际清偿力的不足，因此对世界经济发展产生了紧缩效应。根据货币与黄金的联系程度，金本位又表现为三种形式，即金币本位、金块本位和金汇兑本位。

布雷顿森林体系是一种储备货币本位制度，美元与黄金挂钩，各国货币与美元挂钩，在此基础上建立了可调整的固定汇率制度。美元是实际上的国际储备货币，国际收支短期失衡可以通过从 IMF 获取融资来解决，长期失衡可通过调整汇率加以解决。布雷顿森林体系下稳定的汇率对世界经济曾经起到了非常积极的作用，但是其内在的根本缺陷，即特里芬难题导致了其最终走向崩溃。

牙买加体系是布雷顿森林体系崩溃后形成的结果，是以美元为中心的国际储备货币多元化的、以实施浮动汇率制为特征的、现行的国际货币体系。主要特征是浮动汇率合法化、黄金非货币化、国际储备货币多元化、国际收支调节不健全。目前仍存在一些突出的矛盾和问题，如汇率的过度波动和储备货币缺乏国际管理等，国际货币体系有待进一步改革。

欧洲货币体系的形成是欧洲经济共同体和经济一体化发展的要求。具体包括：创设欧洲货币单位；扩大西欧货币联合浮动范围，实行双重的中心汇率制；建立欧洲货币基金，增强干预市场的能力。欧洲中央银行和欧元区各成员国的中央银行共同组成欧洲中央银行体系，负责制定和实施经货联盟的货币和金融政策，以维持欧元区的价格稳定，促进欧元区的经济增长。《马斯特里赫特条约》提出用三个阶段推进欧洲货币体系的发展，具有里程碑意义。1999 年 1 月 1 日，欧共体统一货币——欧元(EURO)开始启动，自 2002 年 1 月 1 日起，欧元区国家正式发行第一批欧元的纸币与硬币，欧元取代原各国货币开始正式流通。同年 7 月 1 日，欧洲各国货币退出历史舞台，欧元成为欧元区唯一的货币。欧元的启动将对 21 世纪的国际金融与世界经济产生重大的影响。

国际上曾围绕国际货币体系的改革进行过多次的协商和讨论，其中心论题为：① 汇率机制的安排；② 货币可兑换性的重建；③ 各种储备资产在国际货币体系中的地位等。但国际货币体系的改革存在着多种利益冲突，决定了这一改革必然是一个长期的、复杂的、曲折的过程。

关键术语

国际货币体系、金币本位制、金块本位制、金汇兑本位制、布雷顿森林体系、牙买加体系、欧洲货币单位、欧元、货币危机

复习题

1. 简述国际货币体系的概念和内容。
2. 布雷顿森林体系的主要内容有哪些?
3. 牙买加体系的主要内容是什么?
4. 简述欧洲经济货币联盟的作用。
5. 简述国际货币体系的改革方向。

参考文献

[1] 吴腾华.国际金融学.上海:上海财经大学出版社,2008.
[2] 辛清,李熠,冯蕾.国际金融学.天津:天津人民出版社,2008.
[3] 刘园.国际金融.北京:北京大学出版社,2007.
[4] 姜波克.国际金融新编.4版.上海:复旦大学出版社,2008.
[5] 张明.国际货币体系改革:背景、原因、措施及中国的参与.国际经济评论,2010(1):114-137.

第7章 国际金融机构

国际金融机构指从事国际金融业务，协调国际金融关系，维持国际货币及信用体系正常运作的超国家的金融机构。国际金融机构的产生与发展同国际经济政治状况及变化密切相关。

国际金融机构的建立肇始于第一次世界大战之后的战争赔款需要，于1930年5月在瑞士巴塞尔成立了国际清算银行。此后，随着生产国际化和资本国际化趋势的日益深化，特别是第二次世界大战以后，为了配合“布雷顿森林体系”的需要，成立了几个全球性的国际金融机构，其中，最重要的是世界银行和国际货币基金组织。世界银行和国际货币基金组织自成立以来，在国际经济和金融领域发挥了重要的作用，主要表现在以下五个方面：① 当发生重大的国际经济或金融事件时，或者某国发生重大事件进而对国际经济和金融领域产生重大影响时，组织协调各国间的相互关系和各国的行动；② 当某国发生经济困难时，提供短期资金融通，以解决该国的国际收支逆差，在一定程度上缓解该国的支付困难，稳定其货币的汇率；③ 提供长期的发展资金，促进成员国特别是发展中国家的经济发展；④ 提供普通提款权和分配特别提款权，提高国际货币基金组织成员国的清偿能力；⑤ 稳定汇率，对国际货币体系的正常运转提供安全保障。

7.1 国际货币基金组织

国际货币基金组织(IMF)(简称基金组织)根据1944年7月签订的《国际货币基金组织协定》，于1946年3月成立，1947年3月1日开始金融业务活动，同年11月15日成为联合国专门经营国际金融业务的机构。截至2010年4月有成员国186个。在维持汇率稳定、消除外汇管制、平衡国际收支以及促进国际货币合作方面做了大量工作，在当前的国际货币制度中，也仍然在许多方面发挥着重要的职能。

7.1.1 国际货币基金组织的宗旨

基金组织的主要宗旨是确保国际货币体系，即各国(及其公民)购买商品和服务所依赖的汇率体系及国际支付体系的稳定。国际货币基金组织的基本职能是向成员国提供短期信贷，调整国际收支的不平衡，维持汇率的稳定。《国际货币基金组织协定》强调，“消除竞争性的货币贬值”与“消除阻碍国际贸易发展的外汇管制”，这对于实现可持续的经济增长、提高人民生活水平和减轻贫困至关重要。近年的金融危机后，基金组织正在明确和更新其职能，以涵盖与全球稳定有关的所有各类宏观经济和金融部门政策。具体包括：① 建立一个永久性的国际货币机构，为国际货币问题的商讨与协作提供便利，促进国际货币合作；

② 促进国际贸易的扩大与均衡发展，提高成员国就业实际收入水平，开发成员国的生产资源；③ 促进汇率的稳定，维持成员国正常的汇兑关系，避免竞争性货币贬值；④ 协助成员国建立经常性交易的多边支付制度，并消除阻碍国际贸易发展的外汇管制；⑤ 在有充分保障的条件下为成员国提供资金，使其增强信心纠正国际收支失衡，而不只采取有损本国或国际繁荣的措施；⑥ 缩短成员国国际收支失衡的时间，并减轻其程度。

7.1.2 国际货币基金组织的结构

国际货币基金组织的成员国分两种，凡参加 1944 年布雷顿森林会议并于 1945 年 12 月 31 日前在《国际货币基金组织协定》上签字的国家，是基金组织的创始成员国，共有 39 个。在此之后参加的国家称为其他成员国。成员国每年都有所增加。按照《国际货币基金组织协定》的要求，每个成员国必须能够自行掌握其对外关系并履行基金组织所规定的各项义务。

凡参加基金组织的成员国，都要缴纳一定数量的基金份额，成员国的投票权就是按其缴纳份额的大小来确定的。按照基金组织的规定，每个成员国都有基本票数 250 票，每缴纳 10 万特别提款权份额增加一票，份额越多，增加的票数就越多，两者相加即是该成员国的投票权。各理事会和执行董事会权力的大小，由其所代表的成员国拥有票数的多少决定。一般来说，理事会和执行董事会作出的大多数决定由简单多数票通过即可，但是在重大问题上，例如修改基金组织协定条款和调整基金份额等，则需要获得占总投票 85% 的多数票才能通过。

基金组织对成员国政府负责。基金组织组织结构的最高层次是理事会，理事会由每个成员国各一位理事组成。全体理事每年在基金组织与世界银行年会之际开会一次。国际货币与金融委员会由 24 位理事组成，每年至少举行两次会议。基金组织的日常工作由包括 24 位成员的执行董事会进行；其工作受国际货币与金融委员会指导，并由基金组织的专业工作人员提供协助。总裁是基金组织工作人员的首脑，担任执行董事会主席，由三位副总裁协助。

国际货币基金组织由理事会、执行董事会、总裁和众多业务机构组成。根据业务需要，理事会和执行董事会可任命若干特定的常设委员会，理事会还可以建立临时委员会。

（1）理事会

国际货币基金组织的最高权力机构是理事会，由各成员国选派一名理事和一名副理事组成，任期五年，其任免由成员国本国决定。理事通常是由各国财政部部长或中央银行行长担任，副理事只是在理事缺席时才有投票权。理事会的主要职权是：批准接纳新成员国、修改基金条款与份额、决定成员国退出国际货币基金组织、讨论决定有关国际货币制度等重大问题。理事会每年召开年会，出席会议的理事投票权合计数占总投票数的 2/3 以上时，即达到法定人数。必要时可以召开特别会议。

（2）执行董事会

执行董事会是执行组织负责处理日常业务工作的常设机构，由 22 名执行董事组成，国际货币基金组织总裁任执行董事会主席。执行董事会设 6 名常任执行董事，由持有基金份额最大的成员国（美国、英国、德国、法国、日本和沙特阿拉伯）指派，其余 15 个名额由其他成员国按国家集团或按地区分组推选产生。

(3) 业务机构

基金组织内部设有5个地区部门（非洲、亚洲、欧洲、中东、西半球）和12个职能部门（行政管理、中央银行业务、汇兑和贸易关系、对外关系、财政事务、国际货币基金学院、法律事务、研究、秘书、司库、统计、语言服务局），负责管理日常业务活动。此外，基金组织还有两个永久性的海外机构，即欧洲办事处和日内瓦办事处，并在纽约联合国总部派遣一名特别代表。

(4) 临时委员会

由于理事会过于庞大，无法根据国际金融形势的发展随时讨论一些重大而又具体的问题，在1974年10月又设立了临时委员会，由22个部长级成员组成，职能是制定中期战略，并组织各会员国的政策合作与协调。临时委员会实际上是重要的决策机构，具有管理和修改国际货币制度及修改基金条款的决定权。临时委员会每年举行两次会议。在大多数情况下，临时委员会的决议就等于理事会的决定。

(5) 发展委员会

发展委员会是基金组织和世界银行关于向发展中国家转移实际资源的部长级委员会，由基金组织理事、世界银行理事、部长级人士及职位与此相当的人士组成。发展委员会一般与临时委员会同时、同地举行会议。

国际货币基金组织的议事规则是执行加权投票表决制。投票权由两部分组成，每个成员国平均享有250票基本投票权，在此基础上，再根据各国所缴份额计算各会员国所能得到的加权投票权。由于各会员国的基本票数是一样的，因此在实际决策投票中起决定作用的是各会员国所拥有的加权投票权。加权投票权与各国所缴份额成正比，而份额又是根据一国的国民收入总值、经济发展程度、二战前国际贸易幅度等多种因素确定的。

2009年9月，二十国集团匹兹堡峰会举行，会议取得突破性进展。国际货币基金组织改革治理结构是会议取得的最重要成果之一。根据会议决议，发达国家将把部分配额转移给发展中国家，发展中国家的配额将从43%提高到48%。这是该组织发展史上的一次重要改革，它对提高发展中国家在国际金融机构中的地位和权利有积极的作用。

7.1.3 国际货币基金组织的资金来源

国际货币基金组织的资金来源于成员国缴纳的基金份额、借款和信托基金三个方面。其中成员国缴纳的基金份额，是基金组织的主要资金来源。

(1) 基金份额

基金份额在性质上相当于股东加入股份公司的股金，成员国一旦缴纳后即成为基金组织的财产。成员国应缴份额的大小，要综合考虑成员国的国民收入、黄金外汇储备、平均进口额、出口变化率和出口额占国民生产总值的比例等因素，最后由基金组织成员国磋商确定。份额的计算单位原为美元，1969年以后改为SDRs(特别提款权)为计算单位。

成员国缴纳份额的办法是：① 原规定份额的25%要以黄金缴纳；② 份额的75%以本国货币缴纳，或是以成员国凭券支付的、无息的国家短期有价证券代替本国货币。1978年4月1日生效的《国际货币基金组织协定》第二次修改条文规定，取消份额的25%以黄金缴纳的规定，改用国际货币基金组织制定的外汇或SDRs缴纳。此外，基金组织如果对于成员国应缴本国货币在业务上不需要时，成员国可用其发行的见票即付、不可转让且无息的国家有价证券代替。

成员国缴纳的份额，除作为国际货币基金组织发放短期信贷的资金来源外，份额的大小对成员国尚有其他三个作用：① 决定成员国从国际货币基金组织借款或提款的额度；② 决定成员国投票权的多少；③ 决定成员国分得的 SDRs 的多少。

至少每 5 年对特别提款权的配额进行审查。1998 年增加了特别提款权 45％的配额，而 2003 年 1 月和 2008 年 1 月的配额没有任何变化。2006 年，作为特别提款权配额和投票权改革的两年计划的第一步，配额升幅为 1.8％。2008 年 4 月 28 日，由理事会批准，配额份额提高 9.55％，总体计划增长 11.5％。

（2）黄金储备

2010 年 1 月底，国际货币基金组织的黄金持有量约为 96.6 万美元(3 005.3 吨)，基金成为全球第三大官方黄金持有人。国际货币基金组织协定的条款，严格限制其使用，必须经过成员国 85％投票权的批准，IMF 才可以出售黄金或接受成员国支付的黄金，但禁止基金购买黄金或从事其他黄金交易。

国际货币基金组织在 1976 年决定，将它持有的 1/6 黄金分四年按市价出售，所得利润(即市价超过原黄金官价 1 盎司黄金＝35 美元的部分，共 46 亿美元)作为信托基金，向最贫困的发展中国家提供优惠贷款。

（3）借款安排

国际货币基金组织可以凭借所持有的配额货币进行融资贷款。通过大多数工业国家，但也包括诸如博茨瓦纳、中国和印度等低收入国家的货币来进行融资。如果需要，国际货币基金组织还可以通过各国缴纳股份的储备货币，连同其持有的特别提款权，进行融资借款安排以补充所需资金。国际货币基金组织在与成员国协议下，向成员国借入资金，作为对成员国提供资金融通的一个来源。

7.1.4 国际货币基金组织的业务活动

1. 汇率监督与政策协调

为了使国际货币制度能够顺利运行，保证金融秩序的稳定和世界经济的增长，IMF 检查各会员国以保证它们与基金和其他会员国进行合作，以维持有秩序的汇率安排和建立稳定的汇率制度。具体说来，IMF 要求各成员国做到：

第一，努力以自己的经济和金融政策来达到促进有秩序的经济增长这个目标，既有合理的价格稳定，又适当照顾自身的境况。

第二，努力通过创造有秩序的基本的经济和金融条件和不会产生反常混乱的货币制度以促进稳定。

第三，避免操纵汇率或国际货币制度来妨碍国际收支的有效调整或者说取得对其他会员国不公平的竞争优势。

第四，IMF 是通过在多边基础上和在个别基础上对会员国汇率政策进行监督的。在多边基础上，IMF 主要分析工业化国家国际收支和汇率政策的相互作用，并评估这些政策在何种程度上能促进一个健康的世界经济环境。多边监督以执行董事会和理事会临时委员会提出的《世界经济展望》为依据，强调对国际货币制度有重要影响的国家的政策协调和发展。IMF 要参加主要西方工业国家的进一步讨论，以促进工业化国家在国际货币金融领域的合作和加强其宏观经济政策的协调。对个别国家的监督主要是通过检查会员国的汇率政策是否与基金协定第四条所规定的义务相一致，IMF 要求其会员国将其汇率安排的变化通知 IMF，从而使基金组织能够及时进行监督和协调。

除了对汇率政策的监督以外，IMF 在原则上还应每年与各会员国进行一次磋商，以对会员国的经济和金融形势以及经济政策做出评价。这种磋商的目的是使基金能够履行监督会员国汇率政策的责任，并且有助于使基金了解会员国的经济发展状况和采取的政策措施，从而能够迅速处理会员国申请贷款的要求。

2. 创造储备资产

IMF 在 1969 年的年会上正式通过了十国集团提出的特别提款权方案，决定创设特别提款权以补充国际储备的不足。特别提款权于 1970 年 1 月开始正式发行。会员国可以自愿参加提款权的分配，也可以不参加，目前除了个别国家以外，其余会员国都是账户的参加国。

特别提款权由基金组织按会员国缴纳的份额分配给各参加国，分配后即成为会员国的储备资产，当会员国发生国际收支赤字时，可以动用特别提款权将其划给另一个会员国，偿付收支逆差，或用于偿还 IMF 的贷款。

专栏 7-1　人民币正式加入 SDR 货币篮子

2016 年 10 月 1 日，人民币正式加入国际货币基金组织(IMF)特别提款权(SDR)货币篮子，成为国际储备货币，人民币由此成为有史以来第一个新增的 SDR 篮子货币。人民币入篮后，SDR 货币篮子将包括美元、欧元、人民币、日元和英镑五种货币，其权重将分别为 41.73%、30.93%、10.92%、8.33%和 8.09%。人民币入篮是 SDR 创建以来首次纳入发展中国家货币，是中国融入全球金融体系的重要里程碑，体现了国际社会对中国改革开放成就的充分认可，有助于改善以往单纯以发达国家货币作为储备货币的格局。

资料来源：光明日报，2016-10-1.

3. 贷款业务

发放贷款是国际货币基金组织最主要的业务活动。如有国际收支需要，即无法以可负担的条件获得足够资金来满足净国际支付需要，同时保持足够的储备缓冲时，成员国可以请求基金组织提供资金援助。基金组织贷款可以为成员国提供缓冲，帮助成员国采取必要的调整和改革措施，解决国际收支问题，并恢复强劲经济增长所需的条件。

基金组织所提供的贷款数额的波动幅度非常大。20 世纪 70 年代石油危机和 80 年代债务危机之后，基金组织的贷款急剧增加。20 世纪 90 年代，中欧和东欧的转轨过程以及新兴市场经济体发生的危机导致对基金组织资金的需求进一步激增。21 世纪初，拉丁美洲的严重危机导致对基金组织资金的需求一直居高不下，但在条件改善之后，这些贷款已基本偿还。充裕的资本流动和低风险定价时代结束之后，西方发达国家经济体发生的金融危机导致全球的去杠杆过程，2008 年晚些时候，基金组织的贷款再次增加。

（1）贷款的特点

第一，贷款的对象限于成员国政府。

第二，贷款的用途限于成员国因弥补经常项目逆差收支而发生的国际收支的暂时性不平衡。

第三，贷款的规模同成员国向国际货币基金组织缴纳的份额成正比例关系。

第四，贷款的方式。成员国向国际货币基金组织借款和还款分别采用所谓的“购买”和“购回”的方式。所谓“购买”，是指借款国用相当于借款额的本国货币来购买弥补国际收支逆差的外汇。这在技术上虽不同于一般的国际借款，但效果却是一样的。而从国际货币基金组织角度看，成员国借款则改变了国际货币基金组织所特有的货币构成。所谓“购回”是指借款国还款时，又用自己原来所借外汇购回本国货币。

（2）基金组织贷款的程序

应成员国的要求，基金组织通常在贷款安排下提供贷款。视具体情况，贷款安排可能规定成员国为解决国际收支问题，必须同意实施某些具体政策和措施。贷款安排所基于的经济规划由成员国在与基金组织协商的基础上制定。该规划将以“意向书”的形式提交基金组织执行董事会。一旦贷款安排经执行董事会批准，贷款通常随规划实施分阶段发放。

（3）贷款的种类

多年来，基金组织针对各成员国的具体情况制定了各种贷款工具，也称为“便利”。成员国可向基金组织借款的数额称作“贷款限额”。贷款限额因贷款类型而异，但通常是成员国在基金组织份额的倍数。在特殊情况下，贷款可以超过限额。灵活信贷额度没有事先确定贷款限额。

第一，对低收入国家的新的优惠贷款。

目前，许多低收入经济体日益开放、日益融入全球经济。低收入国家正在加入国际资本市场，进入货物和服务市场，吸引外国投资，培育本国私人金融部门，并受益于在境外工作的本国公民汇回国内的资金。但是，随着这些国家的国际开放和融合程度的提高，它们对全球经济波动的脆弱性和暴露程度也增大。突出的表现是2007年和2008年世界粮食和燃料价格的突然上涨给几个国家的经济带来了严重影响。此后不久，全球金融危机的蔓延效应又接踵而至。显而易见，新一代稳定性较强但脆弱性较高的低收入国家需要获得新一代基金组织贷款机制的支持。

为了使资金支持更灵活、更符合低收入国家多样化的需求，基金组织设立了新的“减贫与增长信托”(PRGT)，目的是使基金组织的资金支持更加灵活，并更好地适应成员国的不同需要。贷款限额和标准与危机前的水平相比大约增加一倍。贷款条件更加优惠，每两年对利率进行检查。所有贷款都支持各国拥有的规划，这些规划旨在实现与支持持久减贫和增长相一致的可持续的宏观经济状况。其中包括三个新贷款窗口，新窗口于2010年1月开始生效。这些窗口包括：低收入成员国可以通过中期信贷(ECF)、备用信贷(SCF)和快速信贷(RCF)获得优惠贷款。

中期信贷取代了“减贫与增长贷款”，成为基金组织向长期面临国际收支问题的低收入国家提供中期支持的主要工具。中期信贷下的贷款目前利率为零，宽限期为5.5年，最终期限为10年。

备用信贷向面临短期国际收支需要的低收入国家提供资金援助，如由于国内和外部冲击或政策失误而有短期融资及调整需求的国家。备用信贷取代了外生冲击贷款的高额贷款部分，可在多种情况下使用，包括用于预防目的。备用信贷下的贷款目前利率为零，宽限期为 4 年，最终期限为 8 年。

快速信贷向面临紧急国际收支需要的低收入国家提供贷款条件有限的迅速的资金援助。快速信贷简化了基金组织对低收入国家的紧急援助程序，可在多种情况下灵活使用。快速信贷下的贷款目前利率为零，宽限期为 5.5 年，最终期限为 10 年。

基金组织的融资为成员国解决国际收支问题提供一个喘息空间。通过与基金组织的密切合作，成员国当局就基金组织支持的贷款制定一项政策规划。是否继续提供贷款支持取决于成员国能否有效实施此规划。在全球经济危机期间，为向成员国提供支持，基金组织加强了放贷能力，并批准对贷款方式进行重大调整。在低收入国家，基金组织通过优惠贷款工具提供资金支持。基金组织将贷款限额提高了一倍，并将增加对最贫穷国家的贷款。

此外，在基金组织 2 500 亿美元的特别提款权分配中，有 180 多亿美元提供给了低收入国家。这些国家可以将这些特别提款权当作储备的额外资产，也可通过出售特别提款权取得硬通货，用于满足国际收支需求。

第二，非优惠贷款。

非优惠贷款主要通过备用安排（SBA）、灵活信贷额度（FCL）以及中期贷款（EFF）提供（后者主要用于解决长期需要）。基金组织的所有非优惠贷款均收取与市场挂钩的利率，称为“收费率”。对（超过一定贷款限额的）大额贷款，还收取附加费。收费率以特别提款权利率（根据主要国际货币市场的短期利率每周进行调整）为基础。

备用安排。基金组织对中等收入国家的援助大多是通过备用安排提供的。备用安排的目的是帮助各国解决短期国际收支问题，规划的设计正是为帮助成员国解决这类问题。基金组织的拨款以成员国是否实现这些目标作为条件。备用安排的期限通常为 12～24 个月，还款在拨款之后的 3.25～5 年期间进行。备用安排可以在预防基础上提供，即有关国家可以选择不提取批准的贷款，但保留提款的选择（无论是在正常贷款限额内，还是特殊贷款限额内），以防条件恶化。备用安排在分阶段提款和提供前期贷款方面提供了灵活性。

灵活信贷额度。此额度是针对那些经济基本面、政策及政策实施记录十分强劲的国家，而且对于危机防范目的尤其有用。灵活信贷额度安排的批准要求有关国家达到事先确定的资格标准。灵活信贷额度的期限为 6 个月或 1 年（有中期检查），其还款期与备用安排相同。其贷款限额在个案基础上决定，不受正常贷款限额限制。灵活信贷额度拨款不分阶段进行，而是一次性在前期支付。与备用安排不同，其贷款拨付也不以实施某具体政策谅解为条件。成员国可以选择在批准之时提用额度，也可以将其作为谨慎额度。

中期贷款。于 1974 年建立，其目的是帮助成员国解决长期国际收支问题，并要求成员国采取重大经济改革。因此，中期贷款安排的期限比备用安排长，通常为 3 年。还款一般在拨款之后的 4.5～7 年进行。

第三，紧急援助。

为帮助遭遇自然灾害和发生冲突的国家恢复，基金组织还提供紧急援助。紧急援助收取基本费率，但在有资金的情况下，对一些国家提供利息补贴。贷款须在 3.25～5 年之内偿还。

7.2 世界银行集团

世界银行集团是根据1944年7月的《国际货币基金组织协定》于1945年12月和国际货币基金组织同时成立的，属于联合国下属的一个专门机构。世界银行集团是由国际复兴开发银行(IBRD)、国际开发协会(IDA)、国际金融公司(IFC)、多边投资担保机构(MIGA)和国际投资争端解决中心(ICSID)组成的。其目标最初是为西欧国家和日本在二战后的重建复兴提供资金支持。1948年马歇尔计划中的欧洲复兴资金落实后，世界银行的功能主要集中在帮助发展中国家的经济复兴上，其业务转为向发展中国家提供低息贷款、无息信贷和赠款，帮助发展中国家提高生产力，促进社会进步与经济发展，改善和提高人民生活水平。

按照世界银行协定规定，一个国家在加入世界银行之前，必须是国际货币基金组织的成员国。而国际货币基金组织的成员国不一定是世界银行的成员国。我国于1980年5月恢复了在世界银行的合法席位。

7.2.1 国际复兴开发银行

国际复兴开发银行(IBRD)成立于在1946年6月25日，现在称为世界银行，在世界银行集团中，该行是提供贷款最多的金融机构。

1. 国际复兴开发银行的宗旨

根据《国际复兴开发银行协定》，世界银行的宗旨是：对用于生产目的的投资提供便利用来协助成员国的复兴与开发；促进私人的对外投资，鼓励国际投资，以开发成员国的生产资源，促进国际贸易的长期平衡发展，以维持国际收支的平衡；在提供贷款保证时，应与其他方面的国际贷款配合。总之，世界银行的主要任务是向成员国提供长期贷款，促进战后经济的复兴，协助发展中国家发展生产和开发资源，从而起到配合国际货币基金组织贷款的作用。

国际复兴开发银行是联合国的专门机构之一。目前，其工作重点是实现联合目的成员国于2000年达成的“新千年发展目标”。它特别强调的工作目标有：① 消灭极度贫困和饥饿，改善清洁水的提供；② 普及小学教育；③ 促进妇女平等和赋予妇女权利；④ 降低儿童死亡率；⑤ 防范与战胜艾滋病、疟疾和其他疾病；⑥ 投资环境和融资、贸易及环境可持续性；⑦ 推进全球性的发展伙伴关系。世界银行的减贫战略是基于创造投资环境和投资于穷人。世界银行在进行投资过程中，特别强调以下需要：

第一，投资于人，特别是要提供基本的卫生和教育服务，注重人力资源的培养。世界银行为100多个国家的500多个人力发展项目，提供了总额超过400亿美元的贷款。另外，世界银行也致力于保护环境，因为环境保护与减贫和社会可持续发展之间有内在联系。可持续发展的含义首先是资源在发展进程中必须得到保护和加强，以防受到破坏，所以要防止环境退化、空气和水域污染、臭氧层损耗、生物品种消失、沙漠化、森林毁坏、气候变化等问题的出现。

第二，支持和鼓励民营企业发展。世界银行认为最成功的发展往往是由私人部门主导的，但政府必须为经济活动创造有利的环境，如制定保护私人投资者的基本法律法规等。

第三，加强政府的反腐败工作，提供高质量的服务。腐败对于经济和社会具有破坏性的影响，它削弱了人民对政府的信任，减弱了公共政策的有效性，降低了投资者的信心，对吸引外资产生负面影响。要通过改革来加大金融监管和信息披露的力度，提高公共部门决策的透明度。

第四，促进改革，创造一个有利于投资和长期规划的稳定的宏观经济环境。世界银行鼓励东道国政府减少预算赤字，降低通货膨胀率，开放贸易与投资，实行国有企业民营化，建立健全金融体制，加强司法制度，保护产权。这些改革措施有助于吸引外国私人资本，增加国内储蓄与投资。

第五，重视推进可持续的社会和人类发展，强调参与、治理和机构建设。因为贫困的含义不仅仅是缺少收入，贫困意味着穷人在影响他们的生活的重大问题决策方面没有发言权，在国家政治机构中没有代表性。因此要注重社会发展，参与行政机构建设，并将其视为实现减贫的关键要素。

第六，帮助借款国政府推进社会保障和养老金制度改革，资助建立社会安全网，协助保护贫困人群以及那些最容易受经济结构重组影响的弱势群体。发展中国家能否取得成功，在很大程度上也取决于其自身能否实行政治和经济体制改革，从而为实现经济增长奠定基础。

2. 国际复兴开发银行的组织机构

(1) 理事会

理事会是国际复兴开发银行的最高权力和决策机构，由每一成员国委派理事和副理事各一人组成。理事一般由各国财政部部长或中央银行行长担任，任期 5 年，可以连任。副理事只是在理事缺席时才有投票权。理事会的主要作用是批准接纳新成员国，增加或减少世界银行资本，停止成员国资格，决定世界银行净收入的分配以及其他重大问题。理事会每年举行一次会议，一般与国际货币基金组织理事会联合举行。

(2) 执行董事会

执行董事会是负责组织并处理日常业务的机构，行使董事会赋予的职权。执行董事会现为 21 人，其中 5 人由持股最多的美、日、英、德、法 5 国指派，其余 16 人由其他成员国按地区分组推选。我国和沙特阿拉伯均作为单独选区选派执行董事。执行董事每两年指派或选举一次。每个执行董事可以指派一名副执行董事，在执行董事缺席时，代替行使职权。执行董事会主席由世界银行行长担任。

国际复兴开发银行行政管理机构由行长、若干副行长、局长、处长及工作人员组成。行长由执行董事会选举产生，是银行行政管理机构的首脑，其在执行董事会的有关方针政策指导下，负责银行的日常行政管理工作，任免银行高级职员和工作人员；行长同时兼任执行董事会主席，但没有投票权，只有在执行董事会表决中双方的票数相等时，才可以投关键性的一票。国际复兴开发银行除在华盛顿设有总部外，还在主要发达国家和许多发展中国家设有办事处、派出机构和常驻代表。总部是国际复兴开发银行的执行机构，并负责业务经营。

3. 国际复兴开发协会的投票权

国际复兴开发银行按股份公司的原则建立。成立初期，国际复兴开发银行法定资本 100 亿美元，全部资本为 10 万股，每股 10 万美元。凡是会员国均要认购银行的股份，认购额由申请国与世界银行协商并经世界银行董事会批准。一般来说，一国认购股份的多少根据该国的经济实力，同时参照该国在国际货币基金组织缴纳的份额大小而定。世界银行的重要事项都需会员国投票决定，投票权的大小与会员国认购的股本成正比，与国际货币基金的有关投票权的规定相同。世界银行每一会员国拥有250票基本投票权，每认购10万美元的股本即增加一票。美国认购的股份最多，是世界银行最大的股东，有投票权226 178票，占总投票数的17.37%，对世界银行事务与重要贷款项目的决定起着重要作用，拥有绝对的控制权。

4. 国际复兴开发银行的资金来源

（1）成员国缴纳的股金。国际复兴开发银行规定每个成员国均要认购股份，成员国认购股份的多少，以该国经济、财政能力为根据，参照其在国际货币基金组织的认缴份额协商确定，并经理事会批准。会员国认购股份的缴纳有两种方法：① 会员国认购的股份，先缴20%，其中，2%要用黄金或美元缴纳，18%用会员国本国的货币缴纳；② 其余80%的股份为待缴部分，当世界银行催缴时，用黄金、美元或世界银行需要的货币缴付。国际复兴开发银行自建立以来一直未要求成员国缴付待缴股金，但是待缴股金为世界银行在国际资金市场借款提供信用保证。

（2）借款。借款是世界银行资金的一个重要来源。世界银行主要采用两种方式在各国和国际金融市场发行债券筹措资金：其一是直接向成员国政府、政府机构或中央银行出售中短期债券；其二是通过投资银行、商业银行等中间包销向私人投资者出售中长期债券，通过这种方式筹措的资金期限较长。世界银行提供贷款的资金有70%左右来自债券的发行，而且随着银行贷款业务的迅速增加，通过发行债券筹措的资金也不断增加。

（3）净收益。自1984年起，国际复兴开发银行开始拥有巨额的净收益，它除了将一部分净收益以赠款形式拨给国际开发协会外，其余均充作本身的储备金，成为发放贷款的一个资金来源。

（4）债权转让。国际复兴开发银行将贷出款项的债权转让给商业银行等私人投资者，以提前收回资金，它是贷款的一个资金来源。

5. 国际复兴开发银行的贷款业务

（1）贷款条件

第一，只向成员国政府、中央银行担保的公私机构提供贷款。

第二，贷款一般与世界银行审定、批准的特定项目结合，且必须用于申请国特定的生产性项目。

第三，申请贷款的国家确实不能以合理的条件从其他方面获得贷款时，世界银行才考虑发放贷款或提供保证。银行只提供项目建设总投资的20%～50%，其余部分由借款国自己筹措。

第四，贷款必须专款专用，并接受国际复兴开发银行的监督。国际复兴开发银行的监督不仅在使用款项方面，同时在工程的进度、物资的保管和工程管理方面也进行监督。世界银行一方面派遣人员进行现场督察，另一方面要求借款国家随时提供可能影响工程进度或偿还贷款的有关资料。根据资料与实际情况，国际复兴开发银行可建议借款国家对工程项目作政策性的修改。

第五，贷款的期限一般为20～30年，最长可达30年，宽限期为5～10年。

第六，贷款利率自1976年7月起实行浮动利率，随金融市场的利率变化进行定期调整，每三个月或半年调整一次。贷款利率比市场利率要低一些，基本按国际复兴开发银行在金融市场借款成本再加息0.5%计算。对贷款收取的杂费也较少,对已订立借款契约而未提出的部分,按年征收0.75%的手续费。

(2) 贷款种类

世界银行提供包括贷款和赠款在内的多种工具,支持世界扶贫与经济发展事业。主要有两种贷款工具:

第一,投资贷款。用于资助众多部门经济与社会发展项目建设所需的货物、工程和服务,其执行期一般为5~10年。投资贷款原先注重硬件、工程服务以及砖、泥灰等建材,而现在更注重制度建设、社会发展以及促进私营部门介入公共政策基础设施建设。投资项目涉及多个部门,包括城市扶贫(如让私营承包商参与新房建设)、农村发展(土地所有权合法化,提高小农户保障水平)、供水与环境卫生(提高供水公用事业效率)、自然资源管理(提供可持续林业与农作培训)、后冲突重建(使军人重新融入社区)、教育(促进女童教育)以及卫生(农村诊所建设与卫生保健员培训)。

第二,发展政策贷款。提供快速支付型外部资金,支持政策与制度改革,其执行期一般为1~3年。发展政策贷款原先旨在为贸易政策和农业改革等宏观经济政策改革提供支持,随着时间的推移,已演变为更加注重结构性、金融部门以及社会政策改革,注重改进公共部门资源管理。目前,发展政策项目的总体宗旨是推广竞争性市场结构(如法制改革),纠正激励机制(税收和贸易改革)扭曲,建立适当的监测与安全保障体系(金融部门改革),营造有利于民营部门投资的环境(司法改革、通过现代投资法规),鼓励私营部门开展活动(私有化与公私伙伴合作),促进良政治理(公务员制度改革),缓解发展政策的短期不利影响(建立社会保障基金)。

少数赠款也可以通过世界银行提供,这些赠款或由世界银行直接资助或通过伙伴合作方式管理。大部分赠款旨在鼓励创新、同其他组织合作以及各利益相关方在国家和地方层面的参与。捐赠机构委托世界银行管理850多个运行中的信托基金,它们与世界银行资金分开,设有单独账户。此类与外部捐赠机构制定的财务和管理安排使得赠款资金被用于资助发展需求中的重中之重,包括技术援助和咨询服务、减债和后冲突过渡。

此外,世界银行还提供几种担保与风险管理工具,帮助商业放贷人防范在发展中国家投资过程中出现的风险。

7.2.2 国际开发协会

国际开发协会(IDA)是根据1960年9月24日通过的《国际开发协会协定》成立的,它是世界银行的附属机构之一,也是联合国专门机构之一,总部设在华盛顿。国际开发协会是专门向低收入发展中国家提供长期优惠贷款的国际金融机构。按照规定,凡是世界银行成员国均可加入协会,但世界银行的成员国不一定必须参加协会。

1. 国际开发协会的宗旨

国际开发协会是专门向最贫困的低收入发展中国家提供无息贷款的国际金融机构,它每年向世界上最贫穷的国家提供60亿至70亿美元的长期无息贷款,贷款期限为35~40年,宽限期为10年。虽然IDA传统上是提供无息贷款,但它现在越来越多地是向最贫穷的国家提供赠款。

国际开发协会的宗旨是:对欠发达国家提供比世界银行条件优惠、期限较长、负担较轻,并可用部分当地货币偿还的贷款,以促进这些国家经济的发展和居民生活水平的提高,从而补充世界银行的活动,促进世界银行目标的实现。

2. 国际开发协会的组织机构

国际开发协会在法律上和会计上是独立的国际金融机构,但是在人事管理上却是世界银行的附属机构。国际开发协会的管理办法和组织机构与世界银行相同,正副理事、正副执行董事由世界银行的相应人员兼任,经理、副经理由世界银行行长、副行长兼任,办事机构的各部门的负责人也都由世界银行相应部门的负责人兼任。

3. 国际开发协会的资金来源

(1) 成员国认缴的股本。成员国认缴股份的 10%必须以自由外汇支付,其余的 90%以本国货币支付。成员国认缴股本总额,按其在世界银行认购股份的比例确定。

(2) 成员国提供补充资金。由于成员国缴纳的股本有限,远远不能满足成员国不断增长的信贷需要。同时协会有规定,该协会不得依靠各国际金融市场发行债券来筹集资金。因此,协会要求各成员国政府不断地提供补充资金,以维持其业务活动。

(3) 世界银行的拨款。世界银行从 1964 年起,每年从企业净收益中拨出一部分款项捐赠给国际开发协会。

(4) 国际开发协会本身业务经营的净收入。

4. 国际开发协会的贷款业务

国际开发协会贷款的主要条件有:① 按人均收入衡量的符合低收入要求的发展中国家,即人均年收入低于 925 美元的国家;② 从传统来源借款的渠道和信誉有限的国家;③ 受援国的经济成就,包括受援国有效利用资金的能力和是否有合适的项目;④ 贷款对象仅限于成员国政府,并且当受援国的经济发展和借款信誉前景已达到按商业条件衡量可借入相当数量的借款时,即不能再享受国际开发协会的无息软贷款;⑤ 无息贷款,即每年只对未偿还部分征收 0.75%的手续费,另外加收 0~0.5%的承诺费(即对已由世界银行承诺,但借款人还未支取部分的贷款征收的费用);⑥ 贷款偿还期限,从 1987 年起,规定为 35 年,含宽限期 10 年;⑦ 贷款按特别提款权(SDRs)为计算单位,也可以部分或全部用本国货币偿还。

国际开发协会的主要业务是向低收入的发展中国家提供长期优惠贷款,主要贷款对象是那些相对贫困、国际信誉较差的国家。贷款的用途与国际复兴开发银行一样,是对借款国具有优先发展意义的项目或发展计划提供贷款,即贷款主要用于发展工业、电力、交通运输、电信、城市供水,以及教育设施、计划生育等。开发协会的贷款条件优惠,与世界银行的贷款混合发放。开发协会的贷放部分称为软贷款,复兴开发银行提供的贷款条件较严,被称为硬贷款。国际开发协会贷款实际上只贷给会员国的地方政府项目,贷款的期限为 50 年,宽限期为 10 年。第一个 10 年不必还本,第 2 个 10 年,每年还本 1%,其余 30 年每年还本 3%。偿还贷款时,可以全部或一部分使用本国货币,贷款不收利息,只收取 0.75%的手续费。对未用部分的信贷收 0.5%的承担费,而且对贷款运作机构的贷款运作佣金也制定了不得超过 0.1%~0.2%的规定。

7.2.3 国际金融公司

国际金融公司(IFC)的建立与国际开发银行的贷款原则有着密切联系,国际开发银行贷款对象为成员国政府,如果对私营企业贷款必须由政府机构担保。另外国际开发银行只能经营贷款业务,无权参与股份投资,无法为成员国的私人企业提供其他种类有风险的投资。这些规定不仅在一定程度上限制了国际开发银行业务活动的扩展,而且不利于发展中国家民族经济的发展。因此，为了提高对成员国私人企业的国际贷款，国际开发协会于1951 年提出在世界银行下设立国际金融公司的建议。1956 年 7 月，国际金融公司正式成立。

1. 国际金融公司的宗旨

国际金融公司的宗旨是，通过对发展中国家尤其是欠发达地区的重点生产性企业提供无须政府担保的贷款与投资，鼓励民间私人资本流向发展中国家，支持当地资金市场的发展来推动私人企业的成长，促进成员国的经济发展，从而补充世界银行的活动范围。

2. 国际金融公司的组织机构

国际金融公司在法律上和财务上虽然是独立的国际金融机构，但实际上是世界银行的附属机构。它的管理办法和组织结构与世界银行相同。世界银行行长兼任国际金融公司总经理，也是公司的执委会主席。公司的内部机构和人员多数由世界银行的相应机构人员监管。按照规定，只有世界银行成员国才能成为国际金融公司的成员国，但世界银行成员国不一定参加国际金融公司。

3. 国际金融公司的资金来源

(1) 成员国认缴的股金。国际金融公司成立最初的法定资本为 1 亿美元，分为 20 万股，每股 1 000 美元。成员国认缴股份需以黄金或可兑换货币交付。国际金融公司也进行了多次增资。这是国际金融公司主要的资金来源。

(2) 贷款。在国际金融公司资金负债表上，主要有从世界银行借款和通过发行国际债券在国际资本市场借款。借款已成为国际金融公司最大的资金来源。

(3) 世界银行与成员国政府提供的贷款。

(4) 国际金融公司贷款与投资的利润收入。

4. 国际金融公司的主要业务活动

国际金融公司的贷款与投资只面向发展中国家的私营中小型生产企业，而且也不要求成员国政府为偿还贷款提供担保。国际金融公司贷款与投资的部门，主要是制造业、采掘业、旅游业等。国际金融公司办理贷款业务时，通常采用与私人投资者、商业银行和其他金融机构联合投资的方式。这种联合投资活动，既扩大了国际金融公司的业务范围，又促进了发达国家对发展中国家私人企业的投资。国际金融公司贷款的方式为：直接向私人生产性企业提供贷款；向私人生产性企业入股投资，分享企业利润，并参与企业的管理。

国际金融公司贷款的条件为：① 贷款的对象是成员国的私人企业或私人同政府合资经营的企业。② 提供资金的方式是提供贷款或协助筹措国内外资金。提供贷款时，一般只承担其中的 25%，贷款额最低为 100 万美元，最高为 3 000 万美元。但对大型项目，国际金融公司除本身投资外，还可另外筹措大额资金进行股本投资。对发展程度较低的成员国的低于限额 100 万美元的项目、试点项目和试办公司，国际金融公司也尽可能参与投资。③ 贷款偿还期限一般为 3～13 年，并根据项目建设期长短确定宽限期，最长可达 8 年。④ 贷款利率由国际金融公司在批准贷款时，视资金投放风险、预期收益、国际金融市场利率变化情况和每一项目的具体情况而定，在贷款期限内不变，它的贷款利率一般高于世界银行贷款的利率。⑤ 贷款一般以美元为计算单位，也可用其他可兑换货币。⑥ 偿还贷款时须以原借入货币偿还，并可按一年一次或一年四次分期偿还，对未提用的贷款部分每年征收 1%的承诺费。

多边投资担保机构(MIGA)成立于 1988 年，目的是帮助发展中国家吸引外资。它主要向投资者提供“非商业性风险”的担保，如战争险的投资担保，也向政府提供改善外国投资环境的咨询建议。多边投资担保机构最高可以承保投资额的 90%，目前单个项目的承借限额为 5 000 万美元。

国际投资争端解决中心(ICSID)成立于 1966 年，目的是为调停和仲裁政府与外国投资者之间的争端提供便利，从而促进国际投资流量的增加。该中心也提供咨询服务，开展研究工作，出版外国投资法律方面的著作。

专栏 7－2 开发性金融的国际经验

开发性金融是以特定信用支持为基础，服务于国家战略性行业和领域的投融资行为，不以盈利为优先目标，强调市场运作、保本微利和中长期财务可持续。作为金融体系的重要组成部分，开发性金融广泛存在于发达国家和发展中国家，为促进经济社会发展做出了重要贡献。近年来，开发性金融在我国取得令人瞩目的发展，为基础设施、基础产业和支柱产业等战略性领域提供了大量长期资金，对促进我国的城镇化、工业化和国际化进程发挥了独特的作用，走出了一条有中国特色的开发性金融之路。

从国际上来看，从事开发性金融业务的机构较为普遍。全球性和区域性的开发性金融机构包括国际复兴信贷银行(IBRD)、亚洲开发银行(ADB)、非洲开发银行(AFDB)等；国家层面的包括德国复兴信贷银行(KFW)、法国储蓄托管机构(CDC)、巴西国民经济和社会发展银行(BNDES)、韩国开发银行(KDB)、马来西亚开发银行(BPMB)等。2008 年国际金融危机爆发后，开发性金融机构依托特定信用支持、服务实体经济、维护市场稳定的逆周期调节作用更为凸显，成为各国政府实施救助措施、助力经济复苏的重要抓手。总体来看，开发性金融机构体现出了如下特征：**一是受专门立法约束。**通过立法明确机构的性质、使命及配套政策，依法成立、依法运行。**二是给予特定信用支持。**开发性金融机构一般为国家全资所有或国有控股，政府对其负债提供信用支持，使其能够以高信用评级在资本市场获得相对低成本的资金。**三是以中长期投融资业务为主。**德国复兴信贷银行、法国储蓄托管机构、意大利储蓄信贷机构(CDP)都是长期投资者俱乐部(Longterm Investors Club)的创始成员，致力于以中长期投融资服务实体经济，并维护金融市场的稳定。**四是坚持市场化运作。**以整体业务财务可平衡和机构长期发展可持续为目标，按照市场原则，自主经营决策，发挥引领和撬动作用，引导社会资金共同支持经济社会发展。**五是具有完善的配套措施。**在严格内外部监管的同时，根据业务特点建立差异化的监管和评价指标，实现促发展与控风险的有机统一。给予免税、免分红等支持政策，增强服务国家战略和可持续发展的能力。**六是资本充足率普遍较高。**资本金是金融机构用以开展业务、消化损失、抵御风险的基础，也是约束过度扩张的有效手段。由于开发性金融机构担负着支持本国经济发展战略的重要使命，资本金水平普遍较高，并且可随政策需要而追加。2013 年末，德国复兴信贷银行、韩国开发银行、巴西国民经济和社会发展银行、马来西亚开发银行的资本充足率分别为 22.3%、14.64%、19.2%和 14.4%。

资料来源：中国人民银行《中国金融稳定报告 2015》。

7.3 国际清算银行

7.3.1 国际清算银行概述

国际清算银行(BIS)是由西方国家的中央银行、商业银行，为解决第一次世界大战后德国的战争赔偿问题，以及实施1930年海牙会议上通过的"扬格计划"而建立起来的一个国际金融组织，于1930年5月17日开始工作。但随着第二次世界大战的爆发和希特勒纳粹政权的最终崩溃，德国为第一次世界大战赔款的问题已经不复存在。此后，国际清算银行的工作重点发生了变化。

国际清算银行的宗旨是：促进各国中央银行之间的合作；为国际金融活动提供更多的便利；是各国中央银行的银行，向各国中央银行并通过中央银行向整个国际金融体系提供一系列高度专业化的服务，实现货币与金融稳定；作为国际清算的受托人或代理人，办理多种国际清算业务。

国际清算银行是世界上最早建立的国际金融机构，如今它仍是各国中央银行开展合作的一个中心舞台。世界上绝大多数有影响的国家和地区的中央银行或者货币管理局，都与国际清算银行有业务联系。我国的中央银行——中国人民银行于1996年9月被接纳为国际清算银行的新成员。此外，我国香港特别行政区的金融管理局也是国际清算银行的成员。

国际清算银行的核定资本原为5亿法郎，后来增至15亿法郎，目前国际清算银行的股份有4/5掌握在各成员国的中央银行手中，其余1/5由中央银行转让给私人。持有国际清算银行股份的多少与投票权有关。中国人民银行于1996年11月正式加入国际清算银行，中国人民银行是该行亚洲顾问委员会的成员。中国认缴了3000股的股本，实缴金额为3 879万美元。

国际清算银行的组织架构由大会、董事会、办事机构组成。大会是国际清算银行的最高权力机构，每年在6月底或7月初举行一次，负责批准银行的年度报告、资产负债表、权益表，决定银行储备金的提取和分红等事项。负责国际清算银行的日常经营活动与管理事务的机构是董事会，每月在巴塞尔举行一次由西欧主要国家中央银行行长出席的会议。国际清算银行的总部设在瑞士的巴塞尔，在中国香港特别行政区和墨西哥城设有两个办事处。国际清算银行下设银行部、货币经济部、法律处、秘书处等办事机构。

董事会是国际清算银行的经营管理机构，由13名董事组成。比利时、德国、法国、英国、意大利和美国的中央银行行长是董事会的当然董事，这6个国家可以各自任命1名本国工商和金融界的代表做董事，此外董事会可以2/3的多数通过选举出其他董事，但最多不超过9人。董事会设主席1名、副主席若干名，每月召开一次例会，审议银行日常业务工作，决议以简单多数票做出，票数相等时由主持会议的主席投决定票。董事会主席和银行行长由同一人担任。董事会根据主席建议任命1名总经理和1名副总经理，就银行的业务经营向银行负责。国际清算银行下设银行部、货币经济部、法律处、秘书处等办事机构。

专栏 7-3 巴塞尔协议

巴塞尔协议(Basel Accord),全名是资本充足协议(Capital Accord)。它是巴塞尔银行监管委员会成员,为了维持资本市场稳定、减少国际银行间的不公平竞争、降低银行系统信用风险和市场风险,推出的资本充足比率要求。

巴塞尔委员会是1974年由十国集团中央银行行长倡议建立的,其成员包括十国集团中央银行和银行监管部门的代表。自成立以来,巴塞尔委员会制定了一系列重要的银行监管规定,如1983年的银行国外机构的监管原则(又称巴塞尔协定,Basel Concordat)和1988年的巴塞尔协议(Basel Accord)。这些规定不具法律约束力,但十国集团监管部门一致同意在规定时间内在十国集团实施。经过一段时间的检验,鉴于其合理性、科学性和可操作性,许多非十国集团监管部门也自愿地遵守了巴塞尔协定和资本协议,特别是那些国际金融参与度高的国家。

1. 巴塞尔协议Ⅰ

1988年巴塞尔协议全称为《统一资本衡量和资本标准的国际协议》,其目的是通过规定银行资本充足率,减少各国规定的资本数量差异,加强对银行资本及风险资产的监管,消除银行间的不公平竞争。1988年巴塞尔协议基本内容由四方面组成。

(1) 资本的组成。巴塞尔委员会认为银行资本分为两级。第一级是核心资本,要求银行资本中至少有50%是实收资本及从税后利润保留中提取的公开储备所组成。第二级是附属资本,其最高额可等同于核心资本额。附属资本由未公开的储备、重估储备、普通准备金(普通呆账准备金)、带有债务性质的资本工具、长期次级债务和资本扣除部分组成。

(2) 风险加权制。巴塞尔协议确定了风险加权制,即根据不用资产的风险程度确定相应的风险权重,计算加权风险资产总额。一是确定资产负债表内的资产风险权数,即将不用资产的风险权数确定为五个档次:分别为0、10、20、50、100。二是确定表外项目的风险权数。确定了1、20、50、100四个档次的信用转换系数,以此再与资产负债表内与该项业务对应项目的风险权数相乘,作为表外项目的风险权数。

(3) 目标标准比率。总资本与加权风险资产之比为8%(其中核心资本部分至少为4%)。银行资本充足率=总资本/加权风险资产。

(4) 过渡期和实施安排。过渡期从协议发布起至1992年底止,到1992年底,所有从事大额跨境业务的银行资本金要达到8%的要求。

1988年巴塞尔协议主要有三大特点。一是确立了全球统一的银行风险管理标准。二是突出强调了资本充足率标准的意义。通过强调资本充足率,促使全球银行经营从注重规模转向资本、资产质量等因素。三是受20世纪70年代发展中国家债务危机的影响,强调国家风险对银行信用风险的重要作用,明确规定不同国家的授信风险权重比例存在差异。

2. 巴塞尔协议Ⅱ

银行业是一个高风险的行业。20世纪80年代由于债务危机的影响,信用风险给国际银行业带来了相当大的损失,银行普遍开始注重对信用风险的防范管理。巴塞尔委员会建立了一套国际通用的以加权方式衡量表内与表外风险的资本充足率标准，极大地影响了国际银行监管与风险管理工作的进程。在近十几年中，随着巴塞尔委员会根据形势变化推出相关标准，资本与风险紧密联系的原则已成为具有广泛影响力的国际监管原则之一。正是在这一原则指导下，巴塞尔委员会建立了更具风险敏感性的新资本协议。新协议将风险扩大到信用风险、市场风险、操作风险和利率风险，并提出"三个支柱"，进一步提高金融体系的安全性和稳健性。

三大支柱，即最低资本要求、监管部门的监督检查和市场约束。

第一大支柱：最低资本要求。最低资本充足率要求仍然是新资本协议的重点。该部分涉及与信用风险、市场风险以及操作风险有关的最低总资本要求的计算问题。最低资本要求由三个基本要素构成：受规章限制的资本的定义、风险加权资产以及资本对风险加权资产的最小比率。

第二大支柱：监管部门的监督检查。监管部门的监督检查，是为了确保各银行建立起合理有效的内部评估程序，用于判断其面临的风险状况，并以此为基础对其资本是否充足做出评估。监管当局要对银行的风险管理和化解状况、不同风险间相互关系的处理情况、所处市场的性质、收益的有效性和可靠性等因素进行监督检查，以全面判断该银行的资本是否充足。

第三大支柱：市场约束。市场约束的核心是信息披露。市场约束的有效性，直接取决于信息披露制度的健全程度。只有建立健全的银行业信息披露制度，各市场参与者才可能估计银行的风险管理状况和清偿能力。新协议指出，市场纪律具有强化资本监管、提高金融体系安全性和稳定性的潜在作用，并在应用范围、资本构成、风险披露的评估和管理过程以及资本充足率等四个方面提出了定性和定量的信息披露要求。

3. 巴塞尔协议Ⅲ

由27个国家银行业监管部门和中央银行高级代表组成的巴塞尔银行监管委员会2010年9月12号宣布，各方代表就《巴塞尔协议Ⅲ》的内容达成一致。巴塞尔银行监管委员会管理层会议通过了加强银行体系资本要求的改革方案，即《巴塞尔协议Ⅲ》，核心内容在于提高了全球银行业的最低资本监管标准，主要的变化：

(1) 一级资本充足率下限将从现行的4%上调至6%，"核心"一级资本占银行风险资产的下限将从现行的2%提高到4.5%。新的一级资本规定在2013年1月至2015年1月执行。总资本充足率在2016年以前仍为8%。

(2)增设总额不得低于银行风险资产的2.5%的"资本防护缓冲资金"，在2016年1月至2019年1月分阶段执行。此后，"核心"一级资本、一级资本、总资本充足率分别提升至7.0%、8.5%和10.5%。

(3)提出0～2.5%的逆周期资本缓冲区间，由各国根据情况自行安排，未明确具体实施安排。

资料来源：http://www.360doc.com/content/13/1005/12/202378_31913-2914.shtml.

7.3.2 国际清算银行的业务活动

1. 处理国际清算事务

第二次世界大战后，国际清算银行先后成为欧洲经济合作组织、欧洲支付同盟、欧洲煤钢联营、黄金总库、欧洲货币合作基金等国际机构的金融业务代理人，承担着大量的国际结算业务。

2. 办理或代理有关银行业务

第二次世界大战后，国际清算银行业务不断拓展，可从事的业务主要有：接受成员国中央银行的黄金或货币存款，买卖黄金和货币，买卖可供上市的证券，向成员国中央银行贷款或存款，也可与商业银行和国际机构进行类似业务，但不得向政府提供贷款或以其名义开设往来账户。目前，世界上很多中央银行在国际清算银行存有黄金和硬通货，并获取相应的利息。

3. 定期举办中央银行行长会议

国际清算银行于每月的第一个周末在巴塞尔举行西方主要国家中央银行的行长会议，商讨有关国际金融问题，协调有关国家的金融政策，促进各国中央银行的合作，所以被称为“巴塞尔俱乐部”。

除上述国际金融活动以外，国际清算银行还作为中央银行的俱乐部，是各国中央银行之间进行合作和交流的理想场所；它的董事会和其他会议为各国货币当局提供了研讨把握国际货币金融最新发展态势的良好机会；它所发表的有关国际货币金融的数据构成了世界上最权威的研究、分析和预测的信息来源渠道之一。

7.4 区域性的国际金融机构

在国际金融领域，大量的地区性开发银行在发挥着重要作用，其中最重要的有四家，即亚洲开发银行、泛美开发银行、非洲开发银行和加勒比开发银行。它们的活动范围基本上涵盖了整个亚洲、非洲和拉丁美洲。

7.4.1 亚洲开发银行

亚洲开发银行(Asian Development Bank，ADB)，简称亚行，是亚洲和太平洋地区的区域性金融机构。由联合国亚洲及太平洋经济社会委员会(联合国亚太经社会)赞助建立，不属于联合国的下属机构，但同联合国及其区域和专门机构有密切的联系。根据 1963 年 12 月在菲律宾首都马尼拉由联合国亚太经济社会委员会主持召开的第一届亚洲经济合作部长级会议的决议，1965 年 11 月至 12 月在马尼拉召开的第二届会议通过了亚洲开发银行章程。该章程于 1966 年 8 月 22 日生效，11 月在东京召开首届理事会，宣告该行正式成立。同年 12 月 19 日正式营业，总部设在马尼拉。

亚行有来自亚洲和太平洋地区的区域成员，以及来自欧洲和北美洲的非区域成员。亚行在成立之初只有 33 个成员，如今成员数量已增至 67 个，其中 48 个成员来自亚太地区。1986 年 2 月 17 日，亚洲开发银行理事会通过决议，接纳我国加入该行。同年 3 月 10 日，我国成为亚洲开发银行正式成员国。

1. 亚洲开发银行的宗旨

亚洲开发银行的宗旨是向其成员国提供贷款和技术援助，帮助协调成员国在经济、贸易和发展方面的政策，同联合国及其专门机构进行合作，以促进亚太地区的经济发展。具体任务是：为亚太地区发展中国家成员的经济发展筹集与提供资金；促进公私资本对本地区各成员的投资；帮助本地区各成员协调经济发展政策，以便更好地利用自己的资源和在经济上取长补短，并促进其对外贸易的发展；为成员拟定和执行发展项目与规划提供技术援助；以适当的方式同联合国及其所属机构向本地区及其发展基金投资的国际公益组织，以及其他国际机构、各国公营和私营实体进行合作，并向它们展示投资和援助的机会。

2. 亚洲开发银行的组织机构

亚洲开发银行是以成员国入股的方式组成的企业性金融机构，设有理事会、董事会以及办事机构。

(1) 理事会。理事会是亚洲开发银行的最高权力与决策机构，负责总管该行的业务，由成员国各指派一名理事和一名副理事组成。在亚洲开发银行章程中，对必须由理事会行使的权力做出明确的规定，这些权力主要有：接纳新成员国和确定接纳条件，增加或减少核定股本，修改章程，决定储备金及纯收益的分配等。理事会通常每年举行一次会议，即亚洲开发银行理事会年会。

(2) 董事会。董事会是亚洲开发银行日常业务的领导机构，负责领导亚洲开发银行的业务经营，既行使亚洲开发银行章程所赋予的权力，也行使理事会所授予的权力。董事会由理事会选举产生，本地区成员选举 8 名理事，非本地区成员选举 4 名理事。亚洲开发银行分成 12 个选区，其中日、美、中、印单独构成选区，其他 8 个选区由各成员国自愿结合形成。

(3) 行长。行长由理事会选举产生。行长应是本地区成员的国民，任董事会主席，是亚洲开发银行合法代表、亚洲开发银行行政负责人。在董事会指导下行长负责处理亚洲开发银行日常业务并负责亚洲开发银行官员和工作人员的任命和辞退。行长可以参加理事会，但无表决权。任期 5 年，可连任。

(4) 亚洲开发银行总部。它是亚洲开发银行的执行机构，负责亚洲开发银行的业务经营。在总部设有 9 个局和 11 个局级办公室。此外，亚洲开发银行还在一些国家和地区设立常驻代表处。

3. 亚洲开发银行的成员国及其投票权

亚洲开发银行的成员国包括联合国亚洲及太平洋经济社会委员会的成员国、亚太地区的其他国家或地区及亚太地区外的国家或地区。建立之初，有 34 个成员国，其中 22 个来自亚太地区，12 个来自西欧、拉美地区。亚行既是一个区域性国际金融机构，又带有明显的国际性。

亚洲开发银行成员国的投票权采用按股东额计算的原则，按照规定，每任成员国均拥有基本投票权 778 票，每认缴一股银行股本另增加 1 票。因此对于成员国来说，所认缴的银行股本越多投票权就越大。

4. 亚洲开发银行的资金来源

亚洲开发银行的资金主要来源于普通资金、亚洲开发基金和技术援助特别基金三个方面。除此之外，亚洲开发银行还从其他资金渠道为项目安排联合融资，1988 年还建立了日本特别基金。

（1）普通资金

普通资金用于亚洲开发银行的硬贷款业务，是亚洲开发银行进行业务活动最主要的资金来源。普通资金由以下部分构成：

① 股本。亚洲开发银行建立时法定股本为 10 亿美元，分为 10 万股，每个成员均需认购股本。初建时，对本地区与非本地区成员认缴股本的确定方法不同：本地区的会员国认缴额计算分配方式确定时需考虑该国人均国内生产总值水平、财政收入和出口额等因素；非本地区成员认缴额计算时主要根据各自的对外援助政策和各自对多边机构资助预算的分配进行谈判确定。新接纳成员的认缴股本由亚洲开发银行理事会确定。首批股本分为交缴股本和待缴股本，两者各占一半。

② 借款。亚洲开发银行建立初期，自有资本是进行贷款的主要资金来源，但从 1969 年开始，亚行开始从国际金融市场借款。亚洲开发银行在国际资本市场以发行债券形式借款，但也同有关国家的政府、中央银行及其他金融机构直接安排债券销售，有时还直接从商业银行贷款。

③ 普通储备金。《亚洲开发银行章程》规定，亚行理事会把亚行净收益的一部分划作普通储备金。

④ 特别储备金。对 1984 年 3 月 28 日以前发放的未偿还的普通资金贷款，亚行除收取利息和承诺费外，还收取一定数量的佣金以留作特别储备金。从 1985 年开始，亚洲开发银行已停止收取这种佣金。

⑤ 净收益。由提供贷款收取的利息与承诺费形成。

⑥ 预缴股本。亚洲开发银行成员认缴的股本采取分期缴纳的办法，在法定认缴日期之前认缴的股本即是预缴股本。

（2）亚洲开发基金

亚洲开发基金创建于 1974 年 6 月 28 日，该基金主要由亚洲开发银行等发达国家会员国捐赠，用于向亚太地区贫困成员发放优惠贷款。在这些国家中，日本是最大的认捐国，其次是美国。亚洲开发银行理事会按章程规定，还从各成员国缴纳的未核销实缴股本中拨出 10％作为基金的一部分。此外亚行还从其他渠道中获得赠款。

（3）技术援助特别基金

为提高发展中国家成员的人力资源素质和加强执行机构的建设，亚行于 1967 年成立了技术援助基金。该项基金的来源为捐资。根据亚行理事会 1986 年 10 月 1 日会议的决定，在为亚洲开发基金捐资 36 亿美元时，将其中的 2％拨给技术援助特别基金。

（4）日本特别基金

亚行理事会于 1988 年 3 月 10 日成立日本特别基金，由日本政府出资，主要用于：以赠款形式资助在成员国的公营、私营部门中进行技术援助活动；通过单独或联合的股本投资，支持私营部门的开发项目；以单独或联合赠款的形式，对亚洲开发银行向公营部门开发项目进行贷款的技术援助部分给予资助。

（5）联合融资

联合融资是指一个或一个以上的外部经济实体与亚洲开发银行共同为某一开发项目融资，通过这一方式可为本地区经济发展筹集更多的开发资金。亚行安排联合融资的渠道主要是：主要工业发达国家的政府机构；多边国际组织，如联合国开发计划署、欧洲经济共同体、国际农业开发基金等；有关国家，如奥地利、德国、加拿大等主要工业发达国家的商业银行。联合融资已成为亚行业务的一个重要组成部分。

5. 亚洲开发银行的主要业务活动

(1) 贷款

贷款对象限于该地区成员国或地区，并对成员间的协作项目给予优先考虑。贷款要求指明用途，专款专用，并限定由贷款国或贷款地区供给物资和劳务。贷款业务分为普通基金贷款和特种基金贷款两种。前者年限为10～30年；后者条件优惠，年限可达40年，不计利息，只收1%的手续费。

按贷款条件划分，亚行的贷款可分为硬贷款、软贷款和赠款三类。硬贷款的贷款利率为浮动利率，每半年调整一次，贷款期限为10～30年。软贷款即优惠贷款，仅提供给人均国民收入低于670美元(1983年价格)且还债能力有限的亚行成员，贷款期限为40年，不收利息，仅收1%的手续费。赠款用于技术援助，资金由技术援助特别基金提供，但赠款金额有限制。

按贷款方式不同，亚行的贷款可分为：

① 项目贷款。即为某一成员国发展规划的具体项目提供贷款。这些项目应该具备经济效益好、有利于借款成员的经济发展和借款成员有较好的资信等三个条件。

② 规划贷款。是对成员国某个需要优先发展的部门或其所属部门提供资金，通过进口生产原料、设备和零部件，扩大现有生产能力，使其结构更趋合理化和现代化。

③ 部门贷款。是对某成员与项目有关的投资进行援助的一种形式，这项贷款是为提高所选择部门的技术与管理能力而提供的。

④ 开发金融机构贷款。是通过成员国的开发性金融机构进行的间接贷款，因而也称中间转贷。

⑤ 综合项目贷款。是对较小的借款成员国的一种贷款方式，由于这些国家的项目规模较小，借款数额也不大，为便于管理，便把这些小项目放在一起作为一个综合项目来办理贷款手续。

⑥ 特别项目执行援助贷款。是为在执行过程中避免因缺乏配套资金等不曾预料到的困难，而使项目执行受阻所提供的贷款。

⑦ 私营部门贷款。它分为直接贷款和间接贷款两种形式。直接贷款是指有政府担保的贷款，或是没有政府担保的股权投资，以及为项目的准备等提供的技术援助；间接贷款主要是指通过开发性金融机构的限额转贷和对开发性金融机构进行的股权投资。

(2) 技术援助

多年来的经验表明，仅靠向发展中国家提供贷款和投资，不能达到促进其社会经济发展的目的，还必须向发展中国家提供致力于加强机构建设和提高劳动生产率水平的技术援助，使其能够有效地利用投资，并搞好经济开发项目的建设。因此，亚行在办理各项贷款业务的同时，积极开展了广泛的技术援助。

亚行的技术援助可分为：项目准备技术援助(PPTA)，用于筹备将由亚行或其他外部渠道提供融资的项目贷款、规划贷款和部门贷款；咨询技术援助(ADTA)，用于为制度建设、计划编制或亚行融资项目的实施、运营和管理，以及为部门、政策和问题的研究提供融资；区域技术援助(RETA)，用于涉及多个发展中成员国的前述两类开发活动，以及上段所阐述的各种开发活动。

亚行提供技术援助的方式主要有贷款和无偿赠款两种，其中以贷款方式为主。技术援助在亚太地区社会经济发展中起着重要的作用，它不仅能够使受援国增强机构能力和提高技术水平，而且有助于扩大贷款业务。许多发展中国家特别是最不发达国家，都需要大量的资金来帮助它们提高技术能力和建设机构。因此，亚洲开发银行已将技术援助作为其主要的业务之一。

7.4.2 泛美开发银行

1959 年 4 月 8 日，20 个拉丁美洲国家和美国签订了建立泛美开发银行的协定，同年 12 月 30 日生效。泛美开发银行(Inter-American Development Bank，IDB)于 1960 年 10 月 1 日正式开业，总部设在美国首都华盛顿，是世界上成立最早和最大的区域性、多边开发银行，是以南美洲、北美洲及加勒比海国家为主，联合一些西方国家合办的区域性政府间国际金融组织。

泛美开发银行是美洲国家组织的专门机构，其他地区的国家也可加入，但非拉美国家不能利用该行资金，只可参加该行组织的项目投标。从 1976 年开始，泛美开发银行决定接纳西半球以外的其他国家作为成员。日本、德国、西班牙、法国、意大利和英国等都是它的成员国。2009 年 1 月 12 日，中国正式加入泛美开发银行集团。

泛美开发银行的宗旨是：集中各成员国的力量，对拉丁美洲国家的经济、社会发展计划提供经济和社会发展项目贷款资金和技术援助，以促进该地区经济的发展和“泛美体制”的实现。

(1) 泛美开发银行的组织机构

① 董事会。这是最高权力机构。由各成员国委派 1 名董事组成，每年举行一次会议。

② 执行董事会。为董事会领导下的常设机构，由 12 名董事组成，其中拉美国家 9 名，美国、加拿大和日本各 1 名，其他地区国家 2 名，任期 3 年。

③ 行长和副行长。在执行董事会领导下主持日常工作；行长由理事会选举产生，任期 5 年；副行长由执行董事会任命。

④ 分支机构。设在拉美各成员国首都，代表银行同当地官方和借款者处理有关事务，并对银行资助的建设项目进行监督。在巴黎、伦敦也设立了办事机构，以便同区外成员国和金融市场保持经常联系。

⑤ 投资机构。美洲投资公司于 1989 年成立，以不易获得优惠条件贷款的中小企业为其主要服务对象；多边投资基金于 1992 年成立，主要目的是促进私人产业的发展，为私人产业创建更好的投资环境。

⑥ 拉美一体化研究所。该所于 1964 年成立，设在阿根廷首都布宜诺斯艾利斯，负责培养高级技术人才，研究有关经济、法律和社会等重大问题，为成员国提供咨询。

(2) 泛美开发银行的资本组成

泛美开发银行的资本由以下部分组成：① 成员国分摊；② 发达国家成员国提供；③ 在世界金融市场和有关国家发放债券。

各成员国的表决权依其加入股本的多寡而定。其中美国占 30%，加拿大占 4%，拉美国家占 50%(阿根廷和巴西各占 11%)，日本占 5%，其他非本地区成员国占 11%。按章程规定，拉美国家表决权在任何情况下不得低于此比例。

(3) 泛美开发银行的贷款

贷款对象是拉美成员国政府和公私团体。贷款分为普通贷款和特种贷款两种。前者利率较高，期限为10～20年，并需以所借货币偿还；后者利率较低，期限为25～40年，可全部或部分以借款国货币偿还。

7.4.3 非洲开发银行

非洲开发银行(AFDB)于1964年9月10日建立，总部设在科特迪瓦首都阿比让。非洲开发银行设立非洲开发基金、非洲投资和开发国际金融公司、尼日利亚信托基金、非洲再保险公司共四个合办机构。非洲开发银行的宗旨是为促进成员国经济发展提供资金，协调非洲大陆各国经济发展计划，以逐步实现非洲经济一体化。中国于1985年5月成为非洲开发银行的成员国，现在非洲开发银行持股224 230股，占总股份的1.117%。

非洲开发银行的最高权力机构是理事会，董事会由理事会选派9人组成，负责日常工作。理事会由各成员国委派1名理事组成，一般为成员国的财政和经济部部长，通常每年举行一次会议，必要时可举行特别理事会，讨论制定银行的业务方针和政策，决定银行重大事项，并负责处理银行的组织和日常业务；理事会年会负责选举行长和秘书长；董事会由理事会选举产生，是银行的执行机构，负责制定非洲开发银行各项业务政策；共有18名执行董事，其中非洲以外国家占6名，任期3年，一般每个月举行两次会议。

非洲开发银行的资金来源为成员国认缴的股本，以及向外借款和发行债券。非洲开发银行核定资本相当于329亿美元，实收资本相当于325.6亿美元，其中，非洲国家的资本额占2/3。这是使领导权掌握在非洲国家中所做的必要限制。

非洲开发银行经营的业务分为普通贷款和特种贷款两种，贷款对象仅限于成员国。后一种贷款不计利息，期限可达50年以上。1972年6月开设非洲开发基金，允许非洲以外的国家认股，基金贷款不计利息，期限可达50年以上。

7.4.4 加勒比开发银行

1969年10月18日，16个加勒比国家和2个非本地区成员在牙买加金斯敦签署协议，成立加勒比开发银行 (Caribbean Development Bank，CDB)。加勒比开发银行是地区性、多边开发银行，1970年1月26日，协议生效，1月30日，理事会成立大会在拿骚举行。总部设在西印度群岛的巴巴多斯首都布里奇顿。该行的宗旨是促进加勒比地区成员国经济的协调增长和发展，推进经济合作及本地区的经济一体化，为本地区发展中国家提供贷款援助。该行的宗旨是：促进加勒比地区成员国经济的协调增长和发展，推进经济合作及本地区的经济一体化，为本地区发展中国家提供贷款援助。1997年5月22日，在加拿大多伦多召开的第27届加勒比开发银行年会决定接纳中国为加勒比开发银行的非本地区成员国。1998年1月20日，中国正式成为该行成员。

理事会为最高决策机构，由22名理事组成，每年举行会议，选举其中1名理事为主席、2名理事为副主席，任期1年。董事会负责日常业务，由18名成员组成，其中12名由本地区的理事选举、6名由代表非本地区的理事选举。董事任期2年，可连选连任。每名董事指定一名代表，行长是董事会主席。

加勒比开发银行设有一个技术援助基金，负责融资咨询服务，并进行总体发展、项目实施、项目准备、投资前准备以及银行发展的研究。技术援助基金下设培训部，为借贷成员国公共服务部门的中上层人员提供培训。

加勒比开发银行的资金来源有两个渠道，一是成员认缴股本和借款，称为普通资金来源(Ordinary Capital Resources，OCR)；二是成员和非成员的捐款，称为特别资金来源(Special Funds Resources，SDF)。目前加勒比开发银行普通资金来源除了成员实缴股本外，借入资金的主要渠道为欧洲投资银行(European Investment Bank，EIB)、泛美开发银行、世界银行和国际金融市场。特别资金来源又分为两类：一类为特别发展基金(Special Development Fund，SDF)，另一类为其他特别基金(Other Special Funds)。特别发展基金是加勒比开发银行的软贷款窗口，其资金来源为每四年一次的成员捐资，它着重向加勒比开发银行借款国的社会和经济发展优先领域提供贷款和赠款。其他特别基金的来源为加勒比开发银行成员和其他机构所提供的有附带条件的资金，按出资人的意向，以符合该宗旨为原则加以使用和管理。

本章概要

国际金融组织是指从事国际金融业务，协调国际金融关系，维持国际货币及信用体系正常运作的超国家的金融机构。国际金融组织的产生与发展同国际经济政治状况及变化密切相关。

国际货币基金组织是于1946年3月成立的联合国专门经营国际金融业务的机构。在维持汇率稳定、消除外汇管制、平衡国际收支以及促进国际货币合作方面具有重要作用。国际货币基金组织由理事会、执行董事会、总裁和众多业务机构组成。基金组织的主要宗旨是确保国际货币体系，即各国(及其公民)购买商品和服务所依赖的汇率体系及国际支付体系的稳定。国际货币基金组织的基本职能是向成员国提供短期信贷，调整国际收支的不平衡，维持汇率的稳定。

世界银行集团是由国际复兴开发银行、国际开发协会、国际金融公司、多边投资担保机构和国际投资争端解决中心组成的。世界银行的功能主要集中在帮助发展中国家经济复兴，其业务包括向发展中国家提供低息贷款、无息信贷和赠款。最主要的贷款是项目贷款，对成员国工农生产、交通、通信以及市政、文教卫生等具体项目提供贷款，帮助发展中国家提高生产力、促进社会进步与经济发展，改善和提高人民生活水平。

国际清算银行的宗旨是：促进各国中央银行之间的合作；为国际金融活动提供更多的便利；是各国“中央银行的银行”，向各国中央银行并通过中央银行向整个国际金融体系提供一系列高度专业化的服务，实现货币与金融稳定；作为国际清算的受托人或代理人，办理多种国际清算业务。

地区性开发银行在发挥着重要作用，其中最重要的有四家，即亚洲开发银行、泛美开发银行、非洲开发银行和加勒比开发银行。它们的宗旨是向其成员国提供贷款和技术援助，帮助协调成员国在经济、贸易和发展方面的政策，同联合国及其专门机构进行合作，以促进所在地区的经济发展。

关键术语

国际金融机构、国际货币基金组织、世界银行、国际开发协会、国际金融公司、国际清算银行、亚洲开发银行、泛美开发银行、非洲开发银行、加勒比开发银行

复习题

1. 国际货币基金组织的宗旨是什么?
2. 国际货币基金组织的贷款有哪些?
3. 简述世界银行集团的机构,并说明其各自贷款具有哪些特点。
4. 国际清算银行的业务活动有哪些?
5. 地区性金融机构包括哪些机构?
6. 亚洲开发银行的贷款有哪些?

参考文献

[1] 奚君羊.国际金融学.上海：上海财经大学出版社,2008.
[2] 汪洪涛.新编国际金融教程.上海：复旦大学出版社,2009.
[3] 冯文伟.国际金融学.上海：立信会计出版社,2009.

第三篇

国际资本流动与金融危机

第 8 章　国际资本流动

在当今世界中，国际资本流动成为非常引人注目的经济现象，对全球经济的稳定和发展产生重要的影响。由于各国的经济发展水平和生产成本不同以及利差的存在，资本为追逐利润而形成了资本的国际流动；同时国内政治、经济风险的存在也促使了国际资本的流动。由于国际资本能对各国的实体经济和金融市场变动作出迅速反应，使资金以最快的速度从效率较低的地方流向效率较高的地方，实现全球范围内的资源配置，从而成为经济全球化的载体，同时，也带来巨大的风险。

8.1　国际资本流动概述

8.1.1　资本与金融资本

资本是双向可逆转的货币流，其本性是追逐高额收益。在经济学意义上，指的是用于生产的基本生产要素，即资金、厂房、设备、材料等物质资源。在金融学和会计领域，资本通常用来代表金融财富，特别是用于投资的金融资产。资本具有以下几个特性：

第一，资本具有运动性。只有运动才能有增值的机会。资本的运动性表现在资本循环、周转的无限性和资本向外转移、扩张的开放性两个方面。一是资本对于价值增值的无尽追求决定了资本不断地、周而复始地进行循环；二是资本为了追求高利润率而不断在不同部门间进行横向转移。

第二，资本具有开放性。资本的运动具有跨地区、跨国界的全面的开放性，一方面促进了社会分工的范围日益扩大，形成了国际分工和国内分工体系；另一方面使得市场范围越来越广，形成了国内市场和国际市场相统一的全面市场体系。资本的流动不断促进着资本增量调整和存量调整，促进着产业结构和经济结构的合理化，促进着资源的优化配置。资本的开放性有利于资本的迅速积聚和集中，促进资本规模的扩大与发展。

第三，资本同时还具有主体性和竞争性。竞争的目的是追求超额利润，寻求最佳的投资场所；竞争的结果是社会平均利润率的形成，实现等量资本要求等量利润的平等权利。资本的存在形式突出了其主体性，因为资本的各种职能形式之间和各种不同的资本之间必须有清晰的价值量界定关系。微观资本要求有清晰的利益和产权界区，要求独立承担自负盈亏的责任。

人类经济活动可以划分为实际层面和货币层面两个层次。实际层面是经济活动的实际内容，是社会再生产活动，是支撑经济发展的基础，也是社会财富的根本来源；货币层面是为实际经济活动服务和媒介的层面，是实际经济活动的前提和结果。资本主要是以产业资本和金融资本两种形态存在的。产业资本是以物质形态存在的资本，在资本的循环运动中，产业资本依次采取货币资本、生产资本和商品资本的形式存在，并在每一种形式中完成着相应的职能。金融资本是以货币形态存在的资本，是以取得收益和增值为目的而进入金融市场交易，最终进入实际产业部门的资本，具体表现为银行资本、证券资本以及其他证券化的金融资产。金融资本是由银行资本和工业资本相互渗透、融为一体而形成的最高形态的垄断资本。产业资本一般是物质化的有形资本，金融资本一般是非物质化的、同质的无形资本。产业资本和金融资本的关系体现为：产业资本要发挥作用，需借助于各种不同的职能形态，并且在这些具体形态上相互转化。而金融资本实际上是一种所有权资本，其所有权和使用权是可以分离的，在不同所有者之间也是流动的。产业资本和金融资本两者之间是不断转化的，在当代资本的运动过程中，金融资本已游离于产业资本并日益独立运行，越来越快速地形成国际资本流动的主流。

国际资本是由国内资本转化而来的。国内资本与国际资本没有本质的差别，两者没有不可逾越的鸿沟。当国内资本与国际资本分开考察，而一国资本跨出国界就成为国际资本的一个组成部分时，这样整个世界资本就被分为一个个国家的国内资本和国际资本两部分。国内资本被局限于各个主权国家，而国际资本则聚集在若干个国际金融中心。世界资本的流动分为三个领域：国内资本的流动、国内资本与国际资本的互相转化和国际资本间的流动。即国际资本在各个国际金融中心的流动。国内资本流动以信贷和财政收支两种方式进行，此外，证券直接融资规模也越来越大，国内资本与国际资本的互相流转为银行资本输出入和产业资本的直接投资。资本在各个国际金融中心的移动表面上似乎与国内资本流动没有关系，但实际上两者也是密不可分的。在整个世界资本运动中，国内资本流动是根本原因和动力，带动了国际资本的流动，也决定了国际资本流动的方向和规模；反过来，国际资本流动也会对国内资本流动带来一定的影响。

8.1.2 国际资本流动概述

国际资本流动(International Capital Flows)是指资本基于经济或政治目的的需要从一个国家或地区的政府、企业或个人向另一个国家或地区的政府、企业或个人的流出或流入，即资本在国际范围内的转移。它是国际经济交易的基本内容之一。

国际资本从其表现形式来看可分为商业资本、产业资本和金融资本，尤以金融资本为主。国际资本流动的载体分别为商品、技术和资金，因而国际资本流动就表现为商品输出或输入、技术转让或引进以及银行资本输出或输入三方面的内容。国际资本流动按其流动方向，可分为国际资本流入和国际资本流出。资本流入表现为本国对外国负债的增加和本国在外国的资产的减少，或外国在本国资产的增加和外国对本国负债的减少。资本流出表现为本国对外国负债的减少和本国在外国资产的增加，或外国在本国的资产减少和外国对本国负债的增加。对一个国家或地区来讲，总是存在资本的流出和流入，只不过是流出入的比例不同而已。

国际资本流动还与其他相关的概念有联系。

(1) 国际资本流动与资本输出输入。国际资本流动不一定就是资本输出输入。资本输出输入是一般只与投资和借贷等金融活动相关联、并且以谋取利润为目的的资本流动，因而不能涵盖国际资本流动的全部内容。

(2) 国际资本流动与资金流动。资金流动是指单向的、不可逆转的资金款项的流动和转移，相当于国际收支中经常账户的收支。资本流动即资本转移，是可逆转的流动或转移，投资或借贷资本的流出伴随着利润、利息的回流以及投资资本和贷款本金的返还。一般来说，资金流动是一种不可逆转性的流动，即一次性的资金款项转移，其特点是资金流动呈单向性。而资本流动则是一种可逆转性的流动，其特点是资本流动呈双向性。

(3) 国际资本流动与国内资本流动。国际资本流动与国内资本流动的差异性最主要体现在资本拥有者和使用者的居民属性上。一是国际资本流动是在资本拥有者和使用者出现跨越国界的分离情况下出现的；二是国际资本流动表现为资金形式的跨国运动，而金融资本流动的结果必然导致以商品和服务为主要内容的实际资源的移动，即实际资本在国家间的流动。国际资本流动是资本跨越民族国家的界限而在国际范围内运动的过程，是资本要素在不同主权国家和法律体系管辖范围之间的输出与输入。

(4) 国际资本流动与所有权转移。国际资本流动不同于以所有权的转移为特征的商品交易，它是以使用权的转让为特征的，但一般仍以盈利为目的。一国或地区的国际收支平衡表中的资本与金融账户，集中反映了该国或地区在一定时期内与他国或地区的资本流动的综合情况。

8.1.3 国际资本流动分类

国际资本流动是指资本从一个国家或地区向另一个国家或地区转移。这种转移包括两个方面：资本从债权国向债务国转移，本金和利息从债务国向债权国转移。国际资本流动与一国的经济发展有着密切的关系，它主要反映在一国国际收支平衡表的资本项目与金融项目中。国际资本流动按照不同的标志可以划分为不同类型。

① 从期限来划分，按资本的使用期限长短将其分为长期资本流动和短期资本流动两大类。短期国际资本流动，是指期限为一年或一年以内或即期支付资本的流入与流出；长期资本流动是指使用期限在一年以上或未规定使用期限的资本流动，它包括国际直接投资、国际证券投资和国际贷款三种主要方式。

② 从资本的流动方向划分，可分为资本流出和资本流入。

③ 从资本流动的方式划分，可分为直接投资、间接投资和国际信贷等。

④ 从资本流动的性质上划分，可分为政府间资本流动和私人间资本流动。

专栏8-1 游 资

游资(Refugee Capital)，又称热钱(Hot Money)，或叫投机性短期资本，是指只为追求最高报酬以最低风险在国际金融市场上迅速流动的短期投机性资金。具有四大特征：

① 高收益性与风险性。追求高收益是热钱在全球金融市场运动的最终目的。当然高收益往往伴随着高风险，因而热钱赚取的是高风险利润，它们可能在此市场赚而在彼市场亏，或在此时赚而在彼时亏，这也使其具备承担高风险的意识和能力。

② 高信息化与敏感性。热钱是信息化时代的宠儿，对一国或世界经济金融现状和趋势，对各个金融市场汇差、利差和各种价格差，对有关国家经济政策等高度敏感，并能迅速做出反应。

③ 高流动性与短期性。基于高信息化与高敏感性，有钱可赚它们便迅速进入，风险加大则瞬间逃离，表现出极大的短期性甚至超短期性，在一天或一周内迅速进出。

④ 投资的高虚拟性与投机性。说热钱是一种投资资金，主要指它们投资于全球的有价证券市场和货币市场，以便从证券和货币的每天、每小时、每分钟的价格波动中获得利润，即“以钱生钱”，对金融市场有一定的润滑作用。如果金融市场没有热钱这类风险偏好者，风险厌恶者就不可能转移风险。但热钱的投资既不创造就业，也不提供服务，具有极大的虚拟性、投机性和破坏性。

资料来源：http：//baike. baidu. com/view/163417. htm.

8.2 国际资本流动的内在机理

8.2.1 国际资本流动的动因

国际资本流动的原因很多，归结起来主要有以下几个方面：

第一，追逐利润。增值是资本运动的内在动力，利润驱动是各种资本输出的共有动机。不同国家的经济发展水平不同，投资利润率也不同。国际资本流动最重要的原因是为了获得比在国内投资更高的利润。当投资者预期到一国的资本收益率高于他国，资本就会从他国流向这一国；反之，资本就会从这一国流向他国。此外，当投资者在一国所获得的实际利润高于本国或他国时，该投资者就会增加对这一国的投资，以获取更多的国际超额利润或国际垄断利润，这也会导致或加剧国际资本流动。

第二，规避风险。政治、经济及战争风险的存在，是影响一个国家资本流动的重要因素。政治风险，是指由于一国的投资气候恶化而可能使资本持有者所持有的资本遭受损失；经济风险，是指由于一国投资条件发生变化而可能给资本持有者带来的损失；战争风险，是指可能爆发或已经爆发的战争对资本流动造成的可能影响。以上这些风险都会使资本处于一种不利的状况，规避的方法就是转移资本，从而导致国际资本流动。

第三，金融国际化。近20年来，国际经济关系发生了巨大变化，国际资本、金融、经济等一体化趋势有增无减，加之现代通信技术的发明与运用，资本流动方式的创新与多样化，使当今世界的国际资本流动频繁而快捷。随着劳动生产率和资本积累率的提高，资本积累迅速增长，在资本逐利本性的支配下，大量的过剩资本就被输往国外，追逐高额利润。随着资本在国外获得的利润大量增加，反过来又加速了资本积累，加剧了资本过剩，进而导致资本对外输出规模的扩大，加剧了国际资本流动。

第四，利用国际金融资源措施的普及化。在开放经济条件下，无论是发达国家还是发展中国家，都在不同程度地通过不同的政策和方式来吸引外资，以实现相应的经济发展目标。大部分发展中国家，经济比较落后，迫切需要资金来加速本国经济的发展，因此，往往通过开放市场、提供优惠税收、改善投资软硬环境等措施吸引外资的进入，从而增加或扩大了国际资本的需求，引起了国际资本流动。

第五，汇率与利率的变化。自20世纪70年代以来，随着浮动汇率制度的建立，主要资本主义国家货币汇率经常波动，当一国货币汇率或利率持续上升时，则会产生兑换需求，从而导致国际资本流入，如果一个国家的货币汇率或利率下降，资本持有者可能预期到所持的资本实际价值将会降低，则会把手中的资本或货币资产转换成他国资产，从而导致资本向汇率或利率升高的国家或地区流动。在一般情况下，利率与汇率呈正相关关系。一国利率提高，其汇率也会上浮；反之，一国利率降低，其汇率也会下降。

第六，国际游资。国际游资又可称为国际投机资本，它是一种游离于本国经济实体之外，承担高度风险，追求高额利润，主要在他国金融市场作短期投机的资本组合。国际投机资本的投资目的相当明确，即绝大部分操作瞄准短期的高额利润，这种高额利润可以高于社会平均利润数倍或数十倍。国际投机资本的高额利润是由短期操作形成震荡来造就的高幅度价差所构成的，通常采用短促、快速隐蔽、突然发动的手段来操作投资行为，人们很难确定某个时期内国际投机资本在某一领域投资的资金规模、时间和地点。在高新科技和先进的通信设备的介入下，国际投机资本频繁、快速、突然的移动变得更加变幻莫测，它顷刻之间从一个国家转移至另一个国家，往往成为现代金融动荡的重要原因。

专栏8-2　金融脱媒

金融脱媒是指新的货币基金组织和资本市场融资能力出现的迅速增长削弱了银行等存款机构吸引存款的能力，导致大量资金从存款机构提出，投到货币市场不受利率管制的高利率的金融资产上，以获得优厚收益。它会使各存款机构出现经营困难，成为金融体系中极不稳定的因素。另外，各行业企业行会的出现和地下钱庄等民间借贷活动也给了企业更多取得资金的渠道，传统意义上的银行媒介作用被弱化，但是银行作为现代金融体系核心的地位并不会因此动摇。

资料来源：http://baike.baidu.com/view/259086.htm.

8.2.2　国际资本流动的经济效应

国际资本流动的一般模型，亦称麦克杜加尔(G. D. A. Macdougall)模型，或称完全竞争理论，是一种用于解释国际资本流动的动机及其效果的理论，它实际上是一种古典经济学理论。该模型运用新古典一般均衡的分析框架来证明资本流入的最佳规模及其效应。该理论认为国际资本流动的原因是各国利率和预期利润率存在差异，认为各国的产品和生产要素市场是一个完全竞争的市场，资本可以自由地从资本充裕国向资本短缺国流动。国际上的资本流动将使各国的资本边际产出率趋于一致，从

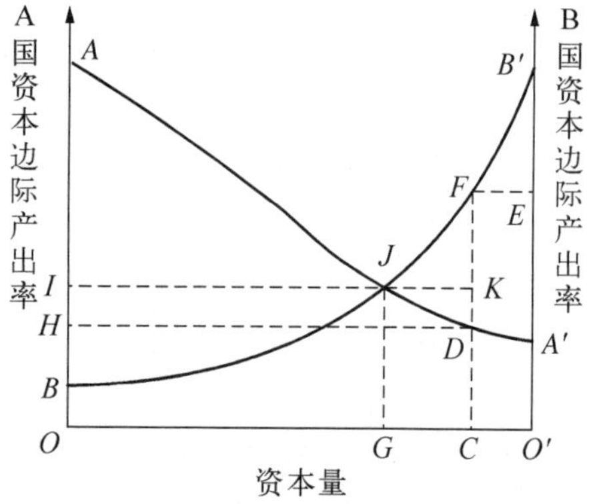

图8-1　国际资本流动的一般模型

而提高世界的总产量和各国的福利。该模型如图8－1所示。

该模型的假定条件是：整个世界由两个国家组成，一个国家资本充裕，另一个国家资本短缺。世界资本总量为横轴 OO'，其中资本充裕国的资本量为 OC，资本短缺国的资本量为 $O'C$。曲线 AA' 和 BB' 分别表示两个国家在不同投资水平下的资本边际产出率。它意味着：投资水平越高，每增加单位资本投入的产出就越低，亦即两国投资效益分别遵循边际收益递减规律。

1. 国际资本流动对经济系统的影响

这种影响需从两种情况来分析：

（1）国际资本流动对封闭经济系统的影响

封闭经济系统是资本没有互为流动的经济系统，无论是资本充裕国，还是资本短缺国，资本只能在国内使用。

如果资本充裕国把其全部资本 OC 投入国内生产，则资本的边际收益为 OH，总产出为曲边梯形 $OADC$ 的面积，其中资本使用者的收益是曲边三角形 HAD 的面积，资本所有者的收益是矩形 $OHDC$ 的面积。

如果短缺国也将全部资本 $O'C$ 投入国内生产，则其资本的边际收益率为 $O'E$，总产出为曲边梯形 $O'B'FC$ 的面积。其中，资本使用者的收益是曲边三角形 $EB'F$ 的面积，资本所有者的收益是矩形 $O'EFC$ 的面积。

（2）国际资本流动对开放经济系统的影响

开放经济系统是有资本互为流动的经济系统，在开放经济条件下，如果资本充裕国把总资本量中的 OG 部分投入本国，而将剩余部分 GC 投入资本短缺国，并假定后者接受这部分投资，则这两国的效益会增大，并且达到资本的最优配置。

从资本输入国的角度看，输入资本后的国内资本总额增为 $O'G$，总产出为曲边梯形 $O'B'JG$ 的面积，其中总产出增加量为曲边梯形 $CFJG$ 的面积。这部分增加量，又被分为两部分，矩形 $CKJG$ 是资本输出国所有的收益，曲边三角形 JFK 则是资本输入国的所得。

从资本输出国的角度看，输出资本后的国内资本边际收益率 OH 升高为 OI，国内总产出变为曲边梯形 $OAJG$，其中资本使用者的国内收益为曲边三角形 IAJ 的面积，资本所有者的国内收益是矩形 $OIJG$ 的面积。

由于资本的输入与输出，就使资本输出国增加了曲边三角形 JKD 面积的收益，而资本输入国也增加了曲边三角形 JFK 面积的收益。资本流动增加的总收益就为这两部分收益之和。

2. 国际资本流动的经济效应

国际资本流动的经济效应可以归纳为以下几点：

第一，在开放经济条件下，资本流动可为资本充裕国带来最高收益；同时，资本短缺国也因输入资本使总产出增加而获得新增收益。

第二，在各国资本的边际生产率相同的条件下，开放经济系统比封闭经济系统下的资本利用效益高，并且总资本能得到最佳的利用。

第三，由于资本可在世界范围内自由流动，结果可重新进行资本资源配置，使世界总产值增加并达到最大化，促进了全球经济的发展。

8.3 国际资本流动的影响

8.3.1 国际资本流动的正效应

1. 形成全球利润最大化，增加社会福利

长期资本流动可以增加世界经济的总产值与总利润，并使之趋于最大化。资本在国际上进行转移的一个原因，就是资本输出的盈利大于资本留守在国内投资的盈利，这意味着输出国因资本输出，在资本输入国创造的产值会大于资本输出国因资本流出而减少的总产值。这样，资本流动必然增加了世界的总产值和总利润，而且资本流动一般是遵循向利润率高的国家流动的原则，最终会促使全球利润最大化。在各国国内资本收益率不一致的情况下，如果允许资本项目开放，收益率的差异就会导致资本流动，这将使资本的效率提高，社会福利增加。私人资本对资本管制是非常敏感的，如果一国管制过多，外国投资者就会考虑在贷款上加进一定比例的风险溢金，使借款成本加大。而如果允许资本自由流出流入，就会减少国外投资者的顾虑。一些发展中国家国内利率放开后，利率上升，这时候如果能够放松资本管制，将在一定程度上减轻企业筹资的成本，有利于企业的发展。

2. 加深了货币信用国际化

首先，加深了金融业的国际化。资本在国际上的转移，促使了金融业尤其银行业在世界范围内广泛建立，银行网络遍布全球，同时也促使了跨国银行的发展与国际金融中心的建立。其次，促使以货币形式出现的资本遍布全球，国际资本流动使以借贷形式和证券形式体现的国际资本大为发展，渗入到世界经济发展的各个角落。再次，国际资本流动主体的多元化，使多种货币共同构成国际支付手段。目前，几个长期资本比较充裕的国家，其货币都比较坚挺，持有这些货币，意味着可以更广泛地在世界范围内实现购买力在国际上的转移，或可更有选择余地地拥有清偿国际债权债务的手段。

3. 有利于促进国际贸易的发展

随着国际资本流动越来越频繁，其规模也越来越庞大，特别是国际投资对国际贸易产生了巨大的影响。对外援助和投资，有利于促进接受国的经济发展，改善其国民经济的薄弱环节，加速基础设施建设，使其发展对外贸易的基础与能力扩大。同时这也改善了直接投资的环境，以吸引更多的资金流入，有利于改善投资国的政治、经济与贸易环境，有利于其贸易的扩大，带动其商品输出。此外，通过对外投资，便于投资者更好地吸收商业情报，提高产品的竞争能力。国际直接投资转向制造业、商业、金融、保险业，尤其是新兴工业部门，使贸易商品结构出现以下变化：一是国际服务业在迅速发展；二是国际贸易中间产品增多；三是发达国家和发展中国家出口商品结构进一步优化，发展中国家出口制成品所占比重大大提高。随着各大跨国公司的对外投资日益扩大，许多跨国公司纷纷设立自己的贸易机构甚至贸易子公司，专营进出口业务，从而有效降低了贸易成本。国际资本流动推动了战后贸易的自由化，对外直接投资的发展加速了生产国际化的进程，跨国公司在世界各地组织生产，其内部贸易也不断扩大。

4. 推动国际金融市场的发展，促进国际资本流动

国际资本流动加速了全球经济和金融的一体化进程，增加了国际金融市场的流动性。

主要体现在以下方面：一是国际流动资本在世界各金融市场之间追逐高额利润的游动过程，使得一国的经济、金融与世界经济和金融的相关性增强，从而加速了世界经济、金融一体化的进程。二是国际流动资本极大地利用现代化的通信和交易手段，迅速地从一国流向另一国，可以有效地满足国际金融市场的资金需求尤其是短期资金需求，并能降低国际金融交易成本。三是国际投机资本在世界各主要金融市场的套汇、套利活动，使国际金融交易中存在的汇率差异和利率差异被迅速拉平，导致世界主要金融市场的价格呈现一体化趋势；此外，随着保证金交易、透支交易以及金融衍生工具的广泛运用，国际资本流动对国际金融的影响日益扩大。在获取巨额利润的同时，国际资本在客观上增大了国际金融市场的流动性。事实上，国际资本流动在得益于金融衍生工具的同时，也推动了金融衍生工具的创造和运用。

5. 有利于促进发展中国家的资本形成

发展中国家在经济增长过程中面临的最为突出的问题就是资本不足，资本形成问题是发展中国家经济发展的核心问题。资本的供给取决于储蓄能力与储蓄愿望，资本的需求取决于投资的需求。在发展中国家，资本形成的供求两方面都存在着恶性循环关系，影响资本形成的市场需求不足，是实际购买力不足，这种实际购买力的不足压制了对个人投资的刺激，并导致恶性循环。因此，发展中国家往往以引进外资作为其自身资本形成的一条有效途径。对外资的引进和有效利用，可以拉动对发展中国家人力资源和自然资源的需求，提高这些资源的利用程度，提高其市场化程度。这不仅对引进外资的发展中国家是有利的，对资本输出国的发达国家也是有利的。

6. 引发财富效应

金融工具提供了一个资产保值增值的方式。人们可以将资金用实物的形式保存下来，但往往会因为折旧等种种因素贬值，从而带来损失，但是以金融工具形式进行保存和流通的资金有可能会创造收入、增加财富。财富的持有量代表着人们当前和未来的购买力，是衡量社会福利状况和国民生活水平的重要指标。由于国际资金在各国金融市场之间的流动会使单个国家的证券市场的财富效应扩散，所以重要的金融市场所在国的经济增长通常会通过财富效应推动整个世界经济的繁荣。

8.3.2 国际资本流动的负效应

国际资本流动能够为世界各国和国际金融市场带来经济效益和便捷，但是伴随着国际资本流动也产生着种种风险，而这些风险一旦处理不好，可能会引起风险和损失。

1. 货币替代对发展中国家货币发行和调控产生冲击

资本自由流动后，货币替代对一国货币发行、货币政策实施都会产生影响。货币替代是经济实体在一定的利率、汇率、税率等差异的情况下，因追求资本安全和利益最大化而采取的一种由外币代替本币职能的现象。狭义的货币替代是指外币存量以现金、活期存款、定期存款和有价证券的形式存在，分别在价值贮藏、价值计算和转移支付方面替代本国货币的职能；广义的货币替代还包括留在国外的外逃资本。货币替代对发展中国家的重要性不同于发达国家。发达国家由于其资本市场的一体化，货币替代主要是私营经济主体有价证券多样化和进出口商争取降低国际贸易交易成本的结果。而多数发展中国家由于金融市场不发达，经济和政治不稳定，因此货币替代是国内经济主体躲避本国货币所造成的。由于外国货币不仅作为保值手段，而且还作为计价手段和支付手段，因此大面积地排斥处于劣势的本国货币。货币替代改变了货币存量的构成，国内的货币需求结构也发生相应的变化，使得国内的宏观需求管理极为困难。

2. 国际资本流动对国内金融市场造成巨大的冲击

不受金融管制的约束、可以迅速跨区域流动的资本，是金融自由化、金融市场一体化和资金流动管制相应放松、非官方金融资产占有比例明显增大的必然结果。对发展中国家来说，在其工业化现代化进程中，必然要经过一个国际化的过程，在此过程中，其经济逐步融入世界经济中去。世界经济已经越来越被庞大而迅速的国际性资金流所主导。这些国际性资金流以现代化的电子技术为依托，每天以数十亿美元的规模在全球市场上流动，对国内金融市场造成巨大的冲击，对各国经济产生巨大的影响。

3. 国际资本流动对流入国银行体系的冲击

进入 20 世纪 90 年代，国际资本大量流入发展中国家，对这些国家的银行体系造成巨大影响，并由此带来相当大的风险。对资本流入国的商业银行来说，巨额国际资本的流入，最直接的影响有两个方面：一是商业银行的规模发生变化；二是商业银行对这些资本的运用使得其资产负债表的结构发生变化。资本大量流入导致商业银行的资产负债规模加大，银行的不良贷款增加。发展中国家的外国资本主要通过银行流入到国内，因而国内银行对外负债的增加会导致银行国内资产负债表的扩大。如果国家对银行管理和监控不善，资本流入就会加大银行信贷扩张的机会，不良贷款的比例就会增加，从而导致银行危机和货币危机的出现。

4. 增加国际金融市场的动荡和监管难度

短期资本流动会加剧国际金融市场动荡，其表现为它会造成汇率大起大落，投机更加盛行。巨额资本尤其是投机资本在国际金融市场上寻找目标，常常以泡沫成分大、投机气氛浓的市场为对象，而这些国家和地区的市场不一定缺乏资金。大量投机资金流向该类市场进行投机造成了各种经济信号的严重失真，从而难以引导资金在国际金融市场上和不同国家间进行合理配置和流动，由此造成的结果是资金匮乏的国家更难以获得资金，而资本过剩国家资本流入较多，从而陷入一种恶性循环。国际巨额资本的流动，尤其是短期投机套利资金的频繁出入，使国际金融市场的动荡成为常态，更为严重的是巨额资本流动还产生了巨大的波及效应和放大效应。从一个国家产生，冲击波可以迅速扩散到多个国家，这种效应使各国的国内经济政策和国际干预效力大大减弱。国际金融衍生产品市场的不断发展和完善，导致更多的金融衍生工具持续推出，使得金融脱媒问题变得日益严重，加大了各国中央银行的货币政策制定和执行的难度，冲销了货币政策的执行效应。

5. 导致汇价波动及汇率制度的不稳定

国际金融市场上的巨额资金以外币形式频繁输出或输入一国，必然使该国外汇市场供求迅速变化，引起汇率大起大落。在现行浮动汇率制下，实行钉住浮动或管理浮动汇率制度的国家为维系原有汇率制度就要对外汇市场进行干预，投入或吸纳外汇以求得市场的平衡。当一国因外汇输出数额大、时间快而没有能力进行干预时，原有的汇率制度只得调整，不得不实行自由浮动汇率制。这种变化又成为国际金融市场上投机资本获得丰厚利润的渠道，同时，使汇率调整国资本遭受巨大损失，国际收支失衡。从大部分发展中国家的经验来看，开放资本项目后，由于资本的大量流入，导致了不同程度的本币升值。货币升值降低了本国商品的竞争力，出口减少，经常项目急剧恶化，货币汇率面临很大压力。这时，如果外国投资者大幅度减少资本流入或开始撤资，本国汇率又会急剧下跌。同时由于经常项目的恶化及外资流入的减少，有外债的国家的到期还本付息就会出现困难，从而引发一场货币危机。

6. 造成国际资本配置失衡并影响国际收支平衡

国际资本流动影响投资国和东道国的国际收支平衡。一国的国际收支是衡量一国经济交往中的总收入和总支出状况的平衡表。如果发生了对外投资，则投资国对外支出增加并引起国际收支逆差；相反，东道国却因当年吸引外资而改善了国际收支。因此，对外直接投资对投资国国际收支短期的影响是消极的，长期的影响则要考虑它是否会导致东道国的出口替代，使投资国进口原先出口的商品。与此相反，对外投资对东道国短期的影响是积极的，但长期的影响是不太确定的。由于大多数发达国家的对外投资是双向的，对国际收支的长期和短期的影响大部分相互抵消。当一国出现持续性国际收支不平衡时，则投机性和保值性短期资本流动会加剧该国的国际收支失衡状态。当一个国家出现持续性逆差时，该国的货币汇率就会持续下跌，如果投机者预期到该国货币汇率还会进一步下跌时，就会卖出该国货币，买进其他货币，以期该国货币贬值、其他货币升值后获利。这种投机行为，会使该国的资本流出，从而会扩大逆差，加剧国际收支失衡。反之，当一个国家出现持续性顺差时，这个国家的货币汇率就会持续上升，如果投机者预期到这种汇率还会上升，就会卖出其他货币，买进该国货币，以期该国货币升值后获利。这种投机行为，会使该国顺差扩大，从而也加剧了国际收支失衡。

专栏8-3 影子银行

一、影子银行(Shadow Banking)

影子银行又称为影子金融体系或者影子银行系统(Shadow Banking system)，是指银行贷款被加工成有价证券，交易到资本市场，房地产业传统上由银行系统承担的融资功能逐渐被投资所替代，属于银行的证券化活动。影子银行系统的概念由美国太平洋投资管理公司执行董事麦卡利首次提出并被广泛采用，又称为平行银行系统(the Parallel Banking System)，它包括投资银行、对冲基金、货币市场基金、债券保险公司、结构性投资工具(SIVs)等非银行金融机构。这些机构通常从事放款，也接受抵押，是通过杠杆操作持有大量证券、债券和复杂金融工具的金融机构。在带来金融市场繁荣的同时，影子银行的快速发展和高杠杆操作给整个金融体系带来了巨大的脆弱性，并成为全球金融危机的主要推手。

目前，影子银行系统正在去杠杆化的过程中持续萎缩，然而，作为金融市场上的重要一环，影子银行系统并不会就此消亡，而是逐步走出监管的真空地带，在新的、更加严格的监管环境下发展。未来，对影子银行系统的信息披露和适度的资本要求将是金融监管改进的重要内容。目前，美国已提出要求所有达到一定规模的对冲基金、私募机构和风险资本基金实行注册，并对投资者和交易对手披露部分信息。

二、影子银行系统累积的金融风险

影子银行虽然是非银行机构，但是又确实在发挥着事实上的银行功能。它们为次级贷款者和市场富余资金搭建了桥梁，成为次级贷款者融资的主要中间媒介。影子银行通过在金融市场发行各种复杂的金融衍生产品，大规模地扩张其负债和资产业务。所有影子银行相互作用，便形成了彼此之间具有信用和派生关系的影子银行系统。

影子银行的基本特点可以归纳为以下三个。其一，交易模式采用批发形式，有别于商业银行的零售模式。其二，进行不透明的场外交易。影子银行的产品结构设计非常复杂，而且鲜有公开的、可以披露的信息。这些金融衍生品交易大都在柜台交易市场进行，信息披露制度很不完善。其三，杠杆率非常高。由于没有商业银行那样丰厚的资本金，影子银行大量利用财务杠杆举债经营。

在过去20年中，伴随着美国经济的不断增长，人们对于信贷的需求与日俱增，美国的影子银行也相应地迅猛发展，并与商业银行一起成为金融体系中重要的参与主体。影子银行的发展壮大，使得美国和全球金融体系的结构发生了根本性变化，传统银行体系的作用不断下降。影子银行比传统银行增长更加快速，并游离于现有的监管体系之外，同时也在最后贷款人的保护伞之外，累积了相当大的金融风险。

资料来源：http://wiki.mbalib.com

8.4 国际资本流动的发展特征及趋势

8.4.1 国际资本流动的趋势演进

从历史的演进来看，国际资本流动经历了以下几个阶段。

第一阶段：13世纪—1914年

国际资本流动的历史最早可追溯到13世纪。当时是佛罗伦萨的商人给英国人贷款，为爱德华一世发动的战争提供经费，从此资本为获得高收益开始了其跨国界流动的历程。18世纪末开始的以蒸汽化为标志的第一次科技革命，使欧美各国进入了自由资本主义的发展阶段。19世纪末开始的以电气化为标志的第二次科技革命，使自由资本主义发展到垄断资本主义阶段。资本跨国流动的历史从19世纪70年代开始，1870—1914年是资本国际流动的早期阶段，当时经济比较发达的英国、法国、德国的私人投资者，被公共基础设施投资项目拥有的长期稳定收益所吸引，竞相购买金融债券。该时期的国际资本流动表现出很强的波动性，通常伴随着资本流动主体的变化产生突发性政治、经济事件。随着自由资本主义向垄断资本主义的过渡，资本输出开始代替商品输出大规模地发展起来。

第二阶段：1915—1944年

这一阶段为第二次世界大战期间，国际资本流动以高度流动为特征。国际资本流动的形式主要以金融债券为主，其主要流向是用于解决财政赤字的政府公共部门。国际金融中心逐步由以伦敦为中心转向以纽约为中心，美国变成了净债权国，并迅速取代了英国，成为全球最大的资本输出国。欧洲国家尤其是德国，成为最大的资本输入国。1929—1933年的全球性金融危机引发了大萧条，世界债务国发生普遍的债务违约，制约了国际资本市场的活动，国际资本流动由追求高回报和超额利润，转向寻求安全的避风港。第二次世界大战的爆发则进一步抑制了全球的资本流动，这段时期的国际资本流动具有很强的波动性，是资本输出国和输入国宏观经济状况出现巨大变动及出现突发性政治经济事件的结果。

第三阶段：1945—1973 年

这一阶段以第二次世界大战之后重构国际金融秩序和国际货币体系为重要内容。起初国际资本流动表现为逐步开始恢复直接投资和大规模的国际援助。第二次世界大战后欧洲重建计划引起了庞大的官方资本流动，美国政府实施的“马歇尔计划”和杜鲁门的第四援助计划导致美元大量流入欧洲。美国在主导官方资本流动的同时，也成为私人资本流动的主体。美国跨国公司的对外投资和以美国为依托的美元在国际上的大规模流动，构成了这一阶段长达 30 年的跨国资本流动的主流。第二次世界大战之后全球面临着国际货币体系的重构，谁主宰国际货币体系谁就主宰世界经济命脉。1944 年美国提出“怀特计划”，英国提出“凯恩斯计划”，通过两国的博弈最终以倾向于“怀特计划”建立了布雷顿森林体系。布雷顿森林体系是建立在以美元与黄金直接挂钩的固定汇率制度和美国的经济霸权基础上的，这个体系运行了近 30 年，也主导了国际资本流动的趋势。

第四阶段：1974—1989 年

随着布雷顿森林体系的崩溃，1973 年全球建立了新的国际货币制度——牙买加体系，使浮动汇率合法化，各个国家逐渐解除对跨境资本流动的限制，推动了国际资本流动的自由化，国际资本流动进入了一个新的发展时期。该时期对资本流动产生决定性影响的是 1973—1974 年和 1979—1980 年的两次石油危机以及 1984 年发展中国家的债务危机。20 世纪 70 年代的世界经济衰退和石油价格上涨，使许多非产油发展中国家出现了严重的国际收支赤字。1957 年建立起来的欧洲货币市场发展规模不断加大，石油输出国组织把两次石油大幅提价后积累的“石油美元”投入到欧洲货币市场，使国际商业银行的贷款资金异常充裕。同时，当时西方各国为了刺激经济也纷纷降低利率，国际金融市场筹资成本较低，非产油发展中国家开始大规模举债。1980 年西方国家先后出现严重的经济衰退，发展中国家贸易条件急剧恶化，出口收入快速下滑，进口需求大幅度上升，经常项目巨额逆差，外债还本付息能力降低。国际市场环境的变化直接导致了 1984 年爆发国际债务危机，许多发展中国家沦为债务沉重的借款国，面临着无法偿还债务的风险，国际资本流动的趋势出现变化，开始由向发展中国家输入转为向发达国家输出，并且有了收缩的迹象。

第五阶段：1990—2001 年

20 世纪初，主要发达国家加快了产业资本和金融资本融合的进程，到 20 世纪 80 年代以后这种融合变得更加活跃，产融结合的形式也呈现多样化特征。发达国家产业资本与金融资本融合的实践表明两者的融合是资本逐利动机的内在要求，是市场经济条件下社会资源有效配置的必然结果。产业资本必须与金融资本融合才具备经济泡沫的初始条件，无论在成熟市场经济国家还是在新兴市场经济体，单独的产业资本是无法促成投机泡沫的。在金融混业经营的市场格局下，一旦产业资本与金融资本混合，就为经济泡沫的滋生创造了条件，金融危机就有可能在经济泡沫中潜伏。随着泡沫破裂，国际游资活动猖獗，金融危机就有可能横扫全球。

20 世纪 90 年代初，苏联解体，世界冷战结束，计划经济国家向市场经济国家转型，危机开始登陆瑞典、芬兰、挪威以及大多数转型中的社会主义经济体；1992 年英镑大幅度贬值，迫使英镑退出欧洲汇率机制，爆发了“九月危机”；1994 年 12 月“墨西哥金融风暴”席卷南北美洲；1995 年 2 月发生了英国巴林银行倒闭事件，显示了金融衍生工具对金融机构的巨大杀伤力；1995 年 3 月又接连发生了“法国里昂信贷银行危机”和“意大利那不勒斯银行危机”；1995 年 8 月俄罗斯金融市场发生了“金融市场八月危机”；1995 年由日本的经济泡沫崩溃，引发了日本战后最严重的金融危机；1997 年初，阿尔巴尼亚因实行“金字塔投资”的非法集资计划而酿成了金融危机；1997 年 7 月，东南亚的金融风暴、韩国的金融危机、日本山一证券的破产倒闭等金融事件又震撼整个世界；受东亚金融危机的波及，俄罗斯于 1997 年 10 月和 1998 年 5 月先后爆发了两次金融危机；2001 年阿根廷出现金融危机，直到 2001 年美国出现“9·11”事件。在这个阶段，国际资本流动与国际金融危机如影相伴。

第六阶段：2002 年至今

进入 21 世纪，国际资本总量迅速膨胀，资本流动频率大幅度增加，与产业资本国际化投资相伴随的金融资本的国际化流动已成为世界经济领域的一个大趋势，这种国际资本流动始终保持规模持续扩张的态势，影响范围也不断扩大。由发达国家向发展中国家扩张，由实体经济向虚拟经济延伸，由投资实业获取超额收益转向直接利用发展中国家的制度缺陷、运用金融原生工具和衍生工具获取暴利。进入金融全球化阶段，跨国流动的巨额资本同实物经济越来越脱节，其变化发展大大快于实体经济的发展，而且虚拟性越来越高，这危害了全球金融市场的稳定，对正在努力实施对外开放的发展中国家的金融安全构成了极大的威胁。美国的次贷危机的始末体现了这个阶段资本流动的特点。

8.4.2　国际资本流动的新特点

国际资本流动是经济全球化的集中体现。随着世界经济进入了经济全球化阶段，20 世纪 90 年代的国际资本流动达到了空前的规模，而这种状况又与经济全球化交相辉映，彼此呼应。总的来说，目前的国际资本流动具有如下一些特点。

1. 国际资本流量增长迅速

自 20 世纪 80 年代开始，世界经济进入平稳快速发展时期。美国经济的长时期繁荣、欧盟地区经济形势趋好、亚洲地区新兴工业经济体的崛起以及中国、东欧国家的改革和市场开放，极大地激活了世界经济增长的各种元素，各国的投资市场容量扩大，并展现出良好的投资回报前景。而信息技术的快速发展和各国金融管制的逐渐放松，又为国际资本的流动提供了便利与可能，使得国际资本的加速流动同时具备了良好的内在驱动力和外在环境，导致资本在全球范围内表现得相当活跃。自 90 年代初起，国际资本的流入流出一直保持旺盛的增长势头，其年均增长率大大超过世界国内生产总值和固定资本形成的增长率。

2. 国际资本地域流动呈双向化发展

从总体上看，发达国家作为资本主要流入和流出地域的格局没有改变，国际资本流动大幅度增加的主要原因在于欧美发达地区间相互直接投资的急剧膨胀。但随着发展中国家经济的发展和贸易自由化的逐步加大，其吸收外部资金的需求与能力的增长超过了发达国家，资本流入量占世界总流入的比重开始增加。外资的大量流入不仅为这些国家增加了就业，而且促进了经济和对外投资的发展与壮大，形成了资本运动过程中的双向交叉式发展。这种趋势加剧了资本的全球化融合，使得国际分工进一步细化，国际比较优势发挥得更好。

3. 引资方式呈多样化发展

20世纪80年代以前，引进外资一般采取外商直接投资、政府贷款、国际金融组织贷款、国际商业银行贷款等传统的引资方式，其中以引进外商直接投资为主要方式。近20年来，随着各国市场的开放和经济全球化浪潮的推进，在利用外资的渠道和方式上也出现了新的尝试和创新，如跨国并购、股票债券融资、项目融资、风险投资、转让经营权等，这些方式与传统的方式相比具有明显的时代性、灵活性、安全性和效率性，从而成为人们越来越关注的融资方式和经常性选择，形成了目前传统融资方式与新兴融资方式相辅相成、共生共长、多样化发展的局面。国际资本流动的加剧衍生出了新的引资方式，而引资方式的多元化又进一步方便和促进了国际资本的快速流动。证券融资作为以发行债券、股票及有价证券来吸引资金的方式近几年也呈上升趋势，更多的国家、地区和企业将融资视角转向证券市场。证券融资国际化成为新的热点。

4. 官方发展融资比重下降,私人资本的主导地位不断加强

国际资本流动从性质或主体结构看,大致分为官方和私人两大部门。第二次世界大战后,政府部门的资本流动曾在整个国际资本流动中占主导地位,尤其是在第二次世界大战后欧洲的恢复重建和日本经济的崛起过程中更是如此。而近年来,官方发展融资逐年减少。目前,私人资本流动已占全球资本流动的3/4以上。国际私人资本扩展与发展主要得益于科技进步和世界经济一体化发展。科技进步提高了企业、公司盈利能力和水平,为增加资本积聚和积累创造了条件,从而出现大量资本过剩,而世界经济一体化发展则为过剩资本提供了新的跨国投资和盈利机会,特别是许多发展中国家实行市场经济改革和大规模私有化以及放松金融管制,对资本的需求极大地激发了资本流入,为资本的流入创造了前所未有的条件,从而使私人资本流动的主导地位进一步加强。

5. 国际资本流动期限结构日益模糊

国际资本流动通常被划分为长期资本流动和短期资本流动来考察。长短期资本流动划分的期限标准通常为一年。显然,这两类资本流动的动机、目的以及对一国国际收支平衡乃至整个世界金融经济稳定与发展的影响是不尽相同的,就是对其监管的要求和认知程度也不一样。随着近年来全球金融与贸易管制的放松,金融创新层出不穷,尤其是金融产品创新和资产证券化,使得国际资本流动中长短期资本的相互转化既方便迅速又极为频繁,从而使国际资本流动的期限结构日趋模糊。现实经济生活中,已经很难明确区分长期资本流动和短期资本流动。同时,大量短期资本经常混杂在国际贸易或长期资本中一起流动,监管难度越来越大,成本也越来越高,如大额定期存单、货币与利率互换、票据贴现与展期以及各种基金运作等,从而使国际资本流动的期限结构日趋模糊。

6. 国际直接投资扩张趋缓,国际银行贷款比例不断上升

自20世纪80年代以来,国际直接投资出现了两个热潮期：一个是80年代后半期,另一个是1995年以来。经验表明,无论是发达国家还是发展中国家,国际直接投资在加速一国经济发展方面都起了重大的积极作用。因而一直以来,国际直接投资也就成了国际资本流动的重要方式。尤其是进入20世纪90年代,随着全球第五次并购浪潮的兴起,迅猛增长并独占鳌头成了国际资本流动的主导趋势。但是,21世纪以来,跨国企业并购明显降温,国际直接投资扩张趋缓,投资数额大幅下降,而且,在未来几年内,有能力从事大型跨国并购的公司数量呈明显不足之态,可供并购的企业资源也将减少,国际直接投资的增长必将受到影响,短期内难以回升。然而,与此相对应的是传统的融资方式——国际贷款,尤其是跨国银行贷款在国际资本流动中的地位和作用相对提高和加强。

7. 跨国公司、机构投资者成为推动国际资本流动的主要力量

当代国际资本流动，尤其是国际直接投资，其主角是跨国公司。跨国公司拥有巨额的资本、庞大的生产规模、先进的科学技术、全球的经营战略、现代化的管理手段以及世界性的销售网络，其触角遍及全球各个市场，成为世界经济增长的引擎，对“无国界经济”的发展起着重大的推动作用。机构投资者包括共同基金、对冲基金、养老基金、保险公司、信托公司、基金会、捐款基金，以及投资银行、商业银行和证券公司。

8. 国际资本流动的市场结构发生了重大的变化

国际资本流动不再是单纯的发达国家向发展中国家流动，许多发展中国家在经常利用国际资本市场筹资的同时，更加注重将其经济发展中暂时闲置的资金投放到国际资本市场中去，以谋取更大的利益。从国际资本流动的传统方式与衍生工具的比较看，衍生工具交易产生的国际资本流动数量已居于绝对优势地位，而且衍生交易的增长速度非常迅速。从衍生工具交易的内部组成看，场外交易市场衍生工具交易的增长更为迅猛，基本上在国际衍生工具交易中居于主导地位。发展中国家由于多为出口拉动型增长，其外汇储备多是购买美国国债，也就是官方资本由发展中国家流向发达国家。发展中国家之间的资本流动不断增加。随着发展中国家经济的快速发展、各国经济联系和合作的增强及各国资本市场的逐步开放，发达国家投资发展中国家、发展中国家相互投资的力度都大幅增强。地理位置的毗邻和文化的接近，使得发展中国家的相互投资障碍更小。

8.4.3 国际资本流动的发展趋势

在经济一体化和金融全球化背景下，国际资本又体现出了新特征和新特点，国际资本流动也呈现出新的发展趋势。

1. 国际资本流动自由化

自 20 世纪 90 年代以来，随着世界各国特别是新兴发展中国家市场体系建设步伐的加快，整个世界经济正加速向国际化、全球化和一体化方向迈进，贸易自由化、金融国际化和生产一体化已成为当代世界经济发展的主旋律。从实际结果看，目前国际资本流动的增长速度已经大大超过国际商品和劳务贸易的增长速度，并且还有加速增长之势。90 年代以来，世界上大多数国家对资本的管制都在逐步放松，许多国家都已实现了货币经常项目下的自由兑换，有些国家还在逐步实现资本项目的自由兑换。在汇率制度方面，国际货币汇率体系表现出更大的灵活性，实行自由浮动和有管理的浮动汇率制的国家不断增加，为国际资本流动自由化创造了制度条件。国际资本流动自由化的结果，必然会促使国际资本在更大的范围内和更高的层次上，以更大的流量和流速在国际上流动。

2. 国际资本流动高速化

金融创新和金融衍生工具不断涌现，现代通信技术飞速发展，这些都为国际资本流动高速化提供了物质基础。由于在目前的国际货币体系下金融风险越来越大，金融交易者在传统的交易工具的基础上，创造出了大量的金融衍生工具以规避金融风险。金融衍生工具具有灵活性、适应性和多样性特点，而且现成的管制条例约束较少。同时，由于现代电子通信技术的发展，金融运作手段已实现高科技化，全球金融交易联成一体，使得国际资本的跨国界交易更加迅捷、自由和便捷。巨额资金的交叉流动完全超越时空限制，大大简化了国家间资金的划拨和结算程序，使得全球范围内的资金调拨和融通得以在极短的时间内完成。在这种条件下,巨额资本的高速流动将成为各国经济发展必须面对的现实。

3. 国际资本流动规模巨额化

金融市场的国际化发展为国际资本流动提供了更广阔的空间。金融市场国际化包括两层含义:一是指世界各国国内金融市场逐步放松或取消金融管制,国际资本流动的速度在不断地加快,流量日益地增大,为居民或非居民进入金融市场运作或融资提供了极大的便利;二是指离岸金融市场或境外金融市场的创立和发展,真正体现了全球金融一体化的本质。离岸金融市场由于是在境外设立的,因此不受或较少受有关国家的金融管制和约束,国际货币管理当局的管制力量也受到极大的削弱,这样国际资本就可以突破地域限制,实现全球的自由流动。随着全球经济一体化的发展,离岸金融市场将会更加繁荣发达,国际资本大规模流动的势头将异常强劲,数量也将不断增加。

4. 国际资本流动协调合作化

国际经济组织的发展和国际经济协调能力的增强,为国际资本流动自由化创造了良好的国际环境。为了适应世界经济的一体化和金融全球化的发展需要,国际经济组织发展较快,这些国际经济组织的建立和发展,加强了国际上的经济联系和合作,为国际资本流动自由化创造了良好的条件,并进一步推动了国际资本流动自由化的发展。同时,随着全球性国际经济组织的发展,国际经济的协调能力不断增强,这将有利于减少国际金融市场风险,促使国际资本在更大的程度上在国际上自由地流动和转移。

专栏8-4 中央银行双边本币互换协议

一、央行本币互换定义

中央银行间的本币互换协议是指一国(或地区)的中央银行(或货币当局)与另一国(或地区)的中央银行(或货币当局)签订一个协议,约定在一定的条件下,任何一方可以一定数量的本币交换等值的对方货币,用于双边贸易投资结算或为金融市场提供短期流动性支持,到期后双方换回本币,资金使用方同时支付相应利息。

协议签署时属于备用性质,在实际发起动用前双方不发生债权债务关系。协议签署规模为一方可动用另一方货币的最大金额。

二、央行本币互换的目的

双边本币互换安排是国家间经济金融领域合作深化的表现,有利于便利双方贸易投资中使用本币,规避汇率风险。央行间本币互换也在维护金融市场稳定,为金融市场提供紧急流动性支持方面发挥了重要作用。

三、我国本币互换合作的基本情况

2008年以来,我国不断推动对外货币合作,与境外央行或货币当局的本币互换合作成效显著。目前,中国内地已与韩国、马来西亚、欧洲、瑞士、俄罗斯、中国香港等32个国家和地区的中央银行或货币当局签署了双边本币互换协议,总金额超过3.1万亿元人民币。

四、央行间本币互换协议的使用

通过协议，任何一方都可以发起交易，以一定数量的本币交换等值的对方货币。互换的发起和收回都为本币，并不承担汇率风险。以对方央行发起动用我方人民币为例，本币互换发起动用流程如下：

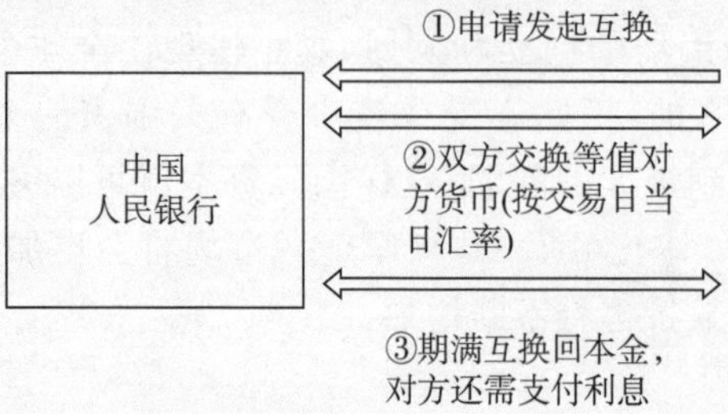

互换发起后，协议双方还将定期根据最新双边汇率调整互换金额，减少因某一方货币汇率波动引起的质押物减值风险。

资料来源：中国人民银行网站，http://www.pbc.gov.cn.

本章概要

国际资本流动是指资本在国际上的转移过程，即资本跨国交易行为。正确理解资本流动的含义可以从资本流动的方向、规模、方式、性质、类型等五个方面入手。另外，还应正确理解国际资本流动与资本输入、对外资产负债、国际收支和资金流动等概念的区别与联系。国际资本流动在性质上是生产要素的国际化配置和配合，国际资本流动的大规模发展对资本输出国、资本输入国以及国际经济势必产生深远的影响。一般地讲，这种影响是双重的，既有积极的作用，又不乏消极影响。在开放经济条件下，国际资本流动对外向型经济条件下的贸易结构和产业结构产生重大影响。由于各国的资源禀赋不同，资本盈利的比较优势也不同，在资本开放初期，国际资本的流入通过“外溢效应”弥补了一国的资本缺口，通过缩小技术差距，提升了全要素生产率，然而随着国际资本的持续大量涌入，不仅外溢效应趋于收敛，影响资本配置效率，更对宏观经济稳定和产业结构带来较大冲击。国际资本流动规律反映了一国在国际经济分工中所处的位置和差异化优势。资本的跨国流动在提高资本利用效率的同时，也容易引发经济和金融风险，特别是发达国家和发展中国家获得利益与承担风险的巨大反差等成为全球金融风险的重要诱因。

关键术语

资本、金融资本、产业资本、国际资本流动、资本输出、资本输入、游资

复习题

1. 金融资本与产业资本有何异同?
2. 请说明国际资本流动的内在机理。
3. 请说明国际资本流动的动因。
4. 试分析国际资本流动的经济效应。
5. 试分析国际资本流动的正面影响和负面影响。
6. 国际资本流动发展趋势是如何演进的?
7. 国际资本流动有哪些新特点?
8. 近年来国际资本流动表现出哪些新的态势?

参考文献

[1] 钱荣堃,陈平,马君潞.国际金融.天津:南开大学出版社,2008.
[2] 陈雨露.国际金融.北京:中国人民大学出版社,2006.
[3] 蓝发钦.国际金融导论.北京:世界图书出版公司,1997.
[4] 田素华.国际资本流动与货币政策效应.上海:复旦大学出版社,2008.
[5] 徐琤.资本流动性冲击、金融危机与中国宏观经济波动.上海:上海社会科学院出版社,2010.
[6] 张明.试析今明两年国际资本流动变化趋向.中国外汇,2008(5).
[7] 陈华.金融危机传导过程与机制研究:一个美国样本.金融发展研究.2009(4):16-19.

第9章 国际直接投融资

2009年中国实际使用外资900亿美元，超过英法两国，跃居世界第二位。未来中国既要进一步优化外资结构，还要更加重视为“走出去”(对外投资)的企业提供安全与权益保障。2009年全球经济形势严峻，中国“走出去”业务却逆势增长。非金融类企业对外直接投资433亿美元，同比增长6.5%；对外承包工程业务完成营业额777亿美元，大增37.3%。2010年开始，世界经济企稳回升，各国投资贸易活动逐步增强，全球产业结构调整加速，为中国对外投资合作带来了机遇。但与此同时，各国贸易保护主义思潮抬头，部分地区的政治局势动荡，给中国利用外资和对外投资带来挑战。

9.1 国际直接投融资概述

9.1.1 国际直接投资的概念与特点

1. 国际直接投资的概念

国际投资包括国际直接投资和国际间接投资两种形式。国际直接投资(International Direct Investment)是指一国的自然人、法人或其他经济组织单独或共同出资，在其他国家的境内创立新企业，或增加资本扩展原有企业，或收购现有企业，并且拥有有效管理控制权的投资行为。

国际间接投资一般是指不以控股为目标的国际证券投资和中长期的国际信贷。国际直接投资在形式上虽然也表现为股权投资，但其特有的标志是投资者对有关的海外经营性资产拥有控制权。国际货币基金组织(IMF)对其描述为：“从事获取投资者所在国之外的企业的长期利益的投资活动，投资者的目的是能够对企业的管理拥有有效的控制。”

2. 国际直接投资的特征

国际直接投资也可称为对外(或海外)直接投资(Foreign Direct Investment，FDI)，它的投资形式多种多样：① 到本国以外的国家或地区创办新企业；② 购买外国企业的股票并达到控股水平；③ 利用以前投资的利润在海外进行再投资。和其他投资方式相比，国际直接投资具有以下特征：

(1) 投资目的具有多样性。国际直接投资的目的视国家和跨国公司发展的战略目标而定。可以是为了获取自然资源而进行投资，如中国石油企业近年来的海外油田收购行动；可以是为了规避进口国的贸易壁垒而进行投资，如中国在加入WTO之前，对汽车进口实施严格的限制措施，所以世界汽车生产商如美国通用、日本丰田、德国大众等纷纷在中国设立合资企业进行生产，以绕过进口壁垒，进入中国市场；可以是为了逃避法律和政策的管制而投资，如发达国家的大型重化工企业倾向于到发展中国家进行投资建厂，就是为了规避母国的环境和税收限制；可以是为了获取新技术或者新的销售渠道而投资，如中国联想收购IBM是为了获取技术资源并且打通国际市场销售渠道。

(2) 通常不能使用本币投资。国际投资者不能使用母国的货币直接进行投资。尽管一些国家的货币可以自由兑换，但是投资者在东道国进行投资时必须先把自己手中的美元、日元等货币兑换成东道国货币，才可以在东道国修建厂房、购买设备和原材料。这是因为各国都以法律规定，只有本国货币才可以在市面流通。和国内投资相比，国际直接投资的收益不仅由项目盈利能力决定，还受到汇率波动的影响。另外，投资者不仅可以用货币投资，还可以用实物(如机器设备、原材料、厂房等)、无形资产(如专利权、商标权、专有技术、商誉、特许权等)进行投资。

(3) 投资环境复杂。国际投资环境是指影响投资者在东道国投资活动的各种条件的综合，包括东道国的经济环境、人文环境、法律环境、基础设施条件、自然地理环境等。国际投资环境又可分成硬环境和软环境两类。硬环境是指能够影响投资的外部物质条件或因素，如自然资源和基础设施等；软环境是指能够影响国际投资的各种非物质形态因素，如外资政策与法规、经济管理水平、员工技能水平及社会文化传统等。跨国投资项目面临的是全新而陌生的环境，特别是发展中国家的软环境与发达国家有很大差异，如市场规则和制度文化背景、员工的价值观和工作态度等，这些差异给跨国公司管理直接投资项目带来了很大的障碍。如果不能很好地适应投资环境，将影响国际直接投资的投资收益。

(4) 投资主体是跨国公司和跨国银行。跨国公司和跨国银行与一般的国内企业相比，生产规模巨大、资金实力雄厚。跨国公司技术先进、管理手段现代化，可以在全球范围内配置资源和转移利润。大型跨国公司和跨国银行往往是西方国家政党的利益团体，甚至可以影响世界政治、经济局势。

(5) 投资风险加大。国际投资的风险要远远高于国内投资，这是因为国际投资会遇到若干特有的风险因素。例如，跨国经营要受到母国和东道国的双重管理，在东道国合法的行为，在母国可能被视为非法。美国就禁止本国企业在东道国行贿，即使在东道国行贿是比较普遍的现象。另外，投资者还要面临汇率风险、国家风险和东道国战争等政治风险。

总之，国际直接投资的主体对海外所属公司既有所有权，又有控制权，可以对其实施有效的经营管理。国际直接投资在国际上转移的是组合生产要素，而不是互相独立的单向要素，所以可以取得更大的经济利益。但同时，直接投资的高额回报也意味着要面临更复杂的投资环境和承受更大的经营管理风险。

3. 国际直接投资方式

国际直接投资的基本方式有三种：股权式合营、契约式合营和独资经营。

(1) 股权式合营(Equity Joint Venture)，在我国又称为中外合资企业，多采取公司制的组织方式，包括股份有限公司和有限责任公司两种形式。股份有限公司是指注册资本由等额股份构成，通过发行股票(或股权证)筹集资本，股东以其所认购的股份对公司承担有限责任，公司以其全部资产对其债务承担有限责任的企业法人。有限责任公司是指由两个以上的股东，以其所认缴的出资额对公司承担有限责任，公司以其全部资产对其债务承担有限责任的企业法人。我国的中外合资企业主要采用有限责任公司形式，如零售企业中的家乐福、百盛、沃尔玛、宜家等。

专栏 9-1　一带一路（国家级顶层战略）

“一带一路”(the Belt and Road，B&R)是“丝绸之路经济带”和“21 世纪海上丝绸之路”的简称。它将充分依靠中国与有关国家既有的双多边机制，借助既有的、行之有效的区域合作平台。一带一路旨在借用古代丝绸之路的历史符号，高举和平发展的旗帜，积极发展与沿线国家的经济合作伙伴关系，共同打造政治互信、经济融合、文化包容的利益共同体、命运共同体和责任共同体。

2015 年 3 月 28 日，国家发展改革委、外交部、商务部联合发布了《推动共建丝绸之路经济带和 21 世纪海上丝绸之路的愿景与行动》。“一带一路”经济区开放后，承包工程项目突破 3 000 个。2015 年，我国企业共对“一带一路”相关的 49 个国家进行了直接投资，投资额同比增长 18.2%。2015 年，我国承接“一带一路”相关国家服务外包合同金额 178.3 亿美元，执行金额 121.5 亿美元，同比分别增长 42.6%和 23.45%。

2016 年 6 月底，中欧班列累计开行 1 881 列，其中回程 502 列，实现进出口贸易总额 170 亿美元。2016 年 6 月起，中欧班列穿上了统一的“制服”，深蓝色的集装箱格外醒目，品牌标志以红、黑为主色调，以奔驰的列车和飘扬的丝绸为造型，成为丝绸之路经济带蓬勃发展的最好代言与象征。

(2) 契约式合营(Contractual Venture)，在我国又称为中外合作企业，大多采用合伙制，是一些专业性强的服务机构和时间性较强的工程开发项目常用的组织形式，例如国际知名的四大会计师事务所(普华永道、毕马威、德勤、安永)在华投资设立的机构，就是合作企业。在我国，合作企业具体是指由中国企业或其他经济组织与外国企业、其他经济组织或个人在中国境内以实施联合经营为目的，双方以平等的地位通过签订合约、明确双方权利和义务、履行合同规定条款而产生的经济组织。中外合作企业既可以作为企业法人，负有限责任，也可以不是法人，类似于国外的合伙企业。

(3) 独资经营，是指一国投资者(公司、企业、其他经济组织或个人)，按照东道国法律，经政府批准，在其境内单独投资、独立经营、自负盈亏的一种国际直接投资方式。独资经营的基本形式主要有两种：一种是独资子公司(Wholly-owned subsidiary)，另一种为分公司(Branch company)。前一种的概念如上述定义；后一种是分支机构，在法律上、经济上没有独立性，仅仅是母公司的附属机构，分公司没有自己的名称、章程，没有自己的财产，以母公司的资产对分公司的债务承担法律责任。

在国际直接投资中，发达国家的跨国公司往往偏好全面控股，设立独资公司，对子公司实行严密控制，这将有利于其保守技术秘密，协调母公司与子公司之间的问题和冲突，如美国友邦人寿保险公司进入中国市场时，就以独资企业的形式在中国开设公司。但发展中国家作为东道国，更欢迎合资和合作方式，因为这样可以学习先进的技术，掌握一定的控制权，保护本国的民族产业，防止国有资产的流失。

9.1.2 国际直接融资的概念与特点

国际融资是指通过国际金融市场来筹集企业发展所需的流动资金和中长期资金。目的是进入资金成本更优惠的市场，扩大企业发展资金的可获取性，降低资金成本。直接融资是指资金融通是由资金供应者与筹资者直接协商进行，或者通过经纪人把融资双方结合起来进行，经纪人只收取佣金。国际直接融资包括国际债券融资、国际股票融资、海外投资基金融资和利用外商直接投资四种方式。

1. 国际债券融资

国际债券融资，是指一国政府及其所属机构、企业、私人公司、银行或国际金融机构等在国际债券市场上以外国货币面值发行的债券。国际债券主要分为欧洲债券和外国债券两种。

(1) 欧洲债券融资特点

① 管制松散。欧洲债券市场所在国的货币当局，对银行及金融机构、跨国公司、国际金融机构的融资活动管制都较为宽松。如果在美国纽约市场发行美元债券，由于美国对此审查相当严格因而很难获准；而在欧洲货币市场发行美元债券，手续较为简单，不需评级机构评级，也不必向任何机构登记注册，只需向当地证券交易所提交说明书即可。

② 币种多样化。欧洲债券可以有更多的货币种类选择，而且当一些借款人想对债务展期或筹集较大金额的资金时，欧洲债券市场都能满足这些需要。

③ 交易集中。欧洲债券市场的交易全部在证券交易所里成交，没有场外交易，但要接受证券交易所规章制度的管理和监督。

④ 资金调拨方便。欧洲市场是完全自由的市场，不存在限制和标准。加上在欧洲的一些金融中心，银行林立，业务经验丰富，融资类型多，电信联系发达，银行遍布世界各地，资金的调拨非常方便，若融资后需要转换币种，可在最短时间内完成并将资金调拨到世界各地。

(2) 外国债券融资特点

① 发行外国债券首先要对借款者进行评级。借款者的信誉程度决定了能否发行债券及借款的数额和成本，资信高的可以获准发行，且发行额度较高、发行利率较低。如日本政府规定，发行日元债券，属于政府级即 AAA 级，贷款数额可不受限制；AA 级的限额为 300 亿日元；未评级的只能发行 100 亿日元。

② 外国债券发行金额较大且筹资多国化、多样化。美国规定在美国发行美元债券，规模至少为 5 000 万美元，全球境外债券筹资数额约占国际筹资总额的 60%。

③ 资金使用无严格限制，但不得干扰债权国的财政金融政策。发行外国债券筹到的资金，其具体的用途及使用进度，债权国一般没有特殊要求，但债券毕竟是在外国发行，各国的经济、金融、税收等政策法令各不相同，在发行过程中要熟悉掌握和注意执行当地的法律。

④ 外国债券要受外国当地有关金融当局的管理，因此筹资手续相当复杂。比如，在美国发行扬基债券要经美国证券交易委员会批准。而且，外国债券融资对资信评级、申请手续和报送的资料都有严格要求，程序复杂。

2. 国际股票融资

国际股票即境外发行股票，是指企业通过直接或间接途径向国际投资者发行股票并在国内外交易所上市。国际股票融资的特点为：① 永久性。这是由股票融资这一方式决定的，由于股票没有到期日，股东在任何情况下都不得要求退股，因此，引进的外资能够成为永久的生产性资金留在企业内部，而不至像一般合资或合作企业那样，会因合同到期或意外变故，导致外方抽回资金使企业陷入困境。特别是通过发行B股融资，由于B股只能在外国投资者之间进行交易而不能卖给国内投资者，因此筹资国吸收利用外资就较为稳定，该国吸引外资的数量也不易受到游资的冲击。② 主动性。通过股票吸引外资，筹资国可运用法律和政策性手段约束投资者的购买方式、购买种类、资金进出的方式、税率等，并做出相应的规定，筹资国还可以自主决定哪些行业、企业允许外商投资，哪些不行，从而正确引导投资方向。③ 高效性。国际股票融资有利于对外发行股票的企业在更高层次上走向世界。国外股票持有者从自身的利益出发，会十分关心企业的经营成果，有利于企业改善经营管理，提高盈利水平。而企业因股票境外发行，提高了企业品牌的国际知名度和信誉，有利于企业开拓国际市场，开展国际化经营。

3. 海外投资基金融资

海外投资基金融资的作用在于使社会闲散的资金聚合起来，并在较长的期间维系在一起，扩充了筹资者的资金来源渠道。同时，作为机构投资者，投资基金一般采取稳健型投资策略，有助于资本市场的良性发展。海外投资基金的共同特点是：以开放型为主，上市销售，追求成长性，有利于具有持续盈利能力和高成长潜力的企业获得资金，得到快速的发展。投资基金不能够参与被投资企业的经营管理，投融资双方利益冲突较小，避免了融资方资产流失及丧失控股权等弊端。

4. 利用外商直接投资

吸引外商直接投资是企业以协议、合同等形式从外国企业、公司、个人等直接吸收资金，是国外投资者不通过金融机构而由投资者直接到其他国家或地区进行的投资活动。20世纪80年代以来，世界经济中出现了两个引人注目的现象：一是国际直接投资超越了国际贸易，成为国际经济联系中更主要的载体；二是国际直接投资超过了国际银行间贷款，成为发展中国家外资结构中更重要的构成形式。

自外国直接投资产生伊始，发达国家或地区就是外国直接投资的主角。发达国家或地区不仅是外国直接投资流出的主角，也是外国直接投资流入的主角。20世纪80年代至90年代前期，发展中国家在外国直接投资发展中的地位一度有所提高，1993年，发展中国家对外直接投资占全球的比重达到了16.1%，对外直接投资流入占全球的比重在1994年达到了39.9%。然而，20世纪90年代后期，这一趋势却又急转直下，发达国家重新占据主导地位。外国直接投资发展的另一个特点是发达国家之间相互投资非常活跃。1995—1999年，美国和西欧的相互投资由840亿美元增加到2 863亿美元，增加了240.8%。其中，美国对欧盟的投资由488亿美元增加到582亿美元，欧盟对美国的投资由351亿美元增加到2 281亿美元，分别增加了19.3%和549.9%。由于美国和欧盟间相互投资的迅速增加，其相互投资占外国直接投资的比重(按对内直接投资额计算)，由1995年的25.3%提高到了1999年的33.1%。

9.1.3 国际直接投资的环境与政策

美国的一位食品加工商在墨西哥一条河流的三角地带建造了一家菠萝罐头厂，由于菠萝种植园在该河的上游，公司打算用驳船把成熟的菠萝运到罐头厂加工。然而，令人失望的是，在菠萝的收获季节里，河水太浅，无法行船。由于没有其他可行的运输方案，工厂被迫关闭。新设备以极低的价格卖给了墨西哥的一个社区,它们立即把罐头厂搬走,该公司付出了巨大的代价。该项目投资之所以失败就是没能对投资环境做出准确的判断。

9.1.3.1 国际投资环境的概念

国际投资环境(Investment Climates)也叫投资气候,是指影响投资者在东道国投资活动的各种条件的综合,包括东道国的经济环境、法律环境、政治环境、基础设施条件和自然地理环境等。上述各环境因素构成了一个系统,成为国际直接投资的外在约束条件。在这些因素中,经济环境为基础,政治环境为保障,各要素之间互相影响、互相制约。国际直接投资受到投资环境的约束,面临竞争风险和环境风险。前者是因为在市场经济下企业间存在竞争,跨国投资企业与东道国本土企业相比,不熟悉当地环境,处于竞争劣势;后者是由于东道国的政治、经济和法律等环境发生变动,给直接投资带来不确定性,甚至导致投资失败。

国际投资环境的特点主要包括以下几个方面:

(1) 综合性。国际投资环境是由政治、经济、自然、社会、文化等因素交织而成的一个大系统。其中每一个因素又包含着若干子系统,所有因素都以其特有的方式影响国际投资。因此,投资者在进行对外投资决策时,必须对东道国的各种因素进行综合分析,统筹考虑。要全盘考虑主要因素和关键因素,以及有利因素和不利因素,对东道国的投资环境作一个整体评价,以便优选国际直接投资环境因素的最佳结构方式。

(2) 差异性。国际直接投资环境在不同国家或地区之间存在明显差异,同一个国家或者地区在不同时间也会有所差异。因此,在某一时期内一些国家或地区会成为国际直接投资的热点地区,而另一些国家或地区却缺少投资者前来光顾。同时,在一个既定的投资环境中,对不同行业的吸引力也不同。例如,中国纺织服装行业现在正在寻求到国外进行国际直接投资,以规避欧美与中国日益增加的贸易摩擦,因此在进行投资环境考察时就需要充分考虑纺织服装业的特点,要选择与欧美有密切贸易关系及具有劳动力成本优势的国家。

(3) 动态性。国际直接投资环境本身一直都处于变化之中。一般说来,在投资环境的构成因素中,除地理位置不可变动外,其他因素如政治、经济、法律、管理、社会文化、物质技术等都将随着时间的推移而发生程度不同的变化,甚至自然条件也会发生变化。例如,气候变化导致某些地区降水减少,水资源匮乏,不利于某些行业的投资。

(4) 系统性。国际投资环境是一个有机整体,各部分相互联系、相互协调,构成了一个完整的投资环境系统。其中任何一个因素的变化,都可导致其他因素发生连锁反应,进而引起整个投资环境的变化,投资的规模和投资的流向也会随之改变。

9.1.3.2 国际投融资环境构成要素

国际投融资环境因素具体如表 9-1 所示。

1. 经济环境

经济环境因素是国际投资活动首先需要考虑的因素,也是最直接、最基本的因素。主要包括以下几个方面。

表 9-1　国际直接投资环境要素

经济环境	法律环境	政治环境	社会文化环境	自然地理环境
经济发展阶段 基础设施 经济政策 外资政策 贸易政策 外汇政策 税收政策 产业政策 市场体系完善程度	法律制度 司法实践 国际条约或协定	政治制度 政权稳定性 政策连续性	语　言 宗　教 教育程度	气　候 人　口 地　理

（1）经济发展阶段

按照经济发展阶段不同，可将东道国分为发达国家和发展中国家。一般来说，发达国家倾向于发展资本密集型和技术密集型的投资；而发展中国家的劳动力成本低廉，资本稀缺，倾向于发展劳动密集型投资。经济发展阶段还直接影响到跨国公司的市场分布和投资收益，经济发展阶段与国民收入水平成正比，而收入水平高、居民消费能力强、市场规模大，投资收益就高，对外资的吸引力就更大。

（2）基础设施

基础设施是外国投资者在东道国从事生产经营活动所需的基本物质条件，包括交通、通信设施、公用事业和能源供应、金融保险、文化娱乐等服务设施等。完善的基础设施，能够保证生产的顺利进行，降低投资者的运输成本，提高投资收益。相反，在一个基础设施不完善、能源供应短缺、交通运输不便、信息闭塞的国家或地区，无法保障生产的正常进行，给直接投资设置了障碍。

（3）经济政策

经济政策常常是东道国引导外资流量和流向的手段，对投资者的盈利水平有较大影响。主要包括：

① 外资政策。主要包括市场准入门槛、注册资本限额、外商股权比例、投资领域、投资方式、利润汇回和经营管理等方面。外资政策决定着国际直接投资项目的可行性、期限、收益率等多个方面，是投资之前需要重点考察的因素。

② 贸易政策。各国政府一般对出口贸易和进口贸易采用不同的政策。各国为了鼓励本国产品的出口，提升本国产品在国际市场上的竞争力，常常通过出口信贷、出口退税、税收减免等方式促进出口。但是对进口采取贸易保护政策，包括关税和非关税壁垒。非关税壁垒具有灵活性和隐蔽性，能更有效地限制进口。那些在东道国生产并将产品出口到母国销售的外资项目更受东道国的欢迎，而对进口替代型的投资项目有一定的限制。

③ 税收政策。税收政策对投资项目的现金流有直接影响。投资者在从事国际直接投资活动时，要缴纳相关的营业税、增值税和所得税。东道国税收的征收方法和税率优惠是国际直接投资考虑的重要因素之一，投资者往往倾向于在税负较低的国家进行投资，所以税收优惠政策就成为发展中国家吸引外资的重要手段。税收政策还会影响跨国公司在东道国的投资行为和利润安排，比如，对投资利润征收较高的预提税会使更多的利润用于东

道国国内的再投资。改革开放以来，中国一直对外资给予“超国民待遇”，在所得税上“免二减三”，虽然有效地吸引和利用了外资，但也导致了内外资企业的不公平竞争。2007年，中国修改了企业所得税税法，对本国企业和外资企业征收同样税负。外资税负的改变意味着中国利用外资进入了新的历史阶段。

④ 外汇政策。国际直接投资者在日常经营中需要使用外汇支付和结算，还需要将投资收益兑换成本国货币汇回母国。如果东道国实施一定的外汇管制措施，在外汇的使用、利润的汇出方面有所限制，就会影响跨国集团的整体财务预算，从而影响其经营目标的实现。

⑤ 产业政策。为了有效地利用外资，实现本国的产业发展战略，东道国政府一般制定产业政策，鼓励或限制某些产业的发展，有些国家还专门列出鼓励或限制外资产业发展的目录，便于外国投资者参考和决策。对于东道国不鼓励和限制投资的领域，外资不但不能获得税收优惠，还会在市场准入、产业规模方面受到诸多限制。国际直接投资者要认真进行权衡，避免产业政策对自身的不利影响。

⑥ 市场体系完善程度。所谓市场完善，是指具备健全的商品市场、资本市场、劳动力市场，并且按照市场规律和规则进行运作。市场体系的完善程度决定着直接投资经营者获取资源的难易程度。例如，一些发展中国家的金融市场不够完善，国际直接投资者就难以在当地筹集资金，从而不利于企业的发展。

2. 法律环境

(1) 法律制度。法律环境主要体现在法律体系是否完善，以及各项法规是否具有完备性和稳定性。法律完备性是指涉及国际投资的法律文件是否完备，与国际直接投资相关的法规一般包括《外商投资法》、《劳工权利保护法》、《反托拉斯法》、《海关法》等。投资者要详细了解东道国对外商投资的有关法律文件，以便能在东道国法律允许的范围内从事国际投资活动。法律稳定性是指法律一经颁布，即在一定时期内保持稳定，而不能够朝令夕改。国际直接投资是一种长期的经济活动，要在比较长的时间内持续获取收益，所以保持法律的稳定性更为重要，如果一个国家的法律经常变化，必然会增加投资风险，影响国际直接投资的长期收益。

(2) 司法实践。司法实践强调法律仲裁的公正性，即法律实施过程中能公正地、无歧视性地以同一标准对待每一个诉讼主体。国际投资者从事投资活动时，可能会与东道国政府机构和东道国企业发生纠纷，此时需要提请仲裁与法律诉讼。只有在一个公正对待外国投资者的法治社会里，投资利益才有可能得到保障。

(3) 东道国签订的条约或协定。一类是东道国与母国政府签订的双边经济协定或条约，尤其是双边投资保障协定或双边投资条约。双边条约通常包括两种：一种是美国型的“友好、通商、航海条约”，该条约没有规定有关保护外资的具体措施；另一种是德国式的双边投资协定，是调整国与国之间的投资关系的主要依据，详细规定了关于鼓励和保护外国投资的各项措施，对于改善缔约国之间的投资环境、增强投资者信心，有着重大的促进作用。另一类是东道国与重要国际组织、条约或协定的关系。在世界银行体系范围内，有两个保护国际投资的公约真正得到了广泛承认并已经生效，它们是《关于解决国家与其他国家国民之间投资争议公约》和《创设多国投资担保机构公约》。这种关系在一定程度上表明了东道国在国际经济活动中的地位和对一些通行的国际法律和国际惯例的态度。另外，东道国如果加入了某些国际一体化组织，往往都签订促进投资的协议。

3. 政治环境

政治环境不仅关系到国际直接投资经营和获利的安全性，而且关系到投资者个人的安危，因此政治因素是投资者首先评估和考虑的因素，包括政治制度、政权稳定性、政策持续性及是否存在战争风险等综合条件。

政治制度也称政治体制，包括政治力量即各政治经济利益集团的比例、政权交替方式等。政治体制的不同有时也会引起经济体制的差异，国际直接投资者需要了解和熟悉东道国的政体特征，了解不同利益集团对外资的立场和态度。政权稳定性是指一国政权有无被颠覆和推翻的可能性。东道国如果政权不稳定，必然会引起投资政策的变化。如果发生政变、战争等恶性事件，就会直接威胁到投资者的收益和安全。即使获利再丰厚，长期处于战乱状态、政治动荡的国家或地区，也不可能吸引大量的国际直接投资。政策连续性是指一国政府发生换届时，政策不会发生太大的变化。通常政治稳定性越高，政策连续性就越强。如果东道国不同执政团体对国际投资的政策有所差异，将不利于国际投资者的长期经营，频繁的政策调整使投资者难以形成合理的预期，企业投资决策受到制约，不利于在东道国开展长期、大规模的投资项目。

4. 社会文化环境

文化是一种参照认知和从人类群体前辈传给后辈各成员的行为模式。各国都有自己的传统和文化，而且国与国之间差异很大，如东西方国家在财富观、宗教信仰和社会道德准则方面均有很大不同，这种不同决定着东道国消费者的行为模式、思维方式、消费偏好、消费倾向和购买态度等。因此国际投资需要对文化环境进行分析，熟悉和掌握东道国的语言，了解和尊重的当地的宗教信仰，根据当地居民受教育的程度决定投资的方向和规模。

5. 自然地理环境

气候环境会影响东道国的运输、农产品等原材料的供应等；人口环境包括人口的规模、密度、出生率和死亡率等，对劳动力供给、消费需求的规模影响较大，人口的年龄结构还会影响东道国的消费结构；地形、水资源、矿产资源等地理因素对国际直接投资项目的选址有直接或间接的影响，如中东国家有丰富的石油资源，但其他资源匮乏，非洲地区有丰富的矿产资源，但水资源紧缺。为了获取东道国的自然资源，跨国公司会在自然资源附近、交通便利的地方建造工厂，进行生产。

9.1.3.3 投资环境评价方法

美国教授威廉·A.戴姆赞于1972年提出加权等级评分法。该方法首先对各环境因素的重要性进行排列，并给出相应的重要性权数。然后，根据各环境因素对投资产生的不利影响或有利影响的程度进行等级评分，每个因素的评分范围都是从0(完全不利的影响)到100(完全有利的影响)。最后，把各环境因素的实际得分乘以相应的权数，并进行加总，按总分高低排列，投资对象可被分为：投资环境最好的国家、投资环境较好的国家、投资环境一般的国家、投资环境较差的国家、投资环境恶劣的国家。该方法的具体操作如表9-2所示。

表 9－2 加权等级评分法

环境因素	A国			B国		
	重要性权数	等级评分 0～100	加权等级评分	重要性权数	等级评分 0～100	加权等级评分
1. 财产被没收的可能性	10	90	900	10	55	550
2. 动乱或战争造成损失的可能性	9	80	720	9	50	450
3. 收益返回	8	70	560	8	50	400
4. 政府的歧视性限制	7	50	350	7	90	630
5. 在当地以合理成本获得资本的可能性	7	80	560	7	50	350
6. 政治稳定性	7	80	560	7	50	350
7. 资本的返回	7	80	560	7	60	420
8. 货币稳定性	6	70	420	6	30	180
9. 价格稳定性	5	40	200	5	30	150
10. 税收水平	4	80	320	4	90	360
11. 劳资关系	3	70	210	3	80	240
12. 政府给予外资的优惠待遇	2	0	0	2	90	180
加权等级总分	5 360			4 260		

根据表 9－2 的评分结果，A 国的加权等级总分为 5 360 分，大于 B 国的4 260 分，表明 A 国投资环境优于 B 国的投资环境。如果上述因素已经将考虑了所有重要的环境因素，那么某跨国公司比较 A、B 两国的投资场所时，应该选择在 A 国进行投资。

专栏 9－2 我国企业海外投资的历程和特点

一、企业"走出去"的发展历程

改革开放以来，我国企业"走出去"经历了多个发展阶段，2000 年党的十五届五中全会正式提出"走出去"战略，随后，党中央、国务院陆续提出进一步提高对外开放水平，构建开放型经济新体制等战略，我国对外投资的内涵和外延不断丰富。第一阶段(1980—1999 年)：改革开放早期以"引进来"为主，对外直接投资(ODI)规模小。第二阶段(2000—2007 年)：2000 年后，我国海外投资加快。据商务部统计(下同)，2005 年、2006 年 ODI 先后突破 100 亿美元、200 亿美元大关。第三阶段(2008—2013 年)：全球金融危机导致海外资产估值相对偏低，我国海外投资进一步加快。2008 年 ODI 首次超过 500 亿美元。2013 年，ODI 突破 1 000 亿美元。第四阶段(2014 年至今)：ODI 逐步接近并超过利用外资规模。

二、企业"走出去"的主要特点

起步晚，增长快，潜力大。从流量看，2003—2015 年，我国非金融类 ODI 年均增长 33%。从存量上看，2015 年我国 ODI 存量首次突破万亿美元。2003—2015 年 ODI 存量的年均增长率达 30%。截至 2014 年末，我国 ODI 存量相当于

GDP 的 7%，与美国 38%、日本 20%和德国 47%仍有较大差距。投资区域亚洲独大，逐步向发达国家拓展。从流量上看，2007 年以来，我国对亚洲直接投资一直保持在 70%的较高比例。从存量上看，亚洲、欧洲和拉丁美洲分别占 68%、12%和 8%。

行业转型趋势明显，行业分布趋于分散。采矿业占 ODI 流量比例从 2003 年的 48%下降到 2015 年的 8%；租赁和服务业同期从 10%提高到 25%（见图 9－1）。2015 年底 ODI 存量中，租赁和商务服务业占比 37%。

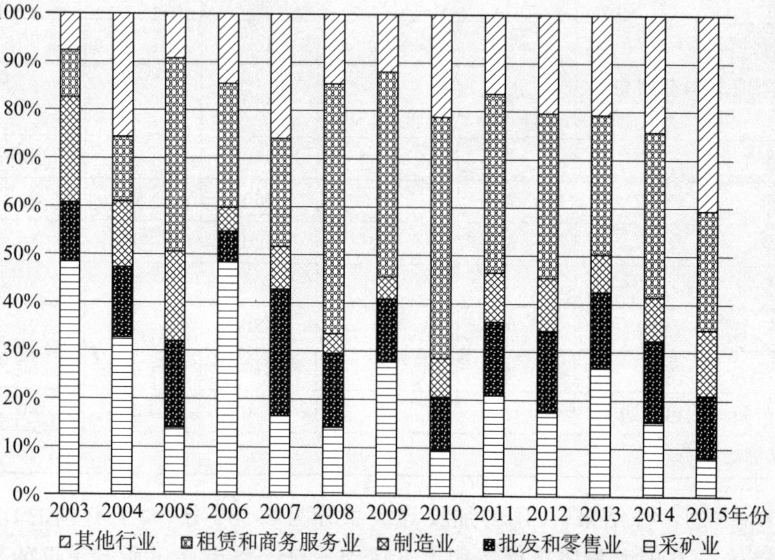

图 9－1　我国 ODI 行业分布(数据来源：Wind 资讯数据库)

民企、国企并驾齐驱。2006 年末，国有企业占 ODI 存量的 81%，非国有企业只占 19%。2015 年末，国有企业占 50%，非国有企业占 50%，平分秋色。

海外投资与大宗商品价格具有顺周期性。2011—2012 年，大宗商品价格达到历史最高点，同期我国企业能矿海外并购金额也达到当年我国企业海外并购总额的 64%。2016 年以来，随着大宗商品价格下降，能矿海外并购交易量下降至仅占海外并购总额的 2%。

控股收购主导。2016 年第一季度，控股收购金额 1008 亿美元，占比 96%，前十大并购交易中有九个项目为全额收购。从交易笔数看，在 199 笔交易中，控股收购 137 笔，占比 77%。

总的来看，当前我国对外直接投资增长较快体现了综合国力的提升、对外开放程度的提高以及“一带一路”倡议和国际产能合作等措施的稳步推进，有益于促进经济增长，实现互利共赢、共同发展。但 2016 年以来我国企业对外直接投资中也出现了一些不够理性的倾向和异常情况，需要积极引导，使其更加健康、有序。我国关于对外直接投资的方针政策和管理原则是明确的。鼓励企业参与国际经济竞争与合作，促进国内经济转型升级，深化我国与世界各国的互利合作；遵循“企业主体、市场原则、国际惯例、政府引导”的原则，支持国内有能力、有条件的企业开展真实合规的对外投资活动。

资料来源：国家外汇管理局《2016 年中国国际收支报告》。

9.2 国际直接投融资主体——跨国公司

9.2.1 跨国公司的概念及特点

1. 跨国公司的概念

跨国公司(Transnational Corporation),也称多国公司(Multinational Corporation)、多国企业(Multinational Enterprise)、全球公司(Global Corporation)或国际公司(International Corporation),泛指从事跨国生产经营活动的企业。联合国经济及社会理事会在全面讨论跨国公司的定义和准则之后,决定采用"跨国公司"这一名称,并设立一个政府间的跨国公司委员会和跨国公司中心,作为永久性的机构。

跨国公司至今没有比较统一的定义,一般是指由两个或两个以上国家的经济实体所组成的,从事生产、销售和其他经营活动的国际性大型企业。具体来说:① 一般都有一个实力雄厚的大型公司为主体,通过对外直接投资或收购他国企业的方式,在许多国家建立子公司或分公司;② 一般都有一个完整的决策体系和最高的决策中心,各子公司或分公司虽有各自的决策机构,可以根据自己的经营领域和不同特点进行决策活动,但其决策必须服从于最高决策中心;③ 一般都从全球战略出发安排自己的经营活动,在世界范围内寻求市场和合理的生产布局,定点专业生产,定点销售产品,以谋取最大的利润;④ 一般都有强大的经济和技术实力,有快速的信息传递,以及资金快速跨国转移等方面的优势,所以在国际上都有较强的竞争力;⑤ 许多大的跨国公司,由于经济、技术实力或在某些产品生产上的优势,或对某些产品,或在某些地区,都带有不同程度的垄断性。

2. 跨国公司的经营特点

(1) 生产经营活动跨国化。跨国公司由于在两个或两个以上的国家组织生产,经营活动必然具有跨国性特征。这意味着跨国公司需要对外投资,在海外多个国家或地区新建或收购企业,在世界范围内购买原材料或雇用劳动力,合理安排生产,并将产品在全球范围内销售,以实现成本最小化、收益最大化。

(2) 实行全球性战略。虽然跨国公司的各子公司分散在世界各地,但它们不是各自为政,而是在跨国公司全球性战略框架下统一协调和行动。跨国公司以全球作为生产经营活动的舞台,以整个国际市场为目标,在世界范围内有效配置生产力。通过对公司所处的竞争环境和公司自身竞争优势的分析,充分利用各国和各地区的优势,制定全球性的经营战略、原材料采购战略、分销战略和投融资战略。这种整体利益的最大化有时需要牺牲个别子公司的利益,所以跨国公司常常通过转移定价的方式合理避税和转移利润。

(3) 公司内部一体化原则。跨国公司通过对外直接投资,在世界范围内进行生产、配置,并把研究与发展、采掘、提炼、加工、装配、销售及服务等生产过程和流通过程伸向世界各地,而把最高决策权保留在总公司。总公司对整个公司的投资计划、生产安排、价格体系、市场安排、利润分配、研究方向及其他重大决策负责。所有的国内外子公司或分支机构的经营活动都必须服从总公司的利益,在总公司的统一指导下,遵循一个共同的战略,合理利用人力、物力和财力等各种资源。

(4) 多元化经营。为了分散经营风险,获得更高收益,越来越多的跨国公司采用多元化经营战略。例如，美国杜邦公司和联合化学公司，除了经营化学工业产品以外，还兼营制药、食品、化妆品、首饰工艺品、纺织、冶金、电子、化肥、农药、运输和旅馆业等各种行业。由于各行业在各年度之间的获利状况相关度较小，进行多元化经营的跨国公司，就可以避免因一项经营活动的波动而影响整个公司的收益。

9.2.2 跨国公司直接投资的动因

1. 获得规模经济收益

根据“规模经济”理论，在企业未达到最佳生产规模之前，增加产品的生产和销售可以进一步扩大企业的利润。如果企业在本国市场面临激烈的竞争，很难继续扩大市场份额，企业就希望通过对外直接投资开拓海外市场，扩大产品销量。东道国的市场常常具有规模巨大且成长迅速的特征。

2. 发挥比较优势获取超额利润

各国经济发展、产业结构和技术水平不同，这就使得某一产业在各国之间由于生产能力、技术创新和供求关系不同而产生“级差”。即，技术先进、市场成熟国家的企业具有比较优势，能够在技术相对落后、市场相对封闭的国家获得比较利益和超额利润。具有技术优势的跨国公司利用对外直接投资方式进入东道国，通过垄断技术、扩大市场份额等方式提高企业的利润率。所以，技术密集型行业的跨国公司对外投资容易获得超额利润。

3. 利用国外的生产优势

在现实中，市场上存在很多壁垒，如信息不完全、行业壁垒、技术垄断等，这些因素会造成各国的劳动力、技术、土地、资金和其他要素的稀缺程度和价格水平的不同。跨国公司可以选择生产要素成本较低、技术发达的市场进行投资，充分利用国外的优势资源组织生产，以降低成本、提高技术和管理水平、扩大市场份额。一般来说，发达国家的跨国公司往往发挥技术优势投资到发展中国家，如东南亚国家和地区，利用当地成本低廉的劳动力和原材料；而发展中国家的跨国公司对发达国家进行直接投资，主要是为了获取技术优势、人才资源和品牌行销渠道。

4. 利用国外的原材料资源

各国自然资源差异巨大，如我国台湾地区盛产水果，而澳大利亚则畜牧业发达；俄罗斯、中东地区石油资源丰富，非洲有大量的金矿和砖石资源，瑞典、挪威森林资源丰富。石油、木材、矿产品和原材料是生产资料，其价格与运输成本直接构成产品的成本和销售价格。从控制成本的角度考虑，企业应该尽量避免采用从国外进口原材料的方式组织生产，尤其要避免将生产出来的最终产品再出口到原材料来源国销售。因此，在资金和技术条件许可的情况下，跨国公司应选择在原材料来源国投资建厂组织生产。例如，我国最大的煤矿上市公司——兖州矿业集团公司收购了新西兰南部煤矿（Southland Mine），目的就是要充分利用新西兰的煤矿资源。

5. 更好地贴近市场

跨国公司海外投资可以通过绕过贸易壁垒和占领市场两种手段而更好地贴近东道国市场。贸易壁垒导致市场失灵，跨国公司因进入某国市场时受到歧视性待遇而影响出口，所以通过直接投资在东道国生产销售。如 20 世纪 80 年代日本汽车企业受制于“出口自限制”条约，为了保住美国市场，转向对美国直接投资。而为了更好地占领东道国市场，跨国公司研发生产适合当地需求的产品；或者由于竞争对手在东道国投资，为了保住现有市场份额紧跟竞争对手进行投资。在某些民族主义盛行的国家，外来商品经常受到排斥，如韩国人认为购买本国产品是爱国行为，本国产品是最好的，因而外国产品很难进入韩国市场。但是合资企业具有本国背景，其生产的产品比较容易被消费者接受，因此直接投资的效果比出口要好。

6. 可以转移污染，规避本国法律管制

工业发展到一定程度会造成环境污染，特别是现代重化工行业对环境的污染严重，不仅破坏生态平衡，而且危害人们的身心健康。像核泄漏和核污染甚至持续数年之久，而且环境破坏之后需要很长时间和巨额资金才能恢复到一定程度。西方发达国家的工业化进程表明，环境污染使社会付出巨大代价，随着科技水平的提高，人们的环保意识增强，因而各国相继颁布了严格限制工业污染的法令、政策。也就是说，如果企业在母国建立化工企业，需要花费巨资治理环境，同时还需缴纳高额的税收并接受严厉的监管，这些都提高了企业的生产成本，降低了其比较优势。所以，一些发达国家的跨国公司将重污染产业转移到对工业污染管理宽松的发展中国家，甚至一些国际著名的跨国公司在发展中国家也成为污染大户。

7. 稳定现金流量，规避风险

全球化和国际化虽然使很多国家的经济周期逐渐接近，但各国经济发展仍然难以保持完全同步。特别是发展中国家和发达国家的经济周期往往不同步，如 2008 年次贷危机后，中国成为首个从危机中恢复的国家，而亚洲地区都比美国和欧洲率先走出危机阴影。跨国公司在经济周期不同的国家组织生产和销售，可以减少经济周期对企业现金流量波动的影响，与仅在一国生产和销售相比，跨国公司的收入现金流量具有更大的稳定性。稳定的现金流降低了跨国公司的整体经营风险，向投资者和债权人传递了有价值的信号，使他们不会要求过多的风险溢价，这就有利于降低跨国公司的资本成本，提高收益。

9.2.3 跨国公司资本预算

跨国公司资本预算是指经营者面对错综复杂的国际环境和东道国环境，以实现企业价值最大化为目标，通过建立资本预算体系对可供选择的各项国际投资项目的收益能力进行评估，并对其所需资金进行筹措的过程。如果一家公司决定到国外进行投资，那么劳动力条件、设备种类、融资方式等因素必须加以考虑，以分析未来的现金流量。另外，对特定的投资工程，还必须认真分析母子公司合并后的净收入、子公司的现金流入和母公司的市场价值等各种问题。

1. 导致母子公司资本预算差异的因素

当跨国公司以设立子公司方式进行项目投资时，处在不同国家的母公司和子公司，在对同一项目进行资本预算时，由于影响现金流量的因素有所不同，得出的预算结果往往也不一致。对母公司有利的投资项目，可能对子公司却没有什么吸引力，反之亦然。因此，在进行跨国投资时，需要从子公司和母公司两个不同的角度进行测算和评估，导致两者存在差异的主要因素有税收、汇率、资本管制和管理费等。

(1) 税收。税收是国家财政政策的重要组成部分，在不同的经济发展水平和管理模式下，政府会制定不同的税收政策和税率水平。为了鼓励国际直接投资，许多国家订立了避免双重征税的协议，对在国外的子公司缴纳的所得税给予抵扣，那些资本短缺的国家还给予国外直接投资税收优惠。例如我国曾给予外商投资企业“二免三减半”的政策优惠，即外商投资企业可享受从获利年度起两年免征、三年减半征收企业所得税的待遇。对设在中西部地区的国家鼓励的外商投资企业，在五年的减免税期满后，还可延长三年减半征收所得税。这样，只要选择在税率较低的国家进行投资，母公司的投资收益就不会因子公司所在国的税收而减少。而且，许多跨国公司将总部设在巴哈马、开曼群岛等“避税天堂”，子公司所得税率高于母公司，母公司收到的投资收益不必再纳税，有利于充分运用东道国的税率优惠，同时避免母国税收政策对跨国公司的不利影响。

(2) 汇率。当子公司和母公司之间需要进行资金调拨时，或者子公司将利润汇回母公司时，跨国公司将面临汇率波动产生的交易风险和折算风险。交易风险是指在资金兑换过程中由于汇率变动给跨国公司带来的实际损失；折算风险是企业把外币资产负债折算为本币计价时，由于汇率变动导致的会计账面风险，虽然折算风险不直接影响企业的现金流量，但会通过影响企业的权益价值或者缴纳的所得税而给企业带来间接影响。如以子公司利润汇回母公司为例，站在子公司立场上，不涉及货币兑换问题；但是站在母公司立场上，就会由于汇率的不确定性而影响对该项目的整体评价。所以，汇率是导致母子公司资本预算差异的重要因素。

(3) 资本管制。世界上许多国家为了维持国际收支平衡和保护经济发展的稳定性，实施比较严格的资本管制，如设置“再投资比例”、限制子公司利润汇回国内，或增加跨国公司的用汇成本。如一些国家规定，外商投资企业必须将其利润的一定比例(如 30%)保留在东道国进行再投资，对再投资利润免征所得税；或者外商投资企业所分配的利润必须再投资在东道国，若干年后(如五年)方可调回国内。资本管制使跨国公司失去对子公司利润的控制权，存在较大的流动性风险，难以在整个集团层面灵活调拨资金，也难以降低资本成本。这样的投资项目，即使有丰厚的利润，也会由于资本管制使其丧失对母公司的吸引力。

(4) 管理费。母公司对子公司的控制主要通过管理层进行，子公司的管理层人事关系、报酬确定、激励机制都集中在母公司，母公司要向子公司摊派较高的管理费用。这笔资金是母公司的收益，同时成为子公司的管理费支出，相应地减少子公司的利润。因此，在对同一项目进行评估时，母子公司的资本预算可能因管理费支出的规模而表现出较大差异。基本上，跨国公司倾向于从母公司的角度考虑预算管理，但如果是合资企业和合作企业，就会产生母子公司的分歧，甚至导致项目投资的失败。

2. 跨国公司制定资本预算时需要考虑的因素

(1) 税收。资金短缺的国家，往往通过制定优惠的税收政策吸引外资。所以在其他条件相似的情况下，跨国公司应选择税率水平相对较低，或者有税收优惠政策的国家进行投资。

(2) 汇率。直接投资的时间一般较长，而且经历着频繁的资金调拨和货币兑换问题，所以汇率波动会对投资项目产生较大的影响。在投资之前，跨国公司就应该通过压力测试、敏感性分析等方法估算汇率风险。投资过程中，还需要通过衍生金融产品，如外汇期权、期货、远期产品等来规避汇率风险。在管理风险时，汇率预测的准确性尤为重要，因为如果汇率走势判断失误，有时套期保值措施反而会加大跨国公司的成本。所以，在对外直接投资时，要把评估汇率所需的成本考虑进项目投资的总成本中去。

(3) 资本管制。如果东道国有比较透明和一致的资本管制政策，那么在对外投资时，跨国公司就需要在资金上进行全面的安排和考虑，只有项目的收益能超过被限制资金的机会成本时，投资才是有利的。当然，这是仅仅考虑财务因素的判断，实际上，跨国公司进行海外投资常常有更长远和战略性的打算。如果东道国的资本管制措施是临时的和阶段性的，那么就会打乱跨国公司整体的资金预算，这时，需要慎重考虑投资项目的可行性，并且在投资项目开始前做好管理准备。

（4）市场需求。跨国公司海外投资需要考虑的重要因素之一就是市场需求，因为其关系到跨国投资的利润和可持续性。通常，规模较大且有一定成长性的市场容易受到跨国公司的青睐。虽然对市场需求的预测与汇率预测一样困难，但是跨国公司依然要尽力地预测需求，降低经营风险。通常做法是通过预测公司在目标市场可能占领的市场份额大小，来推算公司未来的产品销售量。对市场份额的预测方法有以下几种：一是利用目标市场的历史数据，如，以目标市场中现存外商在进入该市场时达到的市场份额为依据，剔除个性差异后进行估算。利用这种类比方法，容易受到目标市场外商企业数目的影响，以及目标市场结构和成熟度的影响，也不能指望有太高的准确性。二是聘请专业投资咨询机构，请它们提供详细的目标市场分析报告，包括宏观、微观因素以及行业、市场竞争者的变化、市场份额变化等。跨国公司是否能依赖市场分析报告也要依据不同东道国市场的特点，比如在中国进行市场需求的预测和分析就有较大的不确定性，所以像麦当劳这样的跨国公司会选择逐步尝试开设分店的做法，而不会在一开始贸然地进行大规模的投资。

（5）产品的市场价格。产品的定价决定着公司的投资收益，同时又受到竞争者价格、通货膨胀、经济周期、收入政策、消费习惯、产业结构等因素的影响。跨国公司进入一个市场时，要考虑采用什么样的定价策略既能形成自身的价格优势，又不会被竞争者模仿，引发价格战，还要考虑价格波动对公司利润的影响。

（6）项目生命周期。对外投资一般要约定投资项目的存续期，特别是合作项目，时期可以是 5 年、10 年，时期的选择也会由于不同的项目而适用于不同东道国政策。资本预算要在整个存续期内进行，这样才能全面地核算现金流的贴现值，最大限度地估计项目的收益和风险状况。不过，在投资项目存续期内，也会遇到跨国公司难以估计的情况。

（7）可变成本。可变成本主要包括随产品产量变化的劳动力成本和原材料成本，在预测时主要考虑竞争产品的原材料价格和工资水平。需要特别注意的方面，一是东道国的预期通货膨胀率水平会对可变成本产生很大影响；二是不能简单地以产品的单位成本来估算总可变成本，因为总可变成本受到单位成本和产量的双重影响。即使能够准确预测单位可变成本，如果产品的需求量不能准确估计，也会使总变动成本的预测值大打折扣。

（8）固定成本。固定成本对需求量一般不太敏感，在项目投资、项目回收期确定的情况下，固定成本较容易测算出来。固定成本主要包括设备投资、厂房的租金、水电费等制造费用，通常为一次性支付或分期定额支付。通货膨胀会对固定成本产生较大影响。如 20 世纪 80 年代，墨西哥、阿根廷等拉美国家因债务危机、通货膨胀使得固定资产严重贬值，重置成本飞速上升，导致这些国家的外商直接投资纷纷撤退，外资流失进一步恶化了国内的经济形势和汇率走势，最终使债务危机演变为货币危机和经济危机。

（9）初始投资额。母公司对项目的初始投资，是项目资金的主要来源。初始投资主要包括启动项目所必需的资金和项目持续期内所需的营运资金。前者是设备投资的款项，后者主要包括工人工资、原材料采购费用等。有的国家对外商初始投资有最低金额要求，如规定不低于项目所需投资总额的 30%；而且在东道国市场融资时，当地金融机构或投资者对项目的初始资金也有要求。初始投资额越大，项目运营资金就越充裕，获得外部融资的可能性就越强，项目成功运行的概率也就越大。但是对母公司来说，初始投资的规模越大，投资压力也就越大，一旦项目运作失败，损失也就越大。

（10）清算价值。项目到期时需要进行清算和回收，跨国公司拿走属于自己那部分清算价值。有时东道国对项目结束后的清算问题有着明确的规定，如必须将项目出售给东道国的企业，并对跨国公司所获收益给予免税或低税率政策。因此，一般在项目设立之初就在合同中列明未来清算时的具体条款。在极端情况下，东道国政府可能完全接管甚至没收外商在本国的投资项目，而且不给予任何补偿，这类情况多发生在政治动荡的发展中国家。如 1980 年发生伊斯兰革命后，伊朗就曾实行过外资国有化措施。

9.3 国际直接投融资方式

9.3.1 绿地投资跨国并购

9.3.1.1 绿地投资与跨国并购的概念

跨国投资有两种主要方式：一种是新设投资，即所谓的“绿地投资”。它是指投资者在东道国设立新的企业，新设立的企业可以是独资企业，也可以是合资企业。另一种投资方式是并购投资(Merge and Acquisition，M&A)。并购是兼并和收购的简称，兼并是指两家或更多的独立企业、公司合并组成一家企业，通常由一家占优势的公司吸收另一家或更多的公司；收购是指一家企业通过收买另一家企业部分或全部股份，取得另一家企业控制权的产权交易行为。

新设投资也称绿地投资(Green Field Investment)，是指跨国公司等国际投资主体在东道国境内依照东道国法律设立新的企业。在新企业中，外国投资者可以以全部股权参与，即设立独资企业；也可以以一部分股权参与，即合资企业；还可以以非股权形式参与，如与东道国企业合作经营；甚至还可以以技术、生产诀窍、设备等入股的形式参与该新设立企业。绿地投资是国际直接投资的最传统形式，跨国公司等国际投资主体早期的对外投资都是采取这种形式。虽然近些年来，随着跨国并购的兴起，绿地投资在国际直接投资中所占比重有所下降，但它仍是最重要的部分。绿地投资的突出特点就是投资者在投资项目、投资地点及投资规模等选择上有较大的主动权和灵活性，受外界干扰因素影响较小，因而能较好地把握投资风险，投资项目成功的概率较大。一般来说，发展中国家更欢迎来自国外的绿地投资，因为相比于跨国并购投资，绿地投资直接增加了东道国的资本存量，从而在促进东道国经济增长、提高技术和管理水平及扩大就业方面起到直接而快速的作用。绿地投资的缺陷是其前期的筹资工作比较长，投资者需要花费大量时间、精力和资金，投资收益较慢，容易受到国际形势变化、东道国经济政治状况的影响，风险较大。

与绿地投资相比，跨国并购的优点是可以省掉建厂的时间，迅速获得现成的生产设备、技术人员、管理人员和管理制度，及时建立国外的生产销售网点，有利于跨国公司快速反应，抓住商业机会。对于多元化经营的跨国公司，采用并购方式可以更加稳妥地进入新领域、新行业，扩大产品种类，获取生产经验、销售渠道和市场份额，也可以低成本地获取专利、专有技术、品牌、商标等无形资产。

并购也有其内在的缺点。首先，会计准则的国别差异、市场信息障碍和无形资产转让壁垒等问题，使并购项目的评估变得更加复杂和困难。其次，并购后管理体制的整合以及对目标企业原有问题的变革也会遇到很大的障碍。跨国并购意味着对被收购企业的变革，没有人喜欢改变，特别是原有的既得利益阶层，这会使并购失败的概率加大。两种投资方式的比较如表 9－3 所示。

表 9-3 跨国并购与绿地投资的优缺点比较

	优 点	缺 点
绿地投资	1. 不易受到东道国法律和政策上的限制，以及当地舆论的抵制； 2. 在多数国家绿地投资比并购的手续要简便； 3. 享受东道国的优惠待遇； 4. 新建企业所需的资本，一般可以做出准确的估价，不会遇到并购中繁琐的后续工作	1. 需要一定时间的建设期，投产较慢； 2. 无法利用并购原有企业的销售渠道，不利于迅速进入东道国市场及其他国际市场； 3. 不利于迅速进行跨行业的经营以实现产业与服务多样化； 4. 经营风险大，组织管理难度大
并购投资	1. 利用目标企业现有的生产设备、技术人员以及熟练工人，可以获得对企业发展非常有用的技术、专利和商标等无形资产； 2. 可以缩短项目的建设期； 3. 利用原有企业的销售渠道，迅速进入当地以及国外市场，省去了艰难的市场开拓阶段； 4. 可以迅速扩大经营范围和经营地点，增加经营方式，促进产业多样化，扩大生产规模； 5. 减少市场的竞争对手； 6. 并购后，出售目标企业的股份和资产，可以获得更多的利润	1. 被并购企业所在国的会计制度与财务制度往往与投资者所在国有很大差异，难以准确评价被并购企业的真实情况，导致目标企业的实际资本低于并购支出； 2. 东道国反托拉斯法的存在及对外来资本股权和被并购企业行业的限制是法律和政策制约因素； 3. 当并购数量或并购金额较大时，会遭到当地舆论的抵制； 4. 存在文化排斥现象，为并购后新企业融入当地社会带来一定的困难； 5. 并购后整合成本较高

9.3.1.2 绿地跨国并购的方式

1. 按照并购双方业务的关联程度划分

(1) 横向并购。横向并购(Horizontal M&A)，又称水平式并购，是指处于同一行业内的企业间的并购活动，即生产相同或类似产品的不同国家厂商之间的兼并收购。横向并购是最基本的并购类型，多发生在汽车制造、制药、石油化工等行业，现代服务业如银行、保险、事务所等也是近年来横向并购的热门行业。横向并购可以快速扩大企业生产经营规模，产生协同效应，提高并购企业的获利能力。但它也导致卖方集中，引起市场的垄断，不利于形成有效的竞争环境。因此，很多国家认为横向并购是削弱竞争的垄断行为，会造成福利损失，因而对其高度关注和限制。

(2) 纵向并购。纵向并购(Vertical M&A)，又称垂直式并购，是指企业与供应厂商或客户的合并，即优势企业将同本企业生产紧密相关的生产、营销企业并购过来，以形成纵向生产一体化。换句话说，跨国公司的纵向并购是两个以上国家(地区)生产同一或相似产品，但又各自处于不同生产阶段的企业之间的并购活动。跨国纵向并购的目的是为了降低生产链前向和后向关联的交易成本和不确定性及获得规模经济收益。具体利益包括以下几点：① 降低企业的交易成本；② 增强企业的垄断力量；③ 确保投入品的稳定供应；④ 可将外部经济内部化从而纠正因外部性引起的市场失灵；⑤ 处于市场垄断势力被动位置的企业通过纵向一体化来抵消垄断势力。纵向一体化也可能发生如下成本：① 并购后企业规模的扩大，引起管理难度和成本加大；② 纵向一体化过程中要花费大量并购费用。

(3) 混合并购。混合并购(Conglomerate M&A)，又称复合式并购，是指从事不相关业务类型的企业间的并购。进行混合并购的双方企业处于不同的产业部门，且这些产业部门的产品没有密切的替代关系，也没有显著的投入产出关系。混合并购的目的是寻求业务多元化、分散风险，以深化规模经济。根据企业关联度的不同，可以将混合并购分为三种：①产品扩张型并购，是指具有相关生产的企业之间的并购，其作用是拓宽企业的生产线。②市场扩张型并购，是指在不重叠的地理区域上从事经营活动的企业之间的并购。③纯粹混合并购，是指所涉及的并购企业之间没有任何生产或经营上的联系。

2. 按并购的支付方式划分

（1）现金并购。现金并购是指以现金（包括股票）作为支付方式进行的并购，购买方一旦支付了议定的现金后即取得目标公司的所有权，而目标公司的股东一旦得到现金，就失去原公司的所有权。现金并购可分为现金购买资产（Cash for Assets）和现金购买股份（Cash for Stock）两种。现金购买资产是指并购方以现金购买目标公司的全部或部分资产，将其并入并购方或者对目标企业实施经营管理控制权；现金购买股份是指并购方以现金的形式购买目标公司的全部或部分股份，以达到控制目标公司的目的。

（2）股票并购。又称股票互换，是指以股票作为支付方式进行的并购，并购方增发新股换取被并购方企业的旧股。该方式的特点是目标公司的股东并不因此而失去对原公司的所有权，而且该方式可以节约并购的交易成本，达到合理避税的目的，在跨国并购时也不会对相关国家的国际收支产生直接影响。股票并购可分为股票购买资产（Stock for Assets）和股票交换股票（Stock for Stock）两种。前者是指并购方以自身的股票或股权来交换目标公司的全部或者部分资产；后者又称换股并购，并购方用自身的股票或股权来交换目标公司的股票或股权。

（3）其他方式的并购。除了上述两种并购方式外，还包括杠杆并购、企业剥离等。杠杆并购是指并购企业在银行贷款或在金融市场融资的情况下所进行的企业并购行为，因为它以企业少量的自有资金"撬动"企业并购，故称之为杠杆并购。企业剥离是企业资产结构重组战略的重要组成部分，通过剥离资产，无论是并购方还是被并购方都能够增强其核心竞争力。企业剥离是潜在的被并购企业对付并购企业敌意并购的一种重要策略。

9.3.1.3 跨国并购的趋势和特点

（1）强强联手盛行，超大型跨国企业不断产生

自 20 世纪 90 年代以来，发达国家企业的并购规模日益增大，并购金额连创新高，诞生了许多超大型跨国公司。比如 1998 年德国的戴姆勒—奔驰公司和美国的克莱斯勒公司合并，成立戴姆勒—克莱斯勒汽车公司。新公司的市场资本额在世界汽车业中名列第二。又如 1999 年 1 月 15 日，英国沃达丰移动电话公司宣布与美国空中火炬公司合并成立沃达丰空中火炬公司，新公司成为世界最大的移动电话公司。

（2）跨国并购集中在北美和欧盟等发达国家

根据联合国贸发会发布的 2002 年《世界投资报告》对 10 亿美元以上的大宗跨国并购案的统计，世界跨国并购活动以英国、法国、美国、德国、瑞士、荷兰和加拿大这七个国家为主。特别是排在前四位国家的大宗并购额超过 2 000 亿美元，其流出量共计 12 612 亿美元，约占总额的 73.8%。其中，尤为突出的是英国，其大宗并购额约占总流出量的 36.2%。如果加上西欧各国的并购额，那么在 2000 年，并购额共计 8 267 亿美元，占大宗并购总额的95.4%。从上述这些国家和地区流出的金额为 8 381 亿美元，占世界流出总额的 96.8%。其中，流入美国的并购交易额高达 2 554 亿美元，德国为 2 339 亿美元，英国为 1 400 亿美元。

(3) 从吸收外资的行业构成看，发达国家以服务业为主，发展中国家则集中在制造业部门

美国吸收的外国直接投资中有 1/3 投向了金融保险领域，欧盟吸收的外国直接投资主要集中在公共服务、媒体、金融等领域，日本跨国公司在英国的投资 50%以上集中在金融保险部门。发展中国家所具有的劳动力优势促使跨国公司加速向这些地区的制造业转移生产投资。

(4) 战略性并购占有绝对优势，恶意并购减少

与 20 世纪 80 年代出现的大量恶意收购行为不同，90 年代以来的跨国并购主要是企业出自长远发展的考虑，并购协议也是经过当事人双方谨慎选择、长时间接触、耐心协商之后达成的。因此，恶意收购案件明显减少。由于战略性并购是一种理性并购行为，虽然给产业、市场等各方面带来较强的震动，但却是一种双赢的交易，不会像恶意收购那样，造成两败俱伤的结果。

(5) 横向并购为主

20 世纪 90 年代以来的跨国并购主要是横向并购。无论在传统产业领域还是在新兴产业领域，横向并购都占主导地位。传统产业领域的横向并购主要是为了减少过剩的生产能力，提高技术创新的能力，以取得行业领先地位。其所涉及的行业几乎遍布传统产业的各个领域，包括汽车、医药、石油、化学、食品、饮料、烟草、航空航天等在内的制造业和电信、金融和能源等服务业，其中资本和技术密集型的行业尤为突出。新兴产业的横向并购是为了扩大实体规模，提高科技研发能力，确立技术上的领先地位，如思科公司就是通过并购成为市值超过微软的世界最大企业。垂直并购虽然有所增加，但是所占比例一直低于 10%，所涉及的行业集中在电子和汽车工业，其目的在于降低生产链前向和后向关联的不确定性和交易成本以及获取范围经济收益。混合并购的重要性则大幅度下降，其目的在于分散风险和深化范围经济。

(6) 大型并购普遍采用的融资方式

通过股本互换实现跨国并购是金融服务贸易自由化的产物。20 世纪 80 年代曾流行一时的以大量发行垃圾债券为特征、以追求短期内股东利益最大化为目标的杠杆收购给企业长期发展带来了严重的不良后果。这些不良后果在 90 年代完全暴露出来，不少企业由于难以承受沉重的债务负担而走向衰退，甚至破产倒闭。因而，在 90 年代，人们更乐于接受以股票互换作为并购的交易方式。换股方式对于并购方企业来说，既可以解决企业筹资难的问题，又可以避免由于债务过多、利息负担过重而对企业财务状况造成的不良影响。对于被并购企业来说，换股交易可以避免现金交易造成的纳税问题，又可以分享新企业继续成长的好处，还可以享受股市走强带来的股价上涨的收益。因而，换股并购成为 90 年代企业并购的潮流。

(7) 中介机构在跨国并购中发挥了重大作用

在 20 世纪 90 年代的企业并购中，中介机构功不可没。特别是投资银行的专业顾问和媒介起了重要的支持和推动作用。根据汤姆森证券数据公司的资料显示，1999 年高盛、摩根士丹利和美林参与顾问的全球兼并与收购交易总值均超过一万亿美元。这些投资银行为了保持自己在业界的霸主地位，不遗余力，积极参与各大并购项目，从而成为新时代并购潮的一大推动力。

专栏 9-3　波音公司与麦道公司合并案

波音公司是美国最大的飞机制造企业，在世界市场约占有64%的份额，在全球的大型客机生产市场上取得了市场支配地位。麦道公司是美国和世界上最大的军用飞机制造企业，同时也生产大型民用客机。1996年底，波音公司用166亿美元兼并了麦道公司。在干线客机市场上，合并后的波音不仅成为全球最大的制造商，而且是美国市场唯一的供应商，占美国国内市场的份额几乎达百分之百。在全世界的飞机制造业中，唯一可以与美国波音公司进行较量的是欧洲空中客车公司。空中客车在世界大型客机市场上大约占1/3的份额。美国波音公司和麦道公司的合并可以加强波音公司在世界市场的支配地位，同时也对欧洲空中客车在大型客机市场上的竞争地位产生严重的不利影响。因此，对于波音和麦道公司的合并，美国和欧盟委员会持有不同态度。

虽然合并后的公司占有美国市场百分之百的份额，但美国政府不仅没有阻止波音兼并麦道，而且利用政府采购等措施促成了这一兼并活动。其主要考虑的原因是：首先，民用干线飞机制造业是全球性寡占垄断行业，虽然波音公司在美国国内市场保持垄断，但在全球市场上受到来自欧洲空中客车公司的越来越强劲的挑战。面对空中客车公司的激烈竞争，波音与麦道的合并有利于维护美国的航空工业大国地位。其次，尽管美国只有波音公司一家干线民用飞机制造企业，但由于存在来自势均力敌的欧洲空中客车的竞争，波音公司不可能在开放的美国和世界市场上形成绝对垄断地位。如果波音滥用市场地位提高价格，就相当于把市场拱手让给空中客车。另外，鉴于麦道公司在美国军事工业中的重要地位以及它在国际民用客机市场失去了竞争力的现状，事实上除了波音公司外，其他任何飞机制造公司不可能也不愿意购买麦道公司。

相反，欧盟委员会认定波音公司和麦道公司的合并会增强波音公司在世界大型客机市场的支配地位，委员会认为波音和麦道的合并不利影响有三：一是合并后的波音公司不仅将其在民用客机市场上的份额从64%提高到70%，而且可以将其在大型客机制造业的垄断地位扩大到小型客机市场；二是通过收购麦道公司，波音公司可以将其影响和势力扩大到所有与麦道公司有着交易关系的航空公司，甚至可以与它们订立长期的独家购买协议；三是随着波音公司与麦道公司的合并，波音公司可将麦道公司在国防研究和开发领域取得的新技术用于飞机制造业，从而可以提高该公司的竞争潜力。鉴于此，欧盟委员会从一开始就决心阻止这个合并。

为了使合并得到欧共体委员会的批准，波音公司按照委员会的愿望和要求作了一系列重大承诺，这些承诺均涉及世界大型客机市场的竞争结构，以抵消合并给市场竞争带来的不利影响。委员会对波音公司的承诺表示满意，最终批准了合并。

资料来源：http：//wiki. mbalib. com/wiki.

9.3.2　国际租赁融资

租赁是指出租人根据与承租人签订的租赁契约，以收取一定的租金为条件，将租赁物在规定的时期内交给承租人使用，其所有权仍属出租人的一种经济行为。1952年5月美国人 H.杰恩费尔德首创世界第一家融资租赁公司——美国租赁公司，即现在的美国国际租赁公司，标志着现代融资租赁业务的诞生。现在，国际租赁融资已经成为国际融资中的重要方式，租赁业务额在设备总投资额中所占的比例超过 10%以上。我国的首笔融资租赁业务发生在 1979 年 10 月，中国国际信托投资公司采用跨国租赁方式从日本租进一批日产汽车；同期，中国民航总局在中信公司协助下，首次以杠杆租赁方式从美国租进一架波音 747 飞机。国际租赁融资方式为我国引进外资、学习先进技术提供了重要的途径。

1. 国际租赁融资的概念和类型

国际租赁是指跨越国境的租赁业务，即在一定时期内，一个国家的出租人把租赁物件租给另一个国家的承租人使用，承租人按照协议规定分期向出租人支付租金的一种业务活动。国际租赁的设备金额一般非常巨大，承租人难以筹集到相应的资金，所以，这种租赁业务相当于分期支付利息的借贷行为，又称为国际租赁融资。

国际租赁融资的类型和一般的租赁业务不同，国际租赁融资业务通过契约安排提供融资，将资产设备租赁给另一家公司(承租人)使用，收取固定租金。承租人有义务维修资产，支付财产税和保险费。在协议租赁期间，承租人一般不能中断租赁，租金支付总额和每年支付额都是固定的，即使承租人后来不使用资产，也必须按合同支付租金。租赁类型如下：

① 充分偿付租赁。充分偿付租赁是指租赁租金、资产所有权税收减免，以及在首次租赁期末处置资产的预期(或合约的)收款等的总金额，能分期偿还出租人原来购买资产的成本，并能使出租人得到市场的收益率。如果出租人在租赁终了时，为抵补投资，并实现预期收益率，需要按照购买价格的 75%以上出售资产，这种租赁一般不认为是充分偿付租赁。

② 杠杆租赁。杠杆租赁一般通过金融中介安排，又称第三方租赁或投资者租赁。杠杆租赁由许多公司承办，如商业银行、投资银行、独立的租赁公司、商业金融公司和经纪人等。出租人从一个或几个金融中介机构中借款融通租赁资金，负责筹集租赁资产成本 80%的资金。出租人通常以无追索权借入长期货币，以租金和设备作为贷款的抵押。杠杆租赁中，出租人购买了设备，享受税收减免，在租赁早期设备投产后有大量现金流入，以后逐年对金融中介人还本付息，有反向的现金流出。租赁期满时，出售设备残值，或变卖资产，得到税收减免，也有部分现金流入。

杠杆租赁常用于大型设备的交易和融资。承租人不能从设备租赁中享有投资税收减免和加速折旧的好处，但可以把可观的减免税转让给出租人。作为回报，融资利率低于承租人的普通借款利率。例如，营业不景气的航空公司，收入不充足，难以充分利用加速折旧和投资税减免，便采用租赁飞机方法，让出租人享有税收优惠。而盈利较高的航空公司通常不使用租赁飞机的方法。

③ 双重租赁。不同国家对出租人还是融资人可以享有投资税收减免的规定不同，有时可利用税收的不同规定来灵活组织租赁，出租人和承租人都是各自国家获得减税的资产所有人，双方都以租赁资产在各自国家取得折旧税收优惠，这种租赁称为双重租赁。比如，英国某出租人出租资产给美国承租人，则其有资格得到英国的折旧税优惠，而承租人又可以在美国要求投资税和折旧税减免。或者，当美国承租人不能利用美国有关资产所有权的税收优惠时，可以先让英国出租人把资产租赁给美国租赁公司，再由后者转租给自己。按照美国租赁法律，美国承租人有可能从英国出租人手中租赁，在资产投入使用后的三个月内，再把投资税减免和折旧转售给另一家美国公司。德国税收当局规定，如租赁期超过资产可

用经济寿命的90%，承租人便被认为是获得德国减税的所有人，其他国家对德国的租赁也适用此规定。在荷兰，如果租赁期间相当于资产的经济寿命，那么承租人便成为取得减税的所有人。

2. 租赁融资的优点

(1) 相对节约融资成本

可以将租赁融资和外币借款的融资成本相互比较，分析租赁融资的成本。两者都需要在税后现金流量基础上计算，通常分别计算租赁和借款的每年净现金流量，然后按恰当的折现率将预期现金流量折成现值，其他条件相同时，现金流出净现值越低，该种融资方法越可取。如果资产的预期使用寿命和租赁期限远远超过贷款期限，租赁的现金流出量可以分布到更长的时期中，更长的租赁期还可以降低租赁设备的残值，这些都会降低资金流出的净现值，使租赁成本低于外币贷款。

(2) 租赁融资更加灵活方便

对于经营规模较小的借款人，他们不易获得贷款承诺和展期信贷，但如果采用租赁融资方式，就可以对租赁设备进行续租，变相达到贷款展期的效果。对于那些成本高、需要大量外汇资金的设备，租赁融资是先期投入最小的融资方式，租赁期满后还可以选择折价购入设备，或者不购买设备。当设备使用年限和租赁年限大体相同时，基本上是零成本购入。

(3) 扩大融资范围

承租人通过租赁，释放了购买新设备的一部分资金，可以将其更好地组织生产或投向其他领域。特别是那些债务率已经较高的公司，受制于借款限制性契约，它们很难以低成本得到融资，而通过租赁融资，就可以在不提高负债水平的情况下扩大再生产，进一步提高企业的获利能力。

(4) 利用投资税和折旧税优惠

国际租赁融资可以根据各国对租赁设备的税收法规不同而灵活地选择租赁的方式。如果出租人利用租赁资产加速折旧的方法，获得的大幅度减税，并将部分利益以租金优惠转让给承租人，则对使用直线折旧法的承租人特别有吸引力。如果承租人也适用于加速折旧法，那么购买资产将会带来更多的税收利益，租赁融资的吸引力就会减小。

某些公司在购买新设备后，会丧失税收减免，或者不能利用投资和折旧税减免，这样的公司倾向于先购买再转售的方式，将税收优惠转移给有充分收入、能享受减税的出租人，并以较低的租金作为回报，这便是“售后回组”安排。即由希望使用某种资产的公司，首先购得资产设备，然后将该设备出售给出租人，公司同时作为承租人向出租人租回已售的资产。

3. 国际融资租赁的程序和方法

(1) 直接购买进口租赁的业务程序

直接购买进口租赁，是由国内租赁机构直接从国外购入技术设备，然后将设备出租给国内承租人使用的一种租赁形式。其主要流程如图9-2所示。

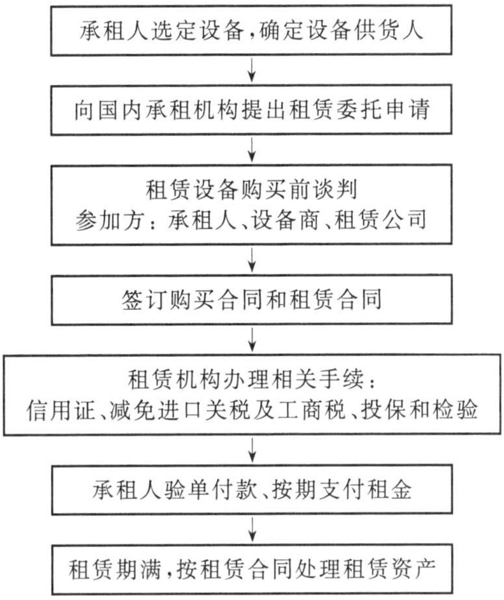

图 9－2 直接购买进口租赁的业务程序

（2）进口转租赁的业务程序

进口转租赁是国内租赁机构先从国外租赁公司租进设备再转租给国内承租人的一种租赁形式。进口转租赁中一台设备或一个项目的两次租赁交易，其期限可以一致，也可以不一致。第二次租赁，即转租国内承租人的租期，可以长于第一次租赁，即从国外租入的租赁期。如果租赁期一致，国内租赁机构只能赚取进口手续费和两次租赁的租金差；如果租赁期不一致，国内租赁机构主要赚取两次租赁期之差的租金。其主要流程如图 9－3 所示。

（3）进口返租赁的业务程序

进口返租赁，是指国内租赁机构根据国内承租单位的要求，从国外购进所需要的设备后，再将设备卖给国外租赁公司，取得设备价款，然后从国外租赁公司将设备租入，取得使用权，最后再出租给国内承租单位使用的一种租赁形式。其主要流程如图 9－4 所示。

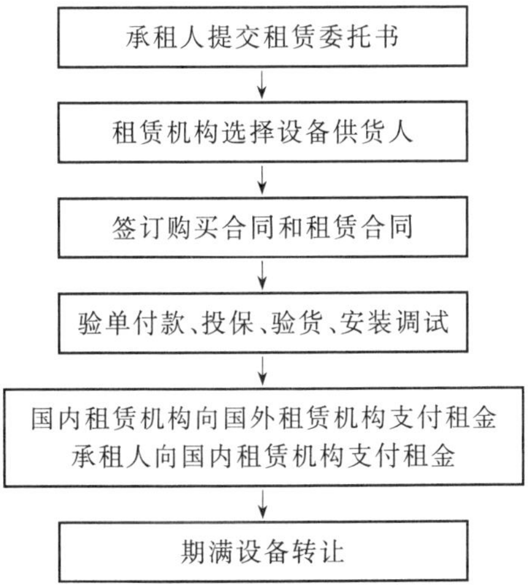

图 9－3 进口转租赁的业务程序

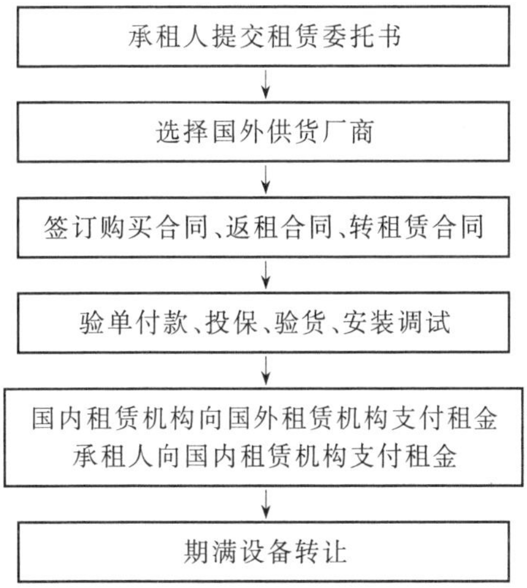

图 9－4 进口返租赁的业务程序

专栏 9-4　人民币跨境支付系统上线

2009年以来，中国人民银行按照党中央、国务院关于扩大人民币跨境使用的部署，陆续推出一系列政策，便利人民币跨境贸易投资和使用，深化双边货币合作。通过"代理行模式"和"清算行模式"等多种方式支持人民币跨境支付业务。目前，人民币已经成为中国第二大跨境支付货币和全球第五大支付货币，迫切需要建设基础设施支撑业务发展。为满足人民币跨境使用需求，进一步整合现有人民币跨境支付结算渠道，中国人民银行于2012年启动建设人民币跨境支付系统（以下简称CIPS）。

自2014年3月以来，为落实党中央、国务院关于加快CIPS建设的指示精神，中国人民银行决定分两期建设CIPS。一期主要服务于跨境货物贸易和服务贸易结算、跨境直接投资、跨境融资和跨境个人汇款等业务。二期将采用更为节约流动性的混合计算方式，全面支持人民币跨境和离岸业务。

CIPS（一期）于2015年10月8日在上海成功投产。截至2015年12月31日，系统运行平稳，业务处理正常，CIPS参与者包括19家直接参与者和185家间接参与者，覆盖六大洲、50个国家和地区。2015年全年，CIPS累计处理支付业务86 703笔，金额共计4 808.98亿元。日均处理业务1 398笔，金额77.6亿元。

CIPS（一期）主要功能特点包括：一是采用实时全额结算方式处理客户汇款和金融机构汇款业务。二是各直接参与者一点接入，集中清算业务，缩短清算路径，提高清算效率。三是采用国际通用ISO20022报文标准，便于参与者跨境业务直通处理。四是运行时间覆盖欧洲、亚洲、非洲、大洋洲等人民币业务主要时区。五是为境内直接参与者提供专线接入方式。

为培育公平竞争的市场环境，中国人民银行发布了《人民币跨境支付系统业务暂行规则》，规定了参与者准入条件、账户管理要求和业务处理要求等，为CIPS稳定运行奠定制度基础。同时，推动成立了跨境银行间支付清算（上海）有限责任公司，负责独立运营CIPS。该公司接受人民银行的监督和管理。

作为重要的金融基础设施，CIPS符合《金融市场基础设施原则》等国际监管要求。系统的建成运行是我国金融市场基础设施建设的又一里程碑事件，有利于提高人民币跨境结算的效率，支持实体经济和国际经济贸易发展，有力地促进人民币在全球范围内使用，支持"走出去"和"一带一路"战略实施。

资料来源：中国人民银行《中国金融稳定报告2016》。

9.3.3　国际项目融资

1. 国际项目融资的概念

项目融资（Project Financing）又称工程项目贷款，是指向一个特定的工程提供贷款，贷款人依赖该项目所产生的收益作为还款的资金来源，并将经营该项目经济单位的资产作为贷款人的附属担保物。这里的"项目"多为石油、电力、农林等大型工程建设项目，项目的主办方难以完全承担投资风险，所以，虽然名为贷款，但项目融资实质上为多种融资方式的有机组合，并且和项目的建设与投产使用有密切的联系，更接近于直接投融资项目。我国20世纪80年代兴建平朔煤矿就是利用国际项目融资来筹措资金的。

2. 国际项目融资的特点

和传统的融资方式相比，国际项目融资有以下特点：

(1) 从借款对象看。在传统的贷款方式中，贷款人将资金贷给借款人，借款人再将该资金用于某一项目，此时贷款人看中的是借款人的信用。在项目融资中，项目主办人一般都专门为某项目成立一家项目公司，在项目所在国登记注册并受其法律约束，该公司是独立经济单位，项目主办人只投入自己的部分资产，并将项目资产与自己的其他财产分割，贷款人着眼于该项目的获利前景，而不是根据主办人的信用情况来发放贷款。

(2) 从还款来源看。传统的贷款方式，贷款人以借款人(项目主办人)的所有资产及其收益作为偿债来源。在项目融资中，贷款人以项目投产后所取得的收益作为还款来源，即使项目的日后收益不足以还清贷款，项目主办人也不承担从其所有资产及收益中偿还全部项目贷款的义务，而仅以项目公司的资产为限。

(3) 从贷款担保来看。在项目融资中，贷款人用抵押权和经转让取得的合同权益作为对借款人违约的补救。前者一般以土地、建筑物、厂房、机器设备等资产作为抵押品，后者包括产、供、销方面的长期合同和其他附属性协议或合同权益的转让。这种层层紧扣的担保形式比传统贷款方式中的抵押担保要复杂得多。

(4) 从东道国的利益看。首先，项目融资不以主办方的资信为考虑因素，而是以项目的预期收益作为主要考虑因素来发放，项目本身的收入是偿还贷款的资金来源；承办单位是专门为项目而组成的经济实体，既可能是地方机构组建，也可能是合资或合营企业，这样会减轻东道国的直接对外负债，提高对外融通资金的能力。其次，将来偿还项目融资的外汇，无须动用本国的财政资金或国家的外汇储备，而来源于承购产品的公司(或设施用户)。国家或政府只负完工保证义务，一旦工程竣工，保证责任也就解除。再次，精确的可行性研究与规划是取得项目融资的前提，各种计划经过专家与技术人员的精密核算和比较，有效保证了项目的经济效益，降低了项目的建设成本。而且承办单位在与外商合营合作过程中可以学习国外先进的管理和技术经验，培养人才，提高本国的管理和技术水平。在取得工程资金的过程中，一部分可以采取竞争性招标方式，可降低设备的货价或工程造价。

3. 国际项目融资的参与者

国际项目融资依其具体类型和具体情况的不同，其结构也有所差异，但就多数国际项目融资的结构而言，其参与者一般包括以下几种：

(1) 项目主办人和投资人。项目主办人(Sponsor)是指对于建设项目担当领导、发起和前期组织职责的借款方当事人(不一定为借款人)，它通常由项目所在国的政府机构或企业组织担任。项目投资人是指对于拟建设项目(或项目公司)共同进行股权性投资的当事人，它们通常为项目所在国的企业组织和有关的外国企业组织。在许多情况下，项目主办人也可同时为项目投资人。

(2) 项目公司。在多数国际项目融资中，项目投资人以股权投资方式组成项目公司。项目公司的一般特征在于：① 它仅为特定项目建设而设立，仅对该项目投资，并仅拥有该项目的资产、负债和盈利；② 它通常为有限责任公司；③ 根据不同融资项目的要求，它可能同时为借款人及拟建项目的经营管理人，但从国际项目融资的实践来看，组建项目公司的主要目的是为便于控制拟建设项目的资产负债状况、损益状况和现金流量状况，而非令其担任项目的经营管理人。

（3）贷款人与借款人。国际项目融资的贷款人通常是对拟建项目提供协议贷款的国际性商业银行或由多家商业银行组成的贷款银团。但由于具体的国际项目融资方式不同，在某些情况下（例如以证券化方式融资的项目中），实际上是由负责组织国际信贷融资的金融中介机构代替贷款人参与项目融资。在国际项目融资中，负责组织国际贷款或融资的牵头经理人往往极端关心拟投资项目的结构，它不仅负责融资安排、代表贷款银行与项目主办人协商确定项目融资的结构，而且常常负有提供专业咨询和金融管理的职责。但在法律上，参加贷款银团的每家贷款人均与借款人形成独立的债权债务关系；在有关的贷款文件中，甚至要求各贷款人声明其依赖于自己的独立判断参加贷款银团，而不使牵头经理人负担保责任。

国际项目融资的借款人通常为项目公司，但在某些情况下也可以是项目主办人或项目投资人。在同一项目融资中，可以有几个借款人，它们可以是具有相同职责的共同借款人，也可以是依不同职责使用融资的其他当事人，如工程承包公司、原材料或设备供应商、产品购买人等。

（4）工程承包人。国际项目融资中的工程承包人是指依据工程承包合同约定，完成拟建项目的建设工程公司。工程承包人通常以竞标方式确定，依其责任，它可分为负责项目管理和工程全面竣工的总承包人（通常由国际性工程承包公司担任）和接受分包的各分包人；依其工作内容，它又可分为工程设计承包人、工程施工承包人、工程安装承包人、工程监理人、工程金融管理人等。国际项目融资中的工程承包由一系列复杂的合同文件构成，其基本作用在于锁定工程造价、完工期限与工程质量标准，以实现“交钥匙项目”之目标。为限定工程完工风险，其违约控制与索赔条款规定得极为严格。

（5）项目设备与原材料供应商。国际项目融资中的供应商，是指根据项目设备和原材料供应合同，向拟投资项目定期或长期售卖项目设备、提供能源供应或提供原材料供应的销售商。根据项目结构相关合同的安排，供应商的销售价款，可以由贷款方以贷款定期支付，由此形成项目公司的信贷购买；也可以由供应商按照出口信贷方式延期收款，由此形成供应商向项目公司提供的信贷融资。在国际项目融资实践中，国际贷款人往往将借款方购买其本国设备或原材料作为承诺贷款的重要条件，这不仅支持了本国企业的产品出口，而且具有分散项目融资风险的作用。

（6）项目产品购买人。项目产品购买人是指根据项目产品购买合同或使用合同，将长期购买项目产品或长期使用项目设施的商业当事人。典型的项目产品合同通常采取“提货即付款”及“或提货或付款”合同形式，其作用在于对项目融资提供信用支持。购买人通常是具有批售能力和资金实力的批发商，在我国的项目融资实践中，往往由项目主办人或者政府机构（如在交通运输或电力项目中）承担项目产品购买人责任，该项购买具有预定承诺性质，由于项目产品购买是项目融资信用保障结构的一部分，故购买人实际上在项目融资谈判阶段即已介入项目。

（7）信托受托人。国际项目融资中的受托人是指根据信托文件，负责管理设为担保的项目资产、项目收入和现金流量的独立金融机构。在国际项目融资中，项目资产担保和现金流量担保是项目融资信用保障结构中最重要的部分，这在资产负债表外融资的情况下表现得最为典型。根据信托文件，信托受托人一方面负责对设为担保的项目资产进行直接管理或监督管理，另一方面负责以独立账户托管项目现金流量或其中的受托管理部分，确保其中的可还贷部分首先用于清偿债务。其通常的支出顺序为：生产成本支出、折旧还贷支出、管理费用支出、财务费用或贷款利息支出、税收支出、偿还贷款本金、利润分配。

(8) 项目融资保证人与保险人。在国际项目融资中，贷款人除要求以项目资产和项目现金流量为担保外，有时还要求项目公司或项目主办人提供信用性有限担保，此种就一定信用数额提供有限担保的当事人为项目融资的保证人。国际项目融资中的保险除工程保险和项目财产保险外，更重要的是对项目所在国可能发生的战争、内乱、国有化、法律变革、外汇汇率变动等事件的保险，后一类保险通常由相关国家的官方或半官方保险机构承保。在某些国际项目融资中，项目所在国政府机构或其代理机构(如项目主办人或项目投资人)对投资项目提供的运营特许、税收优惠特许、外汇汇兑特许和担保性承诺也对项目融资具有重要的信用保障作用。

(9) 专业性顾问机构。在国际项目融资中，通常需有许多专业性中介机构协助项目贷款人或项目主办人进行工作，其中最重要的是工程咨询顾问、财务税务顾问和法律顾问。国际项目融资中的工程咨询顾问通常负责协助项目贷款人或主办人进行项目可行性分析和项目风险预测；国际项目融资中的财务税务顾问除负责财务审计工作外，还将协助贷款人对拟投资项目进行财务税务分析和现金流量预测；国际项目融资中的法律顾问除须对拟投资项目和环境进行法律分析外，主要协助项目贷款人和项目主办人确定项目融资结构，起草有关的法律文件，出具法律意见等。

4. 国际项目融资的程序

国际项目融资结构复杂，制约因素多，其准备工作过程也较长。在一般情况下，国际项目融资工作大致可分为项目融资决策、项目融资结构分析、项目融资准备和项目融资文件签署与执行四个阶段。

(1) 项目融资决策。在项目融资工作开始之前，项目投资人或主办人通常要对拟投资项目进行初步分析，做出投资决策和融资方式决策。一般来说，项目融资适用于投资规模大、周期长、投资收益和现金流量稳定、股权投资人或项目公司信用不足以支持简单贷款的新建投资项目。此外，拟投资项目如采用项目融资方式解决资金问题，通常需要取得所在地政府部门的政策支持和计划管理部门的批准。应当说，认真分析拟投资项目的特点和条件是正确做出项目融资决策的基础。

项目投资人或主办人在决定采用项目融资方式后，需要确定项目投资与项目融资的初步方案，并做出项目可行性研究。在这一决策过程中，项目投资人或主办人可以聘请专业顾问取得咨询意见和帮助。国际项目融资通常以项目投资人或主办人聘请和任命未来拟担任融资牵头经理人的融资顾问为正式开端。按照国际融资实践，项目融资的牵头经理人通常由具备较强资金实力、具有良好信誉和融资经验的金融机构担任；而此类金融机构在决定担任融资牵头经理人并组织项目融资之前，往往要求先作为项目融资顾问参与项目。

(2) 项目融资结构分析。在此工作阶段，项目融资顾问和项目主办人将聘请包括律师、会计师、工程顾问和行业性专业顾问在内的专业性中介机构进行尽责审查，其中最为重要的是对各种项目风险，特别是项目现金流量，进行分析预测。

由于项目融资以项目未来的现金流量作为主要的偿债基础，而不同投资项目中制约可偿债现金流量的具体风险又不尽相同，因此对拟投资项目进行各项风险预测或评价是最终确定项目融资具体结构和细节法律安排的重要前提。可以说，特定项目融资中投资与贷款的比例、有关当事人关系、担保结构、信用保障结构以及每一项合同文件的安排都是针对具体项目的经济强度和风险因素设计的。而其基本目标在于保障贷款偿还，分散融资风险，平衡不同当事人之间的利益关系。

概括地说，项目融资结构分析阶段的工作主要包括：对项目基础状况和基础资料进行调查，做出专业性分析报告和结论性意见，根据项目经济强度和风险因素修改确定具体的项目融资结构、项目融资方案和项目融资细节安排三部分。在这一工作阶段，有关项目融资的各项工作性结论应当是定量化的，有关项目融资的结构和方案应当是具体化的，项目主办人和项目融资顾问应当就项目分析结论和投资项目的条件取得大体一致的意见。从实践来看，在国际项目融资中，项目融资顾问和专业性中介机构往往更注重融资市场的要求和自身的信誉，其工作结论多遵循审慎保守原则；而项目主办人则更注重拟投资项目的融资要求，追求更高的融资效率和融资速度。

（3）项目融资准备。当项目融资的具体方案及其细节安排已经确定后，应由项目主办人委托牵头经理人组织贷款银团，由牵头经理人和专业性中介机构准备信息备忘录和各种融资法律文件，并应由主办人与牵头经理人就项目融资文件进行协商谈判，此种正式法律文件的协议定稿既是对项目融资方案的实施，也往往最终调整着项目融资方案的内容。

根据国际融资惯例，项目融资顾问在确认项目融资方案后，应当做出其是否负担融资牵头经理人职责的表示，项目主办人则应以书面文件做出委托其担任牵头经理人和授权其组织贷款银团的意思表示，其程序与国际贷款过程无异。牵头经理人在得到授权后，将与专业性中介机构共同准备旨在推销贷款的信息备忘录或事实说明文件；同时将委托专业性中介机构依照已拟定的项目融资方案准备各种项目融资法律文件的草稿，此类法律文件不仅包括贷款协议和担保协议，而且包括政府特许文件、项目公司设立文件、项目公司管理文件、项目工程承包合同、设备与原材料供应合同、产品长期购买合同、信托文件以及大量的工作文件等，它们通过严谨而确定的法律关系形成统一的项目融资结构，在许多项目融资中，保障其基本结构的法律文件往往由几十项甚至上百项合同文件组成。

在项目融资准备阶段，贷款银团的牵头经理人通常在信息备忘录正式定稿前即已开始贷款推销与银团组织工作，仅将文件正式签署留待最后实施阶段进行。与此类似，在项目融资法律文件的准备阶段，牵头经理人将协调项目融资的所有参与者进行相关法律文件的谈判工作，以通过协商使各项法律文件的内容处于定稿或可签署状态，其中贷款协议内容的确定既对其他法律文件具有指引作用，又以其他法律文件内容的确定为前提。在一般情况下，项目融资准备阶段的完成以各项法律文件的定稿或基本定稿为标志，但根据我国《境外进行项目融资管理暂行办法》的规定，上述业已定稿的主要合同之草案，应当报政府主管部门审核，其中某些合同还须取得政府主管部门的批准。

（4）项目融资文件签署与执行。从广义上说，项目融资的执行是指从各种项目融资法律文件签署至项目贷款清偿完毕的整个期间，此过程中的工作主要包括项目融资法律文件的签署、执行贷款与项目投资计划、牵头经理人监督项目建设与项目管理、项目运营与现金流量管理等几个部分。

项目融资文件的签署通常要求将具有相关性的一系列法律文件统一签署；其中项目公司设立文件和政府机构的特许文件具有基础意义，通常要求先行签署；银团贷款协议和担保文件是项目融资的核心文件，通常最后签署；而构成项目信用保障结构的工程承包合同、工程分包合同、设备与原材料供应合同、产品长期购买合同和信托文件通常含有附条件生效条款。在项目融资文件签署后，项目投资人和贷款银团应当按约履行项目投资和银团贷款，并应及早使项目工程建设启动。

在项目工程建设阶段，项目主办人通常负有统一协调和管理的职责，但根据项目方案的安排，对于项目工程建设的管理也可以委托外方投资人或专业性管理公司进行。在此阶段，工程联合承包人、设备与原材料供应商应全面履行合同义务，并受到严格的责任约束。牵头经理人对于工程建设享有监督权与建议权，这与一般的银团贷款有所不同。在项目工程建设完工后，通常须进行项目试生产，只有在通过试生产，并由牵头经理人确认该项目达到融资文件规定的商业完工标准后，方可通过验收并解除项目主办人或投资人提供的项目完工担保。

在项目运营阶段，对于项目的管理通常由项目公司或专业性管理公司主要负责；牵头经理人仍然对项目运营有监督权与建议权；而设备与原材料供应商、商品长期购买人、保证人和信托受托人则负有全面履行相关合同之义务。在此阶段，项目融资信用保障机制将全面发生效用，用于偿债的现金流量将得到控制和管理，以保证贷款本息之偿还。

本章概要

国际投资包括国际直接投资和国际间接投资两种形式。国际间接投资一般是指不以控股为目标的国际证券投资和中长期的国际信贷；国际直接投资在形式上虽然也表现为股权投资，但其特有的标志是投资者对有关的海外经营性资产拥有控制权。

国际直接投资也可称为对外或海外直接投资，它的投资形式多种多样：① 到本国以外的国家或地区创办新企业；② 购买外国企业的股票并达到控股水平；③ 利用以前投资的利润在海外进行再投资。直接投资的方式包括股权式合营、契约式合营和独资经营三种。

国际融资是指通过国际金融市场来筹集企业发展所需的流动资金和中长期资金。目的是进入资金成本更优惠的市场，扩大企业发展资金的可获取性，降低资金成本。直接融资是指资金融通是由资金供应者与筹资者直接协商进行，或者通过经纪人把融资双方结合起来进行，经纪人只收取佣金。国际直接融资包括国际债券融资、国际股票融资、海外投资基金融资和利用外商直接投资四种方式。

跨国公司，也曾称多国公司，一般是指由两个或两个以上国家的经济实体所组成的，从事生产、销售和其他经营活动的国际性大型企业。跨国公司直接投资的动因包括获得规模经济收益、发挥比较优势获取超额利润、利用国外的生产优势、利用国外的原材料资源、更好地贴近市场、转移污染、规避本国法律管制、稳定现金流量、规避风险等。跨国公司资本预算是指经营者面对错综复杂的国际环境和东道国环境，以实现企业价值最大化为目标，通过建立资本预算体系对可供选择的各项国际投资项目的收益能力进行评估，并对其所需资金进行筹措的过程。

新设投资也称绿地投资，是指跨国公司等国际投资主体在东道国境内依照东道国法律设立新的企业。在新企业中，外国投资者可以以全部股权参与，即设立独资企业；也可以以一部分股权参与，即合资企业；还可以以非股权形式参与，如与东道国企业合作经营；甚至还可以以技术、生产诀窍、设备等入股的形式参与该新设立企业。与绿地投资相比，跨国并购的优点是可以省掉建厂的时间，迅速获得现成的生产设备、技术人员、管理人员和管理制度，及时建立国外的生产销售网点，有利于跨国公司快速反应，抓住商业机会。

国际租赁是指跨越国境的租赁业务，即在一定时期内，一个国家的出租人把租赁物件租给另一个国家的承租人使用，承租人按照协议规定分期向出租人支付租金的一种业务活动。国际租赁的设备金额一般非常巨大，承租人难以筹集到相应的资金，所以，这种租赁业务相当于分期支付利息的借贷行为，又称为国际租赁融资。项目融资又称工程项目贷款，是指向一个特定的工程提供贷款，贷款人依赖该项目所产生的收益作为还款的资金来源，并将经营该项目经济单位的资产作为贷款人的附属担保物。国际项目融资的借款人是为某一项目而专门成立的主办方，还款的来源不是主办方的信用或资产保证，而是依赖于项目的预期收益，由参与项目运作的多方当事人对项目融资进行整体担保，其程序要比普通贷款复杂。

关键术语

国际直接投资、国际间接融资、国际投资环境、股权式合营、契约式合营、独资经营、国际直接融资、国际直接投资环境、跨国投资资本预算、绿地投资、跨国并购、横向并购、纵向并购、混合并购、杠杆租赁、国际项目融资

复习题

1. 国际直接投资的概念和特征是什么？
2. 简述国际直接融资的方式和特点。
3. 经济环境包括哪些要素？它们对国际直接投资有何影响？
4. 次贷危机后中国利用外资和对外投资的特点和趋势是什么？
5. 跨国公司选择到中国投资的动因是什么？
6. 对比分析绿地投资与跨国并购的优缺点。
7. 简述进口返租赁的业务程序。
8. 简述国际项目融资的主要程序。

参考文献

[1] 陈雨露. 国际金融. 北京：中国人民大学出版社，2005.
[2] [美]J. 奥林·戈莱比. 国际金融市场. 陈雨露，等，译. 北京：中国人民大学出版社，2001.
[3] 姜波克. 国际金融新编. 上海：复旦大学出版社，2008.

[4] 时秀梅. 国际金融理论与实务. 北京：国防工业出版社,2010.
[5] [美]托马斯·A.普格尔. 国际金融. 北京：中国人民大学出版社,2005.
[6] 中国人民银行. 2009 国际金融市场报告,2010.
[7] 王志乐. 跨国公司中国报告. 北京：中国经济出版社,2009.
[8] 周建华. 国际投资学概论. 北京：清华大学出版社,2007.
[9] 张学仁. 国际融资理论与实务. 西安：西北大学出版社,1997.

第10章 国际间接投融资

和国际直接投融资相比，国际间接投融资活动更加频繁和灵活。投融资主体呈现多元化特征，除跨国公司外还包括机构投资者、政府机构、国际组织等；投融资方式更加灵活多样，包括银行信贷、证券投资和贸易融资等。机构投资者已经成为国际金融市场最活跃的投资主体，其投融资行为不仅影响自身的收益和风险，还会对某国或某区域金融市场的利率和汇率水平产生重大影响，甚至引发金融动荡和金融危机。

10.1 国际间接投融资概述

10.1.1 国际间接投资概述

1. 国际间接投资的概念

国际间接投资（International Indirect Investment）是指以资本增值为目的、以取得利息或股息等为形式、以被投资国的证券为对象的跨国投资，即在国际债券市场上购买中长期债券，或在外国股票市场上购买企业股票的一种投资活动。国际间接投资者并不直接参与国外企业的经营管理活动，其投资活动主要通过国际资本市场（或国际金融证券市场）进行。国际间接投资也称为对外间接投资（Foreign Indirect Investment）。

国际间接投资与国际直接投资的根本区别在于对筹资者的经营活动有无控制权。因为投资者不可能仅仅依靠购买某国政府的债券而取得对该国政府经济活动的控制权，所以，有人将"非限制性国际贷款"（无控制权）归入国际间接投资内容中，而将"限制性国际贷款"（有控制权）归入国际直接投资内容中。

2. 国际间接投资的特点

与国际直接投资相比，国际间接投资的特点如下：

(1) 经营控制权不同。国际间接投资对筹资者的经营活动无控制权，国际直接投资对筹资者的经营活动拥有控制权。

(2) 流动性和风险性不同。国际间接投资与企业生产经营无关（因为无控制权），随着二级市场的日益发达与完善，证券可以自由买卖，流动性大，风险性小。国际直接投资要参与一国企业的生产，生产周期长，一般在10年以上，由企业的利润直接偿还投资。资金一旦投入某一特定的项目，要抽出投资比较困难，其流动性小，风险性大。

(3) 投资渠道不同。国际间接投资必须通过证券交易所才能进行投资，国际直接投资只要双方谈判成功即可签订协议进行投资。

(4) 投资内涵不同。国际间接投资又可称为"国际金融投资"，一般只涉及金融领域的资金,即货币资本运动,运用的是虚拟资本。国际直接投资是生产要素的投资,它不仅涉及货币资本运动,还涉及生产资本和商品资本运动及其对资本使用过程的控制,运用的是现实资本。

(5) 自发性和频繁性不同。国际间接投资受国际上利率差别的影响而表现为一定的自发性,往往自发地从低利率国家向高利率国家流动。国际间接投资还受到世界经济政治局势变化的影响,经常在国际上频繁移动,以追求投机利益或寻求安全场所。第二次世界大战后,随着国际资本市场的逐步完善,国际间接投资的规模越来越大,流动速度也越来越快。它具有较大的投机性,在这个领域,投资与投机的界限有时难以划分。国际直接投资是运用现实资本从事经营活动,盈利或亏损的变化比较缓慢,一旦投资后,具有相对的稳定性。

(6) 获取收益不同。国际间接投资的收益是利息和股息,国际直接投资的收益主要是利润。

3. 国际间接投资的影响因素

国际间接投资主要在国际资本市场上进行,其流向和流量受多种因素影响,除政治因素外,还取决于利率、汇率、偿债能力和风险性等。

(1) 利率。根据"抛补性利息平价理论",在其他条件相同且国际资本流动不受限制的情况下,资本会从高利率的国家流向低利率的国家。资本的流动一方面会引起两国利率的变化,缩小利差,促使各国利率水平趋向均衡;另一方面会影响即期和远期汇率的变动,通过汇率调节利差收益。各国同一时期利率水平的差异,常常是引发国际资本流动的最直接因素。例如,1993 年 7 月,美国政府 30 年期的国债利率从 1992 年 11 月的 7.76%降到 6.66%,并引起抵押贷款利率和公司债利率的下降,导致美国私人投资者从银行取出存款,投向经济增长率较高的新兴经济体。从 1994 年 2 月到 1994 年底,美国先后 6 次调高利率,利率上升了近 3 个百分点,这直接导致部分美国基金公司境外投资的回流。

(2) 汇率。国际间接投资的收益要受到汇率的调节和影响。如果一国的国际收支大量顺差,对外债权就会相应增加,这将有利于该国的资本输出;反之,则有利于该国的资本流入。另外,汇率的稳定性和预期也会影响国际间接投资的流量和流向的变化,如果预期某种货币升值,就会有大量资本转换成该国货币形态的资产而滞留在当地,等升值预期实现后获利回吐。我国自 2005 年人民币汇率体制改革以来,长期的人民币升值预期吸引了大量游资,它们囤积在我国的资产市场,成为引发我国股市和房市泡沫的重要因素。

(3) 偿债能力。国际间接投资要考虑到投资的回收问题,特别是国际中长期信贷,债权难以转让,债务人的偿债能力是债权回收的重要保证。因此,偿债能力就成为国际间接投资的影响因素之一。由于各国经济发展阶段、战略不同,偿债能力也各不相同。实施"出口创汇"战略的国家一般比实施"进口替代"战略的国家有更好的偿债能力,也就更容易吸引国际间接投资的流入。

(4) 风险性。国际间接投资中的证券投资,在投资组合时就要综合权衡收益和风险的因素。一般来说,发展中国家和新兴经济体的资本市场有效性差,具有较高的系统风险,但同时也有较高的投资回报。另外,政治风险、外汇管制风险和一国对国际间接投资的政策导向也是重要的风险因素。

10.1.2 国际间接融资概述

1. 国际间接融资的概念

国际间接融资是指通过金融中介(如银行、保险、基金、信托等)进行的国际间资金融通。金融中介一方面通过发行存单、保单、信托受益凭证等汇集资金,另一方面又通过贷款、投资有价证券等行为将资金转移到筹资者手中,以完成资金在盈余者和短缺者之间的合理配置。

国际间接融资的主要方式是国际信贷。包括政府信贷、国际金融机构信贷、国际商业银行信贷和各种贸易信贷融资。

2. 国际间接融资的特征

(1) 间接性。在国际间接融资中,资金需求者和资金原始提供者之间不发生直接借贷关系,而是由金融中介发挥桥梁作用。资金供应者和需求者都只是与金融中介(如银行)发生融资关系,由于金融中介的信誉卓著,并起到了担保作用,处于不同国家的资金供给者和需求者才会打消顾虑,有效地完成投资和融资。一般来说,国际间接融资的成本要小于国际直接融资。

(2) 相对集中性。国际间接融资通过金融中介进行,金融中介一般不是针对某个资金供应者与某个资金需求者之间一对一的对应性中介,而是分别进行集中性交易。在间接国际融资中,金融中介的这种集中性提高了融资效率,但是将风险聚集在了金融中介身上。为了规避风险,国际商业贷款的期限往往较短,或者要求提供相应的抵押和担保;而期限较长、金额较大的国际信贷则一般是政府贷款、国际组织贷款或者银团贷款。

(3) 融资信誉度较高。世界各国对金融机构的监管都比较严格,特别是具有贷款职能的存款类金融机构,尤其需要维持稳健和审慎经营的形象,从事国际间接融资的金融机构更是要受到出资国和受资国金融法规的双重监管。因此,国际间接融资的信誉度较高,融资的稳定性较强。

(4) 资金具有法定偿还义务。国际间接融资一般为信贷形式,采用债务契约,明确地规定借款本金、利率、期限、偿还方式、违约责任等法定义务。如果到期不能偿还,将给债务人带来严重的声誉影响甚至导致债务人破产清算,对资金使用者来说,是一种硬约束。

10.2 国际银团贷款

国际中长期贷款主要由跨国银行提供,包括中期贷款和长期贷款。中期贷款一般为1～5年;长期贷款一般为10～30年,有的长达50年。国际中长期贷款有以下特点:① 资金使用比较自由,不受银行的限制,有自由外汇贷款之称;② 资金供应充分,借贷手续简便,贷款金额较大;③ 是典型的商业贷款,利率由市场供求因素决定,与政府贷款、国际金融机构贷款相比,贷款利率较高,贷款期限较短。

国际中长期贷款的类型包括独家银行贷款(Sole Bank Loan)和银团贷款(Syndicated Loan)。独家银行贷款也称作双边中期贷款,每笔贷款金额为几千万美元,最多达到一亿美元,贷款期限为3～5年。银团贷款也称为辛迪加贷款,是指多家商业银行组成一个集团,由一家或几家商业银行牵头向借款人共同提供巨额资金的一种贷款方式。银团贷款金额巨大,一般在5亿～10亿美元,且专款专用,贷款的对象多为各国的政府机构(包括中央银行)或跨国公司。

10.2.1 国际银团贷款的特点

(1) 由于银团是由多家银行组成的协议组织,因此参加银团的银行数目根据项目大小可多可少,大型项目有几十家银行参加,小型项目有三至五家银行参加,项目的风险不是由一家银行承担,而是由各参加行按其提供贷款的份额分担风险。同时,银团可以保证大型项目的资金需求，通过组织银团还可加强国际银行间的交流，提高参加行的国际地位。

（2）对于借款人来说，采用国际银团贷款方式融资，只需要一次谈判借款条件，签订一个贷款协议，一次向国际银团成员银行报告其金融条件和信用要求。这对于借款人有很大的吸引力。

（3）国际银团贷款对于贷款人也有很多好处。银行贷款可以避免对单个借款人过多债权的风险，银行可以同时参与多个不同的国际银团贷款，面向更多的借款人，分散风险。

（4）国际银团贷款可以吸收较小的银行参与国际贷款批发销售市场。许多小银行本无力单独承担国际贷款，在大银行承担大部分信贷之后，再把部分信贷转售给小银行。

（5）银团贷款常常与项目融资相伴。银团贷款不是凭主办单位的资产与信誉作为发放贷款考虑的原则，而是根据为营建某一工程项目而组成的承办单位的资产状况及该项目完工后所创造出来的经济效益作为发放贷款考虑的原则，因为项目所创造的经济效益是偿还贷款的基础。

10.2.2 国际银团贷款的程序

（1）借款人慎重选择牵头银行。当借款人决定要用国际银团贷款方式筹资时，第一重要的工作就是选择牵头银行。一般情况下，不同的借款人有不同的选择习惯。有的借款人选择同自己关系密切的银行；有的借款人轮流挑选国际上一些大银行，以便和更多的国际银行建立关系；有的借款人邀请一些大银行投标，从中选择合适的牵头银行。如何确定牵头银行，要根据借款人的项目情况、信用要求和国际金融市场情况确定。

（2）借款人向牵头银行递交筹资委托书，同时附上有关文件（包括项目的批准证书、营业执照、合同、可行性研究报告等）。

（3）牵头银行回复借款人贷款承诺书。牵头银行与借款人进行初步谈判，当借款人的条件基本符合贷款要求时，银行要向借款人递交贷款承诺书和贷款合同的基本结构，提出在什么条件下可以为其组织银团贷款。

（4）组建银团。如果借款人原则上同意银行的贷款基本结构条款，即开始组织银团贷款的工作。首先，确定参加行名单，这些参加行必须经牵头行审查同意。其次，与有关参加行接触，简介项目的情况并征询意见。

（5）起草“项目概况”，并分发给各参加行。牵头行应根据借款人提供的有关资料进行认真的项目评估，写出评估报告并进行现金流量分析，在此基础上写出“项目概况”。“项目概况”的主要内容包括对项目的各当事人（包括主办人、承包商、管理公司、担保人等）分别做出分析、评估和说明。“项目概况”分别提供给各参加行研究，牵头行收到各参加行的承诺电传后，银团即宣告组成。

（6）准备有关文件，进行贷款合同的谈判。在银团基本组成后，牵头行要与借款人进行谈判。文件的起草工作由牵头行委托或聘请的律师进行。这些文件包括贷款合同、还款担保、抵押担保、超支担保（或备用信贷协议）、完工担保（或履约保证）、合同转让书（包括管理合同、销售合同、工程合同等），牵头行就这些文件逐项与借款人进行谈判。

（7）签约、发布“墓碑”广告。银团成员在贷款合同上共同签字，达成银团贷款协议后，可以在发行量比较大的国际性商业报刊上发布广告。由于篇幅较小、措辞严谨、形式严肃，所以又被称为“墓碑”广告。广告对借款人、牵头行和参加行来说都有正面的宣传作用。对于借款人来说，等于为工程做了一次促销广告，因为只有获利前景好的项目才能得到银团贷款的支持；对牵头行来说，银团贷款的成功一方面给它带来丰厚的收益，另一方面也是其信誉和能力的体现；对于参加行来说，能够参与到国际知名的银团贷款协议可以提高知名度。

（8）贷款监督和贷款偿还工作。银团贷款的签订只是贷款合同履行的第一步，银团贷款能否取得预期的收益还要看项目的完成情况和贷款的偿还情况。所以，在资金到位后，就要按照协议进行贷款的监督，确保资金的合理使用，保证款项得到偿还。

银团贷款的具体程序如图 10－1 所示。

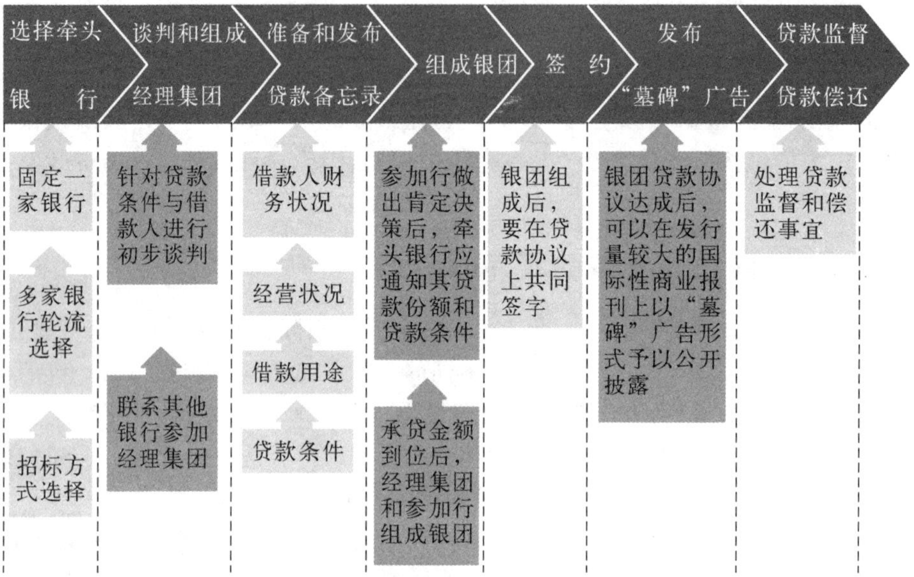

图 10－1　银团贷款程序

专栏 10－1　亚洲基础设施投资银行

亚洲基础设施投资银行（Asian Infrastructure Investment Bank，简称亚投行，AIIB）是一个政府间性质的亚洲区域多边开发机构。重点支持基础设施建设，成立宗旨是为了促进亚洲区域的建设互联互通化和经济一体化的进程，并且加强中国及其他亚洲国家和地区的合作，是首个由中国倡议设立的多边金融机构，总部设在北京，法定资本 1 000 亿美元。截至 2017 年 5 月 13 日，亚投行有 77 个正式成员国。

2013 年 10 月 2 日，习近平主席提出筹建倡议，2014 年 10 月 24 日，包括中国、印度、新加坡等在内 21 个首批意向创始成员国的财长和授权代表在北京签约，共同决定成立投行。2015 年 12 月 25 日，亚洲基础设施投资银行正式成立。2016 年 1 月 16 日至 18 日，亚投行开业仪式暨理事会和董事会成立大会在北京举行。

亚投行的治理结构分理事会、董事会、管理层三层。理事会是最高决策机构，每个成员在亚投行有正副理事各一名。董事会有 12 名董事，其中域内 9 名，域外 3 名。管理层由行长和 5 位副行长组成。

10.3 国际贸易融资

10.3.1 国际保理业务

1. 国际保理的概念

国际保理业务是一项集贸易融资、结算、代办会计处理、资信调查、账务管理和风险担保等于一体的综合性金融服务业务。这种新型的金融服务手段既能保证出口企业安全收汇，又能为进口企业提供买方信贷，在规避国际贸易风险、提高市场占有率等方面起着积极的作用。进出口贸易是国际保理业务的基石和生存土壤，2008 年我国保理业务量达到 550 亿欧元，比 2002 年增加 26.5 倍，成为全球保理业务最大的十个国家之一，世界排名第八，占全球交易量的 4.15%。但保理规模仍不及世界排名第一的英国的 1/3，也只有世界排名第四日本保理业务量的 1/2。

国际保理(Factoring)，是国际保付代理业务的简称，也称承购应收账款业务，是指提供赊销便利的出口商在货物装船后，将发票、汇票、提单等有关单据卖断给国际银行或专业保理公司(Factor)，立即收进全部或部分货款的国际金融业务。它既是一种可供选择的国际结算方式，又是一种短期的贸易融资方式。

国际保理业务可为出口企业提供如下服务：

(1) 信用销售控制(Credit Control)。保理商利用自身网络优势对进口商资信状况进行全面调查，并为出口商提供核定的信用销售额度，将坏账风险降到最低。

(2) 债款回收(Collection from Debtors)。债款回收是一项技术性、法律性较强的工作，保理商拥有专门的收债技术与知识，以此为出口商提供回收货款服务。

(3) 销售账户管理(Maintenance of the Sales Ledger)。出口商将应收账款及相关账目管理工作一并移交给保理商，比如记账、催收、清算、计息、收费统计报表、数据提示等，使其摆脱繁杂的会计工作，专心于进出口活动。

(4) 贸易融资(Trade Financing)。保理商提供贸易融资，手续方便，简单易行，基本上解决了出口商信用销售和在途占用短期资金问题。

(5) 坏账担保(Full Protection Against Bad Debts)。保理商为自己核准的应收账款提供 100%的坏账担保，有效地消除了因买方信用给出口商造成的坏账风险。但是对于因产品质量、服务水平、交货期等引起纠纷所致的坏账或呆账，保理商不予赔偿。

2. 国际保理业务流程

国际保理业务具体流程如图 10-2 所示。

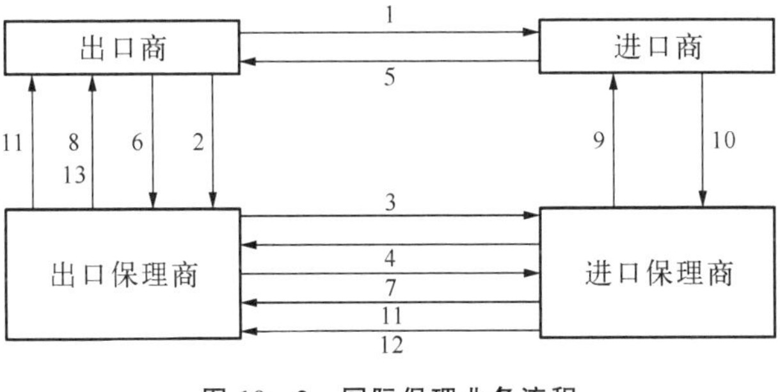

图 10-2 国际保理业务流程

具体运作步骤如下：

（1）出口商寻找有合作前途的进口商。

（2）出口商向出口保理商提出叙做保理的需求并要求为进口商核准信用额度。

（3）出口保理商要求进口保理商对进口商进行信用评估。

（4）如进口商信用良好，进口保理商将为其核准信用额度。

（5）如果进口商同意购买出口商的商品或服务，出口商开始供货，并将附有转让条款的发票寄送进口商。

（6）出口商将发票副本交出口保理商。

（7）出口保理商通知进口保理商有关发票详情。

（8）如出口商有融资需求，出口保理商付给出口商不超过发票金额 80％的融资款。

（9）进口保理商于发票到期日前若干天开始向进口商催收。

（10）进口商于发票到期日向进口保理商付款。

（11）进口保理商将款项付出口保理商。

（12）如果进口商在发票到期日 90 天后仍未付款，进口保理商做担保付款。

（13）出口保理商扣除融资本息及费用，将余额付给出口商。

3. 国际保理对出口商和进口商的益处

国际保理业务能为出口商和进口商带来增加营业额、风险保障、节约成本、简化手续、扩大利润等益处。具体影响见表 10－1 所示。

表 10－1　保理业务对进出口商的影响

益　处	对出口商	对进口商
增加营业额	对于新的或现有的客户提供更有竞争力的 O/A、D/A 付款条件，以拓展海外市场，增加营业额	利用 O/A、D/A 优惠付款条件，以有限的资本，购进更多货物，加快资金流动，扩大营业额
风险保障	进口商的信用风险转由保理商承担，出口商可以得到 100％的收汇保障	仅凭公司的信誉和良好的财务表现而获得进口商的信贷，无须抵押
节约成本	资信调查、账务管理和账款追收都由保理商负责，减轻业务负担，节约管理成本	省却了开立信用证和处理繁杂文件的费用
简化手续	免除了一般信用证交易的繁琐手续	在批准信用额度后，购买手续简化，进货快捷
扩大利润	由于出口额扩大，降低了管理成本，排除了信用风险和坏账损失，利润随之增加	由于加快了资金和货物的流动，生意更发达，从而增加了利润

专栏 10－2　中小企业需要保理业务

广州一家出口公司准备向巴西出口 25.5 万美元的全额化肥，由于风险相对较高，企业在出口前希望通过出口保理规避风险，遂与浦发银行合作办理保理业务。浦发银行首先审阅进出口合同、审核协议，确定应收账款转让的有效性，以及交易过程中权利义务关系；而后对进口商进行事前调查，客观分析进口商在当地市场上的资信情况，给出独立的专业意见，并核准保理承保额度。浦发银行在进口保理商承保范围内，向其预付了80%的货款。在应收账款尚未到期前，浦发银行已敏锐地意识到巴西遭遇严重旱灾、货币雷亚尔大幅升值，势必对农业及相关产业造成重创。经充分协商后，要求境外进口保理商启动催款程序，在应收账款到期后及时发出法律催收书函。由于进口商以各种站不住脚的托词企图拖延付款，浦发银行再次确认贸易合同签订完整、进出口双方权利义务明晰，且出口商履约情况良好，不存在瑕疵和争议，要求进口保理商按《保理商间协议》约定承担进口商坏账风险，按时赔付。最终，进口保理商在规定期限内按约赔付。

资料来源：贾丽平．商业银行应大力拓展国际保理业务．科技日报，2010-5-4。

10.3.2 出口信贷

10.3.2.1 出口信贷的概念

出口信贷是一种国际信贷方式，是一国为了支持和鼓励本国大型机械设备、工程项目的出口，加强国际竞争力，以向本国出口商或国外进口商提供利息补贴和信贷担保的优惠贷款方式，鼓励本国的银行对本国出口商或国外的进口商提供利率较低的贷款，以解决本国出口商资金周转的困难，或满足国外进口商对本国出口商支付货款需要的一种融资方式。

出口信贷多用于金额大、生产周期长的资本货物，主要包括机器、船舶、飞机、成套设备等。出口国官方机构、商业银行为支持本国出口向本国出口商提供的信贷不属于国际出口信贷范围。出口信贷在国际贸易中是垄断资本争夺市场、扩大出口的一种手段。

出口信贷的特点如下：

(1) 优惠利率。出口信贷的利率一般低于相同条件资金贷放的市场利率，由国家补贴利差。大型机械设备制造业在西方国家的经济中占有重要地位，其产品价值和交易金额都十分巨大。为了加强本国设备的竞争力，削弱竞争对手实力，许多国家的银行竞相以低于市场水平的利率对外国进口商或本国出口商提供中长期贷款支持，以扩大本国资本货物的国外销路，银行提供的低利率贷款与市场利率的差额由国家补贴。

(2) 与信贷保险相结合。中长期出口信贷偿还期限长、金额大，发放贷款的银行存在着较大的风险，为了减缓出口国银行的后顾之忧，保证其贷款资金的安全发放，国家一般设有信贷保险机构，对银行发放的中长期贷款给予担保。

(3) 由专门机构进行管理。一国提供的出口信贷，通常由商业银行发放，如果金额巨大、商业银行资金不足时，则由国家专设的出口信贷机构给予支持，或者对某种特定类型的出口信贷，直接由出口信贷机构承担发放的责任。出口信贷机构一般是国家政策性银行，如我国的进出口银行，它的作用是利用国家资金支持对外贸易中长期信贷，弥补私人商业银行资金的不足，改善本国的出口信贷条件，增强本国出口商夺取国外销售市场的力量。

10.3.2.2 出口信贷的主要形式

1. 卖方信贷

(1) 卖方信贷定义

卖方信贷是出口方银行向本国出口商提供的商业贷款。出口商(卖方)以此贷款为垫付资金，允许进口商（买方）赊购自己的产品和设备。出口商（卖方）一般将利息等资金成本费用计入出口货价中，将贷款成本转移给进口商（买方）。

（2）信贷方式

卖方信贷采取的是出口商向国外进口商提供的一种延期付款的信贷方式。一般做法是在签订出口合同后，进口方支付5%～10%的定金，在分批交货、验收和保证期满时再分期付给10%～15%的货款，其余的75%～85%的货款，则由出口商在设备制造或交货期间向出口方银行取得中、长期贷款，以便周转。在进口商按合同规定的延期付款时间付讫余款和利息时，出口商再向出口方银行偿还所借款项和应付的利息。所以，卖方信贷实际上是出口厂商由出口方银行取得中、长期贷款后，再向进口方提供的一种商业信用。

（3）卖方信贷的程序

① 出口商（卖方）以延期付款的方式与进口商（买方）签订贸易合同，出口大型机械设备。

② 出口商（卖方）向所在地的银行借款，签订贷款合同，以融通资金。

③ 进口商随同利息分期偿还出口商的货款后，出口商再偿还银行贷款。

具体流程如图10－3所示。

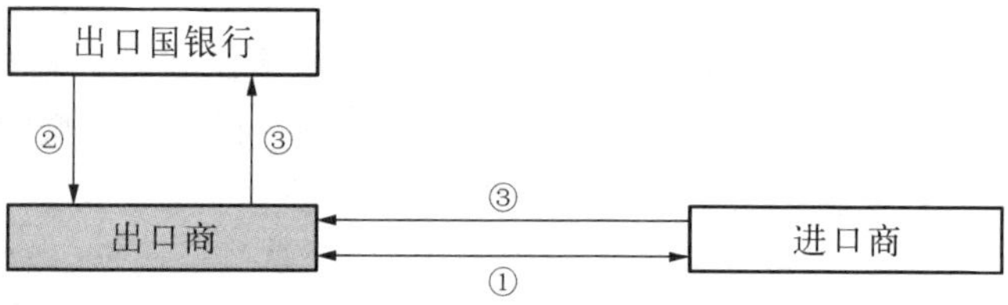

图10－3 卖方信贷流程

2. 买方信贷

（1）买方信贷定义

买方信贷是出口国政府支持出口方银行直接向进口商或进口方银行提供信贷支持，以供进口商购买技术和设备，并支付有关费用。买方信贷一般由出口国信用保险机构提供买方信贷保险。买方信贷主要有两种形式：一是出口方银行将贷款发放给进口方银行，再由进口方银行转贷给进口商；二是由出口方银行直接贷款给进口商，由进口方银行出具担保。贷款币种为美元或经银行同意的其他货币；贷款金额一般不超过贸易合同金额的80%～85%；贷款期限根据实际情况而定，一般不超过10年；贷款利率参照经济合作与发展组织（OECD）确定的利率水平而定。

（2）买方信贷方式

出口方银行直接向进口商提供贷款，而出口商与进口商所签订的成交合同中则规定为即期付款方式。出口方银行根据合同规定，凭出口商提供的交货单据，将货款付给出口商。同时记入进口商偿款账户内，然后由进口商按照与银行订立的交款时间，陆续将所借款项偿还出口方银行，并付给利息。所以，买方信贷实际上是一种银行信用。

（3）买方信贷的程序

贷款给进口商的买方信贷程序如下：

① 进口商与出口商签订贸易合同后，进口商先缴纳相当于货价15%的现汇定金。现汇定金在贸易合同生效日支付，也可在合同签订后的60天或90天支付。

② 从贸易合同签订起，至预付定金前，进口商再与出口商所在地的银行签订贷款协议，该协议以贸易合同为基础，若进口商不购买出口国设备，则进口商不能从出口商所在地银行取得此项贷款。

③ 进口商用借到的款项，以现汇付款形式向出口商支付货款。

④ 进口商对出口商所在地银行的欠款，按贷款协议的条件分期偿付。

具体流程如图 10－4 所示。

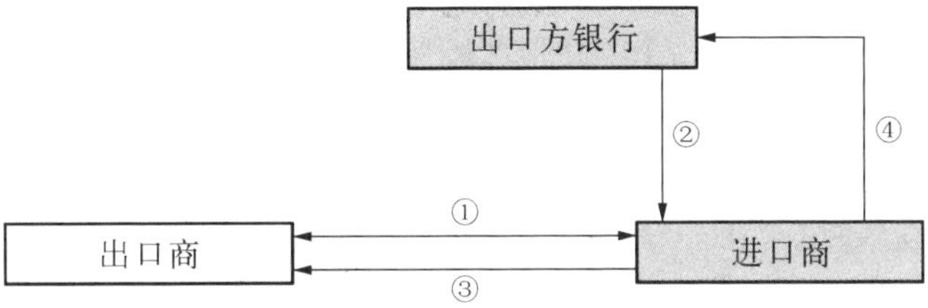

图 10－4 贷款给进口商的买方信贷流程

贷款给进口方银行的买方信贷程序如下：

① 进口商与出口商洽谈贸易，签订贸易合同后，买方先缴纳 15％的现汇定金。

② 签订合同至预付定金前，买方银行与卖方所在地的银行签订贷款协议，该协议虽以前述贸易合同为基础，但在法律上具有相对独立性。

③ 买方银行以其借得的款项，转贷予买方。

④ 买方以现汇向卖方支付货款。

⑤ 买方银行根据贷款协议分期向卖方所在地银行偿还贷款。

⑥ 买方与卖方银行间的债务按双方商定的办法在国内清偿结算。

具体流程如图 10－5 所示。

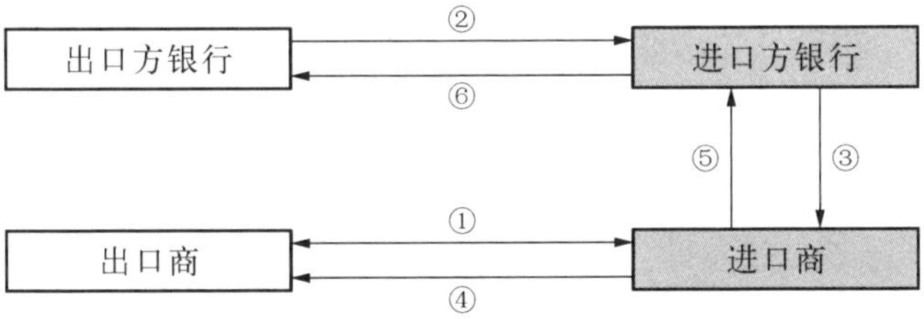

图 10－5 贷款给进口方银行的买方信贷流程

（4）买方信贷的贷款原则

① 接受买方信贷的进口商所得贷款仅限于向提供买方信贷国家的出口商或在该国注册的外国出口公司进行支付，不得用于第三国。

② 进口商利用买方信贷，仅限于进口资本货物，一般不能以贷款进口原料和消费品。

③ 提供买方信贷国家出口的资本货物限于本国制造，若该项货物系由多国部件组装，本国部件应占 50％以上。

④ 贷款只提供贸易合同金额的 85％，船舶为 80％，其余部分需支付现汇，贸易合同签订后，买方可先付 5％的定金，一般需付足 15％或 20％现汇后才能使用买方信贷。

⑤ 贷款均为分期偿还，一般规定半年还本付息一次，还款期限根据贷款协议的具体规定执行。

⑥ 还款总期限对发达国家为5年，中等发达国家为8年，发展中国家为10年。

(5) 买方信贷利率和利息计算方法

买方信贷一般低于市场利率，大致可分为以下几种类型：

① 经济合作与发展组织(OECD)国家的利率类型。一种是模式利率，它是由美元、英镑、法国法郎、德国马克和日元五种一篮子货币的政府债券利率加权平均而成的综合利率，目前已经停止使用；另一种是商业参考利率，它是经合组织国家各国的政府债券利率，是单一货币利率。

② 伦敦银行同业拆放利率(LIBOR)类型。此利率高于OECD类型。

③ 加拿大类型。一般高于OECD类型，低于LIBOR类型。

④ 美国类型。美国发放的买方信贷资金一部分由进出口银行提供，一部分由商业银行提供，前者收取的利率较低。

3. 混合信贷

混合信贷是出口方银行在发放卖方信贷或买方信贷的同时，从政府预算中提出一笔资金，作为政府贷款或给予部分赠款，连同卖方信贷或买方信贷一并发放。由于政府贷款收取的利率比一般出口信贷要低，这更有利于出口国设备的出口。混合信贷的形式大致有两种。

(1) 对某一项目的融资，同时提供一定比例的政府贷款(或赠款)和一定比例的买方信贷(或卖方信贷)。

(2) 对某一项目的融资，将一定比例的政府信贷(或赠款)和一定比例的买方信贷(或卖方信贷)混合在一起，然后根据赠予成分的比例计算出一个混合利率，如英国的ATP方式。

4. 福费廷

(1) 福费廷的概念

福费廷(Forfaiting)是指在延期付款的大型设备贸易中，出口商把经进口商承兑的、期限在半年以上到五六年的远期汇票，无追索权地售予出口商所在地的银行，提前取得现款的一种资金融通形式，它是出口信贷的一个类型。

(2) 福费廷业务的主要内容

① 出口商与进口商在洽谈设备、资本货物的贸易时，若要使用福费廷，应该先行与其所在地银行约定。

② 进出口商签订贸易合同言明使用福费廷，则由进口商提供担保。

③ 进出口商签订合同。

④ 出口商发运货物后，将全套货运单据通过银行的正常途径寄给进口商，以换取进口商银行承兑的附有银行担保的汇票。

⑤ 进口商将经银行承兑的汇票寄交出口商。

⑥ 出口商取得经进口方银行的附有银行担保的汇票后，按照事先的约定，出售给出口商银行办理贴现手续。

(3) 福费廷业务与一般贴现业务的区别

① 贴现业务中的票据有追索权，而福费廷业务中贴现的票据无追索权。

② 贴现业务中的票据一般为国内贸易和国际贸易往来中的票据，而福费廷票据则多是与出口大型设备相联系的有关票据，可包括数张等值的汇票(或期票)，每张票据的间隔时间一般为6个月。

③ 有的国家规定贴现业务中的票据要具备三个人的背书，但一般不需银行担保；而办理福费廷业务的票据，必须有第一流的银行担保。

④ 贴现业务的手续比较简单，而福费廷业务的手续则比较复杂。贴现的费用负担一般仅按当时市场利率收取贴现息，而办理福费廷业务的费用负担则较高，除按市场利率收取利息外，一般还要收取管理费、承担费、罚款等费用。

（4）福费廷业务与保理业务的区别

① 福费廷用于大型成套设备交易，金额大，付款期限长，多在较大的企业间进行；而保理业务用于一般商品的进出口贸易，金额不大，付款期在1年以下，通常在中小企业之间进行。

② 福费廷的票据要求进口商所在地的银行担保，而保理业务中的票据不要求担保。

③ 福费廷业务是经进出口双方协商确定的，而保理业务可由进口商或出口商单边决定。

④ 福费廷业务内容单一，主要用于大型成套设备的出口和结算，而保付代理业务内容比较综合，它包括多种金融服务项目。

（5）福费廷业务对进出口商的影响

福费廷对出口商来说，能提前融通资金，改善资产负债表，有利于其证券的发行和上市；可以加速其资金周转，使出口商不受汇率变化与债务人情况变化的影响；减少出口商信贷管理和票据托收费用并将风险转嫁给银行。

对进口商来说，办理福费廷业务虽然手续比较简单，但也有不利之处：一是福费廷业务的利息和所发生的费用要计算在货价之中，所以进口成本比较高；二是要有一流银行的担保，需要支付较高的担保费用。

图10－6为光大银行福费廷业务的流程。

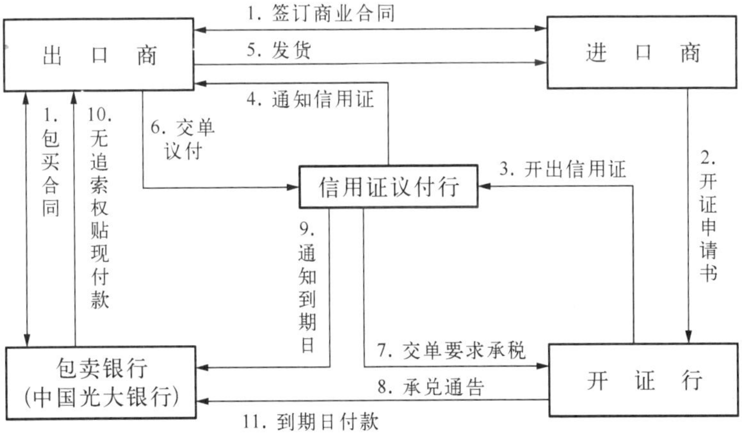

图10－6　光大银行福费廷业务流程

10.4　国际证券组合投资

10.4.1　国际证券投资主体——机构投资者

1. 机构投资者概述

从广义上讲，机构投资者是指用自有资金或者从分散的公众手中筹集资金专门进行投资活动的金融机构,包括商业银行、保险公司、投资公司、证券公司、基金等。从狭义上讲,机构投资者是指通过自己的经营活动从投资者手中筹集资金,代表小投资者管理他们的资产,在可接受的风险范围内,利用这些资产进行投资,以获得最大收益的金融机构,主要包括养老基金、保险公司和共同基金。

随着各国金融市场的融合和一体化进程加深,机构投资者也开始走出国门,进行国际性投资。机构投资者一方面希望通过多元化来分散风险,另一方面又希望通过对一些新兴市场的投资来增加收益,这就促使机构投资者在全球范围内配置收益和风险。机构投资者在国际市场上的投资促进了各国金融市场和国际金融市场的发展,但也给国际金融市场带来了风险。在金融市场开放后,机构投资者的进入或退出可能造成或加剧本国金融市场价格波动的风险。如果本国市场规模较小,流动性不充分,那么大规模外资的流入和流出会明显影响本国市场的价格走势,加剧市场的波动。此外,机构投资者主要从事短线投资,一旦投资国发生金融动荡,机构投资者会由于心理预期的变化和投资信心危机所造成的情绪变化而减持这些国家的资产,从而引发危机的传染。

2. 主要跨国机构投资者

机构投资者是国际金融市场上最重要的投资主体,既是金融资产的供应者,也是金融资产的需求者,其投资行为决定着市场的走势。在国际金融市场上活跃的机构投资者主要有商业银行、投资银行、保险公司、养老基金、投资基金、主权财富基金等。

(1) 商业银行

商业银行的证券投资是银行资产管理的重要部分。通过证券投资,银行可以熨平收入在经济周期各阶段的差异,因为贷款收入下降时,证券投资收入可能上升;通过持有高质量的证券,还可以抵消贷款组合的信用风险;由于贷款往往是地区性的,而证券通常在不同地区发行,所以证券投资可以使银行投资地区分散化;证券在银行需要资金时可以出售变现,还可以成为银行借入额外资金的抵押品,所以能够提高银行资金的流动性。各国对商业银行能否从事投资业务的规定并不一致,在实施全能银行制的国家如德国,银行的证券投资可以包括企业的普通股股票;日本允许银行和企业之间相互交叉持股,即日本的主银行制度,所以日本银行拥有大量的股权性投资资产;在美国,1999 年之前银行受制于《格拉斯—斯蒂格尔法案》,银行必须分业经营,所以只能投资于一定期限内支付固定利息的债券,1999 年的《金融服务现代化法案》取消了银行、证券和保险分业经营的限制,银行业可以投资于股票;而在中国,由于实行严格的分业经营、分业管理体制,因此商业银行不得投资于股票,只能持有法律许可的一些固定收益类债券,如国债和金融债。

(2) 投资银行

投资银行(Investment Banking, Corporate Finance)是主要从事证券发行、承销、交易、企业重组、兼并与收购、投资分析、风险投资、项目融资等业务的非银行金融机构,是资本市场上的主要金融中介。投资银行是国际金融市场上重要的机构投资者,外国债券、欧洲债券、资产支持类证券等都是由大型国际投资银行承销或发行的;同时,他们也广泛投资于证券市场上的多种金融工具。投资银行的资金主要有自有资金和资产管理,自有资金所占比重一般较小,大部分资金均来自受托管理的资产,即投资银行的资产管理业务。投资银行在二级市场中扮演着做市商、经纪商和交易商的三重角色。作为做市商,在证券承销结束之后,投资银行有义务为该证券创造一个流动性较强的二级市场,并维持市场价格的稳定。作为经纪商,投资银行代表买方或卖方,按照客户提出的价格代理进行交易。作为交易商,投资银行有自营买卖证券的需要，这是因为投资银行接受客户的委托，管理着大量的资产，必须要保证这些资产的保值与增值。此外，投资银行还在二级市场上进行无风险套利和风险套利等活动。

(3) 保险公司

保费收入和投资收益是保险公司的两大收入支柱。保险是管理风险的金融机构，保费是风险转移的价格，但由于保险业激烈的市场竞争，保费收入已经不够支付风险转移的成本。所以，如果没有保险投资，保险公司的经营就难以为继。从保险公司的发展来看，由于承保业务上的过度竞争，使得保险公司承保利润日益下滑，甚至出现承保亏损，因此保险投资就成为保险公司经营的生命线。保险基金已成为各国资本市场的重要资金来源。发达国家的保险基金不仅投向不动产、用于购买有价证券和发放贷款，还采用银行和信托存款的形式投资。有些国家为了更好地实施资金运用原则，还创设了保险资金安全运用保障服务系统。跨国投资一般能带来更大的收益，但同时也面临着新的金融风险，各国保险人都对全球的金融风险极为重视，对投资取向采取更为灵活的选择手段，投资结构也更为合理。

(4) 养老基金

养老基金(Pension Fund)是一种用于支付退休收入的基金，是社会保障基金的一部分。养老基金通过发行基金股份或受益凭证，募集社会上的养老保险资金，委托专业基金管理机构用于产业投资、证券投资或其他项目的投资，以实现保值增值的目的。

(5) 投资基金

投资基金一般由发起人设立，通过发行证券募集资金。基金的投资人不参与基金的管理和操作，只定期取得投资收益。基金管理人根据投资人的委托进行投资运作，收取管理费收入。在证券市场品种不断增多、交易复杂程度不断提高的背景下，普通人与专业人士比较，在经营业绩方面的差距越来越大。将个人不多的资金委托给专门的投资管理人集中运作，则可以实现投资分散化和降低风险的效果。投资基金的资金来源于公众、企业、团体和政府机构。居民个人投资，可以在基金募集发行时申请购买，也可以在二级市场上购买已挂牌上市的基金。

投资基金的投资领域可以是股票、债券，也可以是实业、期货等，而且对一家上市公司的投资额不得超过该基金总额的10%(这是中国的规定，各国都有类似的投资额限制)。这使得投资风险随着投资领域的分散而降低，所以它是介于储蓄和股票两者之间的一种投资方式。

按法律地位划分，投资基金可分为契约型基金和公司型基金。契约型基金，是根据一定的信托契约原理组建的代理投资制度。委托者、受托者和受益者三方订立契约，由经理机构(委托者)经营信托资产，银行或信托公司(受托者)保管信托资产，投资人(受益者)享有投资收益。公司型基金是按照股份公司方式运营的，投资者购买公司股票成为公司股东。公司型基金涉及四个当事人：投资公司，是公司型基金的主体；管理公司，为投资公司经营资产；保管公司，为投资公司保管资产，一般由银行或信托公司担任；承销公司，负责推销和回购公司股票。公司型基金分为封闭式和开放式两种。封闭式基金发行的股票数量不变，发行期满基金规模就封闭起来，不再增加或减少股份。开放式基金，也称为共同基金，其股票数量和基金规模不封闭，投资人可以随时根据需要向基金购买股票以实现投资，也可以回售股票以撤出投资。按资金募集方式和来源划分，投资基金可分为私募基金和公募基金。公募基金是以公开发行证券募集资金方式设立的资金，私募基金是以非公开发行方式募集资金所设立的基金。私募基金面向特定的投资群体，满足对投资有特殊期望的客户需求。私募基金的投资者主要是一些大的投资机构和一些富人，如美国索罗斯领导的量子基金的投资者，多为金融寡头和工业巨头，量子基金的投资者不足 100 人，每个投资者的投资额至少 100 万美元。

在投资基金中，对冲基金引人注目。对冲基金起源于 20 世纪 50 年代初的美国。20 世纪 90 年代，世界通货膨胀的威胁逐渐减小，同时金融工具日趋成熟和多样化，对冲基金进入了蓬勃发展的阶段。据英国《经济学人》的统计，从 1990 年到 2000 年，3 000 多个新的对冲基金在美国和英国出现。2002 年后，对冲基金的收益率有所下降，但对冲基金的规模依然不小，据英国《金融时报》2005 年 10 月 22 日报道，截至当时，全球对冲基金总资产额已经达到 1.1 万亿美元。

对冲基金(Hedge Fund)采用各种交易手段(如卖空、杠杆操作、程序交易、互换交易、套利交易、衍生品种等)进行对冲、换位、套期来赚取巨额利润。在最基本的对冲操作中，基金管理人在购入一种股票后，同时购入这种股票的一定价位和时效的看跌期权(Put Option)。看跌期权的效用在于当股票价位跌破期权限定的价格时，卖方期权的持有者可将手中持有的股票以期权限定的价格卖出，从而使股票跌价的风险得到对冲。在另一类对冲操作中，基金管理人首先选定某类行情看涨的行业，买进该行业中看好的几只优质股，同时以一定比率卖出该行业中较差的几只劣质股。如此组合的结果是，如该行业预期表现良好，优质股涨幅必然超过其他同行业的劣质股，买入优质股的收益将大于卖空劣质股而产生的损失；如果预期错误，此行业股票不涨反跌，那么劣质股跌幅必大于优质股，则卖空盘口所获利润必高于买入优质股下跌造成的损失。正因为采用如此的操作手段，早期的对冲基金可以说是一种基于避险保值的保守投资策略的基金管理形式。经过几十年的演变，对冲基金已失去其初始的风险对冲的内涵，Hedge Fund 的称谓亦徒有虚名。对冲基金已成为一种新的投资模式的代名词，即基于最新的投资理论和极其复杂的金融市场操作技巧，充分利用各种金融衍生产品的杠杆效用，承担高风险、追求高收益的投资模式。

(6) 主权财富基金

所谓主权财富(Sovereign Wealth)，与私人财富相对应，是指一国政府通过特定税收与预算分配、可再生自然资源收入和国际收支盈余等方式积累形成的，由政府控制与支配的，通常以外币形式持有的公共财富。传统上，主权财富的管理方式非常被动保守，对本国与国际金融市场的影响也非常有限。随着近年来主权财富得益于国际油价飙升和国际贸易扩张而急剧增加，其管理成为一个日趋重要的议题。国际上最新的发展趋势是成立主权财富基金(Sovereign Wealth Funds，SWFs)，并设立通常独立于央行和财政部的专业投资机构管理这些基金。

随着主权财富基金数量与规模的迅速增加，主权财富的投资管理风格也更趋主动活跃，其资产分布不再集中于 G7 定息债券类工具，而是着眼于包括股票和其他风险性资产在内的全球性多元化资产组合，甚至扩展到了外国房地产、私人股权投资、商品期货、对冲基金等非传统类投资类别。主权财富基金已成为国际金融市场一个日益活跃且重要的参与者。

表 10－2 列出了 2016 年末中国国际投资头寸

表 10－2　2016 年末中国国际投资头寸　　　　单位：亿美元

项　目	行　次	2016 年末
净头寸	**1**	**18 005**
资产	**2**	**64 666**
1. 直接投资	**3**	**13 172**
1.1　股权	**4**	10 650
1.2　关联企业债务	**5**	2 522
2. 证券投资	**6**	**3 651**
2.1　股权	**7**	2 149
2.2　债券	**8**	1 502
3. 金融衍生工具	**9**	**52**
4. 其他投资	**10**	**16 811**
4.1　其他股权	**11**	1
4.2　货币和存款	**12**	3 816
4.3　贷款	**13**	5 622
4.4　保险和养老金	**14**	123
4.5　贸易信贷	**15**	6 145
4.6　其他	**16**	1 105
5. 储备资产	**17**	**30 978**
5.1　货币黄金	**18**	679
5.2　特别提款权	**19**	97
5.3　在国际货币基金组织的储备头寸	**20**	96
5.4　外汇储备	**21**	30105
5.5　其他储备资产	**22**	2
负债	**23**	**46 660**
1. 直接投资	**24**	**28 659**
1.1　股权	**25**	26 543
1.2　关联企业债务	**26**	2 117
2. 证券投资	**27**	**8 086**
2.1　股权	**28**	5 927
2.2　债券	**29**	2 159
3. 金融衍生工具	**30**	**66**
4. 其他投资	**31**	**9 849**
4.1　其他股权	**32**	0

续表

项　目	行　次	2016 年末
4.2　货币和存款	**33**	3 156
4.3　贷款	**34**	3 236
4.4　保险和养老金	**35**	88
4.5　贸易信贷	**36**	2 883
4.6　其他	**37**	391
4.7　特别提款权	**38**	94

注：净头寸是指资产减负债，“+”表示净资产，“-”表示净负债。本表记数采用四舍五入原则。
数据来源：国家外汇管理局《2016 年中国国际收支报告》。

10.4.2　国际证券组合投资

1. 投资组合基本理论

现代投资组合理论最早是由美国著名经济学家哈里·马柯维茨于 1952 年提出的。1952 年 3 月，他在《金融杂志》上发表题为《资产组合选择——投资的有效分散化》一文，标志着现代投资组合理论的开端。现代投资组合理论主要由投资组合理论、资本资产定价模型、APT 模型、有效市场理论以及行为金融理论等部分组成。它们的发展极大地改变了过去主要依赖基本分析的传统投资管理实践，使现代投资管理日益朝着系统化、科学化、组合化的方向发展。

投资组合理论建立在对理性投资和行为特征的研究基础之上，认为风险厌恶和追求收益最大化是理性投资者最基本的行为特征。在金融市场上，交易主体追求的是收益最大化，但高收益意味着高风险，所以对风险的承受力直接制约人们对收益预期的定位。对于理性投资者来说，当预期收益相当时，他们总是选择风险较小的投资组合；而当两个投资组合的风险水平相近时，他们倾向于选择预期收益高的组合项目。

马柯维茨对风险和收益进行了量化，建立了“均值—方差”模型，均值代表预期收益率，而方差代表投资组合的风险，在一定条件下确定并求解投资决策过程中资金在投资对象上的最优分配比例。由于这一方法要求计算所有资产的协方差矩阵，因此严重制约了其在实践中的应用。1963 年，威廉·夏普提出了可以对协方差矩阵加以简化估计的单因素模型，极大地推动了投资组合理论的实际应用。20 世纪 60 年代，夏普、林特和莫森分别于 1964 年、1965 年和 1966 年提出了资本资产定价模型(CAPM)。该模型不仅提供了评价收益—风险相互转换特征的可运作框架，也为投资组合分析、基金绩效评价提供了重要的理论基础。1976 年针对 CAPM 模型所存在的不可检验性的缺陷，罗斯提出了一种替代性的资本资产定价模型，即 APT 模型。该模型直接导致了多指数投资组合分析方法在投资实践上的广泛应用。

2. 国际组合投资的风险和收益

根据证券投资组合理论，一般的投资者都是风险厌恶者，通过证券组合能在多大程度上降低风险取决于各证券收益变动之间的相关系数，各个证券收益之间相关程度越低，降低风险的效果就越好。在国内市场上，价格受相同的或类似的因素的影响，如货币供应量、利率、财政赤字和经济增长等，在同一交易所上市的国内股票的价格变动有较高的相关性，在国内市场上债券价格也有较高的相关性。如果各个国家资本市场的相关系数低于国内证券之间的相关系数，通过在外国资本市场上分散投资就为降低风险提供了新的机会。根据投资组合理论，一个证券组合的预期收益等于无风险收益加上风险溢价。在有效资本市场上，通过增加低风险的投资来降低投资组合的整体风险意味着要降低投资组合的预期收益。但通过国际分散投资来降低风险，并不一定会降低投资组合的预期收益。由于各国资本市场相关系数较低，国际组合投资不但能分散非系统风险，还可以降低部分系统风险。同时，国外经济的高速增长、汇率升值等都为境外投资者带来额外的盈利机会。

影响国际组合投资的因素如下：

(1) 投资于外国证券存在过高的信息成本和交易成本。

(2) 国外证券交易所的法规使海外投资成本太高，或者根本就不可能。在某些国家出于资本控制目的，禁止投资者向境外投资，在多数国家，对机构投资者持有的境外资产占总资产的比例有严格的限制。

(3) 对外国投资者持有国内证券的法律限制。

(4) 流动性风险。一是一些市场的交易量太小，难以从这类市场上抽出大量的资金；二是对外国投资的资本控制，即阻止将外国资产卖掉，将资金汇出。当严重经济危机发生时，政府就可能控制资本外流。

(5) 外汇风险。对于不熟悉外国资本市场的投资者，国外投资是高风险的。国外资产高风险的一个重要原因是外汇风险。在国际范围内组合投资，对于投资者来说，最后的收益大小不仅决定于按当地货币计算的收益率，而且受该外币与本币汇率变化的影响。在当今世界主要实行浮动汇率制的条件下，汇率不确定性常被认为是国际投资的一个潜在障碍。

3. 国际组合投资渠道

进行国际证券组合投资有多种途径，投资者可以根据自身的资金实力和风险偏好进行选择。

(1) 在外国市场直接购买外国证券

在不实施资本管制的国家和地区，投资者可以自由地选择在本国或国外市场购买股票和债券，进行组合投资。直接购买外国证券的好处是投资者可以完整地实现自己的投资策略，但有时这种方式会存在技术上的障碍，如跨境交易成本过高、存在信息壁垒、外汇兑换风险过大等。因此，对于个人投资者来说，直接购买外国证券并不是好的选择，但该种投资方式却受到机构投资者的青睐。

专栏 10-3 QFII

QFII(Qualified Foreign Institutional Investors)合格的境外机构投资者。

QFII 机制是指外国专业投资机构到境内投资的资格认定制度。作为一种过渡性制度安排，QFII 制度是在资本项目尚未完全开放的国家和地区实现有序、稳妥开放证券市场的特殊通道。包括韩国、中国台湾、印度和巴西等市场的经验表明，在货币未自由兑换时，QFII 不失为一种通过资本市场稳健引进外资的方式。在该制度下，QFII 将被允许把一定额度的外汇资金汇入并兑换为当地货币，通过严格监督管理的专门账户投资当地证券市场，包括股息及买卖价差等在内各种资本所得经审核后可转换为外汇汇出，实际上就是对外资有限度地开放本国的证券市场。

QFII是一国在货币没有实现完全可自由兑换、资本项目尚未开放的情况下，有限度地引进外资、开放资本市场的一项过渡性的制度。这种制度要求外国投资者若要进入一国证券市场，必须符合一定的条件，得到该国有关部门的审批通过后汇入一定额度的外汇资金，并转换为当地货币，通过严格监管的专门账户投资当地证券市场。

我国证券市场经过十多年的发展，整体规模、功能和效率大大提升，已经成为亚太地区最大同时也是最有活力的证券市场之一。应该说，现在引入QFII制度的时机已经成熟。另一方面，目前我国证券市场中的机构投资者比重远远低于境外成熟市场，这严重制约了我国证券市场功能的发挥。从这个角度来看，引入QFII相当迫切。在这种情况下，从2001年下半年开始，就陆续有专家建议我国政府尽快引入QFII制度。此后，有关管理部门成立了专门研究小组对此进行研究。2002年6月10日，中国证监会主席周小川在出席国际证监会组织(IOSCO)第27届年会时正式谈到QFII，并对此给予了很高评价。7月18日，深交所举办了"引进合格的境外机构投资者座谈会"。这次会议解决了许多QFII的技术问题，对我国引入QFII机制具有重要意义。11月5日，《合格境外机构投资者境内证券投资管理暂行办法》正式出台。

北京时间2003年7月9日上午10时17分，在著名的东方君悦大酒店浮碧厅，来自国内外的40多家媒体与瑞银高管共同见证了历史性的一刻：QFII第一单的指令此刻正式发出，10点19分左右，即指令发出的2分钟后，首单买入的四支股票全部确认成交，备受瞩目的QFII正式登上中国证券市场大舞台。

专栏10-4　RQFII

RQFII(RMB Qualified Foreign Institutional Investors)是指人民币合格境外投资者。

RQFII境外机构投资人可将批准额度内的外汇结汇投资于境内的证券市场。对RQFII放开股市投资，是侧面加速人民币的国际化。

2015年12月14日，中国人民银行与阿联酋中央银行14日签署了在阿联酋建立人民币清算安排的合作备忘录，并同意将人民币合格境外机构投资者(RQFII)试点地区扩大到阿联酋，投资额度为500亿元人民币。

专栏10-5　QDII

QDII(Qualified Domestic Institutional Investor)是指合格境内机构投资者，在人民币资本项下不可兑换、资本市场未开放条件下，在一国境内设立，经该国有关部门批准，有控制的允许境内机构投资境外资本市场的股票、债券等有价证券投资业务的一项制度安排。

设立该制度的直接目的是为了“进一步开放资本账户，以创造更多外汇需求，使人民币汇率更加平衡、更加市场化，并鼓励国内更多企业走出国门，从而减少贸易顺差和资本项目盈余”，直接表现为让国内投资者直接参与国外的市场，并获取全球市场收益。

QDII制度由中国香港政府部门最早提出，与CDR(预托证券)、QFII一样，将是在外汇管制下内地资本市场对外开放的权宜之计，以容许在资本账项目未完全开放的情况下，国内投资者对海外资本市场进行投资。

相对于高频交易来说，跨品种、跨市套利及对冲交易在期货市场算得上是一门古老的生意。经过十多年的实践，跨市套利策略方面已有一批中国投资者正确熟练掌握了套利技巧，由于具备全球化视野、资金容量大的特点，极大丰富了市场机会及交易手段，因此能取得稳定和持续的收益，但由于政策上的管控，此类投资一直没有合适的平台扩大其规模。

十八届三中全会报告中明确提出“适应经济全球化新形势，必须推动对内、对外开放相互促进、引进来和走出去更好结合”的发展思路，为国内金融市场的创新业务提供了源动力。2013年11月18日在招商基金、中信期货、中信证券国际(香港)的共同努力下，率先成立了首只QDII跨境套利专户，该产品支持全球套利、投机、对冲等多种交易方式。

(2) 购买本国市场上的外国证券

现在，很多公司的股票和债券都采取了海外发行的方式，这就为投资者在本国市场上购买外国证券提供了可能。目前，大多数公司海外发行采取存托凭证的方式，所以购买存托凭证成为国际投资组合的重要渠道。

存托凭证(Depository Receipts，DR)，又称存券收据或存股证，是指在一国证券市场流通的代表外国公司有价证券的可转让凭证，属公司融资业务范畴的金融衍生工具。存托凭证一般代表公司股票，但有时也代表债券。1927年，美国人J·P·摩根为了方便美国人投资英国的股票发明了存托凭证。以股票为例，存托凭证是这样产生的：某公司为使其股票在外国流通，就将一定数额的股票委托某家中间机构(通常为银行，称为保管银行或受托银行)保管，由保管银行通知外国的存托银行在当地发行代表该股份的存托凭证，之后存托凭证便开始在外国证券交易所或柜台市场交易。存托凭证的当事人，在国内有发行公司、保管机构，在国外有存托银行、证券承销商及投资人。从投资人的角度来说，存托凭证是由存托银行所签发的可转让股票凭证，其所有的权利与原股票持有人相同。

美国存托凭证一直是世界上最活跃的存托凭证产品。根据美国有关证券法律的规定，在美国上市的企业注册地必须在美国，注册地不在美国的企业，就只能采取存托凭证的方式进入美国资本市场。另外，美国的一些机构投资者如美国退休基金、保险公司等不允许购买外国股票，但是它们却可以购买在美国上市且向美国证管会登记的美国存托凭证。美国存托凭证由美国银行发行，每份包含美国以外国家一家企业交由国外托管人托管的若干股份，在美国市场进行买卖，交易程序与普通美国股票相同。美国存托凭证可在纽约股票交易所、美国股票交易所或纳斯达克交易所挂牌上市，外国企业必须向代为发行的银行提供财务资料。美国存托凭证不能消除相关企业股票的货币及经济风险。

(3) 投资共同基金

投资者可以通过购买投资于外国证券市场的共同基金来实现国际组合投资，这也是个人投资者最好的选择。投资于外国证券市场的共同基金可以分为五类：

① 全球基金。全球基金也称为世界基金，广泛投资于全球证券市场，包括美国等发达国家的证券市场和亚洲、拉美、欧洲的新兴市场。但全球基金并不一定意味着在全球范围内的广泛投资，可能会集中于几个证券市场。例如 Idex 全球股票基金将 20%的资产投资于美国，11%投资于英国，8%投资于法国，日本和德国各投资了 6%。

② 国际基金。国际基金也称为外国基金，广泛投资于除本国以外的其他国家的证券市场。国际基金和全球基金的差异在于是否对基金注册所在国市场进行投资。同全球基金一样，国际基金可以有各自不同的投资侧重点。例如，忠诚国际分散基金将其资产投资于 44 个不同的国家，而 Oakmark 国际中小市场基金则投资于世界上几个快速增长的市场：泰国、中国、中国香港和土耳其。

③ 区域基金。区域基金特定投资于世界上某一地理区域的证券市场。例如，区域基金可以集中投资于东南亚国家的证券市场。

④ 国家基金。国家基金在本国市场以外的单一国家进行投资，如中国基金、韩国基金、日本基金等。

⑤ 新兴市场基金。新兴市场基金是专门投资于新兴市场的基金，近年来发展迅速，受到投资者的青睐。

本章概要

国际间接投资是指以资本增值为目的、以取得利息或股息等为形式、以被投资国的证券为对象的跨国投资，即在国际债券市场上购买中长期债券，或在外国股票市场上购买企业股票的一种投资活动。国际间接投资者并不直接参与国外企业的经营管理活动，其投资活动主要通过国际资本市场（或国际金融证券市场）进行。国际间接投资也称为对外间接投资（Foreign Indirect Investment）。国际间接投资的影响因素包括利率、汇率、偿债能力和风险性。

国际间接融资是指通过金融中介（如银行、保险、基金、信托等）进行的国际间资金融通。金融中介一方面通过发行存单、保单、信托受益凭证等汇集资金，另一方面又通过贷款、投资有价证券等行为将资金转移到筹资者手中，以完成资金在盈余者和短缺者之间的合理配置。国际间接融资的主要方式是国际信贷，包括政府信贷、国际金融机构信贷、国际商业银行信贷和各种贸易信贷融资。

国际保理，是国际保付代理业务的简称，也称承购应收账款业务，是指提供赊销便利的出口商在货物装船后，将发票、汇票、提单等有关单据卖断给国际银行或专业保理公司，立即收进全部或部分货款的国际金融业务。它既是一种可供选择的国际结算方式，又是一种短期的贸易融资方式。国际保理可为出口企业提供如下服务：信用销售控制、债款回收、销售账户管理、贸易融资、坏账担保。

出口信贷是一种国际信贷方式，是一国为了支持和鼓励本国大型机械设备、工程项目的出口，加强国际竞争力，以向本国出口商或国外进口商提供利息补贴和信贷担保的优惠贷款方式，鼓励本国的银行对本国出口商或国外的进口商提供利率较低的贷款，以解决本国出口商资金周转的困难，或满足国外进口商对本国出口商支付货款需要的一种融资方式。出口信贷包括买方信贷、卖方信贷、混合贷款和福费廷等。

福费廷是指在延期付款的大型设备贸易中，出口商把经进口方银行承兑的、期限在半年以上到五六年的远期汇票，无追索权地售予出口商所在地的银行，提前取得现款的一种资金融通形式。它是出口信贷的一个类型。

广义的机构投资者是指用自有资金或者从分散的公众手中筹集资金专门进行投资活动的金融机构，包括商业银行、保险公司、投资公司、证券公司、基金等。从狭义上讲，机构投资者是指通过自己的经营活动从投资者手中筹集资金，代表小投资者管理他们的资产，在可接受的风险范围内，利用这些资产进行投资，以获得最大收益的金融机构，主要包括养老基金、保险公司和共同基金。机构投资者是国际金融市场上最重要的投资主体，既是金融资产的供应者，也是金融资产的需求者，其投资行为决定着市场的走势。在国际金融市场上活跃的机构投资者主要有商业银行、投资银行、保险公司、养老基金、投资基金、主权财富基金等。

关键术语

国际间接投资、国际间接融资、国际银团贷款、国际保理、卖方信贷、买方信贷、福费廷、机构投资者、投资银行、开放式基金、对冲基金、主权财富基金、国际组合投资、存托凭证

复习题

1. 对比分析国际直接投资与国际间接投资的区别。
2. 简述国际银团贷款的特点和程序。
3. 试分析我国中小企业如何运用保理业务提高资金利用率。
4. 简述买方信贷的程序及对进出口商的作用。
5. 对比分析福费廷业务和保理业务的异同。
6. 主权财富基金有哪些主要来源？我国的主权财富基金主要的投资对象是什么？
7. 简述国际组合投资的收益和风险。

参考文献

[1] 陈雨露. 国际金融. 北京：中国人民大学出版社，2005.
[2] [美]J. 奥林·戈莱比. 国际金融市场. 刘曼红，等，译. 北京：中国人民大学出版社，2001.
[3] 姜波克. 国际金融新编. 4版. 上海：复旦大学出版社，2008.
[4] 时秀梅. 国际金融理论与实务. 北京：国防工业出版社，2010.

［5］ ［美］托马斯·A.普格尔.国际金融.12版.北京：中国人民大学出版社，2005.
［6］ 王志乐.跨国公司中国报告.北京：中国经济出版社，2009.
［7］ 周建华.国际投资学概论.北京：清华大学出版社，2007.
［8］ 张学仁.国际融资理论与实务.西安：西北大学出版社，1997.
［9］ 张小蒂，王焕祥.国际投资与跨国公司.杭州：浙江大学出版社，2004.
［10］ 贾丽平.商业银行应大力拓展国际保理业务.科技日报，2010-5-4.
［11］ 熊军，高谦.金融危机对全球养老基金的影响.国际金融研究，2010(4)：54-59.
［12］ 刘大玉.主权财富基金的最新动向对我国养老基金发展的启示.湖北社会科学，2010(5)：76-79.
［13］ 张春霞，何宜庆.国际证券组合投资分析.山东科技大学学报(自然科学版)，2003，22(4)：106-109.

第 11 章　金融危机与金融危机的防范

随着经济发展水平的提高，经济逐渐呈现金融化的趋势。经济的金融化使得金融的核心地位日益显现，对与之相对的实体经济的渗透作用与日俱增。金融对外影响越来越大，国与国之间的金融联系较之实体经济联系更为紧密，相对金融带来的风险也越大，金融危机迭起已成为当代经济发展中的一大特征，如何预防和应对金融危机是亟待解决的问题。

11.1　金融危机

11.1.1　金融危机的概念

金融危机（Financial Crisis）是指国际金融领域所发生的剧烈动荡和混乱通过支付和金融操作，或通过金融恐慌心理迅速传导到相关的国家或地区，而使有关国家或地区的金融领域出现剧烈动荡和混乱，是信用危机、货币危机、银行危机、证券市场、债务危机和金融衍生产品市场危机等的总称。

金融危机导致人们对经济未来有着更加悲观的预期，整个区域内货币币值出现幅度较大的贬值，经济总量与经济规模出现较大的损失，经济增长受到打击。金融危机往往伴随着企业大量倒闭，失业率提高，社会普遍的经济萧条，甚至有些时候伴随着社会动荡或国家政治层面的动荡。从金融系统出现紊乱到实体经济全面衰退存在一系列的过程与环节，所有这些过程和环节的集合即为金融危机的传导机制。金融危机的传导，实际上是一个金融风险形成、积累、转化和扩散的过程，是一个从量变到质变的过程。这个转变过程，也就是相关的经济状态从均衡转向失衡，又从失衡走向均衡，然后进一步扩散的过程。

国际货币基金组织在 1998 年 5 月出版的《世界经济展望》中，将金融危机分为四种类型：① 货币危机，指对一国货币的投机导致该种货币贬值或迫使货币当局通过急剧提高利率或耗费大量储备以保卫货币汇率的情况。② 银行危机，指现实或潜在的银行挤兑或银行失败引发了银行停止偿还负债或者迫使政府通过提供大量援助或进行干预，以防止银行失败出现的情形。③ 外债危机，指一国不能按时偿还其对外债务，不管债务人是政府还是私人。④ 系统性金融危机，指对金融市场的严重破坏损害了市场有效发挥功能的能力，对实际经济造成巨大的负面影响。系统性金融危机中必然包含着货币危机、银行危机等，但货币危机、银行危机并不一定必然会引发系统性金融危机。

11.1.2 金融危机的传播效应

金融危机的传导有狭义和广义之分。一般认为，狭义的金融危机的传导主要是指接触性传导，是贸易和金融溢出效应的结果，即一国金融危机发生后，由于实体经济或金融方面的相互衔接，使得局部或全球性的冲击在国际传播。广义的金融危机的传导泛指一国金融危机的跨国传播与扩散，导致许多国家同时陷入金融危机。这可能是源于贸易金融关系密切的国家间所产生的接触性传导，是贸易和金融溢出效应的结果，也包括贸易金融关系并不密切的国家间的非接触性传导，这都是以资本的流动作为载体的。由于全球外汇市场和股票市场24小时不间断交易，金融市场全球化程度越高的国家和地区其接受和释放金融危机信号的速度就越快。因此金融危机一旦爆发，就会迅速通过一国金融市场传导到另一国金融市场，再向实体经济蔓延。金融危机有如下传播效应：

(1) 季风效应(Monsoonal Effect)。季风效应是指由于共同的冲击引起的危机传导。季风效应源于国内金融市场与国际金融市场的高度相关性，市场心理因素往往起主导作用，属于非接触性风险传导。当一国发生危机时，国际金融市场的系统性风险提高，无风险利率会上升，国际金融市场出现紧缩。它是由共同的冲击引起的危机传导，如主要工业国家实施的经济政策会对新兴市场国家的经济政策产生相似的作用和影响。

(2) 溢出效应(Spillovers)。溢出效应源于国际金融市场体系中各个子市场之间的高度相关性，实质经济因素往往起主要作用，属于接触性传导。溢出效应通常包括贸易溢出和金融溢出。由于一国与他国经济的联系主要是通过贸易和金融，因此贸易和金融成为金融危机传导的两个重要途径。当一国发生金融危机时，国际金融市场会提高对其他相似国家的风险溢价，索取更高的回报率，使得这类国家的融资成本上升，该国出口、外国直接投资和国际资本流入都会大幅减少。出口大幅度减少，使得以出口为导向的企业经营陷入困境，在金融溢出和贸易溢出的双重作用下，金融危机加快了从金融市场向实体经济蔓延的速度。

(3) 净传染效应(Pure Contagion)。净传染效应是指金融危机是由宏观基本面数据不能解释的原因所引起的。其主要涉及的是自我实现和多重均衡理论。在这一框架下，一国陷入危机后会引致另一国经济走向“不良均衡”，其特征是货币贬值，资产价格下降，资本外流和坏账增加。因此在经济危机发生时，这种均衡只有一种坏的结果，存款人由于恐慌心理而发生银行挤兑，最后冲击金融业。

(4) 羊群效应(Herd Behavior)。羊群效应是指经济个体的从众心理。信息不对称性以及收集和处理信息的高额费用是导致羊群效应的原因。由于缺乏足够的信息，投资者一般认为一个国家发生金融危机其他国家也会发生类似的危机。因此投资者更愿意根据其他投资者的决策来做出自己相应的决策，小投资者也往往跟随大的投资者做出决策。当金融危机发生时，大投资者减持或卖出资产或投资组合时，小投资者也会跟进减持和卖出，这就导致所谓的羊群效应。

11.1.3 金融危机的传导与扩散

金融危机主要可以分为货币危机、银行危机、资本市场危机和债务危机。随着金融危机的发展与传导，这些危机并不是独立的，而是相互交叉的。金融危机的传导过程可以分为两个层面：一个是危机在不同市场或不同领域之间的传导与扩散过程，另一个是危机在不同地理空间上的传导与扩散过程。具体如图 11-1 所示。

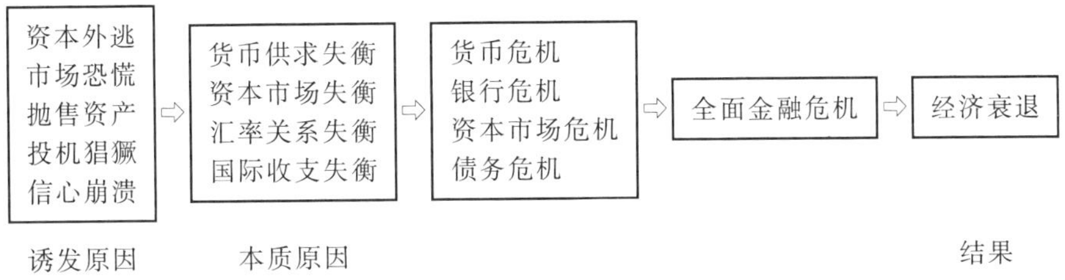

图 11-1　金融危机的传导与扩散

从金融危机的传导与扩散过程看，主要有两个载体：一是资本的流动，二是投资者信心的相互影响。货币危机与外债危机主要是依靠这两者实现传导的。资本市场危机，在各国资本市场相对独立的情况下，主要依靠投资者信心的丧失来传导危机。银行业危机在国内不同地区之间的传导能力很强，货币危机和债务危机的跨国度传导能力最强。

1. 以货币危机为先导的金融危机的传导与扩散

货币危机是实行固定汇率制的国家在非常被动的情况下，如在经济基本面恶化的情况下或者在遭遇强大的投机攻击的情况下，对本国的汇率制度进行调整，转而实行浮动汇率制，而由市场决定的汇率水平远远高于原先所刻意维护的官方汇率，汇率的变动幅度超出了一国可承受的范围。定值过高的汇率、经常项目巨额赤字、出口下降和经济活动放缓等都是发生货币危机的先兆。就实际运行来看，货币危机通常由泡沫经济破灭、银行呆坏账增多、国际收支严重失衡、外债过于庞大、财政危机、政治动荡、对政府的不信任等引发。在全球化时代，由于国民经济与国际经济的联系越来越密切，而汇率是这一联系的纽带，因此货币危机源于汇率的失真。由于国内出现严重的货币供求失衡、资金信贷失衡、资本市场失衡或者是国际收支失衡，致使国内出现严重的货币汇率高估，从而引发投机性攻击、投资者信心崩溃，导致资本外逃，这又加剧了本国货币汇率的狂跌和国际收支的失衡，最终引发了货币危机。货币危机通过传导与扩散机制，特别是信心危机的传导，造成货币供求、资金借贷和资本市场失衡的加剧，引发股市危机和银行业危机，从而形成全面的金融危机。

2. 以银行业危机为先导的金融危机的传导与扩散

银行危机是指银行过度涉足高风险行业，从而导致资产负债严重失衡，呆账负担过重而使资本运营呆滞而破产倒闭的危机。银行业是金融业的主体，在一国社会经济生活中具有非常重要的地位。引发银行危机的往往是商业银行的支付困难，即资产流动性缺乏，而不是资不抵债。银行危机具有多米诺骨牌效应，因为资产配置是商业银行等金融机构的主要经营业务，各金融机构之间因资产配置而形成复杂的债权债务联系，使得资产配置风险具有很强的传染性。一旦某个金融机构资产配置失误，不能保证正常的流动性头寸，则单个或局部的金融困难就会演变成全局性的金融动荡。银行业危机的影响之大也非一般行业危机可比，它可能会波及一国的社会、经济、政治等方方面面。银行业危机源于金融机构的内在脆弱性以及由此发生的各种风险——特别是由于过度信贷导致的大量的不良资产，当经济衰退或资金借贷严重失衡时，就出现信心危机和挤兑，从而引发危机。银行业危机爆发后，通过传导和扩散机制，即无力支付存款人存款，导致个人和企业的破产，最终引发资本市场危机和货币危机。

3. 以资本市场危机为先导的金融危机的传导与扩散

资本市场是十分敏感的市场。资本市场的失衡，除了市场内部原因之外还可能是因为实物经济和产业结构的失衡、经济增长速度的放慢或即将放慢、货币政策的调整、银行业危机、外汇市场危机和债务危机及它们所带来的信心危机而导致。当人们对于金融资产价格、整体经济的信心急剧丧失时，会在短时期内采取一致的行动，抛售各种资产特别是有价证券，导致资本市场危机的爆发。资本市场危机的爆发，使企业和个人遭受巨大损失，资金借贷和货币需求出现严重失衡。资本市场危机又通过传导和扩散机制，引发银行业危机和货币危机。

4. 以债务危机为先导的金融危机的传导与扩散

债务危机的爆发，源于资金信贷和国际收支的失衡。衡量一个国家的外债清偿能力有多个指标，其中最主要的是外债清偿率指标，即一个国家在一年中外债的还本付息额占当年或上一年出口收汇额的比率。一般情况下，这一指标应保持在 20%以下，超过 20%就说明外债负担过高。过度地利用外债，并且债务规模巨大、债务高度集中，容易导致支付能力的不足和国际收支的严重失衡，支付能力不足削弱了投资人的信心，造成资金外逃，引发外债危机。债务危机通过传导与扩散机制，可以引发货币危机、资本市场危机和银行业危机，从而形成全面的金融危机。

由上可见，金融危机在不同空间和市场之间的传导过程不是截然分开的，而是同步进行的，时间上相互交叉、传导上相互感染、空间上连锁反应，形成极为复杂的传导与扩散机制。通过这种机制，一步一步把金融危机推向极致，甚至引发严重的政治危机和社会动乱。因此，一次金融危机的发生，不仅仅是单一市场、单一链条的传导，而是通过传导机制，向多个领域、多个市场、多个国家蔓延。

11.1.4 金融危机国际传染的路径

现实经济的复杂性和理论研究的抽象性，使得人们对于金融危机国际传染的分析存在多维视角。从金融危机的影响出发，把金融危机国际传染分为波及传染和净传染。波及传染是指出现危机的国家恶化了另一个国家的宏观经济涉外变量，从而破坏了其原有的内外均衡，导致另一个国家的经济出现危机；净传染是指一个国家的金融危机诱发了另一个国家的金融危机。从国家间关系的性质出发，将金融危机国际传染分为接触传染和相似传染。接触传染是指通过直接的经济金融联系实现的传染；相似传染是指通过投机者行为实现的传染。源发国的危机迫使投机者纷纷调整自身的行为，重新评价相似国家的经济基础及政府的政策，调整资产结构进行自救，从而使得另一国染上危机。

金融危机国际传染的一般路径包括实体经济路径和金融路径。市场经济是金融与实体经济二位一体的开放经济。同时，市场经济本质上是一种开放经济，这在国家层面上表现为经济的国际化，而在全球经济层面上则表现为经济的全球化。经济的国际化会使一个国家的对外贸易对经济的拉动作用日益重要，甚至在某一时期起着决定性作用，尤其是实行出口导向发展战略的国家更是如此。因此，发端于一个国家的金融危机会通过实体经济路径和金融路径传染到其他国家，从而形成范围更为广泛的金融经济危机。

1. 实体经济路径

实体经济传染是指通过实体经济关联而达成的危机在国家间的传导和扩散。其具体形式有：

(1) 竞争对手型传染。如果危机发生国和非危机发生国的出口市场相同，互为竞争对手，则会发生竞争对手型传染。货币危机使危机发生国的货币大幅贬值，由此降低了其竞争国的出口竞争力，进而导致其宏观经济恶化。另外，因为竞争国可能采取竞争性贬值行动，从而诱发投机者对该国货币发起攻击。在通常情况下，一国与危机发生国的贸易联系越紧密，危机传染的概率就越大。由于发展中国家大多依靠廉价劳动力的优势发展对外贸易，而且发展中国家与发达国家存在互补性的贸易结构，所以，其产品销售市场多为发达国家。众多发展中国家往往出口竞争于同一发达国家的市场，而相互间的贸易往来不是很多。竞争对手型传染成为危机传染相对主要的渠道。

(2) 贸易伙伴型传染。一个国家的金融危机恶化了另一个与其贸易关系密切国家的国际收支以及经济基础运行状况，从而令其陷入金融危机，这被称为贸易伙伴型传染。贸易伙伴型传染有两个传导路径：一是直接的进出口贸易传染，指爆发金融危机的国家往往表现为本国货币大幅贬值，进口减少而出口增加，从而导致贸易伙伴国的贸易赤字增加、外汇储备减少，不但缺乏用于国际支付的手段，而且会成为投机者攻击的对象，最终成为危机国际传染的受害者。二是间接价格冲击传染，指一个国家金融危机导致的本币贬值使其贸易伙伴国的价格水平下降，同时促使贸易伙伴国居民进行货币替换，对本币的需求量减少，而要求兑换外币的数量增加，导致中央银行外汇储备减少，诱发货币危机，进而形成金融经济危机。

2. 金融路径

金融路径传染是指一个国家因宏观经济波动导致金融机构或金融市场缺乏流动性，进而导致另一个与其有着密切金融联系的国家的金融机构或金融市场缺乏流动性，从而导致该国爆发危机。或者虽然另一个国家与其没有密切联系，但基于预期而导致该国爆发危机。金融路径的具体传染渠道有：

(1) 金融机构渠道。金融机构不但具有高度的垄断性和内部关联性，而且是各国金融联系的重要纽带。当某金融机构在危机国利益受损后，为了达到资本充足率和保证金要求，或出于调整资产负债的需要，金融中介机构往往大幅收回给其他国家的贷款，并且没有能力给其他国家提供新的贷款。如果该国缺乏足够的国际储备，金融管理水平不高，就很难应付国际资本大规模流动造成的冲击，结果陷入危机。

(2) 资本市场渠道。在金融全球化的背景下，金融危机的传染还可通过资本市场渠道进行。因为当今资本市场是一个全球一体化的市场，极易发生波动。当机构投资者在一个市场上出现大量的资本损失时，往往会在其他市场上出售证券获取现金以便补充流动性；即使不遭受损失，也会基于风险和预期心理重新进行证券投资组合，以获得尽可能大的收益。这个组合会随着风险与预期的变化而相应调整。所以，一个市场的资产收益在一些投机者的冲击下发生变化，会导致其他市场证券组合的改变，从而把危机传染到该证券市场所在国。尤其重要的是，预期效应使得即使国家之间不存在直接的贸易、金融联系，金融危机也可能会传染。这是因为一个国家发生危机，投资者对另一些类似国家的市场预期也会发生变化，从而影响到投资者的信心与预期，在信息不充分、不对称的作用下而产生“羊群效应”，进而导致投机者对这些国家的货币冲击，最终染上金融危机。

专栏 11-1　银行业金融风险传染分析

银行业金融机构风险传染是指因交易对手、关联机构、金融市场等发生波动或不利变化而对机构个体及整个银行体系造成直接或间接的负面影响。风险传导渠道既可能是由特定银行业金融机构违约风险暴露导致交易对手直接损失或金融市场资产价格剧烈波动而使得其他银行业金融机构资产负债表受损，也可能是通过市场预期渠道或非理性心理恐慌渠道快速传染至整个银行体系。我们借鉴国际上常用的金融网络模型，以我国银行间同业业务信息为基础，动态模拟了银行间的传染性风险传导路径和影响。

一、金融网络模型

基于银行间同业数据信息，可以将金融网络模型作如下设定：网络节点为不同的银行机构，连接节点的线为银行机构间的同业资金往来。假设整个体系中有 n 家银行机构，它们之间的资金往来构成一个 $n\times n$ 的矩阵 M，称为同业资金矩阵。某时点银行间同业资金矩阵如下：

$$M=\begin{bmatrix} M_{1,1} & \cdots & M_{1,j} & \cdots & M_{1,n} \\ \vdots & & & & \vdots \\ M_{i,1} & \cdots & M_{i,j} & \cdots & M_{i,n} \\ \vdots & & & & \vdots \\ M_{n,1} & \cdots & M_{n,j} & \cdots & M_{n,n} \end{bmatrix}$$

式中，元素 M_{ij} 代表在某时点上银行机构 i 对银行机构 j 融出资金所形成的同业资产规模。同样，可以定义同业市场整体资产规模向量 $\bar{p}=(p_1,\cdots,p_n)$ 如下：

$$p_i=\sum_{j=1}^{n}M_{ij}$$

式中 p_i 是银行机构 i 对网络内所有银行机构融出资金所形成的同业资产规模。假设体系中银行机构 h 突然发生同业资金违约，那么与其有同业往来的银行 i 的资产负债为：$a_j+(p_i-\theta M_{ih})=(k_i-\theta M_{ih})+b_i$

式中，a_i 表示银行 j 的其他资产；k_i 表示银行 i 的资本净额；b_i 表示银行 i 的负债，为违约损失率。如果 i 银行的资本金在抵补损失后低于监管规定的最低资本要求，那么可认定 i 银行受到传染且也将发生同业违约。如果银行 h 违约将导致体系中 N 家银行受到传染，接下来进一步考虑 N 家银行同时违约带来的传染效应，步骤不断重复，直至没有新的银行违约，最终可求得 h 银行因同业违约将风险传染给体系中其他银行机构的影响。

二、我国银行网络稳定性分析

按照上述思路，选取 2014 年 12 月末我国银行体系内 28 家资产规模在 4 000 亿元以上的商业银行之间的同业资产负债数据，测算同业双边风险敞口。这 28 家银行包括 6 家大型商业银行、12 家股份制商业银行、6 家城市商业银行和 4 家农村商业银行。我们设定了两类不同的冲击情景，轻度冲击下违约损失率统一设定为 50%，重度冲击下违约损失率统一设定为 100%，并根据《商业银行资本管理办法（试行）》规定商业银行最低资本要求为 8.9%。轻度冲击下，28 家银行发生传染性风险的可能性较小。重度冲击下，28 家银行所构成的网络稳定性情况如下：

大型商业银行。当大型商业银行分别发出同业信用违约冲击时，平均将有5家银行受到传染，风险传染将平均延续2轮，平均消耗资本占28家银行总资本比例约为9%。从同业市场交易情况看，大型商业银行属于主要的资金融出方，对比而言其融入的同业资金规模一般不大，因而发生同业信用违约时所引发的传染性风险较小。但从被传染的角度看，大型银行中的邮政储蓄银行比较容易受到其他同业信用违约风险的传染，共有20家机构发生同业信用违约冲击都会传染到邮政储蓄银行，主要原因是邮政储蓄银行融出资金的同业对手方较多且资金规模较大。股份制商业银行分别发出同业信用违约冲击时，平均传染到的银行机构为12家，平均传染的轮数提高至3轮，平均损失的资本比例达24%。整体而言，股份制商业银行在同业市场上属于资金净融入方，一旦发生同业信用违约则传染范围较广。从具体资金流向上看，股份制商业银行的同业融入资金主要来源于大型商业银行和其他股份制商业银行，同业融出资金主要流向其他股份制商业银行和城市商业银行。

城市商业银行。城市商业银行同业信用违约的影响力和传染范围有限。单家城市商业银行发出同业信用违约冲击时，平均传染到的银行机构为4家，传染的延续轮数仅为1轮，平均资本损失比例约为7%。从样本银行的数据上分析，城市商业银行在同业市场上属于资金净融入方，主要同业融入资金来源于大型商业银行和股份制商业银行，融出资金的同业交易对手较分散，因此当城市商业银行发生同业违约冲击时不足以对其主要同业交易对手造成较大影响。

农村商业银行。农村商业银行的传染性风险较小，如分别发生同业信用违约冲击均不会引发对体系内其他银行的传染效应。整体而言，银行业金融机构的同业业务在经过发展规范后，增速趋于放缓，降低了同业信用违约风险传染的可能性，同时大多数商业银行通过发行优先股、二级资本债等方式进一步补充资本金，使得商业银行抵御传染性风险能力增强。按机构类型来看，绝大多数大型商业银行抵御传染性风险能力较强，股份制商业银行同业信用违约风险在银行网络中的传染性较强，而城市商业银行和农村商业银行违约风险影响较小，如图11-2所示。

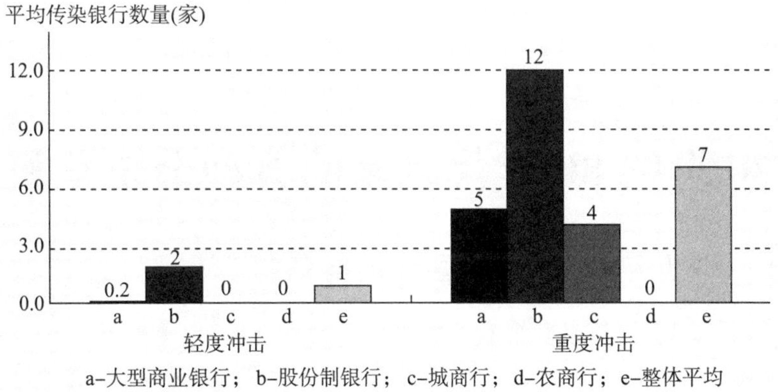

图11-2　传染性风险的分组情况

整体而言，银行业金融机构的同业业务在经过发展规范后，增速趋于放缓，降低了同业信用违约风险传染的可能性，同时大多数商业银行通过发行优先股、二级资本债等方式进一步补充资本金，使得商业银行抵御传染性风险能力增强。按机构类型来看，绝大多数大型商业银行抵御传染性风险能力较强，股份制商业银行同业信用违约风险在银行网络中的传染性较强，而城市商业银行和农村商业银行违约风险影响较小，如图 11－3 所示。

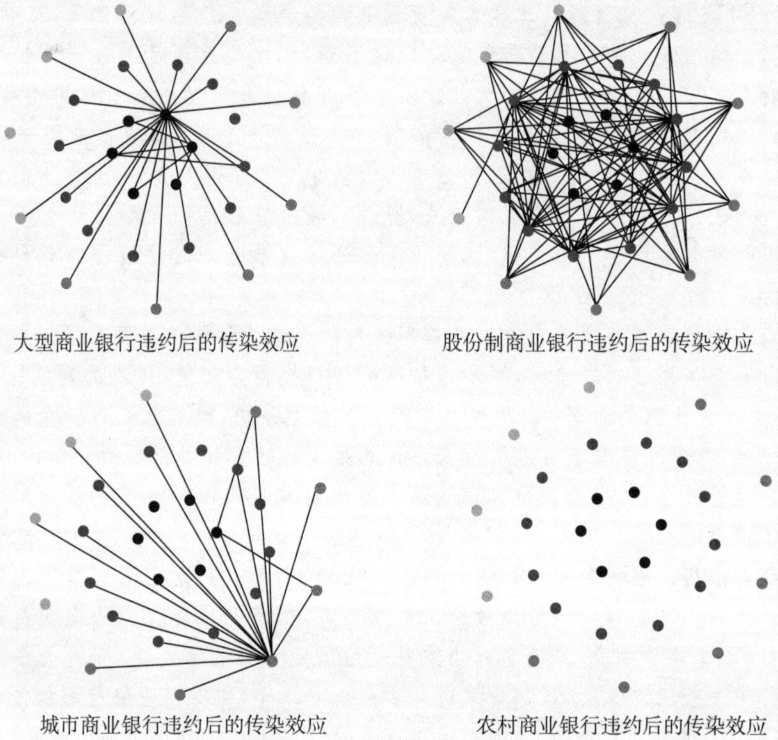

图 11－3　银行网络传染情况

注：(图中圆点代表银行，直线代表相连的银行已受到传染)

资料来源：中国人民银行《中国金融稳定报告 2015》。

11.2　20 世纪 80 年代以来的典型金融危机

11.2.1　20 世纪 80 年代的国际债务危机

1982 年 8 月 20 日，墨西哥政府宣布无力偿还到期外债，要求推迟 90 天，随后其他 42 个债务国都因无力偿还债务而要求推迟还债，由此引发了全球性的发展中国家的债务危机，主要集中在拉美地区。

1. 债务危机的原因

(1) 国际原因

第一，发展中国家债务问题的根源在于资本输出对于发展中国家的过度资源分割。通过直接投资，发达国家在发展中国家获取巨额利润。同时，发达国家利用自己在国际金融市场的垄断地位，向发展中国家提供大量私人贷款，进行高利盘剥。20 世纪 80 年代初，由于利率大幅度上升，发展中国家的债务负担突然加重，一年支付数百亿美元的利息，超过了其自身的支付能力。

第二，发展中国家债务问题的根源还在于现存的不公正的国际经济旧秩序。即在生产、贸易、技术和金融等各个领域，发展中国家仍然在很大程度上处于对发达国家的依附地位。生产上的单一经济、贸易上初级产品与工业制成品的巨额“剪刀差”、技术上的被垄断以及国际货币制度中的不利地位，这一切都迫使发展中国家经济长期落后，增长缓慢，而且使其负债累累。

第三，发展中国家债务问题与殖民主义统治遗留下来的问题有关。过去的殖民统治迫使发展中国家采取单一经营的出口结构，殖民地为其宗主国工业化过程提供很重要的农产品和矿产原料，这些国家独立后工业基础薄弱。为了满足本国的生产和消费，花费了大量的外汇进口必需的生活用品和资本货物。

(2) 国内原因

第一，债务国通过借债来实现工业化。多数发展中国家在发展初期，选择“进口替代”政策作为唯一可行的发展战略，进口替代的工业化通常只有以借外债来筹资才能实现，并且进口替代工业越发展，外债的增加就越快。到了 20 世纪 60 年代，一些拉美和东南亚国家又逐渐转向“出口导向”发展模式，试图制止债务膨胀。但是，由于 80 年代初世界经济危机和工业国家的保护主义，严重阻碍了发展中国家的产品进入国际市场，这些国家偿债之路依然艰难。

第二，债务国外债使用不当。借债规模与结构确定后，如何将其投入适当的部门，并能最大地发挥其使用效益，是偿还债务的最终保证。从长期来看，偿债能力取决于一国的经济增长率，短期内则取决于它的出口率。许多债务国在大量举债后，没有根据投资额、偿债期限、项目创汇率以及宏观经济发展速度和目标等因素综合考虑，制定出外债使用走向和偿债战略，不顾国家的财力、物力和人力等因素的限制，盲目从事大工程建设。在制定发展战略计划时，不是从国家基础和实力出发，而是片面追求高速度的经济增长。许多国家把外国贷款大量投放在耗资大、周期长和见效慢的大型项目上，并且大型发展项目主要依赖外国贷款来解决。庞大的投资计划超过国家财政的实际能力，因国内储蓄同投资之间的差额很大，只能依靠国际金融资源来解决，于是外债的增长速度超过了还债的承受能力。在拉美国家，由于财政和货币政策的失误，又导致大量资金外逃。

第三，债务国对借用外债缺乏管理和监测。外债管理需要国家对外部债务和资产实行技术和体制方面的管理，提高国际借款的收益，减少外债的风险，使风险和收益达到最圆满的结合。这种有效的管理是避免债务危机的关键所在，其管理的范围相当广泛，涉及外债的借、用、还各个环节，需要政府各部门进行政策协调。如果对借用外债管理混乱，多头举债，无节制地引进外资，往往会使债务规模处于失控状态、债务结构趋于非合理化，它妨碍了政府根据实际已经变化了的债务状况对政策进行及时调整，而政府一旦发现政策偏离计划目标过大时，偿债困难往往已经形成。主要表现在：① 缺乏对借用外债的宏观控制，借贷窗口开放过多；② 举借债务结构不当，官方优惠贷款比重下降，私人商业银行贷款比重上升；③ 对借债年期的长短安排不妥，出现还债高峰。

第四，外贸形势恶化，出口收入锐减。由于出口创汇能力决定了一国的偿债能力，一旦一国没有适应国际市场的变化，未能及时调整出口产品结构，其出口收入就会大幅减少，经常项目逆差就会扩大，从而严重影响其还本付息能力。同时巨额的经常项目逆差进一步造成了对外资的依赖，一旦国际投资者对债务国经济前景的信心大减，对其停止贷款或拒绝延期，债务危机就会爆发。

2. 债务调整和债务战略

整个 20 世纪 80 年代，发展中国家一直未摆脱缓慢债务危机的困扰，其外债从 1981 年年底的 700 多亿美元增加到 1989 年年底的近 1.3 万亿美元，发展中国家资金净流出超过 2 400 亿美元，其中拉美国家资金净流出约 1 800 亿美元，沉重的债务负担严重影响它们的经济发展和社会安定。若不及时减免，又将面临债务国可能单方面宣布停止偿债的局面。在 80 年代初发生第三世界债务危机以后，解决债务危机已成为重中之重。

(1) 贝克计划

1985 年 9 月，美国财政部部长詹姆斯·贝克在韩国首尔召开的 IMF 和世界银行第 40 届年会上提出了“美国关于发展中国家持续增长的计划”。主要是通过对债务国新增贷款、将原有债务的期限延长等措施来促进债务国的经济增长，同时要求债务国调整国内政策，这些措施被称为“贝克计划”。贝克计划的基本内容包括：① 主要债务国实行“综合、全面的宏观经济与结构政策”，以便降低通货膨胀并实现国际收支的平衡，从而恢复经济增长，提高偿债能力。② 在 IMF 的中心作用下，由多边发展银行和地区发展银行在今后三年内向 15 个主要债务国增加贷款，比当时的贷款水平增加 50%。此外，由 IMF 从它的“信托基金”中拨出 27 亿美元，专门提供给低收入的债务国，以支持它们的经济调整和偿债的需要。③ 私人银行在今后三年内向这 15 个债务国增加 200 亿美元的贷款。这样，在三年内，世界银行等多边银行和商业银行向 15 个主要债务国提供新贷款总额共为 290 亿美元。

经过美国政府的劝说和压力，西方工业国家政府和银行表示支持贝克计划。发展中国家也肯定了贝克计划的某些积极因素，它承认了发展中国家只有恢复经济增长，才有可能解决债务问题。贝克计划较之紧缩方案前进了一步，但贝克计划没有指明美国政府对这项计划将承担什么义务，世界银行和国际商业银行增加贷款也是有条件的。最终，贝克计划虽对缓解债务危机有所帮助，但未能从根本上解决问题。

(2) 债券换债务计划

贝克计划没有达到预期的效果，西方债权者的国际债务战略需要新的突破。1987 年底，美国提出了以债券交换债务为主要内容、旨在缓解墨西哥等债务国债务危机的新计划。这一计划于 1988 年在墨西哥实施，取得了一定的效果。根据这一计划，墨西哥政府将用 20 亿美元现金购买美国财政部发行的为期 20 年的特别无息票债券，这些债券的本金和累积的利息将在 20 年到期时一次付清。也就是说，现在用 20 亿美元所买到的美国财政部债券，按年利约 8.4%计算，20 年期满后，本息总额将达 100 亿美元。墨西哥政府将以上述美国财政部债券作担保，发行 100 亿美元、为期也是 20 年的债券。这些墨西哥政府债券将在卢森堡证券交易所向国际债权银行出售，债权银行特别是美国的商业银行以 50%的折扣换取墨西哥的新债券。100 亿美元的新债券换回 200 亿美元的旧债务。债券换债务计划若完全付诸实施，将会较大幅度地减轻墨西哥的债务负担。

尽管这一计划未能如愿以偿，但从解决债务问题角度来看，有一定的积极意义，它是减免第三世界债务的一次新的尝试。

(3) 布雷迪计划

1989 年 3 月，美国财政部部长布雷迪公布了“布雷迪计划”，其核心内容是：鼓励商业银行取消债务国部分债务；要求国际金融机构继续向债务国提供新贷款，以促进债务国的经济发展；提高还债能力。同以往方案相比，布雷迪计划把解决外债的重点放在债务本息的减免上，而不是放在借新债还旧债的方式上。这一计划改变了美国过去坚持逼债的僵硬立场，意味着美国的债务政策出现了一个重大转折，严峻的现实迫使美国政府开始承认减免债务是解决债务问题的必由之路。尽管这一计划有可能导致民间银行削减贷款，但比过去向前走了一步，给缓解债务危机提供了一个突破口。

到1997年，发展中国家被要求偿还的贷款高达8 675亿美元，约有3 460亿美元将无法按期偿还，这个数字几乎相当于世界六大商业银行资本的总和。发展中国家的外债总额不仅将大大增加，而且无法按期偿还的贷款额也将大幅度增加。由于近年来债务危机的加剧，使许多发展中国家新的贷款大幅度减少。由于债务国借不到更多的新债而难以偿还旧债，国际上许多银行因而陷入严重的金融危机。这一形势如果继续发展下去，一旦债务国失去清偿债务的能力，不仅将严重阻碍本国经济发展和社会稳定，还将使债权国及有关银行遭受沉重的打击，并诱发国际金融市场的动荡。

由于发展中国家的债务危机涉及世界经济的方方面面，因此在许多国际金融和国际性会议上都把这个问题纳入重要议程，作为当前世界经济中迫切需要解决的问题之一。从现阶段来看，要逐步有效地解决负债国的债务难题，缓解债务危机，避免国际性金融危机的发生，一方面需要良好的国际经济秩序，另一方面需要西方发达国家以及国际金融机构采取有效措施，支持发展中国家的经济发展，如降低贷款利率、减少进口限制，提供必要的经济援助等。当然，许多发展中国家也需要加强自身的社会稳定，发展经济，稳定金融环境。总之，要从根本上解决这一问题，需要国际社会长期的努力。

11.2.2 20世纪90年代以来的几次主要金融危机

1. 1992年英镑危机

1992年9月，在欧洲货币市场上发生了一场自第二次世界大战以来最严重的货币危机。欧洲货币体系实质是一个固定的可调整的汇率制度。它的运行机制有两个基本要素：一是一篮子货币——欧洲货币单位；二是格子体系——汇率制度。欧洲货币单位是当时欧共体12个成员国货币共同组成的一篮子货币，各成员国货币在其中所占的比重大小是由它们各自的经济实力决定的。欧洲货币体系的汇率制度以欧洲货币单位为中心，让成员国的货币与欧洲货币单位挂钩，然后再通过欧洲货币单位使成员国的货币确定双边固定汇率。欧洲货币单位确定的本身就孕育着一定的矛盾，因为欧共体成员国的实力不是固定不变的，一旦变化到一定程度，就要求对各成员国货币的权数进行调整。当时德国经济实力因东西德统一而大大增强，由于德国马克对美元汇率升高，德国马克在欧洲货币单位中的相对份额也不断提高。因德国马克价值的变化，使得德国货币政策不仅能左右德国的宏观经济，而且对欧共体其他成员的宏观经济也会产生很大的影响。而英国和意大利经济则一直不景气，增长缓慢，失业增加，它们需要实行低利率政策，以降低企业借款成本，让企业增加投资，扩大就业，增加产量，并刺激居民消费以振作经济。但当时德国在东西德统一后，财政上出现了巨额赤字，政府担心由此引发通货膨胀，在通货膨胀率仅为3.5%的德国非但拒绝七国首脑会议要求其降息的要求，反而在1992年7月把贴现率升为8.75%。这样，过高的德国利息率引起了外汇市场出现抛售英镑、里拉而抢购马克的风潮，致使里拉和英镑汇率大跌，最终，由于索罗斯的介入，导致英镑狂跌，退出欧洲货币体系。

英镑危机的爆发在很大程度上反映了欧共体主要工业国家货币金融政策的不协调，要想减少金融危机的爆发，就需要加强国际货币金融政策的协调和配合。在这场金融危机中，德国在其经济实力不断增强、德国马克坚挺的情形下，不顾英、意两国经济一直不景气的情况，执意提高利率。在芬兰马克被迫与德国马克脱钩的情况下，还意识不到维持欧洲货币体系运行机制的迫切性，公然宣布其绝不会降低利息率，最终导致英镑危机的产生。在经济一体化、全球化的今天，尽管各国间各种经济矛盾日益加剧，但任何国家都不能一意孤行，各国只能在合作与协调中才能求得稳定的发展。世界正在朝着国际合作与政策协调的方向发展，这一趋势现在已经成为不可逆转的潮流。由此，各国采取协调的经济政策就会促进世界经济的发展，而各行其是，往往会产生不利的后果。

2. 1994 年墨西哥金融危机

20 世纪 80 年代末至 90 年代初，墨西哥进行了全面的市场化改革，大力推进贸易自由化、金融自由化和全面私有化。墨西哥市场化改革和经济状况被国际社会普遍看好，从而吸引大量外资涌入，外资也一度成为墨西哥经济发展的主要动力。大规模的资本流入增加了墨西哥的外汇储备，但同时也出现了严重的经常项目逆差问题。随着 1994 年美国 6 次加息，以美元计价的资金成本大幅上升，墨西哥的外债负担也骤然增加。由于外贸赤字的恶化，外国投资者信心动摇，在资本大量持续外流的压力下，1994 年 12 月 20 日墨西哥政府不得不宣布让新比索贬值 15.3%。然而这一措施在外国投资者中间引起了恐慌，致使资本大量外流。墨西哥政府在两天之内就损失了 40 亿～50 亿美元的外汇储备。到 1994 年 12 月 22 日，外汇储备几近枯竭，降到了少于一个月进口额的水平，最后墨西哥政府被迫宣布让新比索自由浮动，政府不再干预外汇市场。几天之内新比索下跌了 40%。在汇率急剧下挫的同时，墨西哥股票交易也崩溃了。危机给墨西哥带来了严重冲击，大批银行、企业因支付困难濒临倒闭，经济从 1995 年开始出现全面衰退，GDP 下降了 6.9%，失业率从 3.2%上升到 6.6%。墨西哥金融危机还对全球金融和经济产生了广泛影响，其中主要是拉美国家。

墨西哥金融危机爆发的原因主要有两方面：

第一，经常项目巨额逆差是爆发金融危机的根本原因。1994 年贸易自由化使墨西哥在加入北美自由贸易区后面临严重的贸易危机，进口大幅增加，外汇储备减少。当时墨西哥政府推行控制通货膨胀采取稳定汇率政策时间过长，使外国投资者觉得这是一种隐含的“汇率保障”，因而吸引了外资涌入。大规模的资本流入使得实际有效汇率上涨，出口竞争不利，推动了经常项目的进一步恶化。然而大部分外资主要用来增加消费，投资和外贸出口并未显著增长，这就使整个经济过分依赖外资。一旦外资流入减缓，外汇储备就大量减少。外国投资者一旦察觉到风险，便开始把资金撤回本国，由此触发了危机。同时由于金融自由化，为推动银行的信贷扩张，大规模的资本流入又使得基础货币大量投放，通货膨胀愈加严重。

第二，国内经济结构失衡是爆发金融危机的深层次原因。由于生产性投资不断下降，投机性投资膨胀，因此经济增长动力严重不足，经济泡沫现象严重。快速的私有化进程使国有资产大量流失，国家调控经济的能力和实力严重削弱，经济结构失衡问题突出，资金主要流向不动产、商业和金融市场，第三产业远远超前于第一产业和第二产业，产业发展极不平衡。

3. 1997 年东南亚金融危机

20 世纪 90 年代，东南亚各国都加快了市场化进程和对外开放，经济发展突飞猛进，吸引了大规模的外资流入。1996 年受美元升值和美国利率上调的影响，泰国经济形势发生转折性变化，贸易萎缩和外资流入减速，再加上国内金融市场动荡迭起和政治问题不断加剧，使市场信心下挫，外资开始大量撤离，股市连续下滑，在此形势下国际对冲基金组织了一场对泰铢的大规模攻击。泰国中央银行为维持泰铢汇率几乎耗尽外汇储备，最后不得不宣布放弃钉住汇率制，一时间泰国掀起抛售泰铢抢购美元的狂潮，泰铢急剧贬值，东南亚金融危机爆发。随后危机迅速蔓延到菲律宾、马来西亚、印度尼西亚以及韩国，造成这些国家的汇市和股市连续下挫，大批金融机构倒闭，失业增加，经济衰退。中国台湾、香港地区及其他东南亚国家也承受着巨大的金融市场压力。此后危机还蔓延到世界其他地区，并对全球经济造成了严重影响。

这次东南亚金融危机持续时间之长、危害之大、波及面之广，远远超过人们的预料。然而，危机的发生绝不是偶然的，它是一系列因素共同促成的必然结果。从外部原因看，是国际投资的巨大冲击以及由此引起的外资撤离。据统计，危机期间，撤离东南亚国家和地区的外资高达400亿美元。但是，这次东南亚金融危机的最根本原因还在于这些国家和地区内部经济的矛盾性。东南亚国家和地区是近20年来世界经济增长最快的地区之一，近年来在经济快速增长的同时也暴露出日益严重的问题。以出口为导向的劳动密集型工业发展的优势，随着劳动力成本的提高和市场竞争的加剧正在下降。一些主要工业部门生产力大量过剩，盈利能力急剧下降。同时由于缺乏新的主导产业群引导，大量资金转向投机性强的证券市场、房地产市场，形成金融、房地产泡沫。银行信贷成为企业筹资的主要渠道，由于缺乏完善的内控机制和金融监管机制，在泡沫经济破灭后银行产生了大量不良贷款，直接催化和深化了金融危机。另外，在美元对国际主要货币有较大升值的情况下，东南亚国家和地区的汇率未作调整，从而出现高估的现象，加剧了产品价格上涨和出口锐减。而货币贬值又导致了偿还外债的能力进一步下降，通货膨胀压力加剧，促使股市下跌。在开放条件尚不充分和应变能力不够强的情况下，过早地开放金融市场，加入国际金融一体化，当国际游资乘机兴风作浪时，一些东南亚国家和地区完全处于被动地位。另外，经济增长过分依赖外资，大量引进外资并导致外债加重。随着资本账户的开放，东南亚各国都形成了对国外银行的巨额外币债务，且偿债期短。而大规模期限短的银行外币借贷对应的是对国内企业按本币计价的中长期债权，国内银行没有对巨额外债进行期限转换，也没有对外汇风险进行规避。

4. 1998年俄罗斯金融危机

俄罗斯自1992年开始全面的经济转轨以后，一直陷于严重的经济危机中，通货膨胀、投资萎缩、生产下降。伴随“休克疗法”和私有化改革的推进和发展，受东南亚金融危机的影响，俄罗斯于1997年10月和1998年5月先后爆发了两次金融危机。危机首先反映在货币市场和证券市场上，占俄罗斯国债总额约1/3的外国资本大规模外逃，引起汇率下跌和股市大幅下挫，再贷款利率一度高达150%，股市、债市和汇市基本陷入停盘状态，银行无力应付居民提款，整个金融体系和经济运行几乎瘫痪。1998年8月政府决定让卢布自由浮动，金融危机全面爆发。金融危机造成卢布大幅贬值，大量企业和银行倒闭，通货膨胀加速上涨，经济活动开始衰退。俄罗斯金融危机还带动欧洲和中亚地区的股市、债市和汇市全面下挫。

俄罗斯金融危机爆发的原因主要有：一是俄罗斯自独立以来经济长期处于动荡和衰退的局面，导致财政入不敷出，为解决国家财政的困窘，俄政府不得不大量发放短期债券和对外大量借款，从而导致严重的债务危机。二是出口受阻和资本急剧外流导致国际收支恶化。从1994年到1997年，俄罗斯每年都保持着巨额贸易顺差和适度经常项目顺差。但1997年的亚洲金融危机使得全球石油价格与原材料价格下跌，俄罗斯的出口贸易受到沉重打击，从而造成俄罗斯外汇储备增长缓慢。1997年俄罗斯资本流出急剧加速，进一步恶化了国际收支，直接引发了金融危机的爆发。三是金融秩序混乱，政府不能制定和实施一个连贯的经济政策。不良资产比重过高，本币信誉低下。中央银行作为唯一的货币发行机关不具有超然独立地位，不能有效履行货币调控和金融监管的职责；企业相互间拖欠资金现象严重，金融犯罪活动猖獗，政局动荡，使金融形势更为恶化。

5. 2001年阿根廷金融危机

20世纪80年代，拉美国家经济曾陷入债务危机的困境，从1982—1992年拉美地区经济增长率仅为1.8%，大大低于世界平均水平。阿根廷进出口贸易在国民经济中占据重要地位，1989年以后阿根廷在对外贸易中推行了新自由主义政策，解除了许多进口限制，使得阿根廷外贸一直处于逆差状况，1999年国际收支经常项目逆差已达118亿美元，国际收支出现资本净流出现象，丧失了偿还外债的能力。同时，阿根廷自1989年起，就放开了对外资的限制，也没有外汇管制和信用证的限制，货币自由兑换，资本出入自由。阿根廷的固定汇率是货币局制度，阿根廷比索和美元以1∶1固定汇率挂钩，在具体操作上，其中央银行每发行一个比索，就要有一个美元的外汇储备做基础。相应的中央银行要无条件以固定汇率接受市场对美元的买卖要求。但是，比索钉住美元，导致了对比索的估计过高，扼杀了阿根廷的出口。1998年下半年，受国际金融形势动荡的影响，阿根廷经济形势恶化，进入了长达4年的经济衰退期。到2001年底由于受长期衰退困扰及金融和财政形势恶化的冲击，经济大幅下滑，最终陷入经济危机。经济危机引发金融市场恐慌，导致资本大规模外逃和银行挤兑。面对金融危机，政府被迫实行限制居民提款和限制资金外流等金融管制措施，进一步加剧了金融恐慌，引爆了蓄势已久的社会不满情绪与矛盾，全国各地发生大规模的社会骚乱、游行示威和流血事件。长期存在的各种政治矛盾激化，出现严重的政治混乱，在10多天内阿根廷更换了三位总统，国家陷入了以经济持续恶化、社会动荡不安和政治局面混乱为特征的全面危机中。

阿根廷危机爆发的原因也是多方面的。一是奉行经济自由化，大大削弱了政府的干预职能；同时，推行国企私有化，几乎将所有的国有企业都卖给私人，尤其是外国投资者，使国家丧失了管理与控制经济的重要手段。二是推行开放经济，对外资流入流出几乎不设任何限制。实行贸易自由化的同时，膨胀了贸易部门，加重了国民经济对国际市场的依赖。三是政府宏观调控政策的措施不当，没有根据形势的变化及时调整汇率；长期奉行负债发展战略，导致外债负担沉重。政府采取不恰当的财政政策，错失产业结构调整与升级的有利时机。

6. 2007年美国次贷危机

美国次贷危机又称次级房贷危机，是指一场发生在美国，因次级抵押贷款机构破产、投资基金被迫关闭、股市剧烈震荡引起的金融风暴。它致使全球主要金融市场出现流动性不足危机。美国次贷危机是从2006年春季开始逐步显现的，2007年8月开始席卷美国、欧盟和日本等世界主要金融市场，最后导致全球金融危机。

引起美国次级抵押贷款市场风暴的直接原因是美国的利率上升和住房市场的持续降温。次级抵押贷款是指一些贷款机构向信用程度较差和收入不高的借款人提供的贷款。利息上升，导致还款压力增大，使很多本来信用不好的用户感觉无力还款，因此出现违约的可能，对银行贷款的收回造成影响。美国次级抵押贷款市场通常采用固定利率和浮动利率相结合的还款方式，即购房者在购房后头几年以固定利率偿还贷款，其后以浮动利率偿还贷款。在2006年之前的五年里，由于美国住房市场持续繁荣，加上前几年美国利率水平较低，美国的次级抵押贷款市场迅速发展。随着美国住房市场的降温尤其是短期利率的提高，次级抵押贷款的还款利率也大幅上升，致使购房者的还贷负担大为加重。同时，住房市场的持续降温也使购房者出售住房或通过抵押住房进行再融资变得困难。这种局面直接导致大批次级抵押贷款的借款人不能按期偿还贷款，进而引发次贷危机。其本质是美国经济开始周期性下滑，货币政策出现调整，利率提升，房价暴跌，房产泡沫也随之破灭，整个链条便出现断裂，首先是低信用阶层的违约率大幅上升，从而引发了次贷危机，继而引发了国际金融危机。

7. 2010 年欧洲债务危机

受美国次贷危机的影响，欧洲部分经济体财政支出扩大，税收减少，财务状况持续恶化，这引发了市场对于主权债务违约的担忧，导致全球股市、汇市、债市以及大宗商品市场出现大幅波动，从而给全球经济复苏蒙上了阴影。

2009 年 1 月，由于经济衰退、财政状况恶化，希腊、葡萄牙及西班牙的信用评级相继被降低，从而引起了市场对欧洲主权债务偿还能力的担忧。2009 年 10 月，希腊政府宣布 2009 年政府赤字和公共债务占国内生产总值的比重将达到 12.7%和 113.0%，这再次加大了市场对于欧洲主权债务危机的恐慌。2009 年 12 月，惠誉、标准普尔和穆迪三大评级公司再次调低了希腊、葡萄牙以及西班牙的主权信用评级。欧盟的葡萄牙、爱尔兰、意大利、希腊、西班牙还被评为欧洲主权债务风险最大的五个国家。

2010 年 2 月底，在各方迟迟未能拿出解决希腊主权债务危机方案的情况下，标准普尔与穆迪几乎同时宣称，未来几个月可能会再次下调希腊的主权信用评级。4 月 27 日，标准普尔再次将希腊的长期国债信用评级降至 BB^{+}（垃圾级），并将葡萄牙长期信用评级下调至 A^{-}。金融市场对于欧元以及欧元区经济的信心又一次受到重挫。4 月 29 日，标准普尔将西班牙长期主权信用评级由 AA^{+} 调至 AA。欧洲主权债务危机出现进一步扩大的趋势。5 月 2 日，在经历了多轮艰苦复杂的谈判之后，欧盟与国际货币基金组织就援助希腊债务危机方案达成一致，双方决定在未来三年向希腊政府提供总额为 1 100 亿欧元的贷款，其中欧元区国家出资 800 亿欧元，国际货币基金组织出资 300 亿美元。5 月 3 日，欧洲中央银行也向希腊采取了援助措施，决定暂时无限期地取消希腊政府借贷的信用评级“门槛”。受此影响，金融市场出现企稳迹象。然而由于欧盟的救援计划还需要各国经过立法程序加以确认，救援所附加的条件也很可能引起各方势力的反对，因此它并未能完全平息投资者对于欧元区前景的担心。

此次欧洲主权债务危机主要是因部分成员国过度负债而造成的。这些成员国未能重视财政赤字扩大的风险，过度发债，最终造成了被动的局面。但从更深层次来看，这也与欧盟缺乏对各国财政政策的有效约束有关。欧元区有的成员国大幅举债，超出了《稳定与增长公约》的规定，从而导致上述问题的出现。此次欧洲主权债务危机也与西方国家政府支出过度膨胀有关。欧洲主权债务危机直接影响了欧元区经济的增长，给全球经济复苏带来了较大的不确定性。它造成全球股市、汇市和债市的大幅波动，尤其是在市场相对脆弱的时期，引发连锁反应，产生系统性风险。

11.2.3　金融危机爆发的原因及危害

通过对 20 世纪 90 年代以来爆发的几次主要金融危机的回顾可以发现，金融危机对一国金融、经济和社会发展造成的破坏程度愈来愈重，可以说是从货币危机开始，并逐步演化为金融危机，金融危机再扩展到经济领域，导致一国经济运行的混乱和经济发展的倒退。

金融危机甚至动摇一国政局，引起政党更替和人们对政府的信心危机。尽管每一次危机的爆发都有其各自的特征、原因和影响程度，但在其错综复杂的因素中也包含着诸多共同之处。随着经济全球化趋势的增强，现代的金融危机基本上表现为在国际经济失衡的条件下，国际资本在利益驱动下利用扭曲的国家货币体系导致区域性金融危机爆发，因而从本质上说，金融危机的性质和成因都发生了变化。

第一，固定汇率制与经常项目逆差往往是导致金融危机爆发的直接原因。在所有危机中，遭受国实行的都是钉住汇率制，这意味着在资本流入较强的时期，本国货币处于升值压力之下，这一方面造成出口竞争力下降，经常项目恶化，另一方面使货币当局面临国内通货膨胀的压力。经常项目逆差靠资本流入弥补，外汇储备的构成也主要依靠资本流入。在这种情况下，当资本流入减速或撤离时，外汇储备急剧减少，并无力维持钉住汇率和偿还外债，就会导致危机爆发。

第二，国内银行体系的脆弱性加剧了金融危机的影响。随着金融开放和放松管制，银行业务的扩展与资本市场的开放使得银行面临更大的风险。在利率上升和经济萧条的情况下，盲目贷款加大了银行和公司的脆弱性；同时，在汇率处于压力之下时，政府也陷入了困境，不管是用紧缩银根来维持汇率，还是使货币贬值，都无法直接或间接地阻止银行及其客户财务状况的继续恶化。

第三，过快推进金融自由化又无法应对金融风险导致金融危机爆发。许多新兴市场国家在金融自由化改革过程中，盲目开放资本账户，而国内又缺乏完善的金融监管体系和有效的危机防范机制，结果导致巨额的国际资本自由流动，这极易造成新兴市场国家的经济泡沫，形成虚假繁荣，其结果是严重误导这些国家的财政货币政策，使其金融的脆弱性不断加大，最终酿成金融危机。

第四，国际经济发展不平衡。在区域经济一体化和经济全球化的背景下，一个国家宏观政策的影响力可能是区域性的也可能是全球性的。从国际经济失衡导致金融危机的形成路径可以看出，国际经济失衡通过国际收支表现出来，国际收支失衡的调整又通过国际货币体系来进行，如果具备了完善和有效的国际货币体系，则完全可以避免国际经济强制性和破坏性调整，也就是说可以避免金融危机的发生，然而现实的国际货币体系是受到大国操纵的，因而国际经济失衡会被进一步扭曲和放大。

第五，金融监管机制滞后，金融创新过度掩盖了巨大风险。由于国际金融体系是以美国为主导的，而美国又无视一些国家多次提出的加强监管的建议，因此，整个国际层面也缺乏有效的金融监管。在监管滞后的整体氛围下，金融机构的贪婪性迅速膨胀。资产证券化所创造的金融衍生产品本来可以起到分散风险、提高银行等金融机构效率的作用，但是，资产证券化一旦过度，就加长了金融交易的链条，使美国金融衍生品越变越复杂，金融市场也就变得越来越缺乏透明度，以至于最后没有人关心这些金融产品真正的基础是什么，也不知道其中蕴含的巨大风险。

第六，国际热钱迅速流动。金融全球化让世界在享受全球化带来的红利的同时，也带来了相应的风险。由于金融自由化和经济全球化已发展到相当高的程度，当今世界各地都处在不同程度的金融开放之中，大笔“热钱”在全球各地迅速流动，各种令人眼花缭乱的金融衍生品将全球金融机构盘根错节地联系在一起，而美国等发达国家又占据着最为有利的地位。随着全球金融动荡的加剧，世界各国都不同程度地出现了流动性短缺、股市大跌、汇率震荡、出口下降、失业率上升等现象，全球金融市场和实体经济正面临严峻的考验。

专栏 11-2　存款保险制度的发展及在维护金融稳定中的作用

1933 年，面对大萧条时期的银行大面积倒闭，美国立法建立了存款保险制度。美国存款保险制度一经建立，便迅速稳定了公众信心，有效促进了美国银行业危机的逐步化解。此后 80 多年来，美国存款保险制度一直被认为是维护公众对银行体系信心的重要基础。在美国存款保险制度发挥重要作用并不断发展完善的同时，世界上也有越来越多的国家和地区先后建立了存款保险制度。

在 2008 年国际金融危机中，主要经济体应对金融危机的实践再次表明，建立一个有效的存款保险制度是增强公众信心、有效应对和化解金融危机、维护金融稳定的重要制度保障。美国作为本轮危机的发源地，其银行业受到严重冲击。自 2008 年初至 2014 年末，美国共有 510 多家银行业金融机构倒闭。面对危机，美国依靠其较为成熟的存款保险制度，主要运用收购与承接等市场化处置方式，及时化解和处置不同规模银行的倒闭风险，有效遏制了大量银行倒闭的风险向金融体系蔓延，公众信心和银行体系总体保持稳定。相比而言，欧洲国家存款保险机制不完善，并且缺乏对问题银行进行早期风险干预和及时处置的能力，只能事后对存款人进行被动偿付，应对危机和维护公众信心的能力明显不足。结果有关国家不得不通过政府直接救助和资产重组及国有化等措施处置风险，不仅损害了纳税人利益，也为后续的政策退出增加了难度，在一定程度上加剧了欧洲国家主权债务风险。

2009 年 6 月，在系统总结各国存款保险制度实践经验尤其是本轮国际金融危机中正反两方面经验教训的基础上，巴塞尔银行监管委员会和国际存款保险机构协会(IADI)联合发布《有效存款保险制度核心原则》(以下简称《核心原则》)。《核心原则》强调，应当在银行体系整体稳健的情况下尽快建立存款保险制度；存款保险制度在设计上应当遵循全面覆盖、充分保护绝大多数存款人、赋予必要职能、确保及时偿付、防范道德风险等原则；存款保险机制应当在问题银行的风险监测、风险控制、风险处置以及维护金融稳定等方面发挥重要作用。二十国集团(G20)领导人伦敦峰会《加强金融体系宣言》中也推动执行包括《核心原则》在内的国际金融标准。目前，《核心原则》已上升为主要的国际金融标准。

资料来源：中国人民银行《中国金融稳定报告 2015》。

11.3　金融危机理论模型

11.3.1　第一代货币危机理论

该理论认为货币危机是否爆发主要取决于一个国家的经济基本面，特别是财政赤字的货币化。假定政府为解决财政赤字而大量发行纸币，必然引起资本流出，央行为维持汇率稳定而无限制地抛出外汇储备，当外汇储备达到临界点时，会引致投机攻击。如果政府没有足够的外汇储备支持，就不得不放弃稳定的汇率制度。保罗·克鲁格曼在 1970 年所写的《国际危机模型》一文中提出了以上观点，国际货币基金组织的经济学家弗拉德教授和布朗大学的戈博教授也提出了相似的观点，因此这一模型又被称为“克鲁格曼—弗拉德—戈博模型”。该理论揭示了当一国经济的内部均衡与外部均衡发生冲突时，用来维持内部均衡的政策必然会导致外部均衡丧失，投机者的冲击将导致货币危机，从而使固定汇率无法维持。

设货币需求 M_d 不变，货币供给 M_s 由国内信贷差额和折合为本币的外汇储备 R 组成，货币乘数为 Y，则有：

$$M_d = M_s = YD + YR = Y(D + R)$$

上式可变成：$R = \frac{1}{Y} \times M_s - D$

图 11－4 说明在货币供给与货币需求保持平衡的条件下，即货币供给保持不变的条件下，国内信贷的增长将导致外汇储备的流失，其流失速度与信贷扩张速度保持一定比例。在一国货币需求处于相对稳定状态时，信用扩张将导致通胀压力，这会迫使该国居民通过对外投资、购买外国商品或直接持有外汇资产的形式抵御或转嫁这种压力，从而引起外汇储备的流失并使货币供应与货币需求重新达到平衡。当一国最初采取信用扩张政策时一般能够达到刺激经济增长的目的，这种政策效应通常会持续一段时间，这时该国经济增长的加快会吸引外资不断流入，一部分外资增加了该国的外汇储备，还有一部分外资被用于扩大进口，这实际上是一个信用膨胀的过程，因为央行以收购外汇形式投放的货币是基础货币，它在流通中将发挥乘数效应。当国内信贷扩张和外资流入这双重因素的信用膨胀持续一段时间后，会使该国出现泡沫经济和虚假繁荣，并越来越严重，导致该国的基本经济面不断恶化，经常项目收支发生逆转，经济衰退，最终使该国外汇储备匮乏。这一模型可以解释 20 世纪 80 年代初的危机、1998 年的俄罗斯危机、巴西危机和阿根廷危机等。

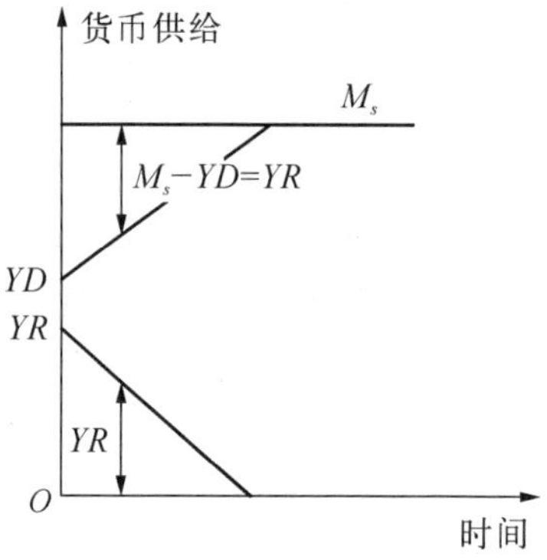

图 11－4　第一代货币危机模型

11.3.2　第二代货币危机理论

由于在 20 世纪 90 年代初的欧洲货币危机中，很多国家的经济基本面很好，但也受到了危机冲击，人们开始对第一代模型提出了质疑，因此 1996 年奥波斯特菲尔德又系统地提出了“第二代货币危机模型”，被称为“自我实现的货币危机理论”。该理论认为即使宏观经济基础没有进一步恶化，货币危机也有可能发生，其原因是预期贬值自我实现的结果。由于市场预期的突然改变，使人们普遍形成贬值预期，在羊群效应（Herding Behavior）和传染效应（Contagion Effect）的作用下，仍会出现货币危机。

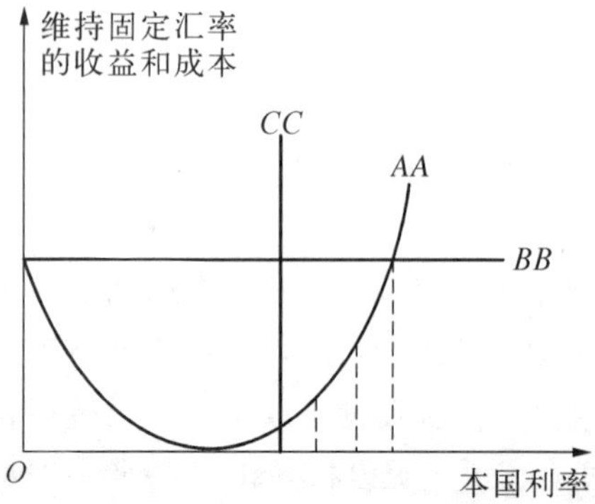

图 11－5　第二代货币危机模型

在图 11－5 中，曲线 AA 表示维持固定汇率的成本，它随利率的变化而变动；水平线 BB 表示维护固定汇率的收益，它为一个固定的数值；竖线 CC 表示外国利率，在这里假设外国利率水平不变。政府选择利率的区间是当利率高于 τ 时，维护固定汇率的成本将大于收益,政府将放弃固定汇率;当利率水平低于 τ 时,国际利差将不利于维护固定汇率。政府对是否维持固定汇率需要进行利益比较,投机者也会对是否冲击固定汇率做出利益比较。投机者冲击一国货币的方法通常是:在该国货币市场上借入该国货币,然后买入外币,持有外币资产,待该国货币贬值后再买回该国货币,归还借款。

第二代货币危机理论特别强调,货币危机的发生过程往往是政府与投机者之间相互博弈的过程。假设在汇率政策决策中政府所考虑的中心问题是维护固定汇率制度,而政府维护固定汇率制度的主要方法是提高利率。但运用利率政策来维护固定汇率制度必须符合两个条件:一是应使本国利率水平高于外国,以吸引外资流入,补充外汇储备;二是提高利率的成本应低于维持固定汇率的收益。提高利率会增加经济成本,一是如果政府债务存量较大,提高利率将加重政府的利息负担;二是提高利率将对经济产生紧缩效应,这可能会引起经济衰退和失业率上升,维护固定汇率的收益主要是信誉收益和稳定收益。

11.3.3 第三代货币危机理论

1997 年爆发的东南亚金融危机让人们再一次关注金融危机的发生。克鲁格曼认为,东南亚金融危机在传染的广度、深度、转移及国际收支平衡等方面与以往的货币危机均有显著的区别,原有的货币理论解释力不足,应有所突破。第三代货币危机理论由此产生。克鲁格曼认为,东南亚金融危机对于远在千里之外的国家经济都造成影响,因此多重均衡是存在的。在以往的货币危机理论中,模型的构造者将注意力放在投资行为上,并没有过多地关注实体经济,而单商品假定中又忽视了贸易和实际汇率变动的影响。因此,货币理论模型的中心应该讨论由于实际贬值或者是经济衰退所带来的经常账户逆转以及与之相对应的资本流动逆转的需求问题。他认为,这场货币危机的关键问题并不是银行,而在于企业,本币贬值、高利率以及销售的下降恶化了企业的资产负债表,削弱了企业财务状况。克鲁格曼在单商品的假定之下,建立了一个开放的小国经济模型,在这一模型中,增加了商品对进口商品的不完全替代性,分析了贸易及实际汇率变动的影响与效应。

克鲁格曼在第三代货币危机理论中还提出了金融过度(Financial Excess)的概念,这一概念主要是针对金融中介机构而言的。在金融机构无法进入国际市场时,过度的投资需求并没有导致大规模的过度投资,而是市场利率的升高。当金融机构可以自由进出国际金融市场时,金融中介机构的道德冒险会转化成证券金融资产和房地产的泡沫,这就是金融过度。金融过度加剧了一国金融体系的脆弱性,当外部条件合适时,将导致泡沫破裂,发生危机。亲缘政治的存在增加了金融过度的程度,这种国家表面上财政状况健康,实际上有大量的隐性赤字存在,政府对与政客们有裙带关系的银行、企业提供各种隐性担保,增加了金融中介机构和企业道德冒险的可能性,它们的不良资产就反映了政府的隐性财政赤字。

11.3.4 第四代货币危机理论:雏形

第四代货币危机理论是保罗·克鲁格曼和哈佛大学的 Aghion 在已有的三代成熟货币危机模型上建立起来的。该理论认为,如果本国企业部门的外债水平越高、资产负债表效应越大,经济出现危机的可能性就越大。其理论逻辑是企业持有大量外债导致国外的债权人会悲观地看待这个国家的经济,减少对该国企业的贷款,使其本币贬值,企业的财富下降,导致能够申请到的贷款减少,全社会投资规模下降,经济陷入萧条。从总量上来讲,一个国家的总投资水平就取决于国内企业的财富水平。

第四代危机模型尚有待完善。

专栏 11-3　美国储贷危机与存款保险的早期纠正职能

20 世纪 80 年代，美国放松利率管制，很多储贷机构高息揽存，从事高风险业务，最终导致了储贷危机的爆发。1980—1994 年，美国有近 3 000 家储贷机构和银行倒闭，资产损失约 9 240 亿美元，负责处置储贷机构风险的美国联邦储贷保险公司(FSLIC)耗尽保险基金并破产。储贷危机的一个深刻教训就是：存款保险制度设计必须注重防范道德风险，应对投保机构进行监督检查和风险约束，并能迅速处置经营不善的投保机构，将存款人和存款保险基金的损失降到最低。

吸取储贷危机的深刻教训，美国于 1991 年颁布了《联邦存款保险公司改进法》，对原有存款保险制度进行大幅改革：(1) 引入风险差别费率机制。对投保机构进行风险评级，对高风险机构实行高费率，反之实行低费率，防范道德风险。(2) 引入早期纠正机制。在投保机构经营出现问题，可能危及存款保险基金安全的情况下，对其分档次加以约束和强制性改进。(3) 强化对问题银行的风险处置。当投保机构资本充足水平低于 2%时，联邦存款保险公司就可强制接管并进行处置。此次改革明确了联邦存款保险公司“事前介入、事中接管、事后处置”的职能，使其能够及时防范和处置风险，实现“风险最小化”的政策目标。2013 年 3 月，国际存款保险机构协会发布指引文件指出，存款保险机制是银行倒闭时最大的利益相关方，赋予其对风险的早期发现和纠正职能，是存款保险制度有效运行的基础和前提，有利于进一步提升金融安全网的整体效能。

资料来源：中国人民银行《中国金融稳定报告 2015》。

11.4　金融危机的防范

11.4.1　金融危机的反思

金融危机的爆发既有国际因素影响，又有各国自身的原因，产生的后果也不尽相同，具体分析如下：

(1) 在资本流动比较开放自由的情况下，货币政策本身往往不够有效。因为高利率会吸引大量短期性资本的流入，助长通货膨胀。紧缩性的财政政策，如削减政府开支、补贴和政策性贷款对控制通货膨胀会更有效。用外资来资助消费是无法持久的，一旦外资流入速度减缓，外资不能被利用来提高国内生产率，实际汇率持续过高又损害了出口商品的竞争力，就会造成国际收支经常项目大量逆差，引发外资大规模恐慌性撤离。汇价的大幅度剧烈波动在所难免，最终不得不宣布货币自由浮动，给经济带来沉重打击。

(2) 贸易自由化不一定为发展中国家经济带来增长与繁荣。发展中国家在制定国际贸易中的经济政策时一定要谨慎，不要盲目地遵从新自由主义，因为事实证明，新自由主义经济政策的实质是为少数主导经济全球化的发达国家及国际垄断资产阶级的利益服务的，发展中国家不能盲目地采取新自由主义的经济政策，否则会成为发达国家和国际垄断资产阶级主导的经济全球化进程的牺牲品。

（3）全球经济一体化的推进和国际金融市场的发展都具有内在不稳定性。在金融全球化趋势中国际金融市场的内在不稳定性主要表现在：资金流动容易受到市场预期和信心变化影响而出现急剧的逆转，信息技术的进步使巨额资金可以在全球范围内迅捷地实现跨国界流动，国际风险投资基金和投资银行可动用的资金远远大于中小金融市场可承受的规模。金融危机的出现是对世界和各国的金融体系存在缺陷的反应，包括许多被认为是经过历史发展选择的比较成熟的金融体制和经济运行方式。

（4）一个具有强健流动性的金融市场必须是一个竞争性的市场。在这个市场上，众多的市场参与者通过供求数量信息和价格信息采取动态的风险管理办法做出交易决策，回避风险，取得收益；中央银行则按竞争的原则制定市场交易规则、维持市场纪律、纠正市场失衡。竞争性的市场必定要求打破市场封锁和分割，否则交易者将因市场分割无法顺利进行交易，或因交易成本太高而退出市场，使市场流动性减小。流动性充分的金融市场必须是市场参与者众多、市场分割最小、交易成本最低、竞争机制充分、基础设施完善的市场。完善的市场可以保证资金充分流动，有助于减小金融风险。

（5）有效、适度、合理地利用外资。国际游资只是国际短期资本流动的一部分，至于国际资本过量的、不合理的流入和利用，其责任不在于国际资本本身，而只能归咎于出现金融危机的国家国内金融经济政策和管理的失当。开放本国金融市场、实现金融市场自由化本来无可厚非，可是在开放本国国际金融市场的同时，国内银行金融业也要作相应的改革，特别要注重投融资制度、货币制度和汇率制度的改革，并制定完备的金融法规，规范和引导金融市场协调、有序、健康地发展。利用外资的目的是弥补国内资金不足，加速国内经济发展。

（6）面对资本流动性冲击要有相应的政策应对。近年来，世界金融秩序变成发达国家危机产生的主要原因。由于美元本位的国际货币体系，发达国家可以依靠发行货币来拯救金融市场和经济，而发展中国家不断受到宽松货币带来的全球流动性过剩的冲击，频频为危机埋单。如果发展中国家的弱势金融地位不改变，那么这种被动的格局就可能带来更大的风险甚至危机。

基于上述反思与分析，即金融危机生成机理的多因素性及其传导机制的多渠道性，我们认为，为了有效抵御金融危机的发生、传染，最大限度地降低危机带来的损失，金融危机的治理应当包括事前防范、事中控制及事后处理三个方面。

11.4.2　金融危机的管理

危机管理是管理中一个相对较新的领域。典型的主动危机管理活动包括预测潜在危机的发生和制订相应的应对计划。狭义的危机管理是指危机反应管理，即危机发生后政府的应对措施。有效的危机管理需要做到如下四个方面：

（1）转移或缩减危机的来源、范围和影响。

（2）提高危机初始管理的地位。危机初始管理是指对第一个危机征兆出现到危机开始造成损失这段时间采取措施以降低不利影响的活动。

（3）加强对危机冲击的管理。危机冲击是指危机事件对周围环境及当事人造成的冲击或影响的反应管理。

（4）完善修复管理，以能够迅速有效地减轻危机造成的损害。

防范与处置金融危机有三个基本的原则：一是维护金融安全原则，二是促进经济稳健增长原则，三是维护投资者利益原则。金融危机防范与处置法律制度的价值取向，应包括安全、秩序、公平。

11.4.3 金融危机的防范

1. 金融危机的事前防范

(1) 适度地限制国际资金流动。直接投资将会给东道国带来利益，但是短期资金的流动性很强，对利率、汇率等经济变量的变动十分敏感，因而对一国的经济又会带来冲击。因此，有必要在一定程度上加强对资金流动的管制。具体措施有：① 要防止虚假的外商直接投资进入，并对外商进入的行业进行选择，避免外商以直接投资的方式过多地占有一些产品的国内市场；② 可以对所有的短期资金的流入征税；③ 禁止非本国居民以本币进行投机或有可能转化为投机活动的融资活动。

(2) 加强金融监管。主要包括：① 完善资本市场体系。完善的资本市场有利于资本集聚、拓宽企业融资渠道，改善企业资产负债结构，提高金融体系效率。监管部门应加大对机构投资者、上市公司、券商的监管力度，严格禁止内幕交易和操纵股票市场等不正当行为。② 加强对银行体系的监管。从已有的经验看，大部分国家的金融体系危机都来源于银行危机。在道德风险的驱使下，银行容易过度承担风险，导致过度借贷等问题。因此，必须加大银行会计部门的透明度，以最大限度地解决信息不对称问题，减少呆账、坏账，提高银行资金的盈利性、安全性和流动性。

(3) 建立完善有效的金融危机指标体系。由于金融危机发生异常的不良反应，大都有1～2年的前置期，如果能够及时地发现异常反应并进行适度的调控，是可以防范或避免金融危机的发生的。相反，如果缺乏风险意识和防范措施，一旦问题出现时，有关国家就会显得无所适从。

2. 金融危机的事中控制

金融危机的事中实际上是指在金融危机爆发初期，其破坏性不大的时刻；或者说是在金融系统的预警指标还没有超过警戒线的时刻。此时如果能对金融风险的激化加以化解与控制的话，就会避免危机的发生。对于一些宏观经济指标风险(如通货膨胀风险、财政赤字风险、借贷风险等)，相关部门可以通过建立、完善监管体系，实施有效的货币政策、财政政策等宏观手段加以处理。对于一些金融机构微观经济指标风险(如资本充足率风险、备付金比例风险、营业费用率风险等)，一方面可以通过金融机构的内部控制，及时采取科学的风险管理方法进行具体化解；另一方面，政府可以通过及时筹集资金向发生支付危机的金融机构注入大量资金的方式，使其安全渡过支付危机。

3. 金融危机的事后处理

一些成功国家的经验表明，金融危机的事后处理离不开及时的财政资金援助、重组和整顿金融部门以及国际援助。

(1) 及时进行财政资金援助。事实证明，危机发生后，恢复信心是减小危机影响最关键的因素。

(2) 重组和整顿金融部门。危机发生后，国内的金融部门都受到一定程度的创伤，因此有必要采取措施及时将已有的金融机构进行重组，以注入新的活力。除银行与银行之间的合并外，银行与非银行金融机构也可以重组，这样可以扩大金融规模，增强竞争力。

(3) 加强国际援助。如前所述,金融危机具有很强的传染性,一旦一国遭受了金融危机,会很快地蔓延到其他国家,最终可能会导致全球性的金融危机。因而为了及时、有效地控制金融危机的蔓延,IMF 及其他国家中央银行的支持和合作是十分必要的。

专栏 11-4 美国次贷危机前后的金融监管框架

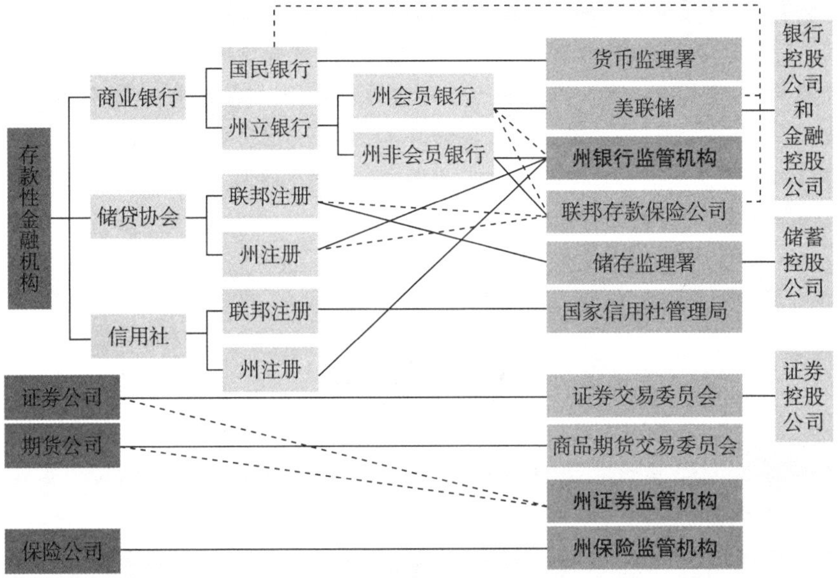

图 11-6 美国 2008 年危机前的金融监管框架(实线为主要监管机构,虚线为辅助监管机构)

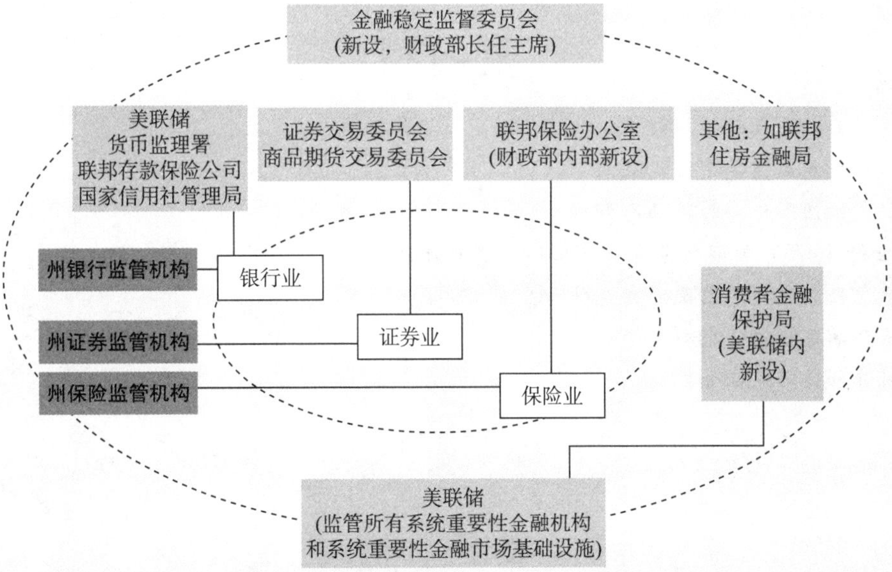

图 11-7 美国现行金融监管框架(图中加粗部分表示机构新设或其职能有调整)

资料来源:中国人民银行《中国金融稳定报告 2015》。

本章概要

随着经济全球化的发展，金融危机发生的频率越来越快。金融危机是指一个国家或几个国家与地区的全部或大部分金融指标的急剧、短暂和超周期的恶化。其中，短期利率、货币资产、证券、金融机构倒闭数等最为重要。金融危机能够引起货币贬值，带来经济萧条，促成普遍的悲观经济预期，其中任何一个指标的变化都足以中断正常的经济发展或促成经济的倒退。无论何种类型的金融危机，都拥有一个对经济最有杀伤力的武器，即国际传染。所以，现实经济生活中一个国家或地区的金融危机会迅速扩散到其他国家和地区，演变成为范围更大的金融危机。而且，随着传染的扩展，金融危机的破坏性也越来越大，往往从单纯的货币危机演化为经济危机，甚至影响政局的稳定，导致政治危机。

关键术语

金融危机、季风效应、溢出效应、净传染效应、羊群效应、国际债务危机、贝克计划、布雷迪计划、金融危机理论模型

复习题

1. 请分析金融危机的传播效应。
2. 金融危机是如何传导与扩散的？
3. 金融危机国际传染的路径有哪些？
4. 20 世纪 80 年代国际债务危机产生的原因是什么？是如何解决的？
5. 金融危机爆发的原因及危害是什么？
6. 简述金融危机理论模型。
7. 如何进行金融危机管理？

参考文献

[1] 陈学彬．当代金融危机的形成、扩散与防范机制研究．上海：上海财经大学出版社，2001.
[2] 徐琤．资本流动性冲击、金融危机与中国宏观经济波动．上海：上海社会科学院出版社，2010.

[3] 宗良.对国际游资冲击金融市场的若干思考.国际金融研究,1997(1):39-42.
[4] 陈炳才.对国际经济失衡和国内经济失衡的重新认识.金融研究,2007(5):26-31.
[5] 宋海燕.金融渠道的危机传染及其防范机理.南开经济研究,2003(4):59-64.
[6] 安辉.现代金融危机生成机理与国际传导机理研究.北京:经济科学出版社,2003.
[7] 黄晓龙.全球失衡、流动性过剩与货币危机——基于非均衡国际货币体系的分析视角.金融研究,2007(8):31-46.
[8] 王东.1997年国际债务危机进一步加剧,减缓危机还需国际社会共同努力.光明日报,1998-1-1.
[9] 雷薇.新兴市场国家的金融危机及其启示.国研报告,2005-9-9.
[10] 中国人民银行.中国货币政策执行报告(2010年第一季度).
[11] 吴恒煜,卢新华.货币危机传染理论研究.华东经济管理,2003,17(2):107-109.
[12] 王丹.从"贝克计划"到"布雷迪计划"——美国债务政策的新变化.武汉金融,1990(3):52-53.

第四篇

国际收支与内外均衡

第12章 国际收支

当今世界是一个极度开放的世界，各国之间的政治、经济、文化等方面的往来日益频繁，全球经济一体化已成趋势，各国都积极参与对外经济往来，国际经济关系错综复杂。国与国之间从事各种交易活动，不管是商品的输出输入、资金的借贷、跨国性的投资，还是非商业性交易，最终都是以国际收支体现出来的。国际收支已成为决定或影响一个国家国际储备、货币汇率与另一国家内外经济协调发展的一个重要因素。

12.1 国际收支

12.1.1 国际收支的概念

世界各国在经济、政治和文化等方面的交往中，必然产生债权和债务关系。各国之间的债权债务到期就要进行结算，从而导致货币的收支。国际收支反映的就是一个国家或地区在一定时期对外货币收支的综合状况，它是一定时期内一国居民与非居民间的所有交易的系统记录。因此，国际收支(Balance of Payments)界定为一国居民在一定时期内与非居民之间所进行的全部经济交易活动。

1. 居民与非居民的界定

(1) 凡是在某个国家(或地区)居住期满一年和一年以上的个人，不论其国籍如何，都是这个国家的居民。但外国的外交使节、驻外军事人员等除外。

(2) 凡是在一个国家领土上从事经营活动的企业，不管是公有还是私有，也不管是本国的还是外国的，或者是本国与外国合资、合作的，都是这个国家的居民。

(3) 一个企业的国外子公司是其所在国的居民，而是其母公司所在国的非居民。

(4) 一个国家坐落在别国领土上的使领馆、军事机构和其他的政府驻外机构，都是这个国家的居民。

(5) 国际性机构如联合国、国际货币基金组织、世界银行等不是某一个国家的居民，而是所有国家的非居民。

2. 经济交易的分类

根据转移的内容和方向不同，经济交易可以分为以下五类：

(1) 金融资产与商品和劳务之间的交换，即商品和劳务的买卖；

(2) 商品和劳务与商品和劳务之间的交换，即物物交换；

(3) 金融资产与金融资产之间的交换；

(4) 无偿的、单向的商品和劳务转移；

(5) 无偿的、单向的金融资产转移。

3. 国际收支的概念和特点

国际货币基金组织出版的《国际收支手册》第四版对国际收支是这样描述的：国际收支是特定时期内的一种统计报表，它反映：① 一国与他国之间的商品、劳务和收益等的交易行为；② 该国所持有的货币、黄金和特别提款权的变化以及与他国债权、债务关系的变化；③ 凡不需偿还的单方转移的项目和相对应的科目，会计上必须用来平衡的尚未抵消的交易，以及不易互相抵消的交易。

国际收支具有以下几个特点：

(1) 国际收支是一个流量概念。流量所反映的是两个时点之间存量的变化额。因此，国际收支只能反映该年资本流入或流出的流量，而并不反映该国在某一时点利用外资总额的存量。

(2) 国际收支记录的是本国居民与外国居民之间进行的交易。居民是指长期(一年或一年以上)居住在本国或本地区的自然人与法人，包括个人、政府、非营利性团体和企业四类。

(3) 国际收支是以经济交易为统计基础的。经济交易是指商品、劳务和资产的所有权从一方或一国转移到另一方或另一国的行为。国际收支所反映的经济交易可概括为五种行为：① 金融资产与商品、服务之间的交换；② 商品、服务彼此之间的交换；③ 金融资产之间的交换；④ 商品和服务的单方转移；⑤ 金融资产单方转移。

12.1.2 国际收支概念的演变

国际收支的发展变化过程实际上就是各国国际收支的实践发展过程和人们对国际收支的认识深化过程。

国际收支的概念产生于17世纪。由于当时国际经济发展的局限性和国际信用关系的不发达，国际经济交易的主要形式是国与国之间的有形商品的贸易交往，黄金是国际上的主要支付手段。因此，人们把国际收支简单地理解为对外贸易收支，即一国一定时期内的进口与出口的差额，而且仅限于立即结清的现金或黄金收支。第二次世界大战以前，一般西方学者对国际收支的理解仅局限在狭义范围内，即一国在国际经济交往中所产生的借贷关系，到了一定的时期必然要进行货币清算，这样就发生了货币或财富在国际上转移的现象，而这种转移乃是以外汇作为主要计价、支付和清算的手段，因此可以说国际收支实际上是一定时期内外汇收支的综合。但是这一范围只是包括了外汇收支，并不包括无外汇收支的交易，如无偿的对外援助、其他单方面转移、易货交易等。因此，这种理解没有涵盖国际收支的全部。随着世界经济的发展，资本输出在国际经济交易中占有越来越重要的地位。第一次世界大战后，出现了较大规模的国际短期资本流动和大量的战争赔款转移，使国际收支的内容和范围不断扩大，不仅有贸易收支、劳务收支，还有资本项目。

第二次世界大战以后，国际经济交往迅速发展，国际贸易和国际资本流动相互渗透、相互推动，一些主要发达国家的无外汇交易的对外经济、军事援助增长很快，对世界经济影响很大，因而国际收支包括的内容更加广泛，不仅有易货贸易，还有补偿贸易、政府援助、赠予等等，侨民汇款、旅游、运输、保险等非贸易收支也越来越重要。如果国际收支仅从外汇收支的角度来统计国际经济概念，就难以包括全部的国际经济交易，于是就出现了以经济交易为统计基础的国家收支概念，并被各国普遍采用，成为分析各国对外经济状况和世界经济形势的重要工具。

目前对国际收支的评判和分析大部分是依据广义的国际收支概念来进行的。国际收支概念的发展，反映了国际经济交往和货币关系的不断发展与扩大，说明了国际收支的重要性日趋加强。

12.1.3 国际收支与国际借贷

国际借贷，亦称国际投资状况，是指一个国家或地区在一定日期对外资产和对外负债的汇总记录。它反映的是某一时点上一国居民对外债权债务的综合状况。国际借贷是因，国际收支是果，它们之间是一对因果关系。一般来说，国际上债权债务关系发生后，必然会在其国际收支平衡表上有所反映。但有时，国际收支又会反作用于国际借贷，即国际收支的某些变化会引起国际借贷活动的展开，因此，两者之间相辅相成、互为因果。其区别表现在：

(1) 国际收支反映的是货币收支的综合状况，国际借贷反映的是债权债务的综合状况。

(2) 国际收支反映的是一定时期的流量，是个动态的概念；国际借贷反映的是一定日期的存量，是个静态的概念。

(3) 国际收支的范围比国际借贷的范围大。如对外捐赠属国际收支范畴，但并未体现国际借贷关系。

12.2 国际收支平衡表与编制

12.2.1 国际收支平衡表

国际收支平衡表(Balance of Payment Statement)是指按照一定的编制原则和格式，对一个国家一定时期内的国际经济交易进行分类、汇总，以反映和说明该国国际收支状况的统计报表。

12.2.2 国际收支平衡表的结构

国际收支平衡表的编制，是为了方便人们对一国国际经济关系的有关问题进行分析。根据分析问题的不同，各国编制的具体格式不同。一般包括经常项目、资本与金融项目、误差与遗漏三大类，每类项目中又分为若干二级项目和明细项目，分别表示性质各异的经济交易。

1. 经常项目

经常项目(Current Account)是本国与外国交往中经常发生的国际收支项目，它反映了一国与另一国之间真实资源的转移状况，在整个国际收支中占有重要地位，往往会影响和制约国际收支的其他项目。它包括货物项目、服务项目、收入项目和经常转移项目四个子项目。

(1) 货物项目(Goods Account)

货物包括一般商品、用于加工的货物、货物修理、各种运输工具、在港口购买的货物和非货币黄金。货物又称贸易收支或有形收支，包括进口与出口，它不仅是经常项目，也是整个国际收支平衡表中最重要的项目，对国际收支状况起着决定性作用。一国进出口货物的种类、数量和价格水平,对其贸易收支具有重要的影响。出口记贷方,表示外汇收入增加;进口记借方,表示外汇收入减少。

在国际收支平衡表中,货物收支统计数据的来源及商品价格计算的方式在各国不尽相同。按国际货币基金组织的规定,货物进出口统计一律以海关统计为准,商品价格一律按离岸价格(F. O. B or Free On Board)计算。但实际上有许多国家对出口商品按离岸价格计算,而对进口商品则按到岸价格(C. I. F or Cost Insurance and Freight)计算。这两种不同的价格条件,在计算进出口总值时,会产生一定的差额。

(2) 服务项目(Service Account)

服务又称劳务收支或无形收支,记录劳务的输出和输入。随着世界经济交往的发展,尤其是第三产业在一些国家的迅速发展,劳务收支的重要性日益突出。不少国家的劳务收支在该国的国际收支中占有重要地位,有的甚至超过了该国的贸易收支。它包括以下具体项目:

① 运输通信收支。它包括海陆空运商品和旅客运费的收支。有些国家对于运输工具的修缮费、港湾费与码头的使用费、船舶注册费等均纳入运输收支的项目。通信方面,属于国际电报、电话、电传、卫星通信等服务项目引起的外汇收支都记入服务项目下。

② 保险收支。凡本国人向外国保险公司投保,则成为保险费的支出,如外国人向本国保险公司投保,则成为保险费的收入。

③ 旅游收支。它指本国居民到国外旅游或外国居民到本国旅游而产生的膳费、交通等服务性费用的收支。

④ 其他服务收支。如专利权使用费、广告宣传费、办公费、手续费、使领费等项目收支。

目前,劳务收支的重要性日益突出,不少国家的劳务收支在该国的国际收支中占有举足轻重的地位,有的甚至还超出了有形贸易收支。

(3) 收入项目(Income Account)

收入反映劳动和资本流动引起的生产要素报酬的收支。收入包括职工报酬和投资收入两项内容。职工报酬是指非居民因工作而获得的现金或实物形式的工资、薪水和福利。本国向外国居民支付报酬记借方,外国向本国居民支付报酬记贷方。投资收入包括直接投资收入、证券投资收入和其他形式的投资收入,其中其他形式的投资收入是指其他资本如贷款所产生的利息。应注意的是,资本损益是不作为投资收入记载的,所有由交易引起的现已实现的资本损益都包括在金融项目下面。

(4) 经常转移项目(Current Transfer Account)

经常转移是指发生在居民与非居民之间无等值交换物的实际资源或金融项目所有权的变更,经常转移又称无偿转移、单方面转移,这类经济交易无须等价交换或偿还,只反映一国单方面的收与支。外国向本国转移记贷方,本国向外国转移记借方。经常转移包括所有非资本转移的转移项目,即包括排除下面三项的所有转移:① 固定资产所有权的资产转移;② 同固定资产收买或放弃相联系的或以其为条件的资产转移;③ 债权人不索取回报而取消的债务。经常转移又可以分为政府转移和私人转移,政府转移是指政府间的经济和军事援助、战争赔款、捐款、向国际组织交纳的会费等;私人转移包括侨民汇款、年金、奖金、赠予、赞助、稿费等。

2. 资本和金融项目

资本和金融项目(Capital and Financial Account)是指对资产所有权在国际上流动的行为进行记录的项目,包括资本项目和金融项目两个部分。本国资本流出即本国对外进行投资记入借方，外国资本流入本国即本国吸收外国资本记入贷方。

（1）资本项目(Capital Account)

资本项目反映了资产在居民与非居民之间的转移，即国际资本流动。战后随着资本国际化的发展，使国际资本流动的规模不断扩大，资本项目在国际收支中占有越来越重要的地位。资本项目包括资本转移和非生产、非金融资产的收买或放弃。资本转移指涉及固定资产所有权转移，同固定资产买进卖出联系在一起或以其为条件的资金转移以及债权人不索取任何回报而取消的债务。这一项目下细分为各级政府的转移和其他转移。非生产、非金融资产的收买或放弃是指各种无形资产如专利、版权、商标、经销权以及租赁和其他可转让合同的交易。

（2）金融项目(Financial Account)

金融项目反映的是居民与非居民之间投资与借贷的增减变化，包括一国对外资产和负债所有权变更的所有交易。根据投资类型或功能分类，金融项目可分为直接投资、证券投资、其他投资和储备资产四类。

① 直接投资(Direct Investment)。直接投资是投资者对另一经济体的企业拥有永久利益，包括直接投资者和直接投资企业之间的所有交易，即直接投资包括两者之间开始的交易、以后的交易及它们与公司型和非公司型的附属企业之间的交易。直接投资指投资者对在国外投资的企业拥有10%或10%以上的普通股权或投票权，从而对该企业拥有有效的发言权。在直接投资项下又包括股本投资、其他资产投资及利润收益再投资等。

② 证券投资(Portfolio Investment)。证券投资也称间接投资，是指为了取得一笔预期的固定货币收入而进行的投资。证券投资资本交易包括股票、中长期债券、货币市场工具和衍生金融工具。投资的利息收支记录在经常项目中，本金还款记录在金融项目中。

③ 其他投资(Other Investment)。其他投资是指所有直接投资、证券投资或储备资产未包括的金融交易，包括长期和短期贸易信贷、贷款、货币和存款以及其他可收支项目。

④ 储备资产(Reserve Assets)。储备资产是指一国货币当局为弥补国际收支赤字和维持汇率稳定而持有的在国际上可以被普遍接受的流动资产，包括货币性黄金、特别提款权、在基金组织的储备头寸、外汇资产和其他债权。储备资产是指一个国家的金融当局持有的储备资产及其对外债权，它包括用作货币的黄金、外汇、分配的特别提款权和在国际货币基金组织的储备头寸等四个子项目。

3. 错误与遗漏项目

按照复式记账原则，国际收支账户的借方总额和贷方总额应该相等，借贷双方的净差额应为零，但在实际中并非如此。错误与遗漏项目(Errors and Omissions Account)是一个人为设立的项目，用于抵消国际收支平衡表中借贷双方因不可避免的统计误差、错漏而出现的差额，使平衡表在形式上平衡。由于不同账户的统计资料来源不一、记录时间不同以及一些人为因素等原因，会造成国际收支账户出现净的借方或贷方余额，这就需要人为设立一个平衡账户——错误和遗漏账户，在数量上与该余额相等而方向相反与之相抵消。当经常项目、资本和金融项目总计贷方总额大于借方总额，从而出现贷方余额时，则在错误和遗漏项下的借方记入与该余额相同的数额；反之，当出现借方余额时，则在错误和遗漏项下的贷方记入相同数额，具体如表12-1所示。

表 12－1 国际收支平衡表的主要项目

	贷 方	借 方
一、经常项目		
(1) 货物 (2) 服务 (3) 收入 (4) 经常转移		
二、资本和金融项目		
(一) 资本项目 包括资本转移和非生产、非金融资产的获取或处置 (二) 金融项目 (1) 直接投资 (2) 证券投资 (3) 其他投资		
三、储备资产		
四、错误和遗漏		

专栏 12－1 2016 年中国国际收支平衡表

表 12－2 2016 年中国国际收支平衡表　　单位:亿美元

项 目	行 次	2016 年
1. 经常账户	1	**1 964**
贷方	2	24 546
借方	3	−22 583
1. A 货物和服务	4	**2 499**
贷方	5	21 979
借方	6	−19 480
1. A. a 货物	7	**4 941**
贷方	8	19 895
借方	9	−14 954
1. A. b 服务	10	**−2 442**
贷方	11	2 084
借方	12	−4 526

续 表

项 目	行 次	2016 年
1. A. b. 1 加工服务	13	184
贷方	14	185
借方	15	−2
1. A. b. 2 维护和维修服务	16	32
贷方	17	52
借方	18	−20
1. A. b. 3 运输	19	−468
贷方	20	338
借方	21	−806
1. A. b. 4 旅行	22	−2 167
贷方	23	444
借方	24	−2 611
1. A. b. 5 建设	25	42
贷方	26	127
借方	27	−85
1. A. b. 6 保险和养老金服务	28	−88
贷方	29	41
借方	30	−129
1. A. b. 7 金融服务	31	11
贷方	32	32
借方	33	−20
1. A. b. 8 知识产权使用费	34	−228
贷方	35	12
借方	36	−240
1. A. b. 9 电信、计算机和信息服务	37	127
贷方	38	254
借方	39	−127
1. A. b. 10 其他商业服务	40	147
贷方	41	580
借方	42	−432
1. A. b. 11 个人、文化和娱乐服务	43	−14
贷方	44	7

续　表

项　目	行　次	2016 年
借方	45	−21
1.A.b.12 别处未提及的政府服务	46	−20
贷方	47	12
借方	48	−32
1.B 初次收入	49	**−440**
贷方	50	2 258
借方	51	−2 698
1.B.1 雇员报酬	52	207
贷方	53	269
借方	54	−62
1.B.2 投资收益	55	−650
贷方	56	1 984
借方	57	−2 634
1.B.3 其他初次收入	58	3
贷方	59	6
借方	60	−2
1.C 二次收入	61	**−95**
贷方	62	309
借方	63	−404
2. 资本和金融账户	64	**263**
2.1 资本账户	65	−3
贷方	66	3
借方	67	−7
2.2 金融账户	68	**267**
资产	69	−2 174
负债	70	2 441
2.2.1 非储备性质的金融账户	71	**−4 170**
资产	72	−6 611
负债	73	2 441
2.2.1.1 直接投资	74	**−466**
2.2.1.1.1 直接投资资产	75	−2 172
2.2.1.1.1.1 股权	76	−1 484

续 表

项 目	行 次	2016 年
2.2.1.1.1.2 关联企业债务	77	−688
2.2.1.1.2 直接投资负债	78	1 706
2.2.1.1.2.1 股权	79	1642
2.2.1.1.2.2 关联企业债务	80	64
2.2.1.2 证券投资	81	**−622**
2.2.1.2.1 资产	82	−1 034
2.2.1.2.1.1 股权	83	−385
2.2.1.2.1.2 债券	84	−649
2.2.1.2.2 负债	85	412
2.2.1.2.2.1 股权	86	189
2.2.1.2.2.2 债券	87	223
2.2.1.3 金融衍生工具	88	**−47**
2.2.1.3.1 资产	89	−69
2.2.1.3.2 负债	90	22
2.2.1.4 其他投资	91	**−3 035**
2.2.1.4.1 资产	92	−3 336
2.2.1.4.1.1 其他股权	93	0
2.2.1.4.1.2 货币和存款	94	−435
2.2.1.4.1.3 贷款	95	−1 147
2.2.1.4.1.4 保险和养老金	96	−3
2.2.1.4.1.5 贸易信贷	97	−1 008
2.2.1.4.1.6 其他	98	−743
2.2.1.4.2 负债	99	301
2.2.1.4.2.1 其他股权	100	0
2.2.1.4.2.2 货币和存款	101	102
2.2.1.4.2.3 贷款	102	−196
2.2.1.4.2.4 保险和养老金	103	−6
2.2.1.4.2.5 贸易信贷	104	162
2.2.1.4.2.6 其他	105	239
2.2.1.4.2.7 特别提款权	106	0
2.2.2 储备资产	107	**4 437**
2.2.2.1 货币黄金	108	0

续 表

项 目	行 次	2016年
2.2.2.2 特别提款权	109	3
2.2.2.3 在国际货币基金组织的储备头寸	110	−53
2.2.2.4 外汇储备	111	4 487
2.2.2.5 其他储备资产	112	0
3. 净误差与遗漏	113	**−2 227**

注:1. 本表根据《国际收支和国际投资头寸手册》(第六版)编制。2."贷方"按正值列示,"借方"按负值列示,差额等于"贷方"加上"借方"。本表除标注"贷方"和"借方"的项目外,其他项目均指差额。3. 本表计数采用四舍五入原则。

数据来源:国家外汇管理局《2016年中国国际收支报告》。

12.2.3 国际收支平衡表编制

1. 复式记账法

国际收支平衡表是按照复式簿记原理来编制的。根据"有借必有贷,借贷必相等"的复式簿记原则,每一笔国际经济交易都会在国际收支平衡表的贷方和借方产生金融相等的两笔记录,即所有项目都可以归纳为两类:资金占用类科目(或借方科目)和资金来源类科目(或贷方科目)。凡是属于对非居民支付的项目,都属于借方科目,其增加记借方,前面加"−"号,其减少记贷方,前面加"+"号;凡是属于从非居民那里收入的项目,都属于贷方科目,其增加记贷方,前面加"+"号,其减少记借方,前面加"−"号。资本和金融项目中引起资产的增加和对外负债的减少记入借方,反之贷方;官方储备资产中引起官方储备资产增加的是借方,反之贷方。具体方法如下。

凡属于下列情况均应记入贷方:

(1) 向外国提供商品或劳务(输出);

(2) 外国人提供的捐赠与援助;

(3) 国内官方当局放弃国外资产或国外负债的增加;

(4) 国内私人放弃外国资产或国外负债的增加。

凡属下列情况均应记入借方:

(1) 从外国获得的商品和劳务(进口);

(2) 向外国政府或私人提供的援助、捐赠等;

(3) 国内官方当局的国外资产的增加或国外负债的减少;

(4) 国内私人的国外资产的增加或国外负债的减少。

2. 记录时间

国际收支平衡表的记录时间采用国际上通用的权责发生制,即不管有无实际收付,只要债权债务发生变动即刻记账。因此,它的记录时间是以所有权的变更日期为准的。经济交易记录日期以所有权变更日期为标准。在国际经济交易中,如签订买卖合同、货物装运、结算、交货、付款等一般都是在不同日期进行的，为了统一各国的记录口径，IMF作出明确规定，必须采用所有权变更原则。

12.2.4 国际收支平衡表分析

1. 国际收支分析的意义

一国的国际收支不仅是一个简单的货币收付问题，而且它全面、集中地反映了该国的对外经济关系和金融关系，直接影响到该国经济的协调、稳定和持续发展。对于一个开放的经济体来说，国际收支在国民经济中占有重要的地位。国际收支平衡表集中反映了该国的对外经济活动的基本情况，体现了该国对外金融实力和经济地位，因此，分析本国和其他相关的国家，或对世界经济有重要影响的国家的国际收支平衡表具有重要的意义。

(1) 对本国国际收支进行分析。正确认识本国对外经济发展与国民经济发展的相互关系和相互作用，找出不平衡的原因，寻求保持国际收支平衡和内外经济协调发展的有效对策和途径；掌握本国外汇资金的来源和运用情况，制定出正确的外汇政策；全面了解本国的对外金融实力和国际经济地位，制定出与本国国力相称的对外贸易、对外投资、对外经济援助等对外经济政策；及时、全面地掌握本国国际收支的差额变动情况，分析其产生的原因，研究对策，防止出现根本性的不平衡。

(2) 对其他国家的国际收支进行分析。掌握相关国家的国际收支状况、官方储备资产的变动情况，了解其经济实力，预测其货币汇率变动趋势和国际外汇市场形势；对相关国家可能进行的货币金融政策的调整变化，做到心中有数。

(3) 把握宏观经济发展趋势。分析和预测资本国际流向的变化、国际利率和汇率的变动趋势；分析和预测主要国家及与本国和相关国家由于其国际收支的变动而引起的对外经济、贸易、金融政策的动向。

2. 国际收支平衡表的分析

国际收支平衡表的分析可以有多种方法，一般可分为静态分析、动态分析和比较分析。

(1) 静态分析。是指对一个国家某一时期国际收支平衡表的分析。具体地说，通过对平衡表中各个项目的差额的形成原因及对国际收支总差额的影响进行分析，从而找出国际收支总差额的形成原因。在分析各个项目的差额形成原因时，要结合多方面资料，综合研究，注意其相互影响和关系。因为导致各个项目差额出现的原因是多方面的，劳务收支项目反映了编制国家有关行业的发达程度和随其政治、经济形势及政策变化所产生的消长；单方面转移项目中分析难度较大的是官方转移收支，因为从理论上讲，它包括了经济援助和军事援助，但主要发达国家往往以种种手段来掩盖其真相；分析长期资本项目，要分析其规模、流向及结构，也要分析长期资本流动与政治、经济、金融形势的相互关系；短期资本流向规模和变化幅度近些年来发展较快，对国际金融形势、有关国家的货币汇率、经济都产生重大影响，分析其流向、流量及方式十分必要；分析储备资产项目，重点是外汇储备，因为通常情况下一国的黄金储备在该国国际储备中所占比重较小，各国在国际货币基金组织中的储备头寸及所分配的特别提款权则往往相对稳定。

(2) 动态分析。是指将一国若干连续时期的国际收支平衡表并列在一起，以发展的眼光来分析国际收支的各个项目及总体的收支及差额的变化，分析其发展是否正常、均衡以及差距所在，从而研究进一步均衡、有效地发展国际经济交往的措施。对各时期、各阶段的国际收支状况进行分析，以把握国际收支的发展过程和趋势。

（3）比较分析。将本国的国际收支平衡表的全部或某些项目与其他国家的国际收支平衡表的全部或相同项目比较，分析其异同所在，以借鉴其他国家的经验，为己所用。

3. 国际收支平衡表的差额关系

尽管国际收支平衡表项目的借方总额和贷方总额必然相等，但是，针对某一项目或某一部分项目的借方和贷方往往并不相等。人们根据特定需要，在国际收支平衡表的某处画一条横线，并针对线上项目确定国际收支差额。若线上项目贷方总额高于借方总额，则为国际收支顺差；反之，则为国际收支逆差。如贷方＞借方，则称盈余或顺差（Surplus）；如贷方＜借方，则称赤字或逆差（Deficit）；如贷方＝借方，则称平衡（Balance）。

（1）贸易收支差额（Trade Balance），即商品进出口收支差额，它等于商品出口额减去进口额。

贸易差额 ＝ 货物出口额 － 货物进口额

出口 ＞ 进口：贸易顺差、出超

出口 ＜ 进口：贸易逆差、入超

出口 ＝ 进口：平衡

（2）经常项目差额（Current Balance），即经常账户贷方总额减去借方总额之差；具体说来，它等于货物项目差额、服务项目差额、收益项目差额与经常转移项目差额之和。

经常项目差额 ＝ 货物差额 ＋ 服务差额 ＋ 收益差额 ＋ 经常转移差额

（3）资本与金融项目差额，即官方结算差额。官方结算差额是指经常项目与资本和金融项目差额之和。在自主性交易出现逆差时，当事国家可能采取与国外进行短期借贷的方式来调整，同时，多种原因也都可以引起资金的短期流入或流出。所有这些资金流动的结果，往往仍然会使当事国家的国际收支存在一定差额，这就是官方结算差额。如果是顺差，就增加该国的国际储备资产；如果是逆差，就需要政府动用国际储备资产来平衡。短期资本交易的一部分和官方储备项目的资金流是在自主性交易出现差额时进行的调节性交易，又称为事后交易。

资本与金融项目差额 ＝ 直接投资差额 ＋ 证券投资差额
＋ 其他投资差额 ＋ 储备资产交易差额

（4）综合差额（Overall Balance），又称债偿差额，是仅以官方储备为线下项目的国际收支差额，或者说它是官方结算差额与官方借贷差额之和。

综合差额 ＝ 经常项目差额 ＋ 资本与金融项目差额 － 储备资产交易差额

综合差额衡量了一国通过动用或获取储备来弥补的收支不平衡状况。表 12－3 为中国国际收支差额主要构成。

表 12－3　中国国际收支差额主要构成　　单位：亿美元

项　目	2010 年	2011 年	2012 年	2013 年	2014 年	2015 年	2016 年
经常账户差额	2 378	1 361	2 154	1 482	2 360	3 042	1 964
与 GDP 之比	3.9%	1.8%	2.5%	1.5%	2.3%	2.7%	1.8%
非储备性质的金融账户差额	2 822	2 600	－360	3 430	－514	－4 345	－4 170
与 GDP 之比	4.6%	3.4%	－0.4%	3.6%	－0.5%	－3.9%	－3.7%

12.3 国际收支平衡与失衡

12.3.1 国际收支平衡的含义

一国的国际收支从其国际收支平衡表上看总是处于平衡状态，借方总额等于贷方总额，这种账面上的平衡并不意味着国际收支和国民经济真正达到平衡。国际收支平衡包括了各种含义。

1. 静态平衡与动态平衡

静态平衡是指一国在某一时点上国际收支既不存在逆差也不存在顺差。

动态平衡是指在一个平衡周期内，国际收支保持平衡，使一国一定时期的国际收支在数量及结构方面均能促进该国经济与社会正常和健康的发展，促进该国货币均衡汇率水平的实现和稳定，使该国储备接近、达到或维持充足与最佳水平。

2. 主动平衡与被动平衡

自主性交易(Autonomous Transactions)，也称自发性交易或事前交易，是指经济主体或居民个人出于某种自主性目的如追求利润、减少风险、资产保值、逃税避税、投机等而进行的交易活动。补偿性交易(Compensatory Transactions)，又称调节性交易(Accommodating Transactions)，是指中央银行或货币当局出于调节国际收支差额、维护国际收支平衡、维持货币汇率稳定的目的而进行的各种交易。当自主性交易不平衡时，为调节这种不平衡所进行的交易，如为了弥补逆差而向外国政府、银行或国际金融机构的临时借款或动用官方储备等，属于补偿性交易。

(1) 主动平衡。通过自主性交易达到的国际收支平衡称为主动平衡。

(2) 被动平衡。通过补偿性交易达到的国际收支平衡称为被动平衡。

国际收支平衡是指主动平衡，即不利用补偿性交易而使自主性交易的收支相等或基本相等。

3. 国际收支的平衡与国际收支表的平衡

(1) 国际收支表的平衡：账面的平衡、永远的平衡；

(2) 国际收支的平衡：暂时的平衡、相对的平衡；

(3) 国际收支的失衡：是经常的、绝对的。

12.3.2 国际收支失衡

国际收支均衡是一国政府所要着力实现的外部均衡目标，但在绝大部分情况下，国际收支均衡往往是一种特例或者偶然现象，而国际收支失衡则是一种常态或必然现象。导致国际收支失衡的原因是多种多样的，有经济的因素，也有非经济的因素；有来自内部的因素，也有来自外部的因素；有实物方面的因素，也有货币方面的因素等。按照发生原因的不同，可将国际收支失衡的类型分为六种。

(1) 临时性失衡。临时性失衡(Accidental Disequilibrium)是指由短期的、非确定的或偶然的因素引起的国际收支不平衡。一般程度较轻，持续时间不长，带有可逆性。在固定汇率制度下，一般不需要采用政策措施，只需动用官方储备便能加以克服。在浮动汇率制度下，这种性质的国际收支失衡有时根本不需要政策调节，市场汇率的波动就能将其纠正。

(2) 结构性失衡。结构性失衡(Structural Disequilibrium)是指国内经济、产业结构不能适应世界市场的变化而发生的国际收支失衡，其通常反映在经常项目上。结构性失衡有两层含义：第一层含义是指因经济和产业结构变动的滞后和困难所引起的国际收支失衡。一国的国际贸易在一定的生产条件和消费需求下处于均衡状态，当国际市场发生变化时，如果该国的生产结构不能及时根据形势加以调整，那么其原有的贸易平衡就会遭到破坏，贸易逆差就会出现。第二层含义是指一国的产业结构比较单一，或其产品出口需求的收入弹性小，或虽然出口需求的价格弹性大，但进口需求的价格弹性小，由此所引起的国际收支失衡。这层含义的结构性不平衡在发展中国家表现得极为突出。

(3) 周期性失衡。周期性失衡(Cyclical Disequilibrium)是指由一国经济周期波动所引起的国际收支不平衡。当一国经济处于衰退期时，社会总需求下降，进口需求也相应下降，国际收支发生盈余；反之，如果一国经济处于扩张和繁荣时期，则国内投资与消费需求旺盛，对进口的需求也相应增加，国际收支便出现逆差。

(4) 货币性失衡。货币性失衡(Monetary Disequilibrium)是指由一国国内货币供应量增长率变化引起国家物价水平变化而导致的国际收支失衡。一国在一定的汇率水平下，由于通货膨胀的原因，物价普遍上涨，使其商品成本与物价水平相对地高于其他国家，则该国的商品输出必受抑制，而输入会受到鼓励，致使国际收支发生逆差。相反，由于通货紧缩的原因，商品成本与物价水平比其他国家相对地降低，则有利于出口，抑制进口，因而使国际收支发生顺差。

(5) 收入性失衡。收入性失衡(Income Disequilibrium)是指由于国民收入的变化，使一国的进出口贸易发生变动，从而造成国际收支的不平衡。国民收入变动的原因可能是经济周期的变化，也可能是经济增长率的高低不同。前者引发的收入性失衡，属于周期变动性失衡；后者引发的收入性失衡，则属于持久性失衡。当国际收入相对快速增长，导致进口需求的增长超过出口增长或其他方面的国际支付增加时，国际收支容易发生逆差；相反，国民收入减少，居民消费和投资的需求都会下降，进口也会减少，国际收支容易发生顺差。

(6) 冲击性不平衡。冲击性不平衡(Hot Money Disequilibrium)是指由于游资(Hot Money)流动而引起的国际收支不平衡，这是20世纪90年代以来出现的新现象。目前世界上存在着因追逐高息而流动的高达数万亿美元的短期资本，这些游资大多时候并非为了躲避风险而流动，而是有意狙击一个甚至几个国家和地区，造成这些国家和地区金融秩序动荡，致使国际收支严重失衡。

12.3.3 国际收支失衡对经济的影响

1. 持续的、巨额的逆差对经济的影响

持续的、巨额的逆差意味着大举向外借债，加重对外债务负担，甚至有发生债务危机的可能；黄金、外汇储备大量流失，削弱本国对外金融实力，国际信誉下降，甚至有发生国际支付危机的可能；被迫压缩必需的进口，影响国内经济建设和消费利益；本币对外贬值，引起进口商品价格和国内物价上涨；资本外逃，影响国内投资建设和金融市场的稳定。持续的、大量的国际收支逆差通常会带来以下不利的影响：

(1) 导致外汇储备大量流失。一国发生持续性逆差时，一般都会采取三种方式来弥补：一是动用外汇储备，二是对外举债，三是调整经济结构。如果主要以动用外汇储备来弥补，必然会消耗该国的储备资产，削弱其对外支付能力。

(2) 使经济增长受阻。这表现在三个方面：一是由于本币贬值或汇率下浮，引起进口商品价格和国内物价上涨，加重通货膨胀。严重的通货膨胀还会引起资本大量外逃，国内资金短缺，影响国内投资和金融市场稳定，阻碍经济增长。二是一国由于存在着长期的巨额逆差，外汇储备减少，国际清偿能力降低，必然会影响发展经济所必需的生产资料的进口，使经济增长受到抑制，导致失业的增加和国民收入增长率的相对与绝对下降。三是逆差会使该国货币汇率承受下跌的压力，货币当局如果要维护本币的地位，就要对外汇市场进行干预，抛售外汇而买进本币，形成国内货币紧缩，促使利率上升，使投资受到抑制，进而影响经济增长。

(3) 不利于对外经济交往，损害国际信誉。在浮动汇率制下，存在持续逆差的国家，会增加对外汇的需求，促使外汇汇率不断上升，本币不断贬值，且国际地位日益下降，对本国的对外经济交往产生消极的影响。与此同时，长期的国际收支逆差，使一国的偿债率降低，如果陷入债务困境不能自拔，又会影响到本国的经济和金融实力，损害该国的国际信誉。

2. 持续的、巨额的顺差对经济的影响

持续的、巨额的顺差意味着外汇储备大量增加，面临通货膨胀的压力；本币对外升值，成为硬货币，容易受外汇市场抢购的冲击；本币对外升值，使出口处于不利的竞争地位，引发国际矛盾。良好的世界经济秩序是建立在国与国之间正常的、相对平衡的贸易、资本往来的基础上的。持续大量的国际收支不平衡，容易引起逆差国与顺差国的经济对立，双方矛盾的激化还可能导致贸易保护主义的抬头、外汇管制的出现和盛行或使贸易战加强。世界范围内的国际收支不平衡，会直接威胁到国际金融体系的稳定，严重影响世界经济的发展，甚至导致政治上的冲突。持续的、大量的国际收支顺差会产生以下影响：

(1) 本币持续坚挺，出口受到影响。长期的巨额顺差会使外汇供过于求，迫使本国货币汇率上升。本币过于坚挺，会引发大规模的套汇、套利和外汇投机活动，破坏国内和国际金融市场的稳定；同时，会使出口处于不利的竞争地位，影响出口贸易的发展，从而加重国内的失业问题。

(2) 导致通货膨胀。持续顺差使得外汇储备急剧上升，外汇占款大幅度增加；同时，会增加外汇的供给和对本币的需求，货币当局不得不在外汇市场上购入大量外汇进行干预。两种情况都会迫使国内货币投放量增加，物价上涨，从而引发通货膨胀。此外，巨额国际储备的囤积使得持有外汇的机会成本增加，外汇资金的使用缺乏效率。

(3) 不利于发展国际经济关系。一国的国际收支出现大量的顺差，意味着有关国家国际收支发生逆差，常常表现为出口和进口的失衡，因而容易引起贸易摩擦，影响国际经济关系。

12.4 国际收支调节

12.4.1 国际收支调节的一般原则

由于持续、巨额的国际收支失衡可能给当事国造成一系列的严重后果,因而,一旦国际收支失衡超过某种限度,当事国就必须考虑进行必要的调节。在选择调节措施时,应注意以下原则。

(1) 针对性。国际收支失衡的原因是多方面的,既有周期性、收入性因素,又有货币性、结构性因素。因此,根据国际收支失衡的原因,对症下药采取不同的调节措施十分重要。若国际收支失衡是周期性因素造成的,意味着这种失衡是短期的,因而可以动用本国的国际储备或通过从国外获得短期贷款来弥补;若是货币性失衡,则应考虑通过利率和汇率的调整,调节资金流出、流入的规模和商品进出口的规模;若是结构性失衡,应加速产业结构调整;如果国际收支的失衡是由于资本大量外逃或进口大量增加所致,则可采取对贸易、金融进行直接管制的措施,通过对商品的输出入和资本流动的限制,来恢复国际收支的平衡。

(2) 匹配性。一国经济要健康、稳步地发展,必须要有内外均衡的良好经济环境。内部均衡指的是通货稳定、充分就业、经济增长。外部均衡指的是国际收支均衡。一般来说,一国要同时实现宏观经济四大目标、同时达到内外均衡是十分困难的。因此,必须按其轻重缓急,在不同的时期和经济发展的不同阶段分别做出抉择。在选择国际收支调节方式时,应充分考虑国内平衡,尽可能使其不发生矛盾。而要做到这一点,政策的搭配显得尤为重要。若一国国内经济衰退、国际收支逆差,则应采取松的财政政策和紧的货币政策;若国内经济衰退、国际收支顺差,则应采取"双松"政策;若国内经济繁荣、国际收支顺差,则应采取紧的财政政策和松的货币政策;若国内经济繁荣、国际收支逆差,则应采取"双紧"政策。

(3) 非他性。各国对本国国际收支失衡的调节自然首先从本国利益出发,但有利于一国改善国际收支的调节方法,可能损害他国利益,造成他国收支的失衡,从而造成他国的反措施,并激化两国间矛盾。因此,在选择调节国际收支的方式时,应尽量避免损人过甚的措施,以最大限度地降低来自他国的阻力。

12.4.2 国际收支自动调节机制

国际收支自动调节机制是指国际收支失衡必然会直接或间接地引起市场经济系统内其他经济变量发生变化,后者又反作用于国际收支。在不考虑政府干预的情况下,这一相互作用的过程会引起国际收支失衡缩小并趋于平衡。

1. 国际金本位制度下的国际收支自动调节机制

在国际上普遍实行金本位制的条件下,一个国家的国际收支可通过物价的涨落和黄金的输出入自动恢复平衡,这一自动调节规律称为"货币—价格自动调节机制"。较早的阐述者是 18 世纪英国的哲学家和经济学家大卫·休谟(David Hume),他在 1752 年提出"物价—铸币流动机制"。货币—价格自动调节机制包括两种方式。

(1) 国内货币存量与一般物价水平变动对国际收支的影响

在金本位制度下,一国国际收支出现赤字,就意味着本国黄金的净输出,由于黄金外流,国内黄金存量下降,货币供给就会减少,从而引起国内物价水平下跌。物价水平下跌后,本国商品在国外市场上的竞争能力就会提高,外国商品在本国市场的竞争能力就会下降,于是出口增加,进口减少,使国际收支赤字减少或消除。同样,国际收支盈余也是不能持久的,因为造成的黄金内流趋于扩大国内的货币供给,造成物价水平上涨。物价上涨不利于出口而有利于进口,从而使盈余趋于消失。过程如下:

国际收支逆差→货币外流增加,货币存量减少→国内一般价格水平下降→出口商品价格下降,出口增加→贸易收支改善→国际收支恢复平衡

国际收支顺差→货币流入增加,货币供应量增加→国内一般价格水平上升→进口增加,出口减少→贸易收支改善→国际收支恢复平衡

(2) 一般价格水平变动对国际收支的影响

当国际收支发生逆差时,对外支出大于收入,对外币需求的增加使外国货币汇率上升,本国货币汇率下降,由此引起以外币表示的本国出口商品价格相对下降、以本币表示的外国进口商品价格相对上升,从而出口增加、进口减少,贸易收支得到改善。过程如下:

国际收支逆差→本国货币外流,对外币的需求增加→外汇汇率上升,本币汇率下降→进口相对昂贵,出口相对便宜→贸易收支改善

2. 纸币本位的固定汇率制度下的国际收支自动调节机制

在纸币本位的固定汇率制度下,一国当局通过外汇储备变动干预外汇市场,维持汇率不变。在这种制度下,一国国际收支出现不平衡时,仍有自动调节机制发生作用,但自动调节的过程较为复杂。国际收支失衡后,外汇储备、货币供应量发生变化,进而影响国民收入、物价和利率等变量,使国际收支趋于平衡。

(1) 收入机制

收入机制是指当一国国际收支不平衡时,其国民收入水平也会随之改变,进而影响社会总需求及进口需求,而这些变动反过来又会减弱国际收支的不平衡。国民收入变动不仅能改善贸易收支,而且也能改善经常项目的其他收支和资本项目收支。当国际收支逆差时,国民收入水平会下降。国民收入水平下降引起社会总需求下降,进口需求下降,从而贸易收支得到改善。国民收入水平下降不仅能改善贸易收支,而且也能改善经常项目收支和资本项目收支。国民收入水平下降会使对外国劳务和金融资产的需求都程度不同地下降,从而整个国际收支得到改善;反之亦然。收入机制的自动调节过程如下:

国际收支逆差→对外支付增加→国民收入下降→社会总需求下降→进口需求下降→贸易收支改善→国际收支恢复平衡

国际收支顺差→外汇收入增加→国民收入增加→社会总需求增加→进口需求增加→贸易收支改善→国际收支恢复平衡

(2) 利率机制

当国际收支发生逆差时,本国货币的存量相对减少,利率上升;而利率上升,表明本国金融资产的收益率上升,从而对本国金融资产的需求相对上升,对外国金融资产的需求相对减少,资金外流减少或资金内流增加,国际收支改善;反之亦然。利率的自动调节机制是指一国国际收支不平衡会影响利率的水平,而利率水平的变动反过来又会对国际收支不平

衡起到一定的调节作用。利率机制的自动调节过程如下：

国际收支逆差→货币存量减少→本国利率上升→本国金融资产收益率上升→对外国金融资产需求减少→资金外流减少→国际收支恢复平衡

(3) 价格机制

当一国国际收支发生逆差时，引起国内信用紧缩、利率上升，投资和消费均趋减少，失业率上升，闲置资源增多，工资率和其他要素价格均将下跌，逆差国以本币表示的价格也将下跌。物价下跌可刺激出口，出口增长的程度取决于国外买主对该国商品价格下降的反应程度，即取决于国外的需求弹性。该国商品价格的下降同样使其商品对本国居民亦有吸引力，本国居民将从购买进口商品转向购买本国生产的商品。这种转移的程度取决于该国进口需求的弹性。由于出口增加、进口抑制，国际收支逐渐平衡；反之亦然。

3. 浮动汇率制度下的国际收支自动调节机制

汇率机制是指在浮动汇率制度下，汇率的自发变动在很大程度上具有自动调节国际收支的功能。在浮动汇率制度下，当一国国际收支出现逆差时，外汇市场上本外币供求关系发生变化，外汇需求大于外汇供给，导致外汇汇率上升，本币汇率下降，出口商品以外币计算的价格下跌，而进口商品以本币计算的价格上升，刺激出口、抑制进口，贸易收支逆差逐渐减小，国际收支不平衡得到缓和。当一国国际收支出现顺差时，外汇供给大于外汇需求，本币汇率上升，进口商品以本币计算的价格下跌，而出口商品以外币计算的价格上涨，因此，出口减少、进口增加，贸易收支顺差减小，国际收支不平衡得到缓和。汇率机制的自动调节过程如下：

国际收支逆差→本币汇率下降→出口增加，进口减少→贸易逆差减小→国际收支改善

国际收支自动调节机制能够自发地促使国际收支趋向平衡，不需要政府付出成本加以干预，可以避免各种人为的价格扭曲。因此，各国政府都不同程度地为市场调节机制创造适宜的环境。

12.4.3 国际收支调节的方法

国际收支自动调节机制的正常运行是以国家对经济生活的不干预为前提的。当今世界经济形势复杂多变，大多数国家都不同程度地加强了对经济的干预。由于国际收支失衡时，国际收支自动调节机制无法有效地发挥其作用，各国主要还是通过人为调节，使国际收支恢复平衡。国际收支的调节方法主要有两种。

1. 支出增减型政策

支出增减型政策一般指改变社会总需求或国民经济中支出总水平的政策。这类政策旨在通过改变社会总需求或总支出水平来改变对外国商品、劳务和金融资产的需求，从而达到调节国际收支的目的。

(1) 财政政策

财政政策是指一个国家通过扩大或缩小政府财政开支，提高或降低税率的办法来平衡国际收支。当一国国际收支逆差时，政府可以实行紧缩的财政政策，削减财政开支或提高税率，抑制投资和消费，降低社会总需求，迫使物价下跌，从而促进出口、抑制进口，逐步消除国际收支逆差。反之，当一国国际收支顺差时，实行扩张性的财政政策，增加政府开支或降低税率，刺激投资和消费，增加对商品的需求，从而使物价上升，抑制出口、增加进口，达到减小国际收支顺差的目的。但是一国最终会实行什么样的财政政策，主要取决于国内经

济的需要。如果一国出现国际收支逆差，则政府应采用紧缩性的财政政策，减少财政支出和提高税率；政府支出的减少通过乘数效应使国民收入数倍地减少；税率的提高进一步降低了企业的收益和个人的可支配收入，收入的减少必然导致本国居民商品和劳务支出的下降，其中包括对进口商品和劳务的需求下降。

(2) 货币政策

货币政策是指一国货币当局通过中央银行的三大法宝即存款准备金、再贴现率、公开市场操作来达到政策实施目标，影响银根的松紧和利率的高低，引起国内货币供应量和总需求以及物价水平的变化，以实现对国际收支的调节。当一国国际收支出现逆差时，则可提高再贴现率及银行法定准备金率，在公开市场上，卖出国库券，回笼货币，所有这一切都向市场发出了一个紧缩的信号，于是利率上升，社会总需求抑制，物价下跌，出口增加，进口减少，资本也大量流入本国，从而逆差逐渐消除，国际收支恢复平衡。反之亦然。当一国出现国际收支逆差时，一般采取紧缩性的货币政策，中央银行提高再贴现率及法定存款准备金比率，或在公开市场上出售政府债券，从而使市场利率提高，银行缩减信贷规模，社会总需求受到抑制，同时吸引国外资本流入，进而改善国际收支。当出现顺差时则实行扩张性的货币政策，央行调低再贴现率和法定准备金率，或在公开市场上买入债券，利率下降，投资就会增加，总需求增加，从而经济扩张，外汇支出增加，使国际收支顺差减小。一国出现国际收支逆差时，运用紧缩性的货币政策，从而可以降低国内生产的出口品和进口替代品的价格，增强本国产品的竞争力，从扩大出口和减少进口两个角度纠正国际收支经常项目的逆差。再者，紧缩性的货币政策将促进一国国内利率水平的提高，有利于吸引资本流入，改善国际收支的资本和金融账户。

(3) 外汇缓冲政策

外汇缓冲政策是指一国政府通过动用官方储备或者使用国际信贷，来消除国际收支不平衡所形成的外汇供求缺口，从而使国际收支不平衡所产生的影响仅限于外汇储备的增减。外汇缓冲政策是一种简便易行、收效迅速的调节方法，当一国发生临时性国际收支逆差时，运用外汇储备或通过对外举债方式，来抵消市场的超额外汇需求，稳定汇率，进而平衡国际收支。但是这种方法也有其局限性。由于一国外汇储备的数量是有限的，外汇缓冲政策不适合于调节长期、巨额的国际收支逆差，如果完全依靠动用外汇储备，将可能造成外汇储备枯竭；而向国外借款来填补外汇储备的不足，又会加重外债负担，反而会加剧国际收支逆差。因此，外汇缓冲政策适合于作为支出政策的辅助手段，与之配合使用，可以缓解支出政策所带来的冲击，更有效地调节国际收支。

(4) 信用政策

如果经常项目逆差，可以有针对性地直接向出口商提供优惠贷款，鼓励其扩大出口；中央银行也可以通过提高进口保证金比例，抑制进口。另外，还可以通过向外商提供配套贷款来吸引投资，通过资本和金融项目的顺差来平衡经常项目的逆差。信用政策的运用还可以通过影响利率水平的变化，进而对投资、价格等变量产生影响，并作用于社会总供给和总需求。

上述政策的机理都是通过改变社会总需求或国民经济中支出总水平来调节国际收支的，故这类政策被统称为支出增减型政策或支出变更政策。支出增减型政策就是通过改变社会总需求或总支出水平，来改变对外国商品、劳务和金融资产的需求，以此来调节国际收支失衡的一种政策。然而，这类政策的局限性在于，国际收支的改善是以牺牲国内经济为代价的，往往与国内经济目标发生冲突。紧缩型政策在减少进口支出的同时也抑制了本国居民对国内产品的需求，由此会导致失业和生产能力过剩。如果所造成的负担主要落在投资上，还会影响长期的经济增长。因此，特别在本国经济业已不振、失业已经很严重的情况下，国际收支赤字的出现，常常使当局的宏观经济政策陷入左右为难的境地。只有在国际收支赤字是因总需求大于充分就业条件下的总供给引起的情况下，采取紧缩型经济政策才不至于牺牲国内经济目标。因此，这类政策适宜于用来纠正国际收支的周期性赤字。

2. 支出转换政策

支出转换政策是指能够影响贸易商品的国际竞争力通过改变支出构成而使本国收入相对于支出增加的政策。主要包括汇率政策和直接管制。

（1）汇率政策

汇率政策是指一个国家通过调整汇率改变外汇的供求关系，影响进出口商品的价格和资本流出入的实际收益，进而达到调节国际收支失衡的一种政策。汇率政策与财政政策和货币政策不同，它不是通过改变社会总需求和总支出，而是通过改变需求和支出的方向来调节国际收支的，因而也被称为支出转换政策。一般说来，一国货币贬值或汇率下浮，该国出口商品和劳务价格相对下降，出口竞争力提高，出口增加；同时会使进口商品和劳务的价格相对上升，从而使居民将一部分支出转移到购买进口替代品上来，进口减少，国际收支因此改善。相反，一国货币升值或汇率上浮，则会起到扩大进口、抑制出口的作用，减小国际收支顺差。在不同的汇率制度下，各国制定汇率政策的方式是不一样的。在固定汇率制度下，政府通过直接制定汇率水平来实施其汇率政策，并采用货币法定贬值或升值的方法来调节国际收支。当一国国际收支出现逆差时，实行本币法定贬值，刺激出口，抑制进口，缩小国际收支逆差。反之，当国际收支出现顺差时，实行本币法定升值，减少国际收支盈余。在浮动汇率制度下，汇率是由外汇市场的供求关系决定的，政府的汇率政策是通过对外汇市场进行干预实现的，一般是建立外汇平准基金进行公开市场业务，人为地促使本国货币下浮或上浮来平衡国际收支。当一国国际收支发生逆差时，政府买进外汇以提高外汇汇率，降低本币汇率，扩大出口，抑制进口。反之，当一国国际收支出现顺差时，政府卖出外汇以降低外汇汇率，提高本币汇率，扩大进口，抑制出口。

（2）直接管制

直接管制是指政府直接对国际经济贸易进行行政干预，以使国际收支达到平衡的政策措施。主要包括外汇管制和贸易管制。外汇管制是指国家通过颁布外汇管理法令、法规和条例，对外汇买卖、国际结算、资本流动和外汇汇率等直接加以管制，以控制外汇供给或需求，维持本国货币汇率的稳定，以调节国际收支。当一国国际收支发生长期逆差时，一般要加强外汇管制，使逆差减小。当一国国际收支发生长期顺差时，则放松外汇管制，使顺差减小。常用的外汇管制包括限制私人持有和购买外汇、限制资本输出输入、实行复汇率等。贸易管制是指一国政府通过实行“奖出限入”政策，对商品输出入实行管制，旨在增加外汇收入，限制外汇支出，改善国际收支。经常采用的限制进口的手段有：进口配额制、进口许可证制、苛刻的进口技术设计、歧视性采购政策与税收政策等。直接管制对平衡一国的国际收支，效果较为迅速和显著，因此，如果不平衡是局部性的，则直接管制更为有效。直接管制的特点是比较灵活，各国可以对维持生产和生活水平所必需的中间产品和消费品进口、扩大生产能力所需的商品进口不实行限制，或者限制程度轻一些，而对奢侈品进口则严加控制，同时在出口方面可以重点奖励重要的或非传统的产品生产和出口；也可以按照本国的不同需要，对进出口贸易和资本流动区别对待，通常能起到迅速改善国际收支的效果，同时又不会牵动整个经济。但是，它并不能真正解决国际收支失衡问题，只是将显性国际收支赤字变为隐性国际收支赤字；一旦取消管制，除非经济结构得到改善，否则国际收支赤字仍会重新出现。此外，管制政策的实行容易引起他国报复，使管制措施不能达到预期效果。

汇率政策和直接管制属于支出转换政策，前者属于全面性控制工具，后者属于择类性控制工具。

12.5 国际储备管理

国际储备是国际货币体系的核心组成部分之一，它不仅关系到各国调节国际收支和稳定货币汇率的能力，而且也会影响世界物价水平和国际贸易的发展。自第二次世界大战以来，它一直受到国际金融机构、各国政府以及国际金融学家的普遍重视。随着以美元为中心的国际货币体系的崩溃，国际储备问题与国际货币体系的改革紧密联系在一起，更成为各方关注的焦点。

12.5.1 国际储备的概念与构成

12.5.1.1 国际储备的概念

国际储备(International Reserve) 是一国货币当局为国际支付、平衡国际收支和维持其货币汇率所持有的各种形式的国际上可接受的流动资产总称。1965 年“十国集团报告”中对国际储备的解释是：“各国货币当局占有的那些在国际收支出现逆差时可以直接地或通过同其他资产有保障的兑换性来支持该国汇率的所有资产。”这一解释目前已成为国际金融学界公认的标准定义。作为国际储备的资产必须具备四个特征：

(1) 官方持有性。国际储备的资产必须由一国货币行政当局能够无条件地获得，而且是一国货币当局集中掌握的。为此该国政府对该类资产不仅要具有使用权，而且要具有所有权，非官方金融机构、企业和私人持有的资产均不能作为国际储备资产，这一特点使国际储备也被称为官方储备。

(2) 自由兑换性。作为国际储备的资产，必须能同其他货币相兑换，并是国际上能普遍被接受的资产。

(3) 充分流动性。作为国际储备的资产，必须是随时能够动用的资产，当一国出现国际收支赤字时，就可迅速动用这些资产予以弥补，或干预外汇市场来维持汇率的稳定。

(4) 普遍接受性。作为国际储备的资产，必须能够为世界各国普遍认同和接受，否则就不能作为国际支付手段用于弥补国际收支赤字。

12.5.1.2 国际储备的构成

1. 黄金储备

黄金储备是指一国货币当局持有的，用以平衡国际收支，维持或影响汇率水平，作为金融资产持有的黄金。它在稳定国民经济、抑制通货膨胀、提高国际资信等方面有着特殊作用。黄金作为储备是由其黄金货币商品属性决定的。由于黄金的优良特性，历史上黄金充当货币的职能。黄金是最可靠的保值手段，本身具有价值，故购买力相对稳定，在通货膨胀的环境下，金价同步上涨；在通货紧缩时，金价也不会下跌，因为历史上每逢政治和金融局势动荡时就出现抢购黄金的浪潮。黄金储备完全属于国家自主的权力之内，一国拥有黄金可以自主控制，不受外来力量干预。

2. 外汇储备

外汇储备是指一国政府所持有的国际储备资产中的外汇部分，即一国政府保有的以外币表示的债权，是一个国家货币当局持有并可以随时兑换外国货币的资产。狭义而言，外汇储备是一个国家经济实力的重要组成部分，是一国用于平衡国际收支、稳定汇率、偿还对外债务的外汇积累；广义而言，外汇储备是指以外汇计价的资产，包括现钞、国外银行存款、国外有价证券等。外汇储备是一个国家国际清偿力的重要组成部分，同时对于平衡国际收支、稳定汇率有重要的影响。作为储备货币必须具备的条件：一是在国际货币体系中占有重要地位，被广泛地用于国际经济交易活动；二是币值稳定，具有充分的流动性和自由兑换性；三是在世界范围内普遍被接受，能够用于干预和调节外汇市场。

3. 在IMF的储备头寸

基金组织中的储备头寸也称普通提款权(General Drawing Rights)，它是指国际货币基金组织的会员国按规定从基金组织提取一定数额款项的权利，它是国际货币基金组织最基本的一项贷款，用于解决会员国国际收支不平衡问题，但不能用于成员国贸易和非贸易的经常项目支付。

国际货币基金组织犹如一个股份制性质的储备互助会，当一个国家加入基金组织时，必须按一定的份额向该组织缴纳一笔钱，作为入股基金，称之为份额。按该组织现在的规定，认缴份额的25%必须以可兑换货币缴纳，其余75%用本国货币缴纳。当成员国发生国际收支困难时，就有权向基金组织申请普通贷款。普通贷款有以下几个特点：

(1) 贷款的方式是换购，即会员国以本国货币向基金组织申请换购所需的外币款项；还款方式是购回，即会员国再以外汇买回本国货币。

(2) 贷款对象限于基金组织的会员国政府或政府财政、金融部门，如财政部、中央银行、外汇平准基金组织等。

(3) 贷款额度大小与成员国所缴份额成正比，但最高额度不能超过所缴份额的125%。

(4) 贷款条件随贷款额度的增加而越来越严格。基金组织把会员国可申请的贷款额分为五档，每档占其认缴份额的25%。由于第一档提款额等于该会员国认缴的可兑换货币额，因此条件最宽松，这一档提款权为储备部分提款权，其余四档为信用提款权，贷款条件逐档严格，利率逐档升高，年限为3～5年，多采用备用信贷方式提供，即会员国与国际货币基金组织事先商定不将款项全额立即提用，而是在规定的有效期内，也就是备用信贷安排期内(一般为一年)，按实际需要随时提用。

4. 特别提款权

特别提款权(Special Drawing Rights，SDRs)是国际货币基金组织创设的无偿分配给各会员国用以补充现有储备资产的一种国际储备资产。基金组织于1969年创设特别提款权，并于1970年按成员国认缴份额开始向参加特别提款权部的成员国分配特别提款权。特别提款权具有下列特点：

(1) 本身不具有内在价值，是一种凭信用发行的账面资产；

(2) IMF按一定比例分配给各成员国，接受者无须付出代价，各成员国有义务接受

SDRs 的使用；

(3) 只能在 IMF 及各会员国政府之间发挥作用，私人和企业不能持有使用；

(4) 不能直接用于贸易或非贸易的支付。

专栏 12－2　1997—2015 年中国黄金、外汇储备

表 12－4　1997—2015 年中国黄金、外汇储备

年份	黄金储备/万盎司	外汇储备/亿美元	外汇储备比上年增长/%
1997	1 267	1 398.9	33.2
1998	1 267	1 449.6	3.6
1999	1 267	1 546.8	6.7
2000	1 267	1 655.7	7.0
2001	1 608	2 121.7	28.1
2002	1 929	2 864.1	35.0
2003	1 929	4 032.5	40.8
2004	1 929	6 099.3	51.3
2005	1 929	8 188.7	34.3
2006	1 929	10 663.4	30.2
2007	1 929	15 282.5	43.3
2008	1 929	19 460.3	27.3
2009	3 389	23 991.5	23.3
2010	3 389	28 473.4	18.7
2011	3 389	31 811.5	10.7
2012	3 389	33 115.9	4.1
2013	3 389	38 213.2	15.4
2014	3 389	38 430.2	0.6
2015	5 666	33 303.6	－13.3

注：中国人民银行于 2001 年 12 月、2002 年 12 月和 2009 年 4 月对黄金储备数据进行了调整。

资料来源：中国人民银行网站 http://www.pbc.gov.cn.

12.5.2　国际储备与国际清偿能力

国际清偿能力是一国直接掌握的在必要时可以用于调节国际收支、清偿国际债务的国际流通资产。它有广义与狭义之分。狭义一般指官方直接掌握的国际储备资产，又称第一线储备;广义则包括一国从国外借入的外汇储备、该国商业银行的短期外汇资产和该国官方或私人拥有的中、长期外汇资产,主要包括对外中长期投资,又称第二线储备。国际清偿能力通常包括三个组成部分:一是指一国货币当局自有的国际储备,主要指国际储备中的黄金和外汇储备;二是指一国货币当局的借款能力;三是指一国商业银行所持有的外汇资产。

国际储备与国际清偿能力既有联系又有区别,国际清偿能力的内容要广于国际储备。一国的国际清偿能力,除包括该国货币当局持有的各种形式的国际储备之处,还包括该国在国外筹借资金的能力,即向外国政府或中央银行、国际金融组织和商业银行借款的能力。因此,国际储备仅是一国具有的、现实的对外清偿能力,而国际清偿能力则是该国具有的现实的对外清偿能力和可能有的对外清偿能力的总和。一国所拥有的国际储备数量的多少,是一个国家国际清偿能力强弱的一个重要体现。国际储备多,就意味着国际清偿能力强;国际清偿能力强,该国向外借款的保证得到加强,同时也表明该国金融实力和国际地位的提高。同时,一国持有的国际储备尤其外汇储备的状况,一直是评定一个国家偿债能力和资信的重要指标之一。

12.5.3 国际储备的来源

1. 国际收支顺差

国际收支顺差是国际储备最主要和最直接的来源,国际收支顺差会使该国国际储备增加,国际收支逆差会使该国国际储备减少。在国际收支的各个组成部分中,经常项目顺差是比资本和金融项目顺差更为可靠和稳定的国际储备来源。经常项目顺差表明一国商品和劳务具有较强的国际竞争力,是增加国际储备的可靠力量;而资本和金融项目顺差虽然也能够增加国际储备,但由于国际资本流动特别是短期资本流动的不稳定性,使得由资本流入所引起的储备增加也具有相当程度的不稳定性,极易造成因短期资本流出而导致的国际储备急剧下降。

2. 干预外汇市场所得

货币当局对外汇市场进行干预,也可以改变一国国际储备存量。当本国货币面临较强劲的升值压力时,货币当局为避免汇率波动对国内经济和对外贸易带来不利影响,必然会进入外汇市场抛售本币、收购外汇,由此买入的外汇便可以用于补充一国的国际储备;当本国货币面临巨大的贬值压力时,为维持汇率的稳定,该国货币当局也可以在外汇市场上抛售外汇、购进本币,抛售的外汇则构成了一国国际储备的减少。

3. 黄金存量

增加黄金储备主要有两条渠道:一是从国内收购并由中央银行窖藏的黄金;二是在国际黄金市场上收购的黄金。对于大多数国家而言,由于其货币不被国际上普遍接受,所以在国际黄金市场收购黄金仅仅改变了国际储备的构成,而国际储备的总量并未有太大的改变。

4. 普通提款权与特别提款权

储备头寸的增加和特别提款权的分配都是IMF成员国国际储备的另一种来源。但由于其数量极其有限,分配结构又不合理,加之各国一般无法主动增加其持有额,所以这两个部分的变化对一国国际储备供给的影响有限。

5. 国际信贷

一国政府或中央银行向国际金融机构或他国政府取得贷款,以及中央银行间的互惠信贷等均可补充其外汇储备。随着各国资本市场的对外开放,各国中央银行互换货币安排的增加,以及国际金融市场的迅速发展,各国通过国际借贷融通国际收支逆差和官方储备不足的能力有了很大提高,这就使得各国国际储备的供应有了很大的弹性。反之,当一国政府向国外提供储备货币贷款时,就减少了该国的国际储备。

12.5.4 国际储备的作用

国际储备的持有是以牺牲储备资产的生产性运用为代价的,然而,一国持有适度的国际储备并非是一种非理性的行为,因为持有国际储备会给该国带来一定的收益,其收益主要是通过国际储备的作用体现出来的。

(1) 国际储备是一国金融实力的标志,可作为向外借款的信用保证。无论是国际金融机构、国际银团,还是政府,在对外贷款时,首先考虑的是借款国的偿债能力。由于国际储备是借款国到期还本付息的基础和保证,国际上均将一国国际储备状况作为评估国家风险的重要指标。因此,国际储备充裕可以加强一国的资信,吸引国外资金流入,以促进本国经济的发展。特别是在一国经常项目收支恶化的情形下,充裕的国际储备更是筹措外部资金的必要条件。

(2) 国际储备是一国的信用保证。国际储备的信用保证包括两层含义:一方面它是债务国债务到期还本付息的基础和保证,是一国政府在国际上资信高低的标志。如果一国国际储备雄厚,则该国的国际信誉就高,在国际上借债就比较容易,成本也较低;反之,一国国际储备枯竭,则其国际信誉较低,难以在国际上筹集资金,即使能筹到资金,条件也较苛刻。另一方面,它可以用来支持对本国货币价值稳定性的信心,持有足量的国际储备无论从客观上还是心理上都能提高本国货币在国际上的信誉。因此,比较充足的国际储备有助于提高一国的货币稳定性的信心。

(3) 国际储备能够干预外汇市场,支持本币汇率稳定。当本国货币汇率在外汇市场上发生剧烈动荡时,该国政府就可动用国际储备来缓和汇率的波动,甚至改变其变动的方向。各国用来干预外汇市场的储备基金,称为外汇平准基金,它由黄金、外汇和本国货币构成。当外汇汇率上升,超出政府限额的目标区间时,就可通过在市场上抛出储备、购入本币的方式来缓和外币升值;反之,当本币升值过快时,就可通过在市场上购入储备、放出本币的方式来增加本币供给,抑制本币升值。不过,国际储备作为干预资产的职能,要以充分发达的外汇市场和本国货币的完全自由兑换为其前提条件。而且外汇干预只能对汇率产生短期影响,无法从根本上改变决定汇率的基本因素。

(4) 国际储备可弥补国际收支差额,维持对外支付能力。一国在对外经济交往中,不可避免地会发生国际收支不平衡,如果这种不平衡得不到及时弥补,将不利于本国国内经济和对外经济关系的发展,为此政府必须采取措施予以纠正。如果国际收支不平衡是暂时性的,则可通过使用国际储备予以解决,而不必采取影响整个宏观经济的财政货币政策来调节;如果国际收支不平衡是长期的、巨额的或根本的,国际储备可以起到一定的缓冲作用,它使政府有时间渐进地推进财政货币政策,避免因猛烈的调节措施可能带来的冲击。

(5) 国际储备可以提高本币地位。一般来说,一国包括外汇储备在内的国际储备充足,表明该国弥补国际收支逆差、维持汇率稳定的能力强,国际社会对该国货币的币值与购买力也充满信心,因此,在国际外汇市场上愿意持有该国货币,该国货币会走向坚挺而成为硬货币,该国货币的地位和信誉也因此而提高。当然,这里必须注意,国际储备是否充足仅仅是影响一个国家货币地位的一个要素，而不是唯一的因素。

12.5.5 国际储备管理

12.5.5.1 国际储备管理概述

国际储备管理是一国政府或货币当局根据一定时期内本国的国际收支状况和经济发展的要求，对国际储备的规模、结构和储备资产的使用进行调整、控制，从而实现储备资产的规模适度化、结构最优化和使用高效化的整个过程。一个国家的国际储备管理包括两个方面：一是国际储备规模的管理，以求得适度的储备水平；二是国际储备结构的管理，使储备资产的结构得以优化。通过国际储备管理，一方面可以维持一国国际收支的正常进行，另一方面可以提高一国国际储备的使用效率。

1. 国际储备的规模管理

适度的国际储备规模是指一国政府为实现国内经济目标而持有的用于平衡国际收支和维持汇率稳定所必要的黄金和外汇的储备量。由于各国国际储备规模受国民经济的发展状况、外贸状况与经济开放度、外汇管理的严格程度、对外资信高低、经济政策的选择等因素的影响，因此各国难以形成一个统一的标准。

2. 国际储备的结构管理

国际储备结构管理又包括以下两种：

(1) 币种结构管理。各国通常根据分散原理安排预防性储备货币的币种结构，即实行储备货币多样化。在币种结构管理中，政府主要考虑的是储备资产安全性与盈利性之间的关系。

(2) 储备货币流动性结构管理。在流动性结构管理中，政府主要考虑的是流动性与盈利性之间的关系。根据流动性的差异，同种货币储备资产可分为多种层次。

12.5.5.2 国际储备管理的目标

国际储备管理的总体目标是服务于一国的宏观经济发展战略需要，即在国际储备资产的积累水平、构成配置和使用方式上，有利于经济的适度增长和国际收支的平衡。

12.5.5.3 国际储备管理的原则

1. 安全性原则

安全性原则是指储备资产的存放要牢靠，价值要不受损失。为此，一国货币当局在确定外汇资产存放的国家和银行以及所选择的币种和信用工具时，就要事先充分了解储备货币发行国和国际金融中心所在国的外汇管制情况、银行资信状况、储备货币的稳定性及信用工具的种类和安全性，以便将其外汇储备资产放到外汇管制较为宽松的国家和资信卓著的银行，选择价值相对稳定的币种和较为安全的信用工具。

2. 流动性原则

流动性原则是指储备资产要具有较高的变现能力，一旦发生对外支付和干预外汇市场的需要时，它能随时兑现，灵活调拨。由于各种外汇储备资产的流动性不同，各国在安排外汇储备资产时，应根据其具体情况，作短期、中期、长期不同期限的投资，以保证国际储备的充分流动性。

3. 盈利性原则

盈利性原则是指在满足安全性和流动性的基础上，尽可能使原有的外汇储备资产产生较高的收益，使储备资产增值。由于不同种类的储备货币的收益率高低不同，其实际收益率等于名义利率减去预期的通货膨胀率和汇率的变化，因此，在选择储备货币时，应偏重于分析利率、通货膨胀率和汇率的变化趋势。另外，对同一币种的不同投资方式，其收益率也不相同，应当合理搭配各储备货币和投资方式，以提高储备资产的收益率或尽量降低机会成本。

专栏 12-3　中国 2011—2015 年国际流动性

表 12-5　中国 2011—2015 年国际流动性　　单位：百万美元

项　目	2011	2012	2013	2014	2015
总储备（减黄金）	3 197 107	3 325 440	3 833 291	3 853 760	3 341 006
特别提款权	11 855	11 366	11 184	10 456	10 282
在基金储备头寸	4 104	2 485	792	286	362
外汇	3 181 148	3 311 589	3 821 315	3 843 018	3 330 362
黄金/百万盎司	33.89	33.89	33.89	33.89	56.66
黄金（折价）	9 815	9 815	9 815	9 815	60 191
其他存款性公司国外负债	123 250	157 509	294 789	409 995	199

注：黄金 2015 年末为市值价值，以往数据不可比。

资料来源：中国人民银行网站 http://www.pbc.gov.cn.

本章概要

国际收支是一定时期内，一国居民与非居民之间进行的所有经济交易的系统的货币记录，而国际收支平衡表则是反映国际收支状况的统计表。国际收支平衡表上各项目的收入大于支出称为顺差，反之则称为逆差，这两种情况都称为国际收支不平衡。在全球经济一体化的影响下，从总体上来说世界各国的国际收支在理论上应该是平衡的，但是实际上是难以做到的。任何国家或地区的国际收支不平衡势必会引起其他地区的不平衡。一国的贸易顺差必定是其他国家的贸易逆差，资本的流出和流入也是相匹配的。国际收支不平衡反映了各国生产要素的配置和结构。对于国际收支因各种原因而产生的不平衡，各国往往通过各种措施进行干预，包括支出转移政策和支出转换政策。另外还有一系列自动调节机制对国际收支不平衡发挥着调节作用。在世界经济日益一体化的条件下，为了追求福利最大化，各国的最终政策目标是国际收支平衡。

关键术语

国际收支、国际收支平衡表、国际借贷、国际收支失衡、国际收支调节、国际储备、国际清偿能力、普通提款权、特别提款权

复习题

1. 国际收支的概念是如何演变的？
2. 比较国际收支与国际借贷的异同。
3. 国际收支平衡表的内容是什么？
4. 如何理解国际收支平衡与失衡？
5. 国际收支失衡的原因是什么？
6. 国际收支失衡对经济的影响有哪些？
7. 国际收支调节的一般原则是什么？
8. 国际收支如何进行自动调节？
9. 国际储备的构成和来源是什么？
10. 国际储备与国际清偿能力有何区别？

参考文献

[1] 陈岱孙，厉以宁. 国际金融学说史. 北京：中国金融出版社，1997.
[2] 姜波克，陆前进. 国际金融学. 上海：上海人民出版社，2003.
[3] 高鸿业. 西方经济学：宏观部分. 3版. 北京：中国人民大学出版社，2003.
[4] 余永定. 全球经济不平衡、中国汇率政策和双顺差. 国际金融研究，2006(1):26－28.
[5] 李石凯，谢瑞纯. 货币贬值的国际收支效应失灵分析. 财经科学，2003(2):46－50.
[6] 钱荣堃，陈平，马君潞. 国际金融. 天津：南开大学出版社，2008.
[7] 陈雨露. 国际金融. 北京：中国人民大学出版社，2006.
[8] 刘舒年. 国际金融. 北京：对外经济贸易大学出版社，2005.
[9] 杨胜刚，姚小义. 国际金融. 北京：高等教育出版社，2005.
[10] 裴平. 国际金融学. 南京：南京大学出版社，2006.

第13章　开放经济条件下的宏观经济政策

开放经济是与封闭经济相对立的概念。在开放经济中，要素、商品与服务可以较自由地跨国界流动，从而实现最优资源配置和最高经济效益。一般而言，一国经济发展水平越高，市场化程度越高，就越接近于开放经济。在经济全球化的趋势下，发展开放经济已成为各国的主流选择。开放经济又不同于外向型经济，外向型经济以出口导向为主，开放经济则以降低关税壁垒和提高资本自由流动程度为主。开放经济条件下如何实现一国的宏观经济均衡是必须面对的现实问题。

13.1　开放经济的宏观经济分析框架

13.1.1　IS－LM－BP 模型的建立

1. IS－LM 模型

IS－LM 模型是由英国现代著名的经济学家约翰·理查德·希克斯(John Richard Hicks)和美国凯恩斯学派的创始人汉森(Alvin Hansen)，在凯恩斯宏观经济理论基础上概括出的一个经济分析模式，即“希克斯—汉森模型”。该理论认为社会储蓄(S)和投资(I)的愿望决定资本市场的均衡，而储蓄和投资又必须同收入水平和利率相一致。由此，在纵轴表示利率、横轴表示收入的坐标平面上，可作出一条 IS 曲线，曲线上的每一点都表示储蓄等于投资，并且同既定的利率和收入水平相适应。灵活偏好(L)和货币数量(M)决定着货币市场的均衡，人们持有的货币数量既决定于利率(r)，又决定于收入(y)的水平。由此，在以纵轴表示利率、横轴表示收入的坐标平面上，可以作出一条 LM 曲线。曲线上的每一点都表示持有现金的愿望和货币数量相等，即货币需求和货币供给相一致，并且同既定的利率和收入水平相一致。具体如图 13－1 所示。

(1) IS 曲线的移动

如图 13－2 所示。

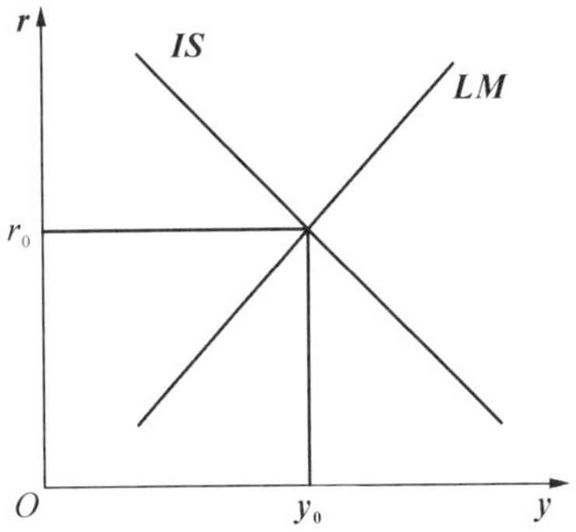

图 13-1 IS-LM 模型

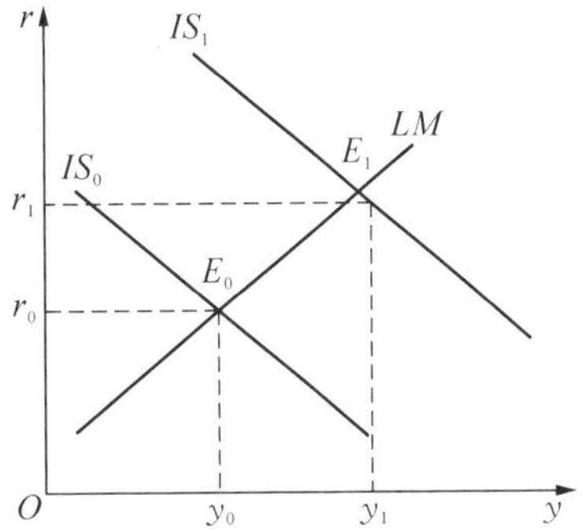

图 13-2 *IS* 曲线的移动

(2) LM 曲线的移动

如图 13-3 所示。

(3) IS 曲线和 LM 曲线同时移动

如图 13-4 所示。

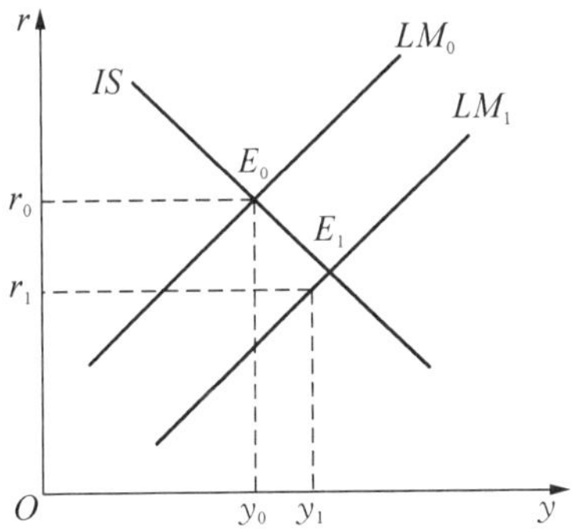

图 13-3 *LM* 曲线的移动

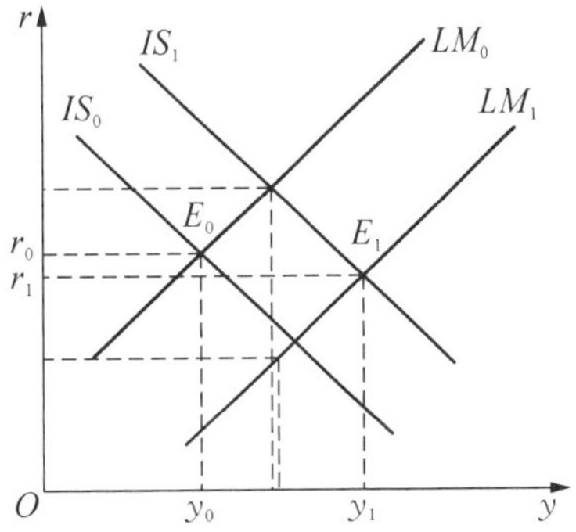

图 13-4 *IS* 曲线和 *LM* 曲线同时移动

2. 国际收支均衡曲线——*BP* 曲线

(1) BP 曲线及其推导

国际收支平衡的含义是经常项目和资本项目的借贷双方总额相等,或经常项目差额和资本项目差额相等,或经常项目差额与资本项目差额之和等于零。而经常项目差额表现为净出口,资本项目差额表现为净资本流出,因此,将净出口和净资本流出的差额,即经常项目和资本项目差额称为国际收支差额,并用 BP 表示,即:

$$BP = NX - F$$

一国的国际收支平衡就是外部均衡,指一国的国际收支差额为零,即 $BP = 0$。如果国际收支差额为正,即 $BP > 0$,称国际收支顺差或国际收支盈余;如果国际收支差额为负,即 $BP < 0$,则称国际收支逆差或国际收支赤字。

当国际收支平衡时,即 $BP = 0$ 时,有: $NX = F$

将净出口函数和净资本流出函数代入平衡条件 $BP = NX - F = 0$ 中,则有:

$$BP = q - my + ne_r - \sigma(r_f - r) = 0$$

或:

$$q - my + ne_r = \sigma(r_f - r)$$

并可以转化为如下表达式，即

$$r = r_f - \frac{q}{\sigma} + \frac{m}{\sigma}y - \frac{n}{\sigma}e_r$$

如果把名义汇率与实际汇率的关系式 $e_r = e \times \frac{P^*}{P}$ 代入上式，可以写成：

$$r = r_f - \frac{q}{\sigma} + \frac{m}{\sigma}y - \frac{n}{\sigma}\frac{P^*}{p}e$$

以上推导表示，当国际收支平衡时，国民收入 y 和利率 r 的相互关系。它们被称为国际收支均衡函数，简称国际收支函数。在其他有关变量和参数既定的前提下，国际收支函数可以表示为以利率为纵坐标、国民收入为横坐标的国际收支曲线或称 BP 曲线。它表示国际收支平衡（即外部均衡）实现时，国内利率与实际产出水平组合点的轨迹。其经济含义是：在其他条件不变时，国内收入上升，需要国内利率相应上升匹配才能使国际收支保持均衡。因为在净出口方程中，收入上升会通过进口上升导致净出口下降。如果没有外汇储备变动，就需要利率上升来引导资本净流出下降（资本净流入上升），从而使国际收支保持平衡，因而收入与利率之间具有正向关系，BP 曲线向右上方倾斜，其斜率为正。

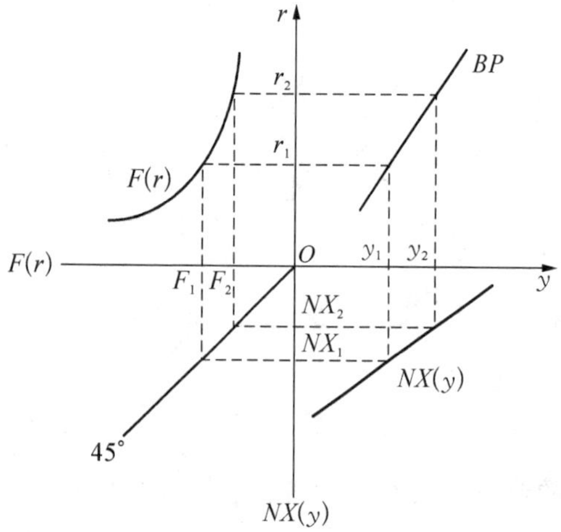

图 13－5　*BP* 曲线的推导

具体来说，BP 曲线可以用四象限图法推导出来，其过程如图 13－5 所示。

其中，第二象限中的曲线为资本流出曲线，它是向右下方倾斜的。第三象限中的直线是横坐标和纵坐标的转换线，即 45°线，它表示国际收支平衡条件 $NX = F$。第四象限中的曲线为净出口曲线，它是与国民收入成反方向变化的。在第一象限中，当利率从 r_1 上升到 r_2 时，净资本流出量从 F_1 减少到 F_2。假如资本项目原来是平衡的，这时将出现顺差。为了保持国际收支平衡，根据 45°线，净出口必须从 NX_1 减少到 NX_2。按照净出口曲线，国民收入要从 y_1 增加到 y_2。这样在保持国际收支平衡的条件下，利率和国民收入有两个对应点，同理也可以找到其他对应点，把这些对应点连接起来便得到国际收支曲线——BP 曲线。

（2）BP 曲线的特殊形态

BP 曲线的形态存在着两种极端情况，一种是 BP 曲线垂直的形态，见图 13－6（a）。在完全没有资本流动的情况下，利率变化对国际收支没有直接影响，即当资本流动对利率无弹性时，BP 线的斜率趋于无穷大。另一种极端情况则是资本完全自由流动的情况，见图 13－6(b)。假定资本流动对于利率变动具有完全的弹性，任何高于国外利率水平的国内利率都会导致巨额资本流入，使国际收支处于顺差；任何低于国外利率水平的国内利率都会导致巨额资本流出，使国际收支处于逆差。这时的 BP 曲线斜率为零。

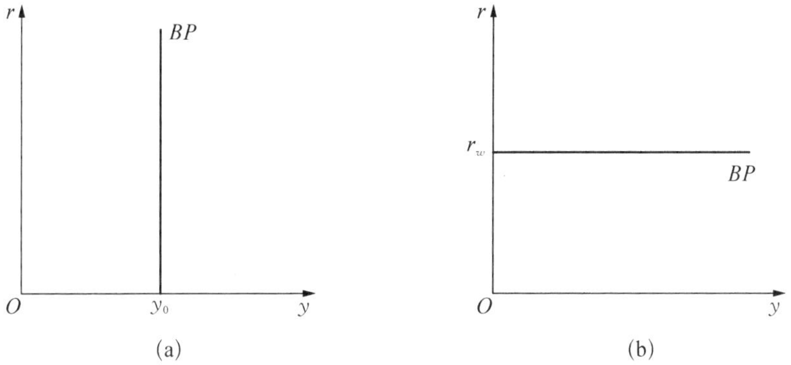

图 13－6 *BP* 曲线的特殊形态

3. IS－LM－BP 模型

将 *BP* 曲线引入 IS－LM 模型，即在产品市场和货币市场同时均衡条件下加入国际收支均衡的条件，便可以形成开放条件下的宏观经济模型，这一模型被称为 IS－LM－BP 模型。

IS－LM－BP 模型中的经济均衡要同时满足以下条件：

(1) 产品市场的均衡条件：$I(r)+G+NX=S+T$

(2) 货币市场的均衡条件：$\frac{M}{P}=L_1(y)+L_2(r)$

(3) 劳动市场均衡条件：$f(N)=\frac{W}{P}$，$W=\overline{W}$

(4) 国际收支均衡条件：$NX=F(r)$

以上四个条件共同决定 y、r 和 e 的水平。

在以纵坐标表示利率、横坐标表示国民收入的坐标系中，IS－LM－BP 模型可以用三条曲线——*IS* 曲线、*LM* 曲线和 *BP* 曲线来表示，如图 13－7 所示。开放经济的均衡要求商品市场、货币市场和国际收支同时达到均衡，而当 *IS* 曲线、*LM* 曲线和 *BP* 曲线恰好交于一点时，便会有唯一的一组利率 r_0、实际国民收入 y_0 和汇率 e_0，使得产品市场均衡、货币市场均衡及国际收支均衡同时实现。即 *IS* 曲线、*LM* 曲线和 *BP* 曲线相交于 *E* 点，表示经济同时达到了内外均衡。*IS* 曲线与 *LM* 曲线的交点所对应的状态为国内均衡或内部均衡，*BP* 曲线上的每一点都是外部均衡点或国际收支平衡点，*BP* 曲线在 *E* 点穿过 *IS* 曲线与 *LM* 曲线的交点，表示国内均衡和国外均衡同时得以实现。

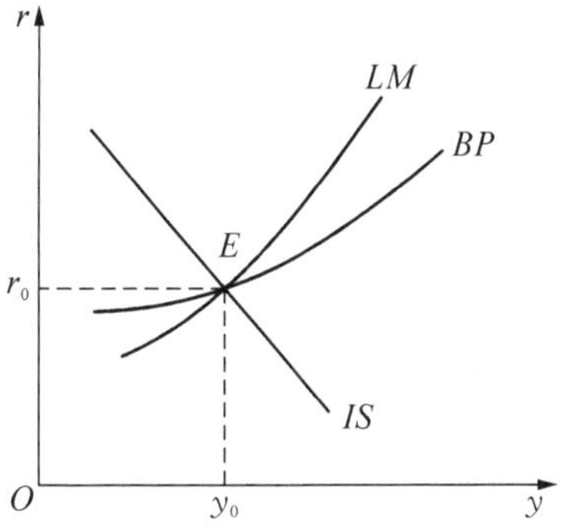

图 13－7 IS－LM－BP 模型

13.1.2 资本不流动的 IS－LM－BP 模型

在资本完全不能流动的情况下，国内利率 r 对国际收支没有直接影响，国际收支均衡曲线是一条位于某个收入水平上垂直于横轴的直线。在资本不能流动的情况下运用 IS－LM－BP 模型可以分析以下几种情况。

1. 充分就业的内外均衡状态

如图 13－8 所示，IS、LM、BP 线相交于 E 点，不但实现了内外同时均衡而且 BP 线所处的国民收入水平正是充分就业的国民收入水平，这是一种完全理想的状态。

2. 非充分就业的内外均衡状态

如图 13－9 所示，IS、LM、BP 线相交于 E 点，但 BP 线所处的位置小于充分就业量 y_f，因此是非充分就业的均衡。政府要达到充分就业的均衡目标，一方面要运用财政政策和货币政策使 IS、LM 曲线移动到充分就业水平，同时还要运用汇率政策工具使 BP 线移动到充分就业的水平。

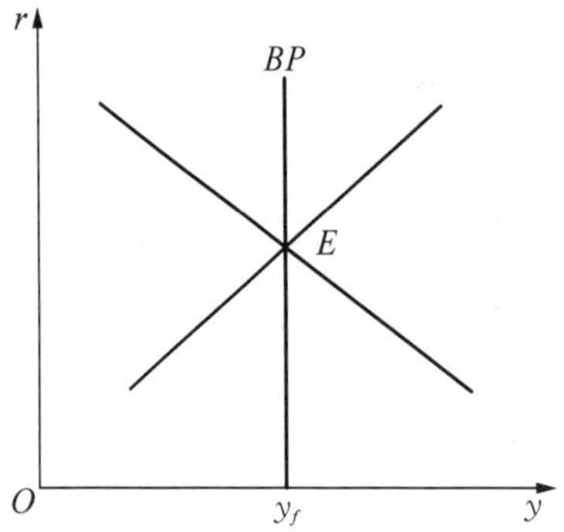

图 13－8　充分就业的内外均衡状态

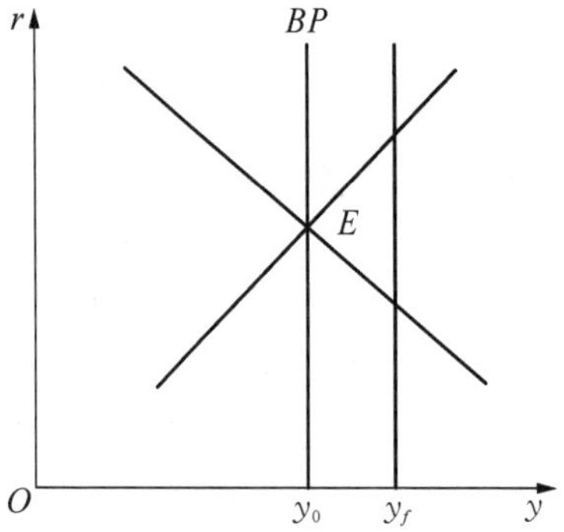

图 13－9　非充分就业的内外均衡状态

3. 国际收支不均衡状态

图 13－10 中，IS、LM 线在 y_f 的水平上达到了内部均衡，但是 BP 曲线位于内部均衡点 E 的左边，这表明存在着国际收支逆差，因此是一个有国际收支逆差的均衡。由于资本不能流动，利率政策对改善国际收支没有直接影响，此时只有采取本币贬值的政策抑制进口、刺激出口，才能改善国际收支状况。当本币贬值使 BP 线向右移动到 y_f 的位置时，就可以实现国际收支的均衡，并达到内部和外部的同时均衡。

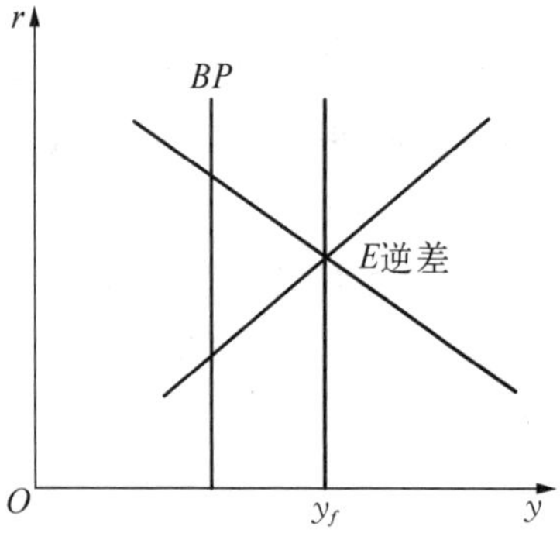

图 13－10　国际收支不均衡状态

13.1.3　资本完全流动的 IS－LM－BP 模型

BP 曲线在资本完全自由流动条件下是一条位于国外利率水平 r_w 上的水平线。在水平线以上的点是国际收支顺差的状况，在水平线以下的点是国际收支逆差的状况。如果国外利率 r_w 是既定的，在资本完全流动的假定下，当国内利率高于国外水平时，资本会无限地流入国内，导致大量的资本金融项目顺差和国际总收支的顺差。反之，当国内利率低于国外水平时，资本又会无限向外流出，导致国际收支逆差。

在净资本流出函数 $F=\delta(r_w-r)$ 中，δ 是一个决定 BP 曲线斜率的重要参数。δ 的值反映的是国家间资本流动的难易程度，δ 值越大，国家间资本流动越容易，国内与国外的极小的利率差都会引起大量的资本流动；δ 值越小，国家间资本流动越困难。一国若有一个较小的 δ 值，表示该国的金融市场还不太成熟，资本流动受一定的限制。在这种条件下，即使国内利率与国外利率差别很大,也不会造成大量资本流动。

假定资本可以完全自由流动,即 $\delta \to \infty$,那么 BP 曲线方程 $r=\frac{m}{\delta}y+r_w-\frac{n}{\delta}\frac{ePF}{P}-\frac{q}{\delta}$ 就简化为 $r=r_w$,这时的 BP 曲线就是一条位于国外利率 r_w 上的水平线。

在固定汇率制和浮动汇率制下,资本完全流动时的 IS－LM－BP 均衡状况会有所不同。

1. 固定汇率制下资本完全流动的均衡模型

在资本完全流动条件下,BP 曲线为一条水平线,此时国内外极小的利率差也会引起巨大的资本流动,这就意味着只有国内利率水平等于国外利率,即 $r=r_w$,该国才能实现国际收支的平衡,在任何其他的利率水平上,由于资本的剧烈流动都无法实现国际收支平衡,因此,在资本完全流动条件下一国的货币当局无法实行独立的货币政策。

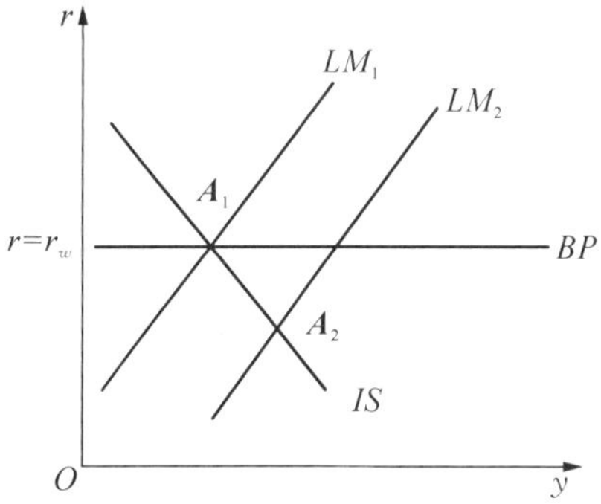

图 13－11　固定汇率制下资本完全流动的均衡模型

在图 13－11 中,假定一国的货币当局从 A_1 点开始实行货币扩张政策,使得 LM_1 曲线向右移动到 LM_2,这时内部均衡点移到 A_2 点,但在 A_2 点上会发生大规模的国际收支逆差,因而存在本币贬值的压力。为了稳定汇率,中央银行必须干预外汇市场,即在外汇市场上出售外国货币,同时接受本国货币,其结果是本国货币供给减少,这又使 LM_2 曲线向左移动,直到在 A_1 点的均衡得到恢复时为止。

另外,一国货币当局任何紧缩货币的政策都将导致大规模的国际收支盈余和本币升值的压力,迫使中央银行抛出本币、收回外币,以保持汇率稳定,这又会引起本国货币供给量增加,结果是抵消了最初的货币紧缩的政策效应,而均衡利率仍然保持在 $r=r_w$ 的水平。

总之,在固定汇率制和资本完全流动条件下,一国无法实行独立的货币政策,也不可能偏离世界市场通行的利率水平。任何独立执行货币政策的企图都将引起资本的大量流入或流出,并迫使货币当局增加或减少货币供给,从而使利率回到世界市场通行的水平,经济重新恢复到原来的均衡状态。

2. 浮动汇率制下资本完全流动的均衡模型

在汇率完全自由浮动的情况下,一国的货币当局不干预外汇市场,汇率自发进行调整以使外汇市场供求平衡。下面以出口需求变化为例考察资本完全自由流动时均衡状态的形成。

在图 13－12 中,初始均衡点为 A_1 点,出口需求的增加使 IS_1 线向右移动到 IS_2。这时新的内部均衡点为 A_2 点。但在 A_2 点,本国的利率超过了国外水平。作为国际资本对较高国内利率的反应,国外资本开始流入国内,导致国际收支顺差、本国货币升值,而本币升值意味着本国商品的国际竞争力下降,即进口商品的价格下降、本国出口商品变得相对昂贵。市场对本国商品需求的减少和对进口商品需求的上升会使净出口额下降,从而使 IS 曲线从 IS_2 向左移动。只要本国的利率水平仍高于国际利率水平

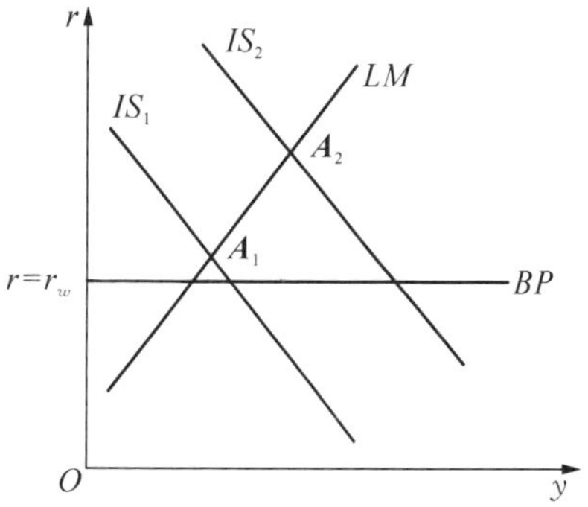

图 13－12　浮动汇率制下资本完全流动的均衡模型

r_w，本币就将一直保持升值的趋势，直到 IS 曲线移动到最初的均衡位置 IS_1 时为止。因此，在浮动汇率和资本完全流动条件下，出口增加对均衡产出并没有影响。

13.2 内外均衡冲突与政策搭配

13.2.1 开放经济条件下的内外均衡与失衡

开放经济条件下宏观经济政策的根本目标是促进本国经济的长期可持续发展，一般被概括为内部均衡目标和外部均衡目标。内部均衡要求促进国内经济良性增长、物价水平稳定，充分就业；外部均衡要求保证国际收支平衡、维持本币稳定、为本国经济发展创造一个稳定的国际环境。由此看出，开放经济条件下宏观经济政策目标是多元化的，这些多元目标之间既相互联系又相互矛盾，这使开放经济条件下内外部均衡问题异常复杂。开放经济条件下内外部均衡目标最初是在瓦尔拉一般均衡理论基础上提出来的，但开放经济的均衡与瓦尔拉均衡又有所不同，瓦尔拉一般均衡模型具有一种自动运转和操作的内部机制，而开放经济条件下的均衡，由于目标的多元化和多元目标之间有着两者不可兼得的对换关系，市场力量不能自动达到多变量和多目标的综合均衡，必须引入经济政策的因素。

在封闭经济条件下，内部均衡目标可以成为宏观经济政策的立足点，但随着经济体的日益开放，外部均衡目标将逐渐显现其重要性。在特定的状况下，外部均衡目标的设定有可能为宏观经济政策的具体实施效果限定了范围。在这种条件下，如何实现宏观经济政策之间的合理搭配，兼顾内部均衡和外部均衡目标，使本国宏观经济在一个稳定健康的环境下运行，就成为决策者首先要解决的问题。在开放经济条件下，同时处于内外均衡区间的情况是很少的，各种变量带来的冲击都会使经济偏离最佳区间，于是决策者必须运用可控制的变量也就是政策工具来实现经济的稳定与合理开放。当采取措施努力实现某一均衡目标时，可能会同时带来开放经济条件下另一均衡目标问题的改善，这体现为内外均衡的一致；但也可能因此对另一均衡目标问题造成破坏，这体现为内外均衡的冲突。内外均衡冲突的根源始终在于经济的开放性。当一国经济面临突然冲击时，这一冲击在开放经济中将通过收入机制、利率机制和相对价格机制进行国际传递。同时，由于这些机制的存在而使得财政政策和货币政策产生溢出效应，进而使得一个国家国内外均衡目标的实现会受到来自外部的制约，因此，各国必须考虑各国之间的相互依存性来实现本国经济的内部均衡。因此，在开放经济条件下，由于经济体之间存在相互依存性，使得一国若要实现内外均衡目标就必须要进行政策的国际协调，以避免由于决策的分散而给经济带来的损失。如果对两国政府的决策进行一定程度的协调，那么最终结果将比缺乏协调时更有效率。而当国际政策协调方案从货币金融角度对各国实现内外均衡中的一些基本问题都作了比较完整的规定时，如果方案一旦成为现实就会构成国际货币制度。

在开放经济条件下，一国的宏观经济政策的最终目标就在于实现内外部经济的同时均衡。然而，为了内外部均衡目标的实现而采取的政策行为并不总是一致的，往往为了实现外部均衡目标不得不牺牲一定的内部均衡，或者为了实现内部均衡而牺牲一定程度的外部均衡。具体来讲，内外部均衡之间存在着相互协调和相互冲突的矛盾关系。

① 相互协调。至少存在两种经济状态使得政府在实现内外部均衡时所采取的政策行为是协调的，例如，当一国同时存在国际收支顺差和失业时，政府在采取扩张性的财政货币政策扩大总需求、实现国内充分就业的同时，可能会增加进口，减小国际收支顺差，实现国际收支的平衡。

② 相互冲突。至少存在两种经济状态使得政府在追求内外经济同时均衡时会遇到两难。例如，当一国存在国际收支顺差和通货膨胀时，政府采取紧缩型的财政货币政策、紧缩国内总需求以抑制通货膨胀，在国内总需求降低的同时，国际收支会进一步扩大。在这种情况下，政府在实现经济内外均衡目标时存在着行动上的冲突。

13.2.2　宏观经济政策协调

开放经济条件下存在着内部平衡和外部平衡，而且两者之间是相互作用和相互影响的。经济外部一旦出现失衡，它会通过经济系统本身的自动调节机制，对内部平衡产生影响，然后再反过来影响外部，使之趋向平衡；反之亦然。因此需要政策搭配进行调控。开放经济条件下政策搭配是指政府通过灵活运用多种政策工具调控宏观经济的运行，以实现预定的政策目标，达到内外均衡。

1. 米德冲突

从现代经济理论的发展脉络看，20 世纪 50 年代英国经济学家詹姆士·米德(J. Meade)最早提出了开放经济下的政策搭配思想。米德认为，开放经济下内外平衡的矛盾经常出现，其中内部平衡是指充分就业和物价稳定，而外部平衡是指国际收支平衡，要解决内外矛盾平衡，必须运用政策搭配的方法。为了同时实现内外平衡，政府可以使用的政策手段主要有财政政策、货币政策、价格调整政策和汇率政策。但是在固定汇率制的背景下，政府无法运用汇率政策，只有依靠单一的金融政策寻求内外平衡的同时出现，但这将导致内外目标的冲突，即“米德冲突”(Mead's Conflict)。在开放经济条件下，一国可能面临不同的经济状态，有些经济状态使得政府在采取政策实现内外均衡目标时常常顾此失彼。在米德的分析中，内外均衡的冲突一般是指在固定汇率制度下，在失业增加、经常账户逆差或通货膨胀、经常账户盈余这两种特定的内外经济状况组合下，用一种政策工具同时解决两个目标，会使决策者面临两难的处境。

2. 丁伯根法则

针对米德冲突，一些学者进行了深入的分析。丁伯根法则(Tinbergen's Rule)是由荷兰经济学家丁伯根提出的关于国家经济调节政策和经济调节目标之间关系的法则，基本内容是：为达到一个经济目标，政府至少要运用一种有效的政策；为达到几个经济目标，政府至少要运用几个独立、有效的经济政策，这一结论对于经济政策理论具有深远意义。丁伯根法则对目标的实现过程具有如下特点：一是假定各种政策工具可以供决策当局集中控制，从而通过各种工具的紧密配合实现政策目标；二是没有明确指出每种工具有无必要在调控中侧重于某一目标的实现。这两个特点是不尽与实际情况符合的或者不能满足实际调控的需要。

3. 斯旺模型

1955 年澳大利亚经济学家斯旺(Trevor Swan)通过图形简洁地概括了米德的思想，建立了“斯旺模型”，如图 13-13 所示。

图 13-13 中横轴代表国内总支出 A，表示国内总吸收的增减变化；纵轴代表汇率 e，

为直接标价法，e 的提高为本币贬值，e 的下跌为本币升值；YY' 曲线表示内部均衡，向右下方倾斜。EE' 曲线表示外部均衡，斜率为正，向右上方倾斜；EE' 的曲线形态由方程 $X=M$ 表示，X 为出口，M 为进口。在斯旺模型中，外部均衡的内涵是经常项目的平衡，两条曲线的相交点 G 为同时实现了内部均衡和外部均衡。对于图中的任何一个不均衡点，要想实现内部均衡和外部均衡的双重目标，必须同时使用支出调整政策和支出转换政策。

4. 蒙代尔-弗莱明模型

20 世纪 60 年代罗伯特·蒙代尔和马库斯·弗莱明扩展了斯旺模型，并建立了蒙代尔-弗莱明模型(Mundell-Flemming Model)，目的是要证明固定汇率制度下的“米德冲突”是可以得到解决的。在该模型中，经常项目净差额是实际收入(Y)和汇率(E)的函数；资本项目净差额是本国与外国利差(R)的函数；实际收入(Y)是货币政策和财政政策的函数，它随政府支出(G)的增加而增加，随利率的提高而减少。

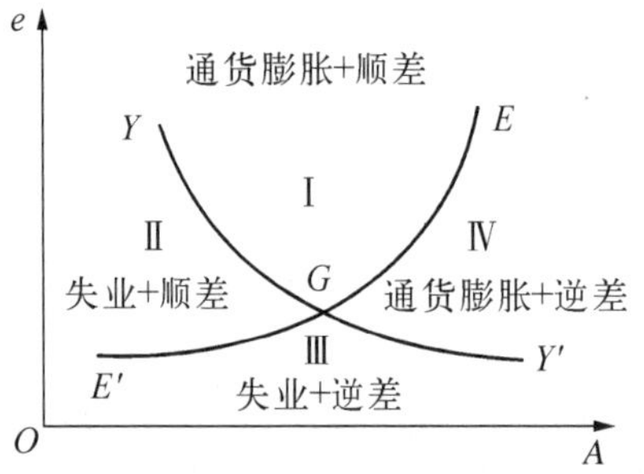

图 13-13　斯旺模型

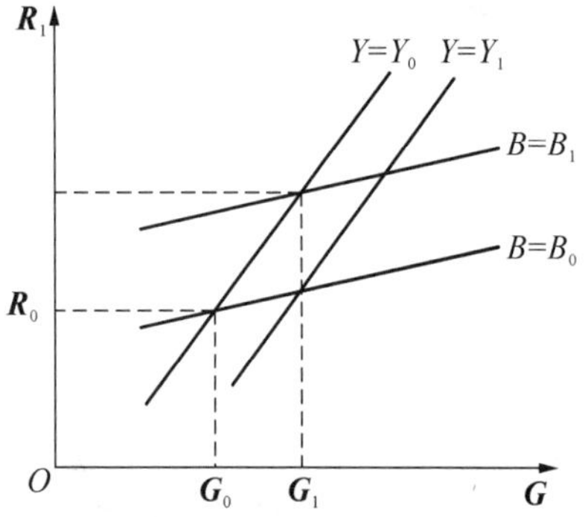

图 13-14　蒙代尔-弗莱明模型

经典蒙代尔-弗莱明模型分析了国际资本流动对稳定政策的影响，证明了汇率制度的重要性：在固定汇率制度下，政府只有通过调整货币政策才能实现对外均衡，而财政政策则可以有效解决内部问题，实现充分就业；而在浮动汇率制度下，两个政策的效果恰好相反，货币政策有效，财政政策无效。具体如图 13-15 和图 13-16 所示。

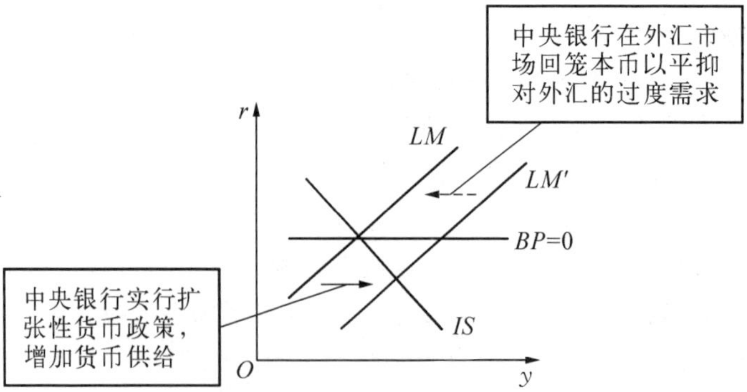

图 13-15　固定汇率与资本完全流动情况下的货币扩张

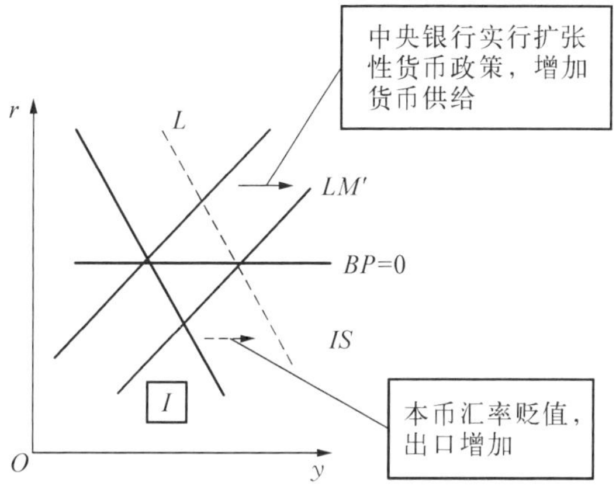

图 13－16 浮动汇率与资本完全流动情况下的货币扩张

5. 克鲁格曼“三元悖论”

在蒙代尔-弗莱明模型的基础上，克鲁格曼进一步提出了“三元悖论”。克鲁格曼形象地将“三元悖论”表述为一个“永恒三角形”，也称为“蒙代尔不可能三角”（图 13－17）。在这个三角形中，三个顶点各代表一个目标，每一条边代表一种由两个目标构成的目标组合，每个经济体可选择其中的一条边。一国的经济目标有三种：一是各国货币政策的独立性；二是汇率的稳定性；三是资本自由流动。根据三元悖论，在以上三个目标之间只能进行以下三种选择：一是保持本国货币政策的独立性和资本的完全流动性，必须牺牲汇率的稳定性，实行浮动汇率制；二是保持本国货币政策的独立性和汇率稳定，必须牺牲资本的完全流动性，实行资本管制；三是维持资本的完全流动性和汇率的稳定性，必须放弃本国货币政策的独立性。

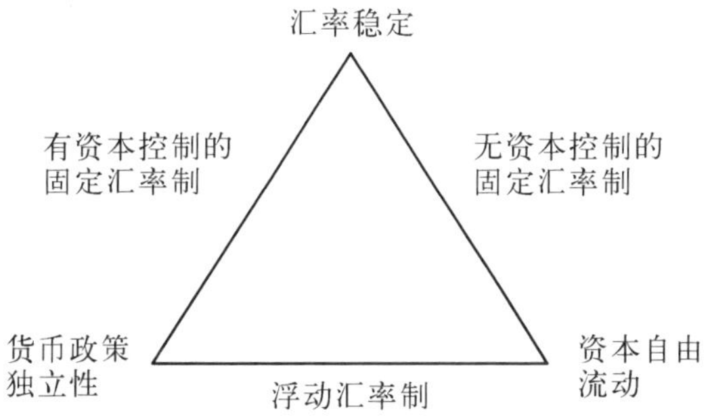

图 13－17 三元悖论

奥波斯特菲尔德（Obstfeld）在 2001 年发展出一个随机模型，指出如果一国能调整货币政策反应函数以补偿外来冲击对本国和外国资本的影响，则该国能提高产出。这一结论无疑是对蒙代尔-弗莱明模型的巨大支持，也增加了货币政策自主的吸引力。

13.3 开放经济条件下的宏观经济政策

13.3.1 固定汇率制度下的宏观经济政策

1. 资本完全流动时的宏观经济政策效应

（1）货币政策的效应

在固定汇率制度下，开放经济中的货币供给不是外生性的，如果货币当局无法控制货币供给，就会直接导致货币政策在任何国际资本流动性情况下都无法对国民收入产生影响。经济的开放性保证了货币供给的内生性，即使在没有资本流动的情况下，贸易项下的不平衡也能为跨国界的外汇储备转移提供条件。资本流动加速了外汇储备转移及货币调节的过程，当国内货币扩张时，任何对消费的刺激都会导致贸易收支的恶化，并消耗外汇储备，从而抵消货币当局先前所采取的扩张政策所产生的效用。因为在资本流动的情况下，货币扩张的流动效应使国内利率下降，导致资本外流。资本流动性越高，资本项目收支对利率下降的反应就越大，从而导致更多的外汇储备流失，使国内货币市场更快地恢复均衡。在固定汇率制度和资本完全流动条件下，货币当局实行任何货币政策都是无效的。

如图 13－18 所示，资本完全流动时 BP 曲线是一条水平线，国内利率等于国外利率，该国实现国际收支平衡，否则，资本就会流动，导致该国国际收支失衡。国际收支失衡导致本币面临升值或贬值的压力，为了维护汇率稳定，该国货币当局需进行干预，这会导致 LM 曲线发生移动。该国如果采用货币政策，LM_1 曲线向右移到 LM_2 的位置，LM_2 曲线与 IS 曲线相交于 B 点，此时内部均衡。在 B 点由于利率降低导致资本大量外流，国际收支出现赤字，该国面临本币贬值的压力。如果要稳定汇率，货币当局需抛售外币，购回本币，导致本国货币供给减少，LM 曲线向左移动，这一过程会一直持续到最初在 A 点的均衡得到恢复为止。

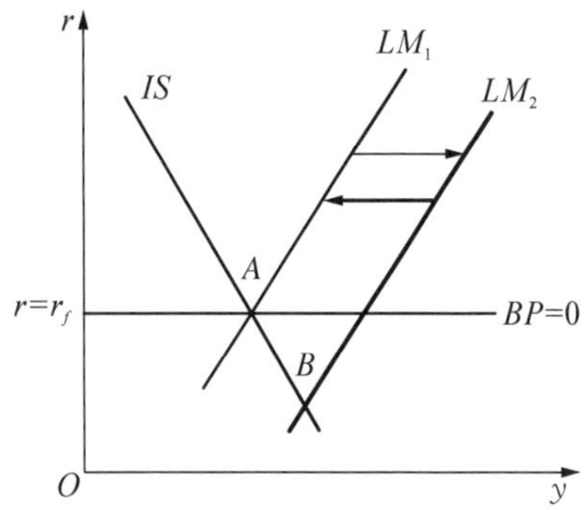

图 13－18 固定汇率制下资本完全流动时的货币政策效果

（2）财政政策的效应

财政政策对国民收入的影响取决于增量公众消费的资金来源。如果国内工资及价格水平不变，那么政府支出的作用就在于造成需求过剩并以此通过传统乘数途径来刺激国民收入的增长。财政支出造成总需求增加程度的大小也取决于财政支出的来源。如果增量政府支出不得不以国内资金为来源，那么这种支出将会抬高国内利率，并降低民间投资性支出，从而减弱财政政策对总需求的直接影响。如果由于资本的不可流动性使得造成财政赤字的增量政府支出必须完全依靠于国内资金来源，那么只要需求过剩存在，政府支出将会持续对国内利率造成上升的压力，这意味着只有当民间支出减少到把增量财政支出完全抵消后，供需双方才能重新达到平衡。在固定汇率制下资本具有完全流动性或资本流动性较强时，财政政策的作用效果也较为显著。

如图 13－19 所示，在最初均衡点 A 上，当政府采取扩张性财政政策时，IS 曲线右移到 IS_2，与原来的 LM_1 曲线相交于 B 点。此时，国民收入提高到 y_1，利率上升到 r_1。国民收入增加使进口增加，但是由于资本具有完全的流动性，利率上升会使资本大量流入，国际收支出现顺差，对本币的需求增加，本币出现升值压力。为了稳定汇率，货币当局必须干预外汇市场，回笼外币，增加本币的供给。这种干预会使 LM 曲线右移到 LM_2 上，最终在 C 点达到新的内外均衡。

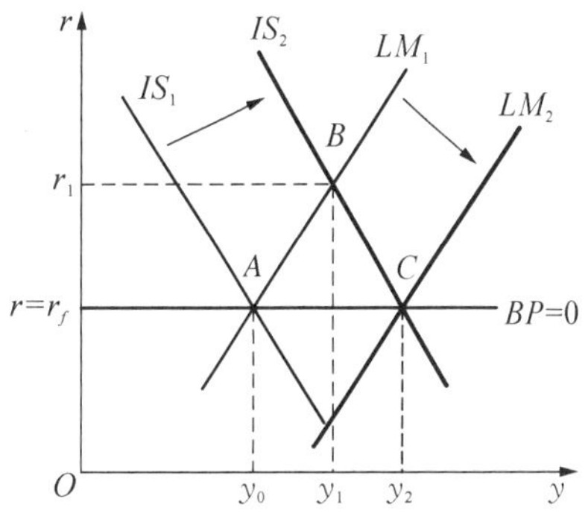

图 13－19　固定汇率制下完全资本流动时的财政政策效应

2. 资本完全不流动时的宏观经济政策效应

(1) 货币政策的效应

在固定汇率制和资本完全不流动条件下或资本流动性较弱时，货币政策最终将是完全无效的。

如图 13－20 所示，货币当局采用扩张性货币政策时，曲线 LM_1 就向右移动到 LM_2，并与 IS 曲线相交于新的内部均衡点 B，国民收入暂时提高到 y_1，利率下降到 r_1。在 B 点上，外部均衡并未实现，所以它不可能是经济的最终均衡点。由于 $r_1<r_0$，$y_1>y_0$，尽管在资本完全不流动时，$r_1<r_0$ 不会使资本流出，但 $y_1>y_0$ 却会使商品和劳务的进口增加，从而形成国际收支逆差，导致对外币的需求增加，对本币需求减少，外币升值，本币贬值。货币当局为保持汇率稳定，需抛售外币，回购本币，导致本国货币供给量减少，使 LM 曲线从 LM_2 的位置左移到 LM_1 的位置，经济又重新回到原来的内外部同时均衡点。

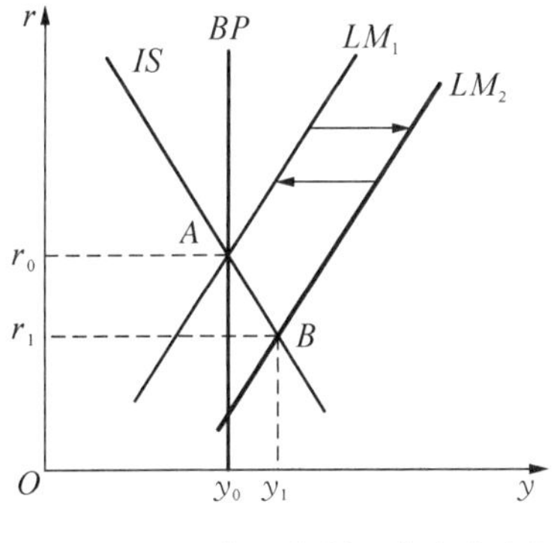

图 13－20　固定汇率制下资本完全不流动时的货币政策效应

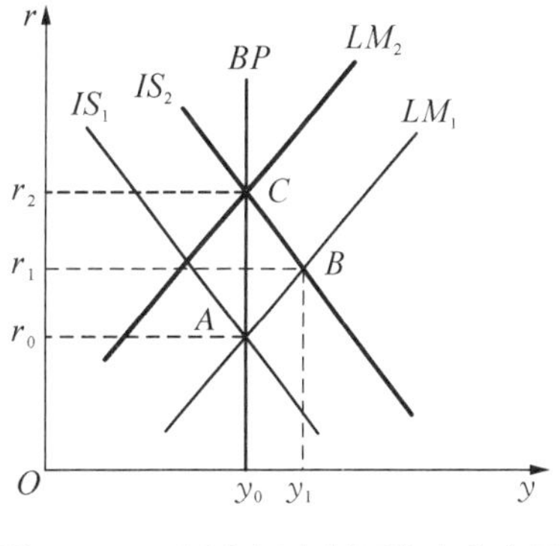

图 13－21　固定汇率制下资本完全不流动财政政策的效应

(2) 财政政策的效应

① 在固定汇率制和资本完全不流动条件下，财政政策除了使利率和外汇存量变动以外，对国民收入和就业水平没有任何影响。如图 13－21 所示，当政府采用扩张性财政政策时，曲线 IS_1 向右移动到 IS_2，与 LM_1 曲线相交于新的内部均衡点 B，国民收入提高到 y_1，利率上升到 r_1。在 B 点上，没有实现外部均衡。由于 $r_1>r_0$，$y_1>y_0$，尽管在资本完全不流动时，$r_1>r_0$ 不会使资本流入，但 $y_1>y_0$ 却会使商品和劳务的进口增加，从而形成国际收支

逆差。此时，对外币需求增加，对本币需求减少，外币升值，本币贬值。货币当局为维持汇率稳定，需抛售外币，回购本币，最终导致货币的供给量减少，从而使 LM 曲线从 LM_1 的位置左移，直到与变化后的 IS 曲线及 BP 曲线重新交于一点 C，经济又再一次达到新的均衡。与原均衡相比，国民收入并没有增加，只是利率由 r_0 上升到 r_2。

② 在资本流动性较弱时，政府的财政政策是有一定效果的，其作用机制和效果如图 13－22 所示。

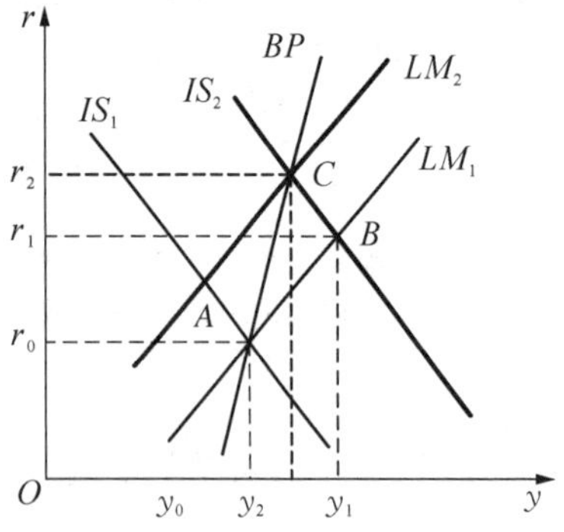

图 13－22　固定汇率制下资本流动性较弱时财政政策的效应

资本的流动性相对较弱时，BP 曲线的斜率高于 LM 曲线。初始均衡点为 A，初始的均衡收入和利率分别是 y_0 和 r_0。当政府采用扩张性财政政策时，曲线 IS_1 向右移动到 IS_2，与 LM_1 曲线相交于新的内部均衡点 B，国民收入提高到 y_1，利率上升到 r_0。在 B 点上，外部均衡并未实现，所以它不可能是经济的最终均衡点。由于收入提高，该国的进口增加；利率提高，该国的资本流入增加。但进口和资本流入虽增加，因资本流动性较弱，流入增加量小于进口增加量，导致国际收支发生逆差和本国货币贬值。在固定汇率制下，对外币需求增加，对本币需求减少，外币升值，本币贬值。货币当局为维持汇率稳定，需抛售外币，回购本币，最终导致货币的供给量减少，使 LM 曲线从 LM_1 的位置左移至 LM_2，与 IS_2 曲线及 BP 曲线重新交于 C 点，经济又再一次达到新的内外均衡。与原均衡相比，国民收入由 y_0 增加到 y_2，利率由 r_0 上升到 r_2，这表明在固定汇率制下资本流动性较弱，财政政策还是有一定效果的，其效果大小取决于资本流动程度大小。

13.3.2　浮动汇率制度下的宏观经济政策

1. 资本完全流动时的宏观经济政策效应

(1) 货币政策的效应

灵活的汇率恢复了货币政策对国民收入决定的有效性。在开放经济中，货币政策效用体现在为达到货币市场均衡引起的市场和要素反应都会导致外部收支出现赤字。收入的提高使得贸易收支恶化，而利率下降则会使资本项目收支恶化。因此，当为恢复货币市场均衡而采取的措施取得成功时，利率和收入的变化会迫使外部收支产生赤字。外部赤字所造成的货币贬值改善贸易收支并刺激总需求，进而巩固开放市场中的货币政策在任何资本流动性情况下的有效性。在固定汇率制度下，货币当局必须对外汇市场进行干预，但并不能控制货币存量。因为当它扩张货币存量的时候，外汇储备的损失将会抵消国内货币存量的增长。而在浮动汇率制度下，货币当局不必干预外汇市场，所以货币存量的增加就不会构成对外汇市场的干预的抵消作用。在浮动汇率制和资本完全流动的情况下或资本流动性较强时，货币政策将具有较好的增加国民收入的效果。

如图 13－23 所示，A 为初始内外部均衡点，均衡收入和利率分别是 y_0 和 r_0，当政府采用扩张性货币政策时，LM 曲线向右移到 LM_2，与 IS_1 曲线相交于新的内部均衡点 B，国民收入提高到 y_1，利率下降到 r_1。在 B 点上，外部均衡并未实现。由于资本的完全流动性，利率的下降使资本流出增加。同时，由于收入提高，该国的进口增加，净出口减少。

这两方面都会使经济产生国际收支逆差。在浮动汇率制下，本国货币贬值，带来投资的增加，从而使 IS 曲线右移，直到 IS_2 与 LM_2、BP 曲线共同相交于 C 点，重新达成内外部一致均衡。

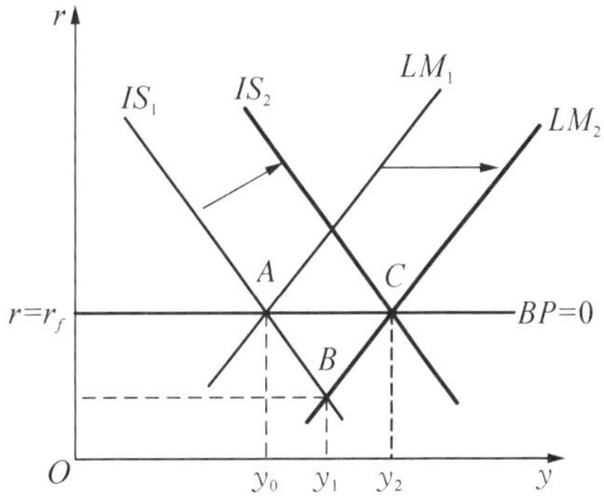

图 13-23　浮动汇率制下资本完全流动时货币政策的效应

（2）财政政策的效应

决定财政政策有效性的关键问题在于汇率变动的方向。货币升值会抵消扩张性财政政策对国民收入产生的影响，货币贬值则会加强财政扩张的作用。汇率变动的方向关键取决于国际资本流动性的高低。在资本流动较弱的情况下，由增量政府支出而导致的国内信贷紧缩会吸引相对适量的国际资本流入国内。这时，贸易赤字大于资本项目盈余，并形成对外汇的需求过剩，这就要求汇率贬值。汇率贬值能将政府支出转化为国内产品，从而加强财政扩张的作用。在资本流动较快的情况下，国内信贷紧缩会吸引大量资本流入，这就要求汇率升值以维持外汇市场平衡，从而抵消财政扩张的作用。浮动汇率下财政政策在刺激国内经济作用方面，与固定汇率下的效果明显不同。在浮动汇率制和资本具有完全流动性条件下，财政政策将完全无效；在资本流动性较强时，由于 BP 曲线的正斜率，财政政策会有一定效果，但是效果较小。

如图 13-24 所示，A 为初均衡点，当政府采取扩张性财政政策时，IS 曲线右移到 IS_2，与原来的 LM_1 曲线相交于 B 点，国民收入提高到 y_1，利率上升到 r_1。国民收入增加使进口增加，但是由于资本具有完全的流动性，利率上升会使资本大量流入，超过进口增加。B 点位于 BP 曲线的上方，表示国际收支出现顺差，对本币的需求增加超过对外币的需求增加，本币升值，出口减少，进口增加，使 IS 曲线从 IS_2 的位置左移，直到回到原来位置。最终，重新在 A 点上恢复内外部一致均衡。

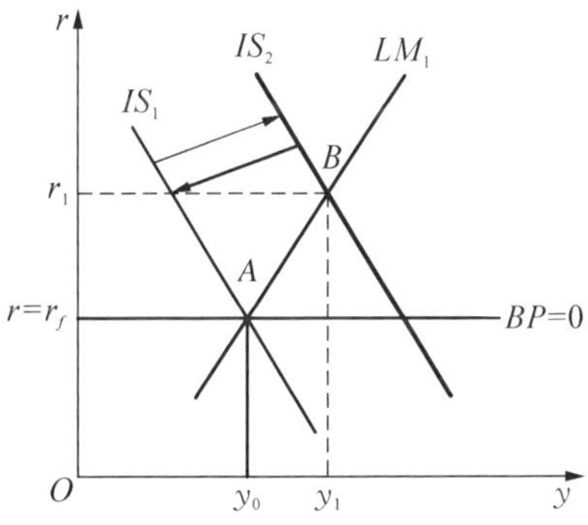

图 13-24　浮动汇率制下资本完全流动时财政政策的效应

2. 资本完全不流动时的宏观经济政策效应

（1）货币政策的效应

在浮动汇率制和资本完全不流动条件下或资本流动性较弱时，货币政策是有效的。

如图 13-25 所示，A 为内外均衡的均衡点，当货币当局采用扩张性货币政策时，LM 曲线向右移到 LM_2，与 IS 曲线相交于新的内部均衡点 B，国民收入提高到 y_1，利率下降到 r_1。由于资本完全不流动，利率的降低不会引起资本的流出，但国民收入的提高会增加进口，造成国际收支逆差。在浮动汇率制下，本国货币贬值，净出口增加，使 IS 曲线右移到 IS_2。净出口增加，汇率自由调整，使国际收支在一个较高水平达到平衡，BP 曲线右移到 BP_2。新的 IS_2、LM_2 和 BP_2 最终相交于 C 点，经济再次恢复均衡。与最初的均衡点相比，采取货币政策使国民收入增加了。

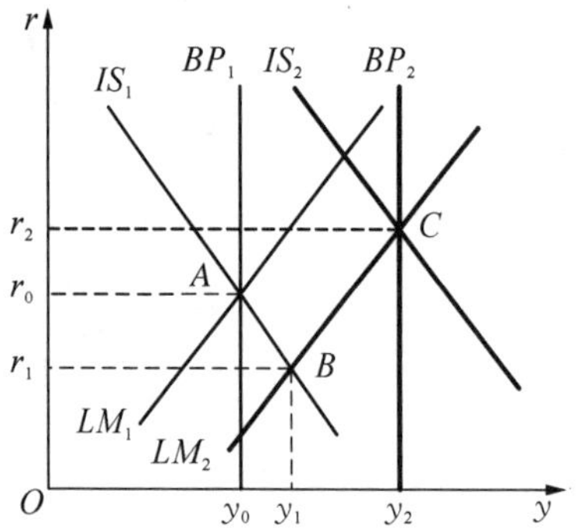

图 13-25　浮动汇率制下资本完全不流动时货币政策的效应

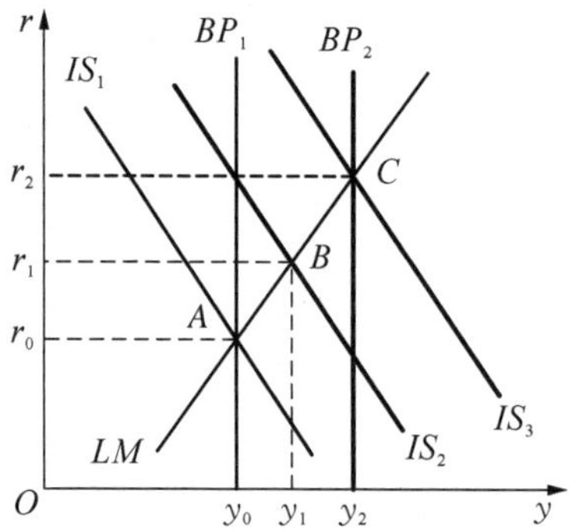

图 13-26　浮动汇率制下资本完全不流动时财政政策的效应

(2) 财政政策的效应

在浮动汇率制和资本完全不流动条件下或在资本流动性较弱时，财政政策是有效的。

如图 13-26 所示，A 为内外均衡的均衡点，当货币当局采用扩张性财政政策时，IS 曲线向右移到 IS_2，与 LM 曲线相交于均衡点 B，国民收入提高到 y_1，利率上升到 r_1。由于资本完全不流动时，利率提高并不会引起资本的流入，但国民收入的提高会增加进口，造成国际收支逆差。在浮动汇率制下，本国货币会发生贬值，出口增加，国际收支改善，IS 曲线在 IS_2 位置上继续右移，BP 曲线也右移，最终在 C 点形成新的内外部均衡。与初始均衡相比，采取财政政策使国民收入增加了。

专栏 13-1　量化宽松货币政策

量化宽松(Quantitative Easing，QE)主要是指中央银行在实行零利率或近似零利率政策后，通过购买国债等中长期债券，增加基础货币供给，向市场注入大量流动性资金的干预方式，以鼓励开支和借贷，也被简化地形容为间接增印钞票。量化指的是扩大一定数量的货币发行，宽松即减少银行的资金压力。当银行和金融机构的有价证券被央行收购时，新发行的钱币便被成功地投入到私有银行体系。量化宽松政策所涉及的政府债券不仅金额庞大，而且周期也较长。一般来说，只有在利率等常规工具不再有效的情况下，货币当局才会采取这种极端做法。

在经济发展正常的情况下，央行通过公开市场业务操作，一般通过购买市场的短期证券对利率进行微调，从而将利率调整至既定目标利率；而量化宽松则不然，其调控目标即锁定为长期的低利率，各国央行持续向银行系统注入流动性，向市场投放大量货币。即量化宽松下，中央银行对经济体实施的货币政策并非是微调，而是开了一剂猛药。

本章概要

在开放经济中，宏观经济政策的主要目标包括经济增长、充分就业、物价稳定和国际收支平衡四个方面。其中，经济增长是一个长期目标，而充分就业、物价稳定和国际收支平衡则是三个短期目标。进一步划分，上述三个目标又可分成两类：① 对内平衡，即内部经济处于充分就业和物价稳定状态；② 对外均衡，即国际收支达到平衡。

显然，在分析上述均衡的过程中，不同的汇率制度对宏观经济政策的效果又有着不同的影响，具体地说，固定汇率制度下和浮动汇率制度下的宏观经济政策效果有很大程度的差别。

在固定汇率制度下，政府面临内外平衡两个目标，因此至少需要两种政策工具，仅依靠总需求政策一种方式不可能既改善国内需求水平，又改善国际收支内外平衡，所以要根据财政政策与货币政策的不同作用，指派给货币政策与财政政策不同的任务，分配法则为：将国内平衡的任务分配给财政政策，而将稳定国际收支的任务分配给货币政策。但在资本完全流动的情况下，根据蒙代尔-弗莱明模型，一国无法实现独立的货币政策，即货币政策在改变国内收入方面是无效的；而财政政策能有效地改变国内收入，可用来刺激国内经济。在固定汇率制度下，通货膨胀会通过国际收支的调整机制从一个国家传递到其他国家。

关键术语

开放经济、封闭经济、内部均衡、外部均衡、米德冲突、丁伯根法则、斯旺模型、三元悖论、蒙代尔-弗莱明模型、固定汇率制度、浮动汇率制度

复习题

1. IS－LM－BP 模型是如何建立的？
2. 解释内部均衡与外部均衡的基本含义。
3. 用斯旺模型说明内部均衡与外部均衡之间的冲突。
4. 用 IS－LM－BP 模型说明国际收支失衡在固定汇率和浮动汇率制度下的自动调节机制。
5. 国际宏观政策协调的主要内容是什么？
6. 试比较在资本完全不流动、资本不完全流动和资本完全流动三种情况下货币政策的效果。
7. 请对固定汇率制度与浮动汇率制度进行比较。

参考文献

[1] [英]詹姆斯·米德. 国际收支. 李翀，译. 北京：首都经济贸易大学出版社，2001.

［2］［美］保罗·R.克鲁格曼，茅瑞斯·奥伯斯法尔德.国际经济学.5版.海闻，等，译.北京：中国人民大学出版社，2002.
［3］［美］保罗·A.萨缪尔森，威廉·诺德豪斯.经济学.17版.萧琛，译.北京：人民邮电出版社，2004.
［4］宋承先.宏观经济学.上海：复旦大学出版社，2005.
［5］厉以宁.西方经济学.5版.北京：高等教育出版社，2008.
［6］高鸿业.西方经济学（宏观部分）.3版.北京：中国人民大学出版社，2004.
［7］钱荣堃.国际金融.天津：南开大学出版社，2002.
［8］［美］托马斯·A.普格尔.国际金融.北京：中国人民大学出版社，2009.
［9］［英］基恩·皮尔比姆.国际金融.北京：中国人民大学出版社，2009.
［10］陈雨露.国际金融.3版.北京：中国人民大学出版社，2008.
［11］姜波克.国际金融新编.4版.上海：复旦大学出版社，2008.
［12］谢平，张晓朴.货币政策与汇率政策的三次冲突.国际经济评论，2002(5-6):30-35.

第14章　金融全球化下的国际协调与合作

金融全球化是指国家或地区在金融业务、金融市场、金融政策与法律等方面跨越国界而相互依赖、相互影响、逐步融合的趋势。经济、贸易的全球化必然导致金融的全球化，金融全球化是经济全球化的重要组成部分。

14.1　金融全球化

14.1.1　经济全球化

经济全球化(Economic Globalization)是指世界经济活动超越国界，通过对外贸易、资本流动、技术转移、提供服务等方式相互依存而形成的全球范围的有机经济整体。国际货币基金组织(IMF)在1997年5月发表的一份报告中指出："经济全球化是指跨国商品与服务贸易及资本流动规模和形式的增加，以及技术的广泛、迅速传播使世界各国经济的相互依赖性增强。"经济合作与发展组织(OECD)认为："经济全球化可以被看作是一种过程，在这个过程中，经济、市场、技术与通信形式都越来越具有全球特征，民族性和地方性在减少。"

经济全球化的进程在20世纪80年代末90年代初得到了很大推进，经济全球化有利于资源和生产要素在全球的合理配置，有利于资本和产品在全球范围内流动，有利于科技在全球范围内扩张，有利于促进不发达地区经济的发展，是人类发展进步的表现，是世界经济发展的必然结果。与此同时，经济全球化也加剧了国际竞争，增加了国际投机，也增加了国际风险，并对国家主权和发展中国家的民族工业造成了严重冲击。更为严重的是，在经济全球化中由于实力不同，发达国家和跨国公司得利最多，而发展中国家所得较少。

经济全球化具体体现在四个层面：

(1) 生产国际化。生产力作为人类社会发展的根本动力，极大地推动着世界市场的扩大。自20世纪60年代以来，世界生产力以空前速度增长，国际分工进一步向深度和广度发展。这时，国际分工进入了以生产协作为基础的阶段。其特点是生产国际化，并且正在向未来的整个经济生活国际化方向发展。生产国际化意味着世界各国不仅在商品和资金流通方面实现了国际化，而且在工农业生产和第三产业的各个部门以及各个加工环节方面也走向了国际化。

(2) 贸易自由化。是指一国对外国商品和服务的进口所采取的限制逐步减少，为进口商品和服务提供贸易优惠待遇的过程或结果。无论是以往的关贸总协定，还是现在的世贸组织，都是以贸易自由化为宗旨的。随着全球货物贸易、服务贸易、技术贸易的加速发展，经济全球化促进了世界多边贸易体制的形成，从而加快了国际贸易的增长速度，促进了全球贸易自由化的发展。

（3）金融全球化。是指世界各国、各地区在金融业务、金融政策等方面的相互交往和协调、相互渗透和扩张、相互竞争和制约已发展到相当水平，进而使全球金融形成一个联系密切、不可分割的整体。世界性的金融机构网络已经出现，大量的金融业务跨国界进行，跨国贷款、跨国证券发行和跨国并购体系已经形成，世界各主要金融市场在时间上相互接续、价格上相互联动。

（4）科技全球化。是指各国科技资源在全球范围内的优化配置，这是经济全球化最新拓展和进展迅速的领域，表现为先进技术和研发能力的大规模跨国界转移，跨国界联合研发广泛存在。以信息技术产业为典型代表，各国的技术标准越来越趋向一致，跨国公司巨头通过垄断技术标准的使用，控制了行业的发展，获取了大量的超额利润。

14.1.2　金融全球化的内涵

金融全球化是指金融业跨国发展，金融活动按全球统一规则运行，同质的金融资产价格趋于等同，巨额国际资本通过金融中心在全球范围内迅速运转到世界各国、各地区。金融全球化是经济全球化的必然发展和重要组成部分，世界经济的发展离不开金融全球化的推动。金融全球化得益于科技进步突飞猛进和知识经济的出现，信息技术和信息产业的发展，导致运输和通信成本的大幅度下降，从而推动国际贸易、跨国投资和国际金融的迅速发展。经济、贸易的全球化必然导致金融的全球化。金融全球化是在现代信息技术普遍运用、国际资本迅速大量流动情况下出现的全球金融密切联系的发展趋势。它有三个特点：一是金融活动和金融市场在全球范围按统一规则运作；二是金融活动及金融资产和负债跨越国界，形成全球范围内的金融资源流动；三是同质的金融资产在国际市场上的价格趋于等同，形成全球统一的金融价格。

金融全球化的浪潮起始于20世纪80年代，到了20世纪90年代金融全球化已蔚然形成一股浪潮，具体表现为金融市场迅猛扩大、世界各国金融市场的开放程度越来越高、金融管制越来越松、资本流动速度大大加快、金融创新层出不穷、各国金融政策相互影响程度不断增大，因此越来越倾向于一体化。然而，金融的全球化浪潮给世界经济尤其是发展中国家经济带来的不仅仅是推动和促进作用，伴随这股浪潮而来的是金融危机的频繁爆发及由此引致的经济衰退和政局动荡。

14.1.3　金融全球化的主要表现形式

金融全球化有多种表现形式，由于金融活动是投资者和融资者通过一定的金融机构、利用金融工具在金融市场进行的资金交易活动，因此金融全球化就是金融活动的全球化。金融活动的全球化主要包括以下几个方面：

（1）资本流动全球化。20世纪80年代以来，国际资本流动呈现出不断加速和扩大的趋势，特别是90年代以来，国际资本以前所未有的数量、惊人的速度和日新月异的形式使全球资本急剧膨胀。随着投资行为和融资行为的全球化，即投资者和融资者都可以在全球范围内选择最符合自己要求的金融机构和金融工具，资本流动进一步全球化。

（2）金融机构全球化。金融机构是金融活动的组织者和服务者，金融机构全球化就是指金融机构在国外广设分支机构,形成国际化或全球化的经营。20 世纪 80 年代以来,为了应对日益加剧的金融服务业全球竞争,各国大银行和其他金融机构竞相以扩大规模、扩展业务范围和推进国际化经营作为自己的战略选择。进入 90 年代后,世界上的一些国家先后不同程度地放松了对别国金融机构在本国从事金融业务或设立分支机构的限制,从而促进了各国银行向海外的拓展。随着近年全球竞争的加剧和金融风险的增加,国际上许多大银行都把扩大规模、扩展业务以提高效益和增强抵御风险能力作为发展的新战略,国际金融市场掀起了声势浩大的跨国并购浪潮,金融机构的并购与重组成为金融机构全球化的一个突出特点。全球金融业并购浪潮,造就了众多的巨型跨国银行。

(3) 金融市场全球化。金融市场是金融活动的载体,金融市场全球化就是金融交易的市场超越时空和地域的限制而趋向于一体。目前全球主要国际金融中心已连成一片,全球各地以及不同类型的金融市场趋于一体,金融市场之间的依赖性和相关性日益密切。金融市场全球化有两个重要的因素:一是放松或取消对资金流动及金融机构跨地区、跨国经营的限制,即金融自由化;二是金融创新,包括新的金融工具、融资方式与服务方式的创造,新技术的应用,新的金融市场的开拓,新的金融管理或组织形式的推行。

14.1.4 金融全球化的影响

经济全球化的集中体现是金融资本全球化,国际资本形成格局的历史演进取决于发达国家经济金融化的发展程度,以及由发达国家推进的经济全球化发展进程。发达国家输出资本并主导国际资本形成,主要是受资本趋利避险的动机所驱使,而发展中国家由于要获得支撑经济发展所需要的资本,因此在工业化发展过程中更需要依赖国际资本形成。在金融资本全球化的发展进程中,发达国家资本的形成方式由资本积聚为主转变为资本集中为主,国际金融资本逐渐从实体经济中分化出来并控制着国际资本形成过程,它不仅支配着全球真实的产出,还控制着实物资本的分配。发达国家金融产业化的发展模式决定了国际资本形成,金融资本全球化是资本跨越国界的大规模活动,其实质是资本实现全球范围重新配置的过程,这是由发达国家操纵的。

在金融全球化的环境下,信息跨国界的传播和现代化电子技术的应用使得国际资本流动加速,国际金融市场规模扩大,各国之间的联系更为紧密。随着世界经济的全球化发展,金融领域的跨国活动也在以汹涌澎湃之势迅猛发展。金融全球化不仅成为世界经济发展最为关键的一个环节,同时也成为最为敏感的一个环节。金融全球化促使资金在全世界范围内重新配置,一方面使国际金融中心得以蓬勃发展,另一方面也使发展中国家,特别是新兴市场经济国家获得了大量急需的经济发展启动资金。然而,金融全球化也在很大程度上改变了原有的金融市场运行机制和运行格局,并使得现行国际货币体系越来越无法满足世界经济发展的需求。

现行的国际货币体系是在牙买加体系的基础上逐步演化而来的,它既没有统一的汇率安排,也没有明确的本位货币,各国的经济政策行为也难以受到约束。当爆发金融危机时,金融全球化使得各国共同遭受危机影响的程度加深,特别是发展中国家,在这一过程中处于更加弱势的地位,极易受到攻击。金融全球化带来的负面影响体现在以下几个方面:

第一,导致短期国际资本流动加剧。布雷顿森林体系崩溃以后,国际资本流动的增长速度已超过国际贸易和国际生产的增长速度,并且随着金融全球化的发展,短期国际投机资本数额不断膨胀,现行的国际货币体系为短期性国际资本的流动提供了便利。反之,跨国资本流动又加剧了现行国际货币体系的不稳定性。这些基于套利性动机的短期国际资本对金融体系有缺陷的国家肆意进攻，导致货币危机的爆发。随后，当短期国际性资本大批逃离该国时，又会将货币危机放大成银行危机、金融危机，甚至带来整个宏观经济的衰退。

第二，导致国际收支调节混乱。多元化的国际收支调节机制允许各国在国际收支不平衡时可采用不同的调节方式，但除了国际货币基金组织和世界银行的调节外，其他几种调节方式都由逆差国自行调节，而国际上对这种自行调节没有任何的制度约束或支持，也不存在政策协调机制和监督机制。在国际收支调节问题上的这种混乱状态，成了现行国际货币体系与经济全球化发展趋势矛盾的集中体现。

第三，导致世界货币发行国与非世界货币发行国地位不平等。金融全球化对于世界货币发行国来说，可以轻松地通过货币发行和货币互换来取得外汇储备，但是作为发达国家往往又都是国际收支顺差国，有大量的外汇储备积累。对于非世界货币发行国来说，它们只能通过增加出口来取得外汇，但是这些国家往往是发展中国家，出口能力有限。发展中国家与发达国家的处境形成强烈反差，导致两者地位不平等。

专栏 14-1　国际金融一体化促进经济增长的渠道

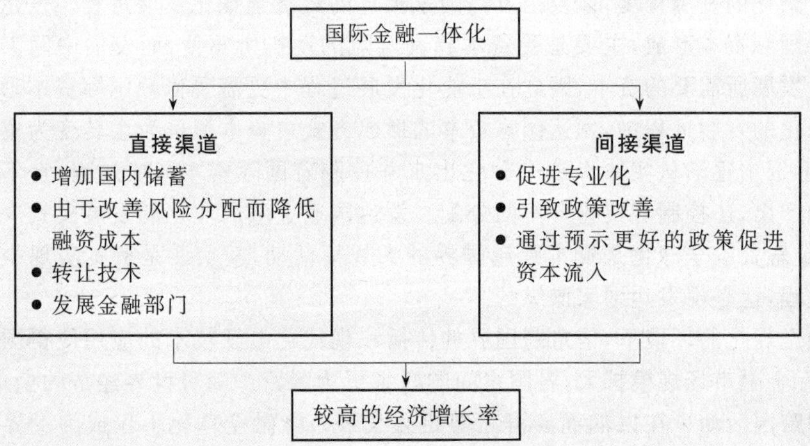

14.2　国际经济协调与合作

14.2.1　国际经济协调概述

国际经济协调，全称为“宏观经济政策的国际协调”，是指在国际分工高度发达的基础上，世界各国为了解决涉及彼此间的国际经济利益中的矛盾与问题，保障世界经济以较正常的秩序运行，由各国政府出面，通过一定的形式，以各个国家或地区的政府或国际经济组织为主体，在承认世界经济相互依存的条件下，针对汇率政策、贸易政策、货币政策和财政政策等宏观经济政策，在有关国家或地区之间进行协商和调整，或对国际活动采取联合干预、管理和调节的行为。

国际经济协调的本质是各国经济利益的协调，国际经济协调的核心和目标是要调节经济全球化过程中国际共同利益和民族国家利益的矛盾，实现世界经济和各国经济的有序运行，促进世界经济和各国经济的增长。国际经济协调的作用在于各国政府通过一定方式寻求各国经济利益的共同点，以相互依赖关系和经济传递机制为纽带，实现各国整体利益的最大化和各国内外经济平衡基础上的世界经济均衡。

14.2.2 国际经济协调产生的必要性

国际经济协调是生产国际化与资本国际化的产物，在世界经济体系中，各国之间经济联系日益密切，国际上的商品流通、劳务交换、资金流动等，必然引起各国之间的支付、兑换、储备资产供应及国际收支调节等一系列问题，这是国际经济协调产生的客观条件。国际经济协调是一个国家经济国际化的必然产物，也是世界经济发展到一定历史阶段的产物。第二次世界大战后，随着生产力的提高和生产国际化的深入发展，世界经济联系日益紧密，相互依赖程度加深，国际竞争也日趋激烈。竞争必然引起矛盾和经济摩擦，世界各国为了缓和这些矛盾和摩擦，普遍采取了国际协调手段。从本质上看，国际经济协调是稳定和平衡国际经济的机制，国际经济协调的基础是各国经济的相互依赖和国际经济传递机制，是随着世界经济危机、动荡和失衡而出现和发展起来的，更深层次的原因是世界经济相互依存、国际经济发展不平衡和世界经济结构体系的演化导致的。任何一国，特别是主要经济体国家的宏观经济政策，都会产生溢出效应，从而对别国的经济政策产生直接影响。因此，一国在制定经济政策以及实施经济行为时，不得不考虑他国的反应以及可能会采取的措施，并对此做出反应，然后选择相对较优的决策。

在开放经济条件下，一国经济与其他国家的经济密切相关，各国之间的经济既相互依赖，又相互影响。在这种情况下，一国的经济政策自然也会对他国经济产生影响，各国经济政策的互相影响主要是通过国际收支以及汇率的变化来传递的。因此在经济一体化日益增强的国际环境下，各国在制定宏观经济政策时，不仅要考虑国内经济目标，还须考虑其国际影响。

在20世纪80年代末，许多国际金融领域内的学者和专家对于国际宏观经济政策协调问题越来越关注。比较一致的看法是认为国际协调是必要的，特别是在浮动汇率制比较受推崇的今天，世界上主要国家之间进行政策协调是十分必要的。在浮动汇率制下，各国可以自由选择汇率制度的安排，各国央行可以控制本国货币的供给并选择自己想要的通货膨胀率。但是浮动汇率制也使一国的金融政策对国外产生了较大的影响，产生溢出效应。金融政策的溢出效应(Spill-over Effect)是指一国国内货币政策在作用于国内经济变量的同时，也对相关国家的经济变量产生影响；反过来，国外的货币政策会波及国内，使国内金融政策的效果产生扭曲，难以达到预期的政策效果。国际金融政策协调就是要化解国与国之间金融政策带来的负面影响，加强国与国之间的政策磋商。在全球经济一体化加速的条件下，国际贸易不断扩大，跨国公司的业务日益发展，国与国之间的经济联系越来越紧密，这使一国金融政策的溢出效应更为突出。在浮动汇率制下，由于各国政府从自身利益出发，加大了对汇率干预的程度，因此对世界经济的平稳发展构成了威胁。在金融自由化的浪潮中，许多国家放松了对资本流动的控制，这促进了全球金融事业的发展。然而，浮动汇率的多变性导致了国际金融市场更大的不稳定性和投机性，给国际贸易和国际投资造成了伤害。缺乏国际金融政策的协调或国际金融政策协调失败，或者协调政策不能有效地执行，则难以形成预期的政策效果。因此，一项金融政策能否达到预期的效果，不仅依赖于国内的经济条件，而且还取决于其贸易伙伴国的相关经济政策，只有进行国际协调才可以使政策效应更好地发挥。

专栏 14-2　金砖国家

2001 年，美国高盛公司首席经济师吉姆·奥尼尔(Jim O'Neill)首次提出“金砖四国”这一概念，特指新兴市场投资代表。“金砖四国”(BRIC)引用了俄罗斯(Russia)、中国(China)、巴西(Brazil)和印度(India)的英文首字母。由于该词与英语单词的砖(Brick)类似，因此被称为“金砖四国”。2008—2009 年，相关国家举行系列会谈和建立峰会机制，拓展为国际政治实体。2010 年南非(South Africa)加入后，其英文单词变为“BRICS”，并改称为“金砖国家”。金砖国家的标志是五国国旗的代表颜色做条状围成的圆形，象征着“金砖国家”的合作，团结。

2015 年 1 月 1 日，俄罗斯开始担任金砖国家机制轮值主席国。俄总统普京表示，将利用主席国身份进一步提高金砖国家在世界范围的影响力。

2016 年 2 月 15 日，印度正式接任金砖国家(BRICS)主席国，任期将持续到 12 月 31 日。史瓦拉吉说道：“印度在担任主席国期间，将组织 50 多场不同级别的会议。”

2017 年 1 月 1 日，中国正式接任金砖国家主席国。习近平主席对 2017 年 9 月在福建厦门举办的金砖国家领导人第九次会晤提出四点期待：深化务实合作，促进共同发展；加强全球治理，共同应对挑战；开展人文交流，夯实民意基础；推进机制建设，构建更广泛伙伴关系。

14.2.3　国际经济协调的框架

1. 国际经济协调的框架

从历史上看，国际经济协调有三种框架：一是在多边协议框架下的机构性协调，如以布雷顿森林体系为名的国际货币体系、以关税和贸易总协定为内容的国际贸易体系和以协调能源政策为目的的国际能源机构；二是在区域经济一体化过程中的地区协调，如欧洲经济共同体和现在的欧洲联盟；三是在领导人会晤机制下的定期协调，如每年一次的七国集团首脑会议以及每年两次的财政部部长和央行行长会议。

依据政策协调的程度，国际经济协调可由低到高分为五个层次。

一是信息交换。各国政府相互交流本国为实现经济内外均衡而采取的宏观调控的政策目标范围、政策目标的侧重点、政策工具种类、政策搭配原则等信息，但仍在独立、分散的基础上进行本国的决策。

二是合作确定中介目标。两国国内一些变量的变动会通过国家间的经济联系而形成一国对另一国的溢出效应，因此各国有必要对这些中介目标进行合作协调。

三是危机管理。即针对世界经济中突发的、后果特别严重的事件，各国进行共同的政策协调以缓解、渡过危机，避免共享目标变量的冲突。

四是部分协调。即不同国家就国内经济的某一部分目标或工具进行的协调。

五是全面协调。即将不同国家的所有政策目标、工具都纳入协调范围，从而最大限度地获取政策协调的收益。

2. 国际经济协调的基本形式

从实践来看，目前存在的各种全球性与区域性的多边论坛，以及国际多边机构，都是国际政策协调的平台和场所，但其所能发挥的协调效力却各不相同，往往存在这样的悖论——参与的国家愈多，愈能体现代表性，但却愈难实现协调。如联合国是世界各国的代表，但通常是众口难调，议而不决，难以形成有执行力的决策。相对而言，七国集团的协调能力和执行力却相对较高。这一方面归功于七国集团在世界经济和金融市场的领导地位；另一方面也源于其经济和社会背景较为相似，容易达成一致。

协调可以是就某个特定的政策组合达成的临时协议，也可以是就政策规则和方针达成长期协议，这两者分别称为规则性协调和随机性协调。

（1）规则性协调

规则性协调是指通过制定明确的规则，包括原则、协定、条款及其他指导性条文等来指导各国采取政策措施，从而达到国际协调的一种协调方式。规则性协调方式具有如下的优点：

① 规则清晰、明了，有利于协调各方理解、参考与执行。

② 在较长时期内可保证政策协调的连续性与稳定性，同时规则性协调可提高政策的可预见性，使私人部门能够有效地对资源配置做出决策。

③ 在规则性协调中，主要协调方还可参与制定这些规则，在此过程中可以反映本国的情况，体现本国在金融监管协调上的思想、理念和价值观。这些规则一般都是由全球性金融组织或其成员共同制定的，具有较高的权威性和可信性，能够受到更多的重视。

④ 规则性协调是向决策人施加限制的有效机制，因为如果决策者不受限制，他们会利用政策工具去实现本国的政策目标。

⑤ 规则性协调可防止具有破坏性的微调。

（2）随机性协调

随机性协调是根据事情发展的状况和其特殊的情况进行协调。在国际经济政策协调的发展过程中，有这样一种趋势，即规则性协调逐渐被随机性协调所替代。自从布雷顿森林体系崩溃以来，不管是1978年的波恩会议还是后来的广场协定和卢浮宫协定都采取了随机性协调的形式，这种趋势的形成与随机性协调这种形式自身的特点有关。相对于以规则为基础的体系，一次性峰会协议更容易合并非对称性，所以也更容易为各国所接受。随机性协调方式具有如下的优点：

① 与规则性协调相比，随机性协调更为灵活和现实。规则性协调在理论上有优势，但在实际运行中不顺利。如金本位制下现金自动流动机制所发挥的作用常被政府对黄金流动的管制抵消。

② 随机性协调是随机应变的，但是规则性协调只有当违背规则的惩罚足够大时，才能保证各国在执行宏观经济政策时较好地按规则进行。

③ 规则性协调减少了微调的风险，但却增加了因环境变化而不能及时调整的风险。在国际金融环境变化极大的今天，随机协调更能适应环境的变动。

3. 国际经济协调的具体措施

随着全球经济的一体化，一些国家提出了双边或多边的协调方式。这些协调主要包括三个方面：货币政策协调、财政政策协调和汇率政策协调。

（1）货币政策协调

各国货币政策的协调主要包括有关国家利率的协调和货币量增长的协调。利率的协调主要针对利率调整方向和各国利率调整的幅度；货币量增长的协调是指通过控制货币供应量来调节经济，在确定了稳定的货币供应增长率之后就不必干预经济的增长过程。

（2）财政政策协调

在经济关系比较密切的国家之间，不仅要协调它们的货币政策，还要协调它们的财政政策，因此成功的货币政策协调常常伴随着财政政策的协调。各国之间只有同时协调货币政策和财政政策，一国经济政策的目标才能顺利实现。

（3）汇率政策协调

在开放经济条件下，一国不仅要照顾本国的内部平衡，还要照顾外部平衡。一国在干预经济以维持自身经济的稳定和增长时，不仅可以采用货币和财政政策工具，还可以通过汇率政策加以调整。但是，这种政策在使用上需要经过慎重考虑。在各国将内部平衡和外部平衡作为经济干预的最佳目标时，它们之间不仅要协调货币政策和财政政策，还要协调汇率政策。

实际上，各国在进行协调时首先运用货币政策和财政政策，进而是汇率政策协调，汇率政策协调的最高阶段是统一各国的货币，即用一种货币代替各国自行使用的本国货币。但由于各国经济发展情况的差异，特别是各国经济波动的程度有差异，这一点在现实中是很难实现的。

专栏 14－3 全球法人机构识别编码中国本地系统建成运行

为构建国际统一金融监管框架，提高全球范围内系统性金融风险识别能力，FSB 于 2011 年 7 月提议构建全球法人机构识别编码体系（Global Legal Entity Identifier System，简称“LEI 体系”），并得到 G20 支持。LEI 体系旨在为法人机构分配一组由数字和字母组成的 20 位唯一编码，并将法人机构相关信息以关系数据的形式与 LEI 编码关联，用于标识国际金融交易参与方，提高金融体系监管有效性。为统一 LEI 编码原则，国际标准化组织于 2012 年正式发布《金融服务法人机构识别编码》标准，就 LEI 编码的生成方式和关系数据内容进行了规范。

LEI 体系架构分为 3 个层级。第一层是由全球监管机构组成的监管委员会（ROC），代表公共利益对 LEI 体系进行决策和监管。第二层是中央运行系统（COU），负责全球数据的集中和处理。第三层是本地系统（LOU），由各国在本国司法管辖领域内设立，负责受理法人机构编码申请注册并进行本地数据管理。

LEI 中国本地系统建成运行，实现我国自主发码。为适应 LEI 体系发展，人民银行推动全国金融标准化技术委员会（以下简称金标委）建成 LEI 中国本地系统，自 2014 年 8 月 18 日起正式提供 LEI 编码服务，主要业务功能包括 LEI 编码注册、数据验证、年检、数据更新、质疑与反馈、数据查询与下载等。截至 2014 年底，中国本地系统已为中国外汇交易中心等41家法人机构分配LEI编码。

LEI中国本地系统通过国际互认，对外服务不断加强。2014年10月，我国本地系统国际互认申请通过了LEI体系ROC全体成员的最终审议，标志着我国本地系统及其发放的LEI编码获得国际认可。同时，金标委遵守LEI体系国际相关标准和规范，不断优化本地系统网站，建立网站英文版，提高对外服务水平，并为在境外注册LEI编码的国内法人机构提供编码迁入服务，加强我国法人机构信息安全管理。

制度体系不断完善，优化本地系统运营环境。我国本地系统按照相关国际规则坚持规范化运营，重视服务质量和数据质量。目前，LEI中国本地系统的相关制度主要分为对外制度和对内制度。对外制度就LEI编码注册及服务使用进行规定，包括《法人机构识别编码系统用户服务条款协议》等。对内制度规定了我国本地系统的内部工作职责、任务及程序等，包括《法人机构识别编码系统注册管理工作细则》和《法人机构识别编码系统业务运作管理流程》。

资料来源：中国人民银行《中国金融稳定报告2015》。

14.2.4 国际经济协调的发展

战前，西方国家往往也共同采取一些经济政策，对国际经济关系进行协调。但其目的主要是为了对付频繁出现的经济危机，其国际协调的基本特点是特定性和临时性。在战前的世界经济格局下，西方发达国家几乎都拥有各自的经济区域和势力范围，因此国际协调的效果极其有限。战后，在吸取战前经济斗争及经济混乱教训的基础上，西方发达国家逐渐认识到建立统一的国际经济秩序及进行国际经济协调的重要性。随着经济国际化的发展，国际经济协调得以迅速发展，其所涉及的主要是国家之间的宏观经济政策和对外经济政策。进入20世纪80年代后，西方国家在调整供给方面的国际协调明显加强。

专栏14-4 24国集团

24国集团(Group of Twenty Four，G24)是为发展中国家在国际金融与货币领域内协调其立场和政策、解决发展中国家关于国际货币制度改革、债务问题与资金转移等重大问题而成立的政府间组织，以保证发展中国家的具体利益和经济状况在国际货币制度改革过程中能够得以考虑。

24国集团的部长级会议，由各国参加国际货币基金组织和世界银行联合年会的理事或副理事参加。会议设一位主席和两位副主席。部长级会议一般在基金组织的临时委员会和基金组织与世界银行的发展委员会会议前夕举行(即每年召集两次会议)，以协调立场，部长级会议召开前均先举行副手会议。24国集团本身不设秘书处，使用国际货币基金组织的秘书处服务。

24 国集团是由参加国际货币基金组织和世界银行的 24 个发展中国家于 1972 年 2 月组成的。该集团是 77 国集团的派生组织。其成员国有：阿尔及利亚、阿根廷、埃及、埃塞俄比亚、巴基斯坦、巴西、秘鲁、菲律宾、哥伦比亚、加纳、加蓬、科特迪瓦、黎巴嫩、墨西哥、塞尔维亚、尼日利亚、斯里兰卡、叙利亚、特立尼达和多巴哥、委内瑞拉、危地马拉、印度、伊朗和刚果(金)。

资料来源：http：//baike.baidu.com/view/66344.htm.

1. 世界三大经济组织的出现

真正意义上的国际经济协调出现于第二次世界大战之后。战后成立的联合国是协调国际事务的常设机构，而经济领域中的布雷顿森林协议和世界三大经济组织的出现，则成为通过参与国之间协调而形成全球经济一体化机制的重要标志，在经济利益协调上具有划时代的意义。

国际货币基金组织、世界银行和世界贸易组织的前身关贸总协定这三大世界经济组织的出现有着共同的历史背景：

(1) 世界三大经济组织是在两次世界大战之后建立的，战争不仅造成了对世界物质财富的破坏，同时也造成了经济国际化或全球化进程的逆转，因此战后经济的重建任务不仅包括各国国内经济的重建，也包括国际经济秩序的修复。在当时，各国之间的经济往来仍然以商品交易为主要渠道，世界贸易的恢复面临两个障碍：一是各国间的贸易壁垒，二是以邻为壑的汇率政策。因此，当时的国际经济协调领域主要集中在国际贸易以及与国际贸易相关的国际货币体系方面。1946 年 3 月正式成立的 IMF 则是在 1944 年布雷顿森林协议基础上建立的关于各国汇率制度安排和调整的国际协调组织。1946 年开始办理业务的国际复兴开发银行，其主要任务是对成员国提供和组织长期贷款与投资，以满足它们战后恢复和发展经济的资金需求，后来，世界银行的贷款重点逐渐转向发展中国家。1948 年 1 月 1 日正式生效的关贸总协定正是关于降低关税壁垒、商定国际贸易政策的共同准则、调整各国国际贸易关系的国际多边协定。

(2) 由于战后国际经济协调是由美国主导、西方发达国家共同发起的，因此在很大程度上主要代表了美国及西方发达国家的利益。战后的国际经济协调即三大世界经济组织更多地反映了发达国家的共同利益。其中，美国的利益在这一时期的国际经济协调和三大世界经济组织中体现为美元在 IMF 的中心地位及美国在世界贸易组织所占据的支配地位上。

从世界三大经济组织建立的历史背景中可以看到，这些组织在协调国际经济关系的过程中具有两重性，这就决定了它们在国际经济协调中所起的作用以及后来国际经济协调形式的发展。

2. 国际经济协调新发展

从战后初期到 20 世纪 70 年代，国际经济协调是在布雷顿森林体系的基本框架下运行的，尽管这一体系是以美国为中心，但与战前的国际制度安排相比较，它毕竟是多个国家共同协商所产生的一种新型的国际经济制度。因此，在战后相当长的一段时期中所起的作用是明显的，这段时期世界经济与贸易的发展水平超过了历史上任何时期，经济发展取得的成绩与国际经济协调及世界三大经济组织的作用是密不可分的。这主要是因为世界经济三大组织有严格的组织管理机构和明确的宗旨,因而能保证世界经济在这一协调体系下的正常运行;三大经济组织的协调范围针对性明确,可以在具体的领域中对所出现的问题进行调节;三大经济组织制定了一系列的国际合作、国际协调的规则,通过这些规则,成员可在世界范围内更充分地利用各种资源来解决国际收支方面出现的暂时的或非根本性的不平衡,从而提高资金使用效率,促进国际贸易的发展;同时,通过国际货币基金组织和世界银行,加强了成员之间的信息交流,避免了信息障碍所造成的世界市场的失衡。

20世纪70年代至80年代是世界三大经济组织作用下降、地位也面临新的挑战的年代。就国际金融领域而言,在20世纪60年代欧洲货币市场出现后,国际资本流动已逐步从贸易领域游离出来进入金融领域,而当初建立的布雷顿森林体系并没有考虑作为资本的国际货币的职能。1973年美国向全世界宣布美元与黄金脱钩,这标志着布雷顿森林体系的崩溃,而作为这一体系的协调机构的世界银行和国际货币基金组织的协调能力自然会随着这一体系的崩溃而有所下降。在国际贸易领域,美国经济地位在20世纪70年代的相对下降,改变了美国在关贸总协定中监督协议实施的角色,这使得多边贸易协议的执行出现了监督权力的真空,发达国家的贸易保护主义势力抬头,新的多边贸易谈判历程变得越来越困难。越来越多的发展中国家加入到经济全球化的行列,使得战后以美国为核心、以发达国家的利益为主导的国际经济协调模式无法适应经济全球化的新要求。总之,在迅速发展的世界经济的新环境中,战后所建立的国际经济协调模式难以维系往日的辉煌,需要有进一步的发展。

专栏14-5 广场协议

20世纪80年代初期,美国财政赤字剧增,对外贸易逆差大幅增长。美国希望通过美元贬值来增加产品的出口竞争力,以改善美国国际收支不平衡状况。从1980年起,美国国内经济出现两种变化:首先是对外贸易赤字逐年扩大,到1984年高达1 600亿美元,占当年GNP的3.6%;其次是政府预算赤字的出现,在双赤字的阴影下,美国政府便以提高国内基本利率引进国际资本来发展经济,外来资本的大量流入使得美元不断升值,美国出口竞争力下降,于是扩大到外贸赤字的危机。在这种经济危机的压力下,美国寄希望于美元贬值来加强美国产品的对外竞争力,以降低贸易赤字。1977年,美国卡特政府的财政部部长布鲁梅萨以日本和前联邦德国的贸易顺差为理由,对外汇市场进行口头干预,希望通过美元贬值的措施来刺激美国的出口,减少美国的贸易逆差。他的讲话导致了投资者疯狂抛售美元,美元兑主要工业国家的货币急剧贬值。1977年初,美元兑日元的汇率为1美元兑290日元,1978年秋季最低跌到170日元,跌幅达到41.38%。美国政府震惊了,在1978年秋季,卡特总统发起了一个“拯救美元一揽子计划”,用以支撑美元价格。1979—1980年,世界第二次石油危机爆发。第二次石油危机导致美国能源价格大幅上升,美国消费物价指数随之高攀,美国出现严重的通货膨胀,通货膨胀率超过两位数。1979年夏天,保罗·沃尔克就任美国联邦储备委员会主席,为治理严重的通货膨胀，他连续三次提高官方利率，实施紧缩的货币政策。这一政策的结果是美国出现高达两位数的官方利率和20%的市场利率。高利率吸引了大量的海外资金流入美国，导致美元飙升，从1979年底到1984年底，美元汇率上涨了近60%，美元对主要工业国家的汇率超过了布雷顿森林体系瓦解前所达到的水平。美元大幅度升值导致美国的贸易逆差快速扩大，到1984年，美国的经常项目赤字达到创历史纪录的1 000亿美元。

1985年，日本取代美国成为世界上最大的债权国，日本制造的产品充斥全球。美国许多制造业大企业、国会议员强烈要求当时的里根政府干预外汇市场，让美元贬值，以挽救日益萧条的美国制造业。1985年9月，美国财政部部长詹姆斯·贝克、日本财长竹下登、前联邦德国财长杰哈特·斯托登伯、法国财长皮埃尔·贝格伯、英国财长尼格尔·劳森等五个发达工业国家的财政部部长及五国中央银行行长在纽约广场饭店(Plaza Hotel)举行会议，达成五国政府联合干预外汇市场的协议，使美元对主要货币有秩序地下调，以解决美国巨额的贸易赤字。因协议在广场饭店签署，故该协议又被称为“广场协议”(Plaza Accord)。协议中规定日元与马克应大幅升值以挽回被过分高估的美元价格。

广场协议签订后，五国联合干预外汇市场，各国开始抛售美元，继而形成市场投资者的抛售狂潮，导致美元持续大幅度贬值。在美国政府强硬态度的暗示下，美元对日元继续大幅度下跌。广场协议揭开了日元急速升值的序幕。1985年9月，日元汇率在1美元兑250日元上下波动，在广场协议生效后不到3个月的时间里，快速升值到1美元兑200日元附近，升幅为20%。广场协议签订后的10年间，日元币值平均每年上升5%以上，这无异于给国际资本投资日本的股市和房市一个稳赚不赔的保险。泡沫经济离实体经济越来越远，虽然当时日本人均GNP超过美国，但国内高昂的房价使得拥有自己的住房变成普通日本国民遥不可及的事情。1989年，日本政府开始施行紧缩的货币政策，股价和地价短期内下跌50%左右，银行形成大量坏账，经济泡沫在1991年破灭之后，日本经济便陷入战后最大的不景气状态，一直持续了十几年，日本经济仍然没有复苏之迹象，这被日本国内称为“失去的十年”。

资料来源：http://baike.baidu.com/view/945533.htm.

14.3　国际金融协调与合作完善

战后初期的国际协调模式的功能下降，并不意味着国际经济协调本身退出了世界经济的舞台，相反，新的国际协调形式在经济全球化进程中不断地弥补旧模式的不足与空白。总体上说，国际经济协调形式的发展，遵循着下述两条不同的路径。

第一，对世界三大经济组织的协调功能进行改造，使之适应新的世界经济发展的要求。这方面成就最大的是关贸总协定改革为世贸组织。这一变化不仅完善了多边贸易谈判体系的制度框架，更重要的是随着包括中国在内的越来越多的发展中国家成为世贸组织成员，发展中国家至少有可能争取在未来的多边贸易规则的制定中表达自己的意愿，争取公平的地位，获得合理的利益，分享经济全球化的成果。

第二,在现行的世界三大经济组织之外,选择其他协调模式。国际经济领域中的其他协调形式,在很大程度上是对世界上三大经济组织协调功能的补充。在世界经济组织的全球经济协调能力下降或者是世界经济组织在全球经济一体化的领域中还留有协调空间的情况下,区域性协调组织的数量在不断增加,其影响力也日益增强。区域性的国际协调会影响世界经济协调组织的协调效应和结果。区域性协调除了具有弥补世界经济组织协调功能的缺陷之外,更重要的是能帮助其成员增加在世贸组织中的议事权利,通过区域性协调形式,各民族国家能在世界经济协调组织中争取更多的利益。所以,在当今世界经济的条件下,任何国家参与经济全球化时的对外一体化政策选择也应该是多元的,如果把加入世界经济组织作为一国参与经济一体化形式的唯一选择,那么在区域性国际协调蓬勃发展的国际环境中,该国在世界经济组织中也会面临被边缘化的危险,这无疑违背了民族国家参与经济全球化的初衷。

专栏 14-6　G20峰会

二十国集团(Group 20)是1999年9月25日由八国集团的财长在华盛顿宣布成立的。

宗旨:推动发达国家和新兴市场国家之间就实质性问题进行讨论和研究,以寻求合作并促进国际金融稳定和经济持续发展。

成员:二十国集团由美国、英国、日本、法国、德国、加拿大、意大利、俄罗斯、澳大利亚、中国、巴西、阿根廷、墨西哥、韩国、印度尼西亚、印度、沙特阿拉伯、南非、土耳其等19个国家以及欧盟组成。这些国家的国民生产总值约占全世界的85%,人口则将近世界总人口的2/3。

运作方式:二十国集团以非正式的部长级会议形式运行,不设常设秘书处,主席采取轮换制。该集团的财长和央行行长会议每年举行一次。每年的部长级例会一般与七国集团财长会议相衔接,通常在每年的年末举行。会议由主席国及一些国际机构和外部专家提供秘书服务和支持,并可根据需要成立工作小组,就一些重大问题进行评审和提出对策建议。

特邀代表:为了确保二十国集团与国际金融机构的紧密联系,国际货币基金组织总裁、世界银行行长以及国际货币金融委员会和发展委员会主席作为特邀代表也参与该论坛的活动。

G20与中国:中国是二十国集团的创始成员,并于2005年作为主席国成功地举办了第七届二十国集团财长和央行行长会议。

2008年由美国引发的全球金融危机使得金融体系成为全球的焦点,由此开始举行二十国集团首脑会议,扩大各个国家的发言权,以此取代之前的八国首脑会议或二十国集团财长会议。

资料来源:http://baike.baidu.com/view/2317519.htm

14.3.1 国际货币制度改革

改善国际货币体系，稳步推进国际货币体系多元化，增强国际货币体系的竞争性，共同支撑国际货币体系稳定。应构建具有适度竞争性的国际货币体系，发挥新兴市场国家的积极作用，使其货币在国际货币体系中占有一席之地，增加对主要储备货币发行的约束和监督，提高国际货币体系的稳定性。

从金本位制到布雷顿森林体系，再到牙买加体系，国际货币体系已走过数百年历史。牙买加体系是在国际资本流动迅速发展和汇率安排多样化的历史条件下建立起来的，该体系的内外均衡实现机制有三个特征：一是各国政府不仅可以通过政策搭配实现内外均衡，而且可以运用经济自发调节机制实现政策目标；二是浮动汇率自由化，各国不必立足于维持某一特定汇率，而有更多的精力用于实现内部均衡；三是在实现内外均衡的过程中，国际政策协调的地位有所下降。牙买加体系在内外均衡实现问题上的制度安排是比较灵活的，这使得它的适应性较强，在一定程度上符合世界经济动荡、多变和发展不平衡的特点，充分体现了各国经济协调的自由化，但是它也带来了很多的弊端，尤其在次贷危机之后，国际经济环境恶化导致人们对这种货币体系的再次反思和强烈的变革欲望。

国际货币体系是国际上形成的调节国际货币关系的原则、规定和制度的总称。当前的国际货币体系是经过一定的市场选择的结果，是世界经济格局的反映，虽然它有很多的缺陷，但是它具有强大的自我维持惯性，它的形成是各国经济实力的较量和博弈的结果，因此它的变革也很难仅仅通过市场的力量来实现。从目前来看，以美元为主的国际货币体系在相当长的时间内仍将维持，所以，很多政策的选择仍需要在当前的国际货币体系框架下思考，因此，对国际货币制度的改革必须遵循两个原则：一是为适应外部环境客观形势的变化进行合作和协调；二是为填补制度缺位而进行制度创新。具体对策如下：

第一，加强国际金融合作和协调。新的国际金融秩序在很大程度上是用于协调各种经济利益的，主要包括：一是加强发达国家与发展中国家的合作和协调。发达国家在推动经济增长的同时，要更多地考虑如何保护和支持发展中国家和地区的经济发展；而发展中国家必须要争取自身的话语权，维护本国的切身利益。二是发达国家之间的协调。各发达国家间应经常相互协调与切磋，达成共识，承担起自己的责任，并以积极的态度加强各国货币与经济政策的合作，以保证国际货币体系的稳定。三是加强地区间的国际金融合作和协调。要积极推进区域性的货币经济合作，加强与周边经济发展水平相当、贸易投资关系密切的国家之间的经济货币合作，探讨区域性经济货币合作的有效途径，以抵御外部危机对区域经济的冲击。

第二，各国需要协调本国的内外均衡冲突。开放经济的相互依存性使得内外均衡出现冲突，而国际资金的大规模流动更使得情况愈演愈烈。面对冲突，各国能做的必然是进行国际政策协调。随着时间的推移，内外经济条件发生变化，内外经济目标的实现产生了亟待解决的问题，因此协调本国政策，减少和缓解内外冲突是关键所在。

14.3.2 国际金融组织改革

要对国际金融组织（包括世界贸易组织、国际货币基金组织和世界银行）进行改革完善，主要内容包括：改革国际金融组织决策层的产生机制，提高发展中国家在国际金融组织中的代表性和发言权，改善国际金融组织内部的治理结构，提高国际金融组织履行职责的能力，完善和强化国际经贸规则、维护开放自由的贸易投资环境，建立覆盖全球特别是主要国际金融中心的早期预警系统，建立及时、高效的危机应对救助机制等。推动国际金融组织改革，提高发展中国家的代表性，提升国际金融组织履行职责的能力，切实发挥国际金融组织在危机应对过程中的监督、协调以及救助作用。

国际货币基金组织作为现行国际货币体系重要的载体，理应发挥更重要的作用，但现行国际货币体系的演变，使国际货币基金组织的职能被弱化和异化，因此有必要对国际货币基金组织进行广泛的改革。① 扩大国际货币基金组织提供援助的范围，强化其国际最终贷款人的职能。在经济全球化的大背景下，缺乏一个国际的最终贷款人，显然是难以应付国际货币危机的。② 国际货币基金组织在提供资金援助时，不仅要考虑恢复受援助国的对外清偿能力，还要考虑促进其经济发展。这就要求国际货币基金组织应改变将短期内恢复受援国偿付能力作为唯一目标的做法，把重点放在危机防范而不是补救上。③ 增强国际货币基金组织的监测和信息发布功能。当成员国经济出现问题时，国际货币基金组织有义务对成员国内的经济政策提出建议，并为投资者和市场主体提供准确、及时的信息。④ 促进交流与合作。国际货币基金组织在加强与成员国交流的同时，还应积极促进成员国之间或成员国与其他组织之间的交流与合作。

专栏 14-7　国际货币基金组织发布《宏观审慎政策指引》

2014 年末，国际货币基金组织（IMF）发布《宏观审慎政策指引》，就宏观审慎政策操作进行说明，提出一系列宏观审慎政策工具及监测指标，并明确建立宏观审慎政策框架遵循的原则。

宏观审慎政策操作。报告认为应从时间和跨行业的维度对系统脆弱性进行分析，根据脆弱性来源制定宏观审慎政策。报告针对不同脆弱性来源，提出收紧或放松宏观审慎政策工具的监测指标（见表 14-1），同时辅以市场信息、监管评估和压力测试等进行判断。报告进一步提出为高效运用宏观审慎政策工具，应根据风险性质和程度、工具效用和潜在成本，选择并对多个工具排序，在效益和执行成本之间取得平衡，阶梯式实施。此外，还需加强公开交流，提高公众对宏观审慎措施必要性的理解。

宏观审慎政策工具及作用机制。报告提出了一般性、住户部门、企业部门、流动性等四大类宏观审慎政策工具。其中，一般性、住户部门、企业部门等工具强调在经济上行期通过增加资本要求、限制贷款规模或控制债务人偿付能力等措施，增强银行体系抗风险能力，应对过度放贷所引发的系统脆弱性；流动性工具强调通过持有足够流动性资产、限制银行通过非核心负债为非流动性资产融资等措施，避免资金市场对银行体系流动性造成冲击。在紧缩阶段或系统性风险降低时，监管当局放松相关宏观审慎政策工具，打破恶性循环或维护金融平衡，但放松时需考虑审慎监管的底线，以确保系统面对未来冲击时仍具有一定抗风险能力。

表 14-1　宏观审慎政策工具及监测指标

工具类型	工　具	监测指标	
		收紧	放松
一般性工具	逆周期资本缓冲(CCB) 杠杆率 动态贷款损失拨备(DPR) 信贷增长上限	信贷/GDP 缺口	资产负债表承受压力下的高频指标，如银行 CDS 息差扩大 贷款利率/利差扩大 信贷增长放缓 违约率和不良贷款上升 贷款调查显示信贷供给恶化
住户部门工具	增加对该部门的资本要求 贷款价值比(LTV) 偿债收入比(DSTI)	住户贷款增长率 住房价格上涨(名义和实际增速) 房价/租金比和房价/可支配收入比 住户部门贷款占总贷款比重上升	房价下降 房地产交易减少 住户贷款利差增加 抵押支持证券价格下降 净住户贷款增长放缓 新住户贷款增长放缓 住户不良贷款上升
企业部门工具	企业贷款的风险权重 贷款增长上限 贷款集中度限制	企业贷款增长率 企业贷款占总贷款比重的增长 商业不动产价格上涨 商业房地产信贷增长 外汇贷款占比上升	公司信用违约掉期息差，债券收益率等高频指标 贷款利率/利差增加 公司贷款增长放缓 公司违约率/不良贷款上升 贷款调查显示出信贷供给不断恶化
流动性工具	流动性缓冲要求 稳定来源资金要求 流动性费用 准备金要求 外汇头寸限制 外币资金限制 针对非银行机构的工具	贷存比增长情况 非核心融资占总负债比重上升	银行间利率与掉期利率的利差扩大 零售市场融资成本上升 对中央银行流动性窗口的依赖增加 本货与外币掉期利率 总资本流入逆转

建立宏观审慎政策框架遵循的主要原则。报告认为，建立有效的宏观审慎政策框架，降低金融危机的发生频率和严重程度，需遵循以下原则：一是行动意愿原则。为保证“行动的意愿”，应通过法律明确宏观审慎政策框架的目标，建立一个包括多个交流工具的问责制框架，建立专门的金融稳定部门，分析系统性风险，开发和监测适用于本国的核心指标，为宏观审慎决策者提供建议，中央银行需在宏观审慎政策中发挥重要作用。二是行动能力原则。宏观审慎政策制定者应有信息获取权、调整监管政策权、系统重要性机构认定权等。三是风险评估和防范等方面的协作原则。货币政策和宏观审慎决策主体的成员可重叠，以促进货币政策与宏观审慎政策的协调；危机时期需建立专门制度安排，以促进宏观审慎职能与危机管理职能的协调。

制定宏观审慎政策时的其他考虑因素。 一是数据可获得性和监管能力，这是有效使用宏观审慎政策工具的前提条件。二是债务水平的影响，以分析信贷/GDP比率为起点，即使信贷增长缓慢，也可能需要宏观审慎措施。三是经济结构的影响，一些低收入国家的经济多元化程度较低，经济和金融体系更易遭受商品价格波动引发的外部冲击，需实施超过国际最低标准的永久性的资本缓冲标准。四是资本账户的自由化程度，资本账户自由化会增加一国金融业对国际金融体系的敞口，使货币政策自主性下降，增加了宏观审慎政策的需要。五是当金融体系规模大、关联性高时，需要采取更多维度的结构化宏观审慎政策工具。

资料来源：中国人民银行《中国金融稳定报告2016》。

14.3.3 加强国际货币协调的制度安排

在开放经济条件下，实现币值稳定、经济增长、充分就业、国际收支平衡是政府的经济目标，其中经济增长是一个长期的目标，最优条件是内外均衡。内部均衡与外部均衡相互影响并存在复杂关系，当采取措施努力实现某一均衡目标时，可能会同时带来另一均衡目标问题的改善，这是内外均衡的一致；但也可能因此对另一均衡目标问题造成干扰或破坏，这是内外均衡的冲突。在开放经济条件下，同时处于内外均衡的情况很少，各种变量带来的冲击都会使经济偏离最佳区间，于是政府必须运用可控制的变量即政策工具来实现经济的稳定与合理开放。内外均衡冲突的根源始终在于经济的开放性。当一国经济面临突然冲击时，这一冲击在开放经济中将通过收入机制、利率机制和相对价格机制进行国际传递。由于这些机制的运作而使本国的货币政策和财政政策产生溢出效应，同时，一国内外均衡目标的实现又受到来自外部的制约，最终，所有的因素通过资本这个载体来影响内外均衡，也影响国际货币制度的走向。

开放经济条件下经济体之间存在相互依存性，一国要实现内外均衡目标就必须进行政策的国际协调，从而避免由于决策的分散而给经济带来的损失。如果国际政策协调方案从货币金融角度对各国实现内外均衡做出比较完整的规定，又被大多数国家认可并实施时，这个方案就构成国际货币制度，即国际货币体系。因此，国际货币体系的发展，体现了为适应不同的历史条件而对实现内外均衡的一些基本准则所进行的变革，国际货币体系稳定是全球宏观经济稳定的基础。

14.3.4 加强国际金融监管

金融监管(Financial Supervision)是指政府通过特定的机构对金融交易行为主体进行的某种限制或规定，其在本质上是一种具有特定内涵和特征的政府管制行为。综观世界各国，凡是实行市场经济体制的国家，无不客观地存在着政府对金融体系的管制。

在金融全球化的背景下，建立和完善国际金融监督机制已成为国际金融协调的重要组成部分。这些制度包括：① 提高信息透明度，公开披露有关信息。② 抑制国际范围内短期资本的无序流动，特别是加强对“对冲基金”、离岸金融中心的监管。③ 加强对银行的跨境监管。随着金融自由化的发展，某些国际性银行转移到管理不严的离岸避税港，以便规避国内的管理和监督，这增加了资本无序流动的风险。

加强国际金融监管合作，完善国际金融监管体系，扩大国际金融监管的覆盖面，特别要增强对主要储备货币国家的监管。要督促各国建立全面的监管框架，加强对金融市场、产品和参与者的全面监管，制定合理、有效的金融监管标准，完善会计准则、资本充足要求等各类监督制度；建立起评级、会计审计、信息发布等金融关联服务机构规范经营的行为准则，增加该领域的竞争性，增强发展中国家对金融规则制定的参与，增强金融市场和各类金融产品的透明度，突出金融产品真实的债权债务关系；加强对金融危机干预和救助的国际协调，改善金融市场基础设施，特别是要改善场外市场的基础设施。

建立金融风险跨国传递的监测和预警机制，加强金融危机干预和救助的国际协调。各国应加强信息交流与沟通，加大全球资本流动监测力度，防范短期资本的无序流动。各国应根据自身实力和在国际金融体系中的地位，承担相应的危机救助责任。

14.3.5 遏制金融领域投资保护主义

国际金融体系是国际经济体系的重要组成部分，一个具有广泛参与的国际金融体系必将对全球经济的繁荣和稳定发挥重要作用。发达国家和发展中国家应共同努力，积极推动国际金融体系改革，促使形成和谐稳定的国际金融新秩序；消除金融领域投资壁垒，促进国际金融格局调整；反对各种形式的投资保护主义，发达国家尤其应加大本国金融市场对新兴市场和发展中国家的开放力度，为后者提供可能的便利和帮助，支持新兴市场和发展中国家金融机构在发达国家的金融投资行为，推动国际金融格局调整。一方面，保护主义绝非摆脱当前危机的良方，而是加剧经济危机的一副毒剂；另一方面，各国在推行本国拯救经济计划时，又不由得采取一些贸易投资保护主义措施。采取积极措施遏制各种形式的保护主义，有利于发挥有效的协调和强有力的干预作用。

14.3.6 加强区域经济合作与协调

在经济的各个领域要加强区域合作与协调，以此作为全球性国际经济协调的先行、补充和重要组成部分。这包括三个方面：一是推进区域内贸易投资自由化、抑制区域内保护主义。继续推进区域一体化、抑制区域内保护主义的冲动，为经济发展创造良好的环境。二是加强区域内的货币金融合作。充分发挥地区资金救助机制的作用，增强区域流动性互助能力。充分肯定已有的区域金融与货币合作的成果，鼓励各国加强区域金融合作，共同应对区域内流动性紧张、币值大幅波动等风险。应加强区域金融基础设施建设，加快区域金融市场发展，提升区域内各国金融系统的稳健程度。三是促进面向区域外的开放与协调，鼓励区域间金融合作，处理好区域一体化与经济全球化的关系以及区域经济合作协调与全球经济合作协调的关系。

专栏 14-8 关于改革国际货币体系的思考

此次金融危机的爆发与蔓延使我们再次面对一个古老而悬而未决的问题，那就是什么样的国际储备货币才能保持全球金融稳定、促进世界经济发展。历史上的银本位、金本位、金汇兑本位、布雷顿森林体系都是解决该问题的不同制度安排，这也是国际货币基金组织(IMF)成立的宗旨之一。但此次金融危机表明，这一问题不仅远未解决，由于现行国际货币体系的内在缺陷反而愈演愈烈。

理论上讲，国际储备货币的币值首先应有一个稳定的基准和明确的发行规则以保证供给的有序；其次，其供给总量还可及时、灵活地根据需求的变化进行增减调节；第三，这种调节必须是超脱于任何一国的经济状况和利益。当前以主权信用货币作为主要国际储备货币是历史上少有的特例。此次危机再次警示我们，必须创造性地改革和完善现行国际货币体系，推动国际储备货币向着币值稳定、供应有序、总量可调的方向完善，才能从根本上维护全球经济金融稳定。

一、此次金融危机的爆发并在全球范围内迅速蔓延，反映出当前国际货币体系的内在缺陷和系统性风险

对于储备货币发行国而言，国内货币政策目标与各国对储备货币的要求经常产生矛盾。货币当局既不能忽视本国货币的国际职能而单纯考虑国内目标，又无法同时兼顾国内外的不同目标。既可能因抑制本国通货膨胀的需要而无法充分满足全球经济不断增长的需求，也可能因过分刺激国内需求而导致全球流动性泛滥。理论上特里芬难题仍然存在，即储备货币发行国无法在为世界提供流动性的同时确保币值的稳定。

当一国货币成为全世界初级产品定价货币、贸易结算货币和储备货币后，该国对经济失衡的汇率调整是无效的，因为多数国家货币都以该国货币为参照。经济全球化既受益于一种被普遍接受的储备货币，又为发行这种货币的制度缺陷所害。从布雷顿森林体系解体后金融危机屡屡发生且愈演愈烈来看，全世界为现行货币体系付出的代价可能会超出从中获得的收益。不仅储备货币的使用国要付出沉重的代价，发行国也在付出日益增大的代价。危机未必是储备货币发行当局的故意，但却是制度性缺陷的必然。

二、创造一种与主权国家脱钩并能保持币值长期稳定的国际储备货币，从而避免主权信用货币作为储备货币的内在缺陷，是国际货币体系改革的理想目标

(1) 超主权储备货币的主张虽然由来已久，但至今没有实质性进展。20世纪40年代凯恩斯就曾提出采用30种有代表性的商品作为定值基础建立国际货币单位“Bancor”的设想，遗憾的是未能实施，而其后以怀特方案为基础的布雷顿森林体系的崩溃显示凯恩斯的方案可能更有远见。早在布雷顿森林体系的缺陷暴露之初，基金组织就于1969年创设了特别提款权(下称SDR)，以缓解主权货币作为储备货币的内在风险。遗憾的是由于分配机制和使用范围上的限制，SDR的作用至今没有能够得到充分发挥。但SDR的存在为国际货币体系改革提供了一线希望。

(2) 超主权储备货币不仅克服了主权信用货币的内在风险，也为调节全球流动性提供了可能。由一个全球性机构管理的国际储备货币将使全球流动性的创造和调控成为可能，当一国主权货币不再作为全球贸易的尺度和参照基准时，该国汇率政策对失衡的调节效果会大大增强。这些能极大地降低未来危机发生的风险、增强危机处理的能力。

三、改革应从大处着眼，小处着手，循序渐进，寻求共赢

重建具有稳定的定值基准并为各国所接受的新储备货币可能是个长期内才能实现的目标。建立凯恩斯设想的国际货币单位更是人类的大胆设想，并需要各国政治家拿出超凡的远见和勇气。而在短期内，国际社会特别是基金组织至少

应当承认并正视现行体制所造成的风险，对其不断监测、评估并及时预警。

同时还应特别考虑充分发挥SDR的作用。SDR具有超主权储备货币的特征和潜力。同时它的扩大发行有利于基金组织克服在经费、话语权和代表权改革方面所面临的困难。因此，应当着力推动SDR的分配。这需要各成员国政治上的积极配合，特别是应尽快通过1997年第四次章程修订及相应的SDR分配决议，以使1981年后加入的成员国也能享受到SDR的好处。在此基础上考虑进一步扩大SDR的发行。

SDR的使用范围需要拓宽，从而能真正满足各国对储备货币的要求。

建立起SDR与其他货币之间的清算关系。改变当前SDR只能用于政府或国际组织之间国际结算的现状，使其能成为国际贸易和金融交易公认的支付手段。

积极推动在国际贸易、大宗商品定价、投资和企业记账中使用SDR计价。这不仅有利于加强SDR的作用，也能有效减少因使用主权储备货币计价而造成的资产价格波动和相关风险。

积极推动创立SDR计值的资产，增强其吸引力。基金组织正在研究SDR计值的有价证券，如果推行将是一个好的开端。

进一步完善SDR的定值和发行方式。SDR定值的篮子货币范围应扩大到世界主要经济大国，也可将GDP作为权重考虑因素之一。此外，为进一步提升市场对其币值的信心，SDR的发行也可从人为计算币值向有以实际资产支持的方式转变，可以考虑吸收各国现有的储备货币以作为其发行准备。

四、由基金组织集中管理成员国的部分储备，不仅有利于增强国际社会应对危机、维护国际货币金融体系稳定的能力，更是加强SDR作用的有力手段

(1) 由一个值得信任的国际机构将全球储备资金的一部分集中起来管理，并提供合理的回报率吸引各国参与，将比各国的分散使用、各自为政更能有效地发挥储备资金的作用，对投机和市场恐慌起到更强的威慑与稳定效果。对于参与各国而言，也有利于减少所需的储备，节省资金用于发展和增长。基金组织成员众多，同时也是全球唯一以维护货币和金融稳定为职责，并能对成员国宏观经济政策实施监督的国际机构，具备相应的专业特长，由其管理成员国储备具有天然的优势。

(2) 基金组织集中管理成员国储备，也将是推动SDR作为储备货币发挥更大作用的有力手段。基金组织可考虑按市场化模式形成开放式基金，将成员国以现有储备货币积累的储备集中管理，设定以SDR计值的基金单位，允许各投资者使用现有储备货币自由认购，需要时再赎回所需的储备货币，这既推动了SDR计值资产的发展，也部分实现了对现有储备货币全球流动性的调控，甚至可以作为增加SDR发行、逐步替换现有储备货币的基础。

资料来源：周小川. 中国人民银行网站，2009-3-23.

本章概要

金融全球化是指国家或地区在金融业务、金融市场、金融政策与法律等方面跨越国界而相互依赖、相互影响、逐步融合的趋势。经济、贸易的全球化必然导致金融的全球化。金融全球化是经济全球化的必然发展和重要组成部分。金融全球化是在现代信息技术普遍运用、国际资本迅速、大量流动情况下出现的全球金融密切联系的发展趋势。它有三个特点：一是金融活动及金融资产和负债跨越国界，形成全球范围内的金融资源流动；二是金融活动和金融市场在全球范围按统一规则运作；三是同质的金融资产在国际市场的价格趋于等同，形成全球统一的金融价格。

金融全球化为资本的无序流动创造了条件，同时也在很大程度上削弱了各国货币政策的有效性。同时，世界上主要货币的汇率大幅度波动，为发展中国家平衡国际收支和稳定汇率带来了巨大的风险和成本，也使国际货币体系的稳定变得更加困难。因此，发达国家应主动担起责任，最大限度地减少主要货币之间的汇率波动。这就要求各国加强国际金融的合作与协调，这是确保国际货币体系稳定的基础。这种合作与协调主要表现在三个方面：一是协调发达国家之间的经济合作。各发达国家之间应经常相互协调与沟通，共同承担起应有的国际责任，并以积极的态度，加强各国在货币和经济政策方面的合作，以保证国际货币体系稳定。二是协调发达国家与发展中国家之间的发展关系。在支持发达国家经济增长的同时，更多地考虑促进发展中国家和地区经济的发展，注意保护发展中国家的根本利益。三是加强区域性经济货币政策的合作。加强一国与周边国家之间的经济合作，共同探讨区域性货币合作的有效途径，还应加强国际金融经营环境、国际金融内部控制、国际金融市场约束以及国际金融监管等方面的合作与协调。

关键术语

经济全球化、金融全球化、国际经济协调、规则性协调、随机性协调、国际经济政策协调、国际金融监管

复习题

1. 经济全球化和金融全球化关系如何？
2. 金融全球化的内涵是什么？有什么主要表现形式？
3. 什么是国际经济协调？其产生的必要性是什么？
4. 国际经济协调的框架如何？
5. 如何完善国际金融协调与合作？
6. 国际货币制度应如何改革？

参考文献

[1] [法]弗朗索瓦·沙奈.金融全球化.齐建华,胡振良,译.北京：中央编译出版社,2006.

[2] [英]戴维·赫尔德.全球大变革.杨雪冬,译.北京：社会科学文献出版社,2001.

[3] 石士钧.构建我国国际经济协调机制的若干思考.社会科学,2005(5):34-39.

[4] 冯芸,吴冲锋.经济全球化测度理论.上海：上海交通大学出版社,2005.

[5] 姜波克.国际金融新编.4版.上海：复旦大学出版社,2008.

[6] 雷达.国际经济协调和世界三大经济组织.求是,2003(24):53-55.